aufbau
AUFBAU VERLAGSGRUPPE

Oscar A. H. Schmitz, um 1914

Oscar A. H. Schmitz

Durch das Land der Dämonen

Tagebücher

Band 3
1912–1918

Herausgegeben von
Wolfgang Martynkewicz

Aufbau-Verlag

Mit 19 Abbildungen

ISBN 978-3-351-03099-5

Aufbau ist eine Marke der Aufbau Verlagsgruppe GmbH

1. Auflage 2007

Einbandgestaltung Andreas Heilmann, Hamburg
Druck und Binden Kösel, Krugzell
Printed in Germany

www.aufbau-verlag.de

Tagebuch

16. November 1912–2. Oktober 1918

Die folgenden Eintragungen und Notate zeigen einen Tagebuchschreiber, der sich deutlich von dem des ersten und zweiten Bandes unterscheidet. Das Tagebuch der Jahre 1912 bis 1918 ist das Dokument einer obsessiven Selbstergründung. Abgesehen von den Reisen nach Paris (Mai/Juni 1913), Sankt Petersburg (August/September 1913) und Moskau (Mai/Juni 1914) sowie dem Besuch im Großen Hauptquartier in Charleville im Mai 1915, sind die Einträge ausschließlich der Selbstanalyse, der Zergliederung und Dekonstruktion der Identität gewidmet. Vor allem während des Ersten Weltkriegs werden die täglichen Aufzeichnungen zum Medium einer Katharsis. Auf sie trifft in besonderer Weise zu, was Roland Barthes als allgemeines Charakteristikum des Tagebuchs hervorgehoben hat: Es »ist ein ›Diskurs‹ (eine Art geschriebenes Sprechen nach einem zweifelhaften Kode) und kein Text«. Mit dem »geschriebenen Sprechen« versuchte Oscar A. H. Schmitz der Einsamkeit und Unruhe zu entfliehen, und er schuf sich einen Raum, der seine Individualität, seinen Lebensentwurf und seine persönliche Freiheit vor der Gesellschaft schützen sollte – einen Raum, der, abgesondert von der Außenwelt, die Selbstbegegnung erlaubte.

Verunsichert über die Grundlagen des eigenen Selbst, machte sich Schmitz in diesen Jahren auf die Suche nach seinem inneren Kern, wobei ihm zunächst die Psychoanalyse helfen sollte. Von ihr versprach er sich die Erneuerung von Geist und Seele, vor allem aber die seines Trieblebens. Freud, so hatte er im Sommer 1912 von einem Bekannten erfahren, verstehe das Seelenleben »gründlich zu reinigen und zu ordnen […], so daß bei dem, der Tiefen habe, nun der Zugang wirklich freier werde«. In »Psychoanalyse und Yoga« brachte Schmitz die hygienische Wirkung der Psychoanalyse auf den Punkt: »Die Psycho-Analyse ist nichts anderes als eine Desinfektion des Triebes. Er wird an seiner Wurzel gepackt, von den unreinen infantilen Vorstellungen, die er sich in der Verdrängung immer zäher assoziiert hat, befreit.« Wer diesen Weg der analytischen Reinigung gehe, heißt es in »Ergo Sum«, der könne sich wandeln, »das heißt wiedergeboren werden in einer neuen Wirklichkeit«.

Verharmloste er in seiner Autobiographie »Ergo Sum« später die Beweggründe für seine Behandlung, schildert der in zeitlicher Nähe zur Psychoanalyse entstandene Roman »Der Vertriebene« merkwürdige Zustände und Halluzinationen: »Es gab offenbar ein zweites Ich, ein frei bewegliches, das den gelähmten Bruder, das greifbare Ich, nur von Zeit zu Zeit besuchte, um ihn dann weit mit sich fortzuführen. […] Ihm war, als sei ihm sein Ich entkommen. Wo war es, wer war es? War das, was er tat, das, was er eigentlich wollte, oder hätte er gerade so gut etwas Anderes tun können? Dann jagte er hinter seinem Ich her, fieberhaft suchend, durch Gassen und Anlagen […].« Ähnliche Beschreibungen finden sich in vielen Briefen an Alfred Kubin, den Vertrauten und Gesprächspartner dieser Jahre. So berichtete Schmitz am 7. April 1913: »Mir geht es dauernd sehr sonderbar, äußerlich alles gut, aber innerlich wende ich mich immer mehr ab von dem, was mich umgiebt: es ist mir als jagte alles nur so an mir vorüber, während ich doch früher den Dingen nachjagte.«

Am 13. November 1912 hatte Schmitz seine erste psychoanalytische Sitzung bei Karl Abraham in Berlin. Kurz zuvor war er in Wien gewesen, höchstwahrscheinlich hatte er auch Freud aufgesucht, der ihn an den Kollegen überwies. Abraham, so Schmitz in »Ergo Sum«, sei ein »Psycho-Analytiker strengster Freudscher Observanz«. Bei allen Problemen in der Behandlung baute Schmitz eine starke affektive Übertragungsbindung zu ihm auf. Als Abraham im März 1915 zum Kriegsdienst eingezogen wurde, fiel Schmitz in eine tiefe Depression. In »Ergo Sum« heißt es, ihm sei zumute gewesen, »wie einem Kind, dem plötzlich ein geliebter Erzieher genommen wird […]; ich setzte nicht ohne Mühe eine ›Abschiedsstunde‹ durch, als könnte ich nicht weiterleben, ohne noch einige Direktiven zu erhalten, und wenn ich in den nächsten Tagen an der Wohnung des freilich sehr sympathischen Mannes vorüberkam, dann hatte ich das kindische Gefühl, nun sei mir die letzte Zuflucht in dieser rauhen Zeit genommen worden, die mich offenbar nicht mehr brauchen konnte.« So kritisch sich Schmitz später über das Freudsche System äußerte, dem er vorwarf, dem Individualismus nicht gerecht zu werden und in der Behandlung der Neurosen nur die Anpassung an den »Normalmenschen« zu verfolgen, so positiv waren und blieben seine Äußerungen über Abraham, der in den Briefen an Kubin immer wieder als Helfer und Kraftzentrum in Krisensituationen erscheint. Und Abraham selbst hat, wie die Briefe zeigen, auch in Kubins Fall therapeutische Ratschläge erteilt. Schmitz, der die Träume des Freundes nach Abrahams Vorschlägen deutete, sah sich gern in der Rolle eines eingeweihten Hilfsanalytikers, der die psychoanalytischen Konstrukte, mit denen er selbst in den Sitzungen konfrontiert wurde, kurzerhand auf die Lebensgeschichte des anderen übertrug.

Im ersten Jahr hatte Schmitz offenbar mehrere Termine in der Woche, die Analyse war sehr intensiv und wurde nur durch einen vierwöchigen Aufenthalt in Paris und eine dreiwöchige Rußlandreise unterbrochen. Schmitz begann nun, sich selbst zu beobachten, seine Träume, Gedanken, Erinnerungen und frühkindlichen Erlebnisse im Medium der Psychoanalyse zu betrachten und neu zu bewerten. Er probierte die psychoanalytischen Denkweisen aus, wendete sie auf die alltäglichen Verhaltensweisen und die eigene Lebensgeschichte an. Das Tagebuch wurde zur intimen Innenschau, zum Ort des Experimentierens mit psychoanalytischen Konstrukten.

Berlin, 16. Nov. 1912

Am Mittw. 13. Nov. bei Dr. Abraham psycho-analyt. Sitzungen begonnen.

14 Nov. festgestellt, daß nächtliches Aufschrecken mit dem Traum jemand sei im Zimmer (zuletzt i. d. Meinung in dem 2bettigen Hotelzimmer zu sein), sich auf den Vater bezieht. Erot. Neigung zu ihm überhaupt Grundlage von II. Substituierung an Stelle der Mutter im Schlafzimmer.

15. Vater die Lichte Welt, Mutter Inbegriff der dunkeln Welt, auch der mühseligen Welt, aus der ich mich (scheinbar ehrgeizig) so energisch herausgearbeitet habe. Mutter zugleich in d. lichten

Welt (wie Diana) als Gattin des Vaters z. B. in Gesellschaftskleid. [*Randnotiz:* Großvater: Saturn. Abgesetzte Götter] Bruder Dämon der dunkeln Welt, als Flecken in der olympischen Familie. Schwestern licht, Bruder zugleich etwas bös, wie ein niederer Dämon mir Streiche spielend. Gleichzeitig mit Mutterleib der Analcomplex benachbart.

Traum der sehnsüchtig gewünschten Abreise mit der (nun lichten) Mutter und [...]

[?]

[Sym]bol für die Umkehrung resp. Maskierung seiner Sexualität.

Neulich einmal den Pepinster analys. Lynx, *ich* nur Symbol für Rich. Pep. Symbol für mich und den *Vater*.

19.

Ich kann mir doch nicht denken, daß ich vom Dunkeln, bes. ⊥ frei werde, eher daß es sich conflictlos einordnet und ich zweiseitig Lust ernte.

Auch Vater hat dunkle Seite. Vielleicht sogar das Ursprüngliche. Sein Animalisches von Anfang eindrucksvoll. Behaartheit. Lieflam. Seine Stuhlsorgen. Defaecation im Wald.

Fortunio Instanz noch über dem Vater: Massenbach, M. Claar, A. Sommers Freund Jäger (von südamericanischer Mutter. Führt mich als junger Spanier im Traum durch eine mephistophelische Koproswelt mit Hexenküche (wie im Schmugglersteig), wo alles spottend ruft: Üb immer Treu & Glauben. Diese Cesare Borgiawelt Fortunios doch durch weiße Magie überwunden, nun als dämon. Welt erkannt.

20. Dec.

Heute herausbekommen, daß so wie der Vater ursprünglich einer Koproswelt angehört, wenn auch harmloser, deutscher Art, so auch der Spanier (Lohnstein – Lohnschwein) der mich im Traum durch den Kopro-club in eine Hexenküche führt, wo in weltzerstörender Absicht Koth gekocht wird, während ich mit Rufen: »Üb immer Treu und Glauben« gehöhnt werde, einer viel böseren Koproswelt angehört: Borgia, fremdländisch, südländisch, südamericanisch.

Frankfurt a /M
6. Jan. 1913

Seit 23. Dec. (wieder mit der Baronin Arnswaldt gefahren) in Frankf. Wieder Hôtel Schwan. Tillys Ehe schien völlig zerrüttet. Es handelte sich darum ihn zu veranlassen das Haus zu verlassen und auf Scheidung zu klagen, ohne einen skandalösen Grund anzugeben. Er wollte nicht, weil es ihr angebl. doch nicht ernst sei. Schließl. brachte ich ihn dazu, es zu versprechen, da er nur durch diesen energ. Schritt sie veranl. könnte zu zeigen, ob es ihr ernst sei. Er versprach es schließlich, machte aber am andern Tag einen ganz neuen Vorschlag: bloße Haushaltungsgemeinsch. auf Grund völliger Freiheit bei Wahrung des äußeren Decors. Ich hatte vorher einmal mehr theoretisch von dieser Möglichk. als einer würdigen gesprochen. Nun habe ich T. dazu geraten, darauf versuchsweise einzugehen. Wenn die Ehe überhaupt erträglich gestaltet werden kann, bin ich für ihre Erhaltung; wenn nicht dann Scheidung, aber dann muß T. nach Berlin ziehen. Sie allein und haltlos in Fr. zu wissen, ein unmöglicher Gedanke. Da er auf eine anständige Scheidung auch nur unter der Bedingung eingehen will, daß sie verspricht von Fr. wegzugehen, bin ich in der Hauptsache mit ihm einig. Meine Verantwortung, T. mit ihrer kleinen Rente in B. zu haben, ist groß, ebenso ist mir der Gedanke furchtbar, niemand mehr in Frankf. zu haben, an dem ich hänge; darum das jetzige Provisorium sehr angenehm, hoffentl. dauert es. Auch sie will nicht von Fr. fort und es graut ihr vor B.

Sonst diese Tage wieder voll reger Lebensgefühle, die alte Stadt, die alten Bekannten, die behagl. Vormittagsarbeit im Hôtel, der Stammtisch im Café B […]

[?]

[…] günst. Folgen der Psycho-Analyse schon sehr bemerkbar. – Vor allem erkannt, daß ⊥ gar nicht unmittelbar sexuell ist, vielmehr nur die Szene mit Fritz wiederholen will, wobei das weitere nur der nötigen Entspannung dient & meist enttäuschend ist. (Wie komme ich denn dann mit diesem .....)

9. Januar 1913 Berlin

Gestern Abend hier angekommen. Erika hatte die ganzen 14 Tage nicht geschrieben und zuletzt in einem Brief nach ihrer Art dunkle Andeutungen gemacht, es seien gräßl. Dinge passiert, die sie nun aber nicht sagen […] Nun stellt sich heraus, […]

16. Jan.

In Frankf. hatte ich eines Abends beim Zubettgehen, während mein Blick unter Plumeau & Bettdecke streifte, plötzlich für 3 Sekunden diesen Zustand, den Alfr. öfters geschildert hat: Beglücktes Durchschauen der ganzen Welt: alles stimmt auf's Beste und Sicherheit, daß das Leben ewig ist, wenn auch die Gestalt wechselt.

Gestern Brief von A. Sein für die Vergangenheit so fabelhaft richtiges Horoskop sagt ihm für 1914/15 so schwere Katastrofen voraus, daß es wahrscheinl. seinen Tod bedeutet. Er ist ganz zufrieden damit, mit 37 Jahren, wenn schmerzlos, zu sterben. Gerade diese Ruhe erschüttert mich. Ich fühle zum 1. Mal was ich damit verliere, und daß dieses ganze Berliner- & Reisedasein für mich nur möglich war mit Zwickledt im Hintergrund, und der damit verbundenen jedesmaligen Vertiefung.

Gestern war Anni zum Abendessen bei mir, und die alten Beziehungen traten wieder ein – aber ohne große Befriedigung meinerseits. Die Psycho-analyse hat mich in der That von der Befangenheit durch den Mütterlich-üppigen Typus befreit. In der Nacht träumte ich, ich müsse Kot essen, ballte ihn schon im Mund und suchte nach einem Ort, wohin ich ihn speien konnte. Deutliches Bewußtsein, daß der Kot die niedere (unbewußt mit dem Anal- & Urethralcomplex zusammenhängende) Erotik meint, die ich mit A. in der höchsten Potenz, das Lichte völlig überwindend & ignorierend im letzten Jahr erlebt habe. Damaliger Irrtum, sie sei die Vermählung beider Sphären, vielmehr war sie das völlige Verdrängen der einen durch die Andere: als Typus ganz die niedere, scheinbar, als Geheimratstochter & eleg. Dame höherer Sphäre.

[...]

Das ganze oft sehr euphoristisch und harmonisierend, aber nun erledigt.

Im Winter vor vollendetem 20. Jahr [...]

[...] Wir hätten uns viel mehr oder viel weniger lieb haben sollen. Es war zu viel für eine frivole liaison und doch nicht genug, um dauernd zusammen zu sein. – [...]

[...] suche lieber den schäumenden Champagner des Augenblicks draußen: daher gleichzeitig mein Zug zum Abenteuerlichen. [*Randbemerkung:* Don Juanismus] [...]

21.

Seit jenem myst. Erlebnis in Fr. scheint mir alles menschliche ferner zu sein, gleichgültiger, aber ohne Verdrossenheit, sogar mit Glücksgefühlen berühre ich die Epidermis der Dinge. Mir ist, als sei meine Wirklichkeit wo anders, wohl am meisten in Zwickledt concentriert, weshalb ich A's Tod so sehr fürchte. Aber möglich, daß in einigen Jahren auch dies zu ertragen ist, daß seine physische Anwesenheit gar nicht mehr von nöten ist.

So ist es verhältnismäßig belanglos, daß Erika doch wieder geschrieben hat und wir gestern einen schönen Abend verbracht haben, der nicht einmal der Abschiedsabend war. Sie kam in einem neuen grünen Kleid, das ihr sehr gut stand & wir musicierten aus dem Barbier v. Sevilla.

Durch Psych. An. festgestellt: Louisas Mund = Mund d. Mutter. Via Dienstmädchen die Sexualität von d. Mutter auf die Dirne abgedrängt, so daß der mütterliche & Dirnentyp heute f. mich das niedre, gefährliche, das ich nicht in's Licht einlassen darf.

Die Castrationsträume beziehen sich wohl auf d. Vater. Erinnerung an gewisse hygien. Praktiken, die d. Vater mir applicierte; teilweise gefürchtet, teilweise erwünscht. Angst auf die Hoden geschlagen zu bekommen, weg. des leibwehartigen Schmerzes – Leibweh – Analsphäre des Vaters.

Bett – Schlaf – Nacht – Onanie – Sarg – »früher Tod« gegen Aufstehen – Schule – Tagesleben – Lichte Frauensfäre, wo man auf dem Qui vive lebt – Thätigkeit – Ehrgeiz – Hygiene – langes Leben.

22. Jänner 1913

Von Kindheit auf das seelische Muttererbteil gehaßt und zu überwinden gesucht: die schwerfällige Naivität, zuerst gegenüber Botho v. Massenbach in Homburg. Dann Gewissensbisse, Schuldgefühl, daß ich die Mutter nicht genug liebte dann auf den Bruder, dann auf alles, was herabziehen konnte übertragen. Sophistische Entschuldigung: daß die Anderen aber auch wirklich schuld daran sind, durch ihre Fehler. Ausspähen dieser zur Rechtfertigung meiner Kälte: so noch heute meine Menschenverachtung. Dageg. Einsamkeits- & Verlassenheitsgefühle. Sehnsucht nach Liebe. Die Liebesschule bei d. Mutter schlecht absolviert: daher allgemein das Fehlen der Wärme bemerkt.

Auch Schuldgefühl gg. den Vater [*Ergänzung am Seitenende:* ihn zu sehr geliebt, nämlich sex. aber dies verdrängt auf andere Geschichten, was *relativ* Abreagierung ist, aber doch schlechtes Gewissen] wegen geheimer, meist sex. Gedanken, und nun scheint sich als Wurzel von allem: eine früh verdrängte Auflehnung, deren Wurzel wiederum die *Angst*, gg. den Vater zu zeigen, die herausbrach in m. 4. Semester und fast vergessen wurde, während die nachfolgende Zeit in Rom sehr gut im Gedächtnis blieb. – [*Nachträgliche Ergänzung auf dem Seitenrand:* übermäßige Vaterverehrung & Mutterablehnung sind beides (durch die Eigenart der Eltern verschieden bedingte) Abwehrgefühle gg. Inzest. Verdrängung statt Sublimierung. Grund: Angst, die jene Gefühle plötzlich *umbog*, statt sie leise abzureagieren.]

23. Jänner 1913

A Es scheint, daß doch ursprünglich die Mutter schon einmal die lichte Welt bedeutete. Während der Schwangersch. vor d. Geburt des Bruders lag sie viel, wurde gehegt & gepflegt. Dann durch Geburt wieder dunkel.

Der dunkle, behaarte Vater muß oft in dem sinnlichen Behagen, von Frauenatmosfäre erfüllter Kinderstube als Störung empfunden worden sein.

Aus ihm (vielleicht auf Grund seiner einmal gesehenen Nacktheit) entsteht das Lieflamm: dunkelbraun behaartes, aufrecht gehendes Tier, aber mit schönem Göttergesicht unter wallendem Haar: helle Gesichtshaut, gerötete Wangen, schöne geschwungene Lippen, strahlende Augen, weiße Stirn. Eine kalte, grausam sinnl. Überlegenheit des Kopfs auf tierischem Leib. Götterschwein.

AA Übertragung z. Vater wohl i. d. Zeit der Schwangersch. der Mutter. Gemeinsames Schlafen im grünen Zimmer, dem Heiligtum des Vaters, wo er sonst rauchend, im grünen Sessel unter d. Lampe Zeitung las. Später die 5tägige Reise i. d. Odenwald. Nach der Heimkehr Tränen, weil die Reise vorbei: Zuhaus – Alltagsmisère.

B. Conflict: Streben nach dem Heim, zur Mutter, Schlaf, Mutterleibsphantasie. Streben hinaus in's Lichte, Bewegte, Interessante. Zugleich aber wieder: fürchten des Tags, nicht aufstehen wollen etc. Auch der Conservatismus bei mir Vatercult. Ich *will* hier nicht ganz objectiv sein, sondern in diesem Gedanken, ob er richtig od. falsch ist leben und sterben. Vatercult = Ursache jeder heroïschen Weltauffassung.

24. Jänner 1913

Geldbeziehungen untersucht: das halb grandseigneurhafte Geldhinauswerfen, das auch halb Narrheit ist, des Großvaters hat, bes. den närrischen Teil, Richard geerbt. Ich habe das Erbteil der Großmutter, die im kleinen sorglos, flüchtig Buch führte, Geld verlor, aber im großen doch klug das Ihre beisammen hielt. Auflehnung geg. die bürgerliche Exactheit des Vaters, der seine tägl. Ausgaben in ein gr. Buch eintrug, bewirkte wohl meine Abneigung gg. alles Zahlenmäßig Rechnerische & mein absolut fehlendes Zahlengedächtnis, bes. für Preise. Die […]

[?]

[…] mich zu Tod o. also ihn bewahren. 3. Mann: Dieses thatsächl. Streben aus dem Dunkeln beweist nicht nur, sondern *ist* die lichte Welt, die naturwissensch. zwar nicht beweisbar, aber auch nicht angreifbar, vielmehr nur erlebbar ist, und eben dadurch bewiesen wird.

Das Abends nicht allein sein können: weil die Eltern nicht da sind, bes. Vater.

Angst vor dem einsamen Lebensabend; auch vor dem Tod.

Ursprünglich mit *Angst* verbunden, bis zur 1. Ehe. Mußte mich bisweilen in's Bett bringen lassen. Kinderangst beim Einschlafen.

Auch das Ausgeschlossensein, das nicht dabei sein dürfen: 1. bei den Eltern. 2. bei dem großen Fest, das sich abendlich i. d. Stadt bereitet und doch das gerade Hingehören meines Ichs, durch d. Abstammung v. d. Eltern.

Bes. Bedeutung des Sonntags, als Tag des Vaters, aber nur Nachm. & Abend. Nur Gesellschaft od. Erotik hilft darüber hinweg. Nicht: Geschäftliches oder niedere Sfäre.

Febr 5. 1913

A Neigung z. Geheimnis – Mystik – Religion – Erkenntnistrieb – Sadism. hat alles *eine* Wurzel: Das Geheimnis der Eltern; was sie *Abends* machen, das ich teils kennen, aber doch nicht *belauschen* wollte, um es nicht zu verletzen. Geheimnis jeder *Tür*, Pforte etc. (vielleicht des elterl. Schlafzimmers.)

B. Fürst Kraminsky = Großpapa (sowie Hermann = Richard). Das was *mich* zu mehr [*darüber:* Sündenbock] macht, als Cornelius, als der ich ganz d. Sohn meines Vaters bin. In die großväterl. Welt kann selbst der Vater nicht dringen: *noch* geheimnisvoller.

6. II. 1913

A. Ursprüngl. Geheimnis: das Leben d. Eltern, bes. Abends. Schautrieb d. Vater gegenüber durch Ehrfurcht völlig verdrängt, beim Großvater einem viel nonchalanteren Wesen gegenüber Versuche bei Urinieren zuzuschauen.

B. Vater: Vergottung in 3 Stufen:

1. Elementarwesen, behaart mit hellem Göttergesicht. Elementargott prae-ethisch
2. der mächtige, gefürchtete und geliebte Stammgott, mit dem man sich stellen muß
3. der Olympier, *harmon.* Beherrschung des Elementaren, dem man nacheifert.

Aus dem Geltenlassen, ja d. Freude an d. Elternleben, auch wenn ich nicht ganz dran teilhabe, dessen ich immer mehr würdig zu sein trachte, entsteht Neidlosigkeit.

7. II. 1913

A. Erinnerung an Szene: auf Papas Schulter i. Hombg. i. Badezimmer, wo Mama i. d. Wanne. Seitdem wohl, – da bereits im Besitz der 1. väterlich-ethischen Notionen – Verdrängung d. auf d. weibl. Körper gerichteten Libido. (D. Geheimnis entschleiert.) Diese Verdrängung ist zw. 20. & 30. Jahr ganz aufgehoben. Interesse am Weib erot. vorwiegend auf Gesicht & Hände, später auch Arme, beim Mann gerade auf d. *Verborgene* da nur dies beim Vater nicht enthüllt war.

Wegen der zu schnell verdrängten Mutterlibido wohl auch die Forderung: keine active Libido bei d. Gattin & meine moral. Strenge gg. Mädchen v. Familie.

B Ursprüngl. d. Vater gegenüber wie die Mutter gewissermaßen als s. zweite Frau, die nur hie & da, bei Unarten, mit d. Vater droht; bis ich merke, daß d. Mutter selbst »unartig«, unordentl., durchaus unharmonisch ist & d. Vater nicht gefallen kann. Jetzt emancipiere ich mich, erkenne vermutlich, was Weiberwirtschaft ist, und halte mich d. Vater für würdiger als d. Mutter ist. Erwachen & Wachsen der Rivalität. Die v. d. Mutter abgedrängte Libido geht auf d. Dienstmädchen & dadurch d. Fundament d. *natürlichen* Mutterliebe erschüttert, die sich nur secundär, als ethische Pflicht entwickelt.

[…]

[?]

[…] Geruch der Mutter, bes. ihres Taschentuchs (im Gegensatz zu dem nach Eau d. Col. riech. Tuch des Vaters.)

So ist eine Art physiol. Abneigung geg. d. Mutter entstanden & die Libido statt sich gemüthaft zu sublimieren wurde abgedrängt, be. in d. niedere Sfäre, wo sie sich rein sexuell äußerte. Daher die mangelnde Fixierbarkeit nicht nur der Liebe, sondern überall, auch im Beruf, Wohnsitz, Beschäftigung. Aus dem zuvielen (zersplitterten) entsteht kein Ganzes. Fast jedes Weib scheint relat. reizvoll – und geeignet f. d. Augenblick vom Complex wegzuführen! Nicht vorbei am Complex, sondern tief hinein! ist gesundes Gebot. Denn hinter d. Complex steht die rechte Mutter, d. rechte Vater, die rechte Göttin – daher immer vorbeilaufen an der Rechten. Der Elementarunterricht der sich fixierenden Liebe bei d. Mutter wird unterbrochen und nur durch ethische Constructionen ersetzt. Deshalb alle eth. Tugenden vorhanden: Gerechtigkeit, Dankbarkeit, Zuverlässigkeit, aber ohne strömende Wärme. Wenn dies gelöst würde, wäre das *Größte* mögl. Zu dem unendl. & reichen Talent käme die geniale Verbindung.

12

Abdrängung d. Libido v. d. Mutter, nicht nur durch ihre Unvollkommenheiten (Unzugehörigkeit zur lichten Vaterwelt) bedingt sondern durch angeborenen auf sich selbst gerichteten Narcissismus.

Leichte Geringschätzung d. Mutter & des Weibes überhaupt.

Ewige Sehnsucht von sich *selbst* los zu kommen, daher sich *Stürzen* in die Ehen & das Blindseinwollen Anni gegenüber. Darauf die notwendige Enttäuschung.

Der Narcissism. begehrt gleichzeitig die Anbetung & verachtet dann die Anbeterin in ihrer Unvollkommenheit und verstößt sie. Haß gg. diese Unvollkommenheiten, weil es die eigenen sind. Schon Botho gegenüber. Daher auch *Moly* vieles von mir hat.

13.

Vorgestern Herrngesellsch. bei Max. (Reinach) Dann alle zusammen in das Eispalastcasino. Dort die kl. Hedw. Paschke, die ich vor Wochen mit Dr. Mansfeld, dem Africaner, in Pompadourbar traf. »Die Gemütswerte«, die fast alle schwarzen, großen Männer reizend findet. Gestern Abend bei ihr, sehr zufrieden, dann am Stammtisch im Pschorr worauf ein langer gemeinsamer Bummel folgte. Etwas berauscht, Cocotten – bestens.

Dies alles charakteristisch: Möglichkeit des Dirnenerlebnisses in der gewöhnlichen normalen Welt, nicht mehr abseits, im finsteren [...]

Heute Nacht Traum, der den Vater zu einem leeren, geckenhaften Fürsten erhöht & zugleich erniedrigt, die Mutter zu einer sicheren, gewandten berlinisch-gesellschaftlich hartherzigen »Pute« zugleich erhöht & erniedrigt. Also, wie im oriental. Märchen wird d. Wunsch (die Erhöhung) gewährt, aber dann ist es nichts, hohl & leer.

Lossagung v. d. verständnislos-lieblosen Mutter: »an Deinem Totenbett sehen wir uns wieder« & von dem ebensolchen Vater: »nun ja, Du sagst, Du bist mein Vater«, sonst keine Beziehungen; aber doch in beiden Fällen Anerkennung des Verhältnisses im Princip, aber ohne die augenblicklichen unfreundl. Bezieh[…]

Das Schlafbedürfnis bei Tag nicht auto-erot. in sich selbst zurückziehen, in den Mutterleib, den Tod (wie des morgens lange liegen bleiben) sondern die Neigung besteht, im *Wohn*zimmer, nicht im Schlafzimmer zu schlafen, ev. in Gegenwart anderer. Dies ist ein Wiederherstellen der kindl. Situation: schlafen, aber die Andern (das Leben) sollen dabei bleiben. Das Leben soll gleichzeitig weitergehen, wird *nicht* verneint, sondern gewissermaßen vertieft, durch passive Einstellung, leider mit Verlust des Bewußtseins. So auch die Mystik: das transindividuelle *Ein*gehen in das Leben. Der Tod tröstlich, wenn er nicht das *Nichts*, sondern das *Weiter*leben ist, trotz Todsein.

So sollen auch meine fantast. Geschichten keine Märchenwelt aus dem *Nichts* schaffen, sondern das Leben *selbst* märchenhaft machen.

23.

Tagesschlaf = Masturb. Nachtschlaf = normal. Sex.verkehr. Wenn dieser nicht möglich, mag jener gelegentl. erlaubt sein. Falsch aber ist zu glauben Tagesschlafsucht sei Unausgeruhtheit und müsse durch Schlafen curiert werden, ebensowenig als Drang zur Mast. einen Samenüberschuß bedeutet, der weggeschafft werden müsse. Diese Erkenntnis daß Schlafsucht ein Laster ist und nicht durch Schlafen beseitigt wird, scheint mich davon geheilt zu haben.

Dagegen bleibt meine zweifelnde Unentschlossenheit, die aus 2 Gründen mein Leben nicht heiter macht:

1) was ich auch thue, eine andere Thatmöglichkeit ist verdrängt & stört. Soll ich abends ausgehen oder zu Haus Briefe ordnen? Soll ich ein zweites Mal coitieren? Soll ich eine Reise machen. Das abgelehnte rumort dann im Unbewußten & macht mich nie ungebrochen zufrieden.

2) Was ich auch thue; wenn es noch so sehr m. Instincten entspricht, hat die Form einer Pflichthandlung, einer *Aufgabe*. Aus Angst zu *nichts* zu kommen, erhebe ich meine Wünsche zu kategor. Imperativen & das verdirbt den Spaß. Anstatt abzuwarten bis mich d. Instinct treibt – aus Angst er thäte es nicht – *muß* ich reisen, coitieren, schlafen, zu Festen gehen etc. Alles das thäte ich auch so, nur sicher mit mehr Genuß. Dies ist eine Verwandlung aller Wünsche in *väterliches* Gebot.

25

A. Ursache der Insuffizienzgef: die Mutter. Entdeckung von deren Unvollkommenheiten durch die häufigen Vorwürfe des Vaters. Diese Unvollkommenheiten aber in mir selbst, auch in dem nicht hübschen Äußeren (z. B. im Vergleich mit Botho), später daher Unsicherheit gg. E. Hochstetter etc. Dies verstärkt durch den von d. Mutter bes. ausgehenden Zwang, mich dürftig (geflickt) anzuziehen. Daher später das Bedürfnis durch correcte Kleidung Sicherheit zu gewinnen.

Erst Lampenfieber beim Coïtus mit »lichten« Frauen. Später hört das auf bei pathicist. Einstellung, wo aber wieder die Incestschranke sich durch Praeercität fühlbar macht.

B. Ich schwanke zw 2 Typen: mütterlich-vollbrüstig – schwarz, schlank, leichter Schnurrbart; dies auto-erot. Fixierung auf mich selbst in d. Pubertätszeit (bei keimendem Schnurrbart.) Annahme: solche Frauen sind ebenso leidenschaftl. wie ich selbst. Narcißm. Spiegel: Sie sollen mir helfen Ich zu sein.

27. II.

Ursache der häufigen ohnmächtigen Verdrossenheit über die Welt: die Ohnmacht mit der früh (durch die Augen des Vaters) erkannten mütterlichen Inferiorität, gegen die es keinen Appell gab, der ich mich fügen mußte. Hier versagte auch die väterl. Vernunft, die mich natürl. nie gg. die Mutter in Schutz genommen hätte.

Verstimmung, daß bei meinem Herrenabend zu Ehren Alfreds, der seit 8 Tagen hier ist, Hauptgast, Forest nicht kam: Meine wohlausgedachte Mühe (um Alfr. d. i. dem Vater zu gefallen) durch einen Ungeschickten (dunkle Welt) durchkreuzt.

Die Sublimierung der dunkeln Welt fühlbar.

1.) ⊥ die Schroffheit (Folge Kameradenlosigkeit) äußert sich als Übercompensation gg. verdrängte ⊥) Diese kann heute bewußt gemacht werden, da sie in der lichten Welt keine [+++] will, sublimiert sich vielmehr in vermehrte Herzlichkeit & Wärme im kameradschaftl. Verkehr (Goetz, Stammtisch im Pschorr.) Neue Duzfreundschaften.

2. die dunkle heterosex. Welt erhellt sich in die hellere Atmosfäre des Cocottentums.

Beides also sozialisiert sich in die normale Form, die in unserer Zeit diesen Trieben erlaubt ist.

März 2

A. Neigung zu Juden in Frankf. = Flucht vor den rauhen Gojim der Schule, wie zu den Mädchen. Die circumcisio eine Art Castration d. h. Annäherung an d. Mädchenhafte wozu ein fast bewußter Trieb bestand.

Die 2 Ehen Auflehnungen gg. die Vaterwelt. Daher Reue & Kraft herauszukommen. Die Ehe mit S. Witting wäre im Sinne des Vaters Gefahr aus der Muttereinstellung (weg. ihrer Üppigkeit) sie pathicistisch-libidinös als Dirne zu empfinden.

Die väterliche Autorität an der Effemination schuld, so sehr der Vater gerade diese mißbilligt, (s. Friedr. d. Große & sein Vater), aber nun war es zu spät. Solange er da war konnte *ich* nicht mehr viril sein. Später allerdings ist d. Virilität *geistig* nachgewachsen.

Verhältnis zu Cameraden überhaupt zu andern ablehnend: Übercompensation gegen *Imponierenlassen* (daher anregend) nur ⊥ (daher schroff.)

B Imponierend alles *Bild*hafte, symbolisch für eine berechtigte Welt (Botho Max Claar, später Weidenbusch, *die* Gesellschaft) nach dem Muster der Auffassung von Vater, Großvater & Großmutter: *Ihre* Welt, *ihre* Atmosfären gleichgültig gegen logische & ethische Begründung, rein imaginativ-mythologisch-märchenhafte Auffassung der Welt. Verachtung geg. die Angriffe von unten (die niederen Stände, die Lehrer, banausische Weltauffassung) gemischt mit Feigheit geg. die Übermacht (Mitschüler, Militär, Staat.) Daher Bevorzugung der Religion vor der Politik. Später aber erkennen jener Mächte auch als *symbol.* Daseinsformen & ihre Auflehnung gg die Restitution, radicaler, weil nun die Vaterwelt weitergefaßt wird.

C Auch mit Fritz so grauenvoll, weil das v. Vater gegebene Gesetz der Scham verletzt wird. Daher Sinnlichkeit zuerst als gewaltsame, halb ängstliche Übertretung gefaßt, nur darum die Sexualität der doch immer entblößten Tiere unbegreiflich. Also eine halb schäbige – halb grauenvolle Empörung gg die Vaterwelt. Daher auch die Flucht in's Dunkel, das schlechte Gewissen, Geschenkte.

Dagegen wurde gegen Mutter & Schwester die Incestschranke besonders fest verteidigt. Zugang zu den jungen Mädchen nur aus dem aesthet.-poetischen heraus (vom Vater halb gebilligt.) Äußerstes Ziel: der Kuß. »Schweinereien« mit Mädchen erschienen als viel schlimmer als solche mit Jungen. Das Sexuelle zuerst ganz auf niedere Frauen geschoben: Exhibitionsneigung vor Dienstmädchen. Später Erfüllung bei Dirnen & erst danach bei »lichten« Frauen, als sie als »psycholog.« Dirnen erkannt wurden. (Letzte Station: Anni) Beglückende Sexualität müßte wohl da anknüpfen, wo sie mit 19 Jahren aufhörte, als Dirnenverkehr begann mit sex. Scheu & gefürchteter Impotenz bei »lichten« Frauen, bis diese in der Mehrheit als Dirnen erkannt wurden.

Eine *normale* Synthese von Erotik mit Familie nicht möglich, weil das Mütterliche durch die Dirne besetzt war. Die Verdrängung von der Mutter weg auf die Dirne war *zu* stark; wohl auf Grund eines Haßgefühls. [*Randbemerkung:* weibl. Einstellung gg Vater; selbst Mutterrolle] Vor der Mutter nicht nur *keine* Exhibitionslust, sondern Ekel vor dem Gedanken: »das gehe Dich nichts an.« Dies gemildert gegen Hedwig, während zu Tilly eher ein frisches Gefühl (sie ist mehr Dirnentypus). Auch Abneigung, wenn Louisa mich nachts überraschte: »Das geht Dich nichts an.« »Dies gehört den Männern (Vater) & den Dirnen.« (Nicht der Mutter & Gattin.) Entsetzen, daß die *Dirne* nun *Gattin* war. Habe ich etwas analoges je bei der Mutter gefühlt? Jedenfalls ihre Beziehungen zu den Dienstmädchen als niedrig empfunden. Nun aber war sie *dennoch* die Frau des *Vaters*, den ich gegen sie schützen möchte. So auch L. nun trotz Niedrigkeit *meine* Frau (des Nachfolgers des Vaters.)

4.

Intoleranz gg. Wolle – Übercompensation geg. die Libido bei Anblick d. väterlichen Behaarung. (Ich narcistisch als »zart« empfunden.) Diese verdrängt auf niederes. Die Angst davor auf Tiere: aber nur monogam lebende. Das Löwenpaar immer als die märchenhaft empfundenen Eltern symbolisiert. Auch Vogelpaare. Sie tronen irgendwie königlich.

Auch der Vervollkommnungstrieb sublimierte Übercompensation gg die tief gefühlte Unvollkommenheit. (Der Stotterer Demosthenes wird d. größte Redner.) Daher noch so auffällige Reste von Ungeschicklichkeit & Verlegenheit.

5. Nachtrag

Vom 19. Febr. – 1. März war Alfred hier und wohnte bei mir. Sehr schöne Tage.

Samstag 22. Diner bei Witting. – Die Tochter Sybille, die mir schon bei meinem letzten Besuch sehr gefiel, entzückte mich. Sprach begeistert von einer Zeichnung A.'s, und ich benutzte dies als Anknüpfung, um ihn ihr zu bringen – im Geheimen ihn als möglicherweise künftigen Schwager betrachtend. Freitag waren wir dort; auch er sehr von ihr eingenommen und rät mir sehr zu.

Vorläufig bin ich noch zu kühl, aber wenn sich das bei näherer Bekanntschaft ändern sollte – bin ich entschlossen.

Seit jenem Samstag bis gestern tiefe, grundlose Depression und Lebensdégout, obwohl alles äußere gut ging, verschärft durch die Trauer über A.'s Abschied und die nun wieder fühlbare Einsamkeit. In der Analyse ergab sich als Grund das tiefe, schmerzvolle Schwanken: soll ich – soll ich nicht? Ein Traum brachte Katharsis und Befreiung.

[…]

In einer Nacht brachte ich die kl. Cocotte Hedw. Paschke aus der Pompadourbar herauf. Gegen 2 wollte ich sie wegschicken, als A. erwachte. Nun brachte ich sie ihm in Spitzenhöschen hinein – Tableau. Sie blieb bis 5.

Anni wollte Samstag nach Leipzig fahren, ich sollte hinkommen, um mit ihr eine Nacht zu »drahn«; lehnte aber dann wegen meines allgem. Dégouts ab. Nun fuhr Alfr. am Samstag über Leipzig nach Haus, und wir bedauerten tief, nicht zusammen mit A. gefahren zu sein. Ich malte mir mit diabol. Freude die Situation aus die Cocottenszene von letzter Woche mit A. zu wiederholen und sie so zur Dirne zu machen, während sie sich für die große Hetäre hielt. Dabei machte […]

9.

Narzisism. schließlich Urgrund d. Neurose: mangelnde Fixierbarkeit d. Libido: daher Bisex. – Praeerc. – Schwierigk. d. sozialen Beziehungen – Mattigkeit – Unsicherheit.

19.

8 Tage verreist. Hannover. Am 16. Premiere von »Horn d. Marquis«. Hübscher Erfolg.

Analyse:
Wenigstens jetzt klare Diagnose:

1) Narcisism, äußerlich sublimiert z. Vervollkommnungstrieb in allem, [...]

[?]

Vaterimago (mit Feuerband), so daß es zu Concessionen kommt. Nicht 4 Stunden Schule, aber 2 St. Arbeit zu Hause etc. Dagegen *motzt* in mir das Meditativ-weibliche, in Form eines Widerstands durch Müdigkeit. So in mir gehemmt:

1) das active, männliche.

2) das meditativ-dichterische, das ich mir nicht ganz erlaube. (Auf einer Wiese liegen!)

4. Apr.

In dem nicht aufstehen wollen & der Morgenmüdigkeit (sowie Müdigkeit i. Gesellschaft) liegt *Trotz* geg. die Welt, die nicht nach meiner Pfeife tanzen will. »Nun gerade nicht.« Beleidigt sein durch frühes Wecken, frühe Verabredungen etc. Dies ist der dumpfe Widerstand der »Andern« gg. das Ich. Zuerst wohl der Mutter gegenüber gefühlt.

Dagegen *besonders* zugänglich für Vernunft (Vaterwelt.) Ethik.

Sich nicht i. d. Andern fügen wollen, gerne zu spät kommen, außer d. Saison reisen wollen, Vorliebe für d. obersten Stock (niemand über mir), abgelegene Straßen. Dagegen aber: auch nicht verlassen sein wollen (von d. Eltern.) Combination von Abgelegenheit & Elternräume die geheime Abseitserotik der kl. Gassen. Da wird einem ein Extrakuchen gebacken, den die anderen nicht kennen, wollen & suchen.

Trotz gg. die Andern. Nicht können wie sie, daher alle guten Anlagen auf das Besondere, andere geworfen. In d. Schule: Musik, französisch, Litteratur. Kurze Zeit modern-revolutionär, aber dann umgekehrt, als alle die *Andern* ebenso wurden. Für Conventionen & Traditionen in einem anticonventionellen Zeitalter; patriotisch in einer antipatriot. Zeit. (früher für alles Fremde, Ausländische.)

Reisen wollen, nicht nur Neigung für das Andere, zudem auch d. polygame Trieb *alle* Länder sehen zu wollen. Sadism.

5

Die morgendl. Müdigkeit ein Trotz gg. d. active Leben, dem libido vorgezogen wird, in irgendeiner Form. Narcissisch im Bett bleiben, oder auch Copie des Dirnenlebens. Daher nach erot. Abenden & Nächten viel weniger Morgenmüdigkeit, oft sogar Frische. Auch der Morgencoïtus keineswegs ermüdend.

Neigung Mädchen zu sein, schon in Homburg – Abscheu vor Militärdienst & Turnstunde. Dann: frankf. Erkenntnis, wie viel leichter, sanfter, spielerischer die Mädchenschule ist. Neigung zu mädchenhaften Knaben: Botho, Matthes, Claar. Bes., wenn sie nette Schwestern haben. Ich liebe das Idealbild meiner selbst. Erst sanfte, zarte (blonde) Mädchen, später leidenschaftliche, dunkle mit kl Schnurrbart, später in d. pathicist. Zeit die etwas üppige Blondine, heute wieder die Dunkle. Aber auch die Blonde bin ich, wie ich als Homburger Junge war.

7. Apr.

Müdigkeit als Protest des Narcism. gegen die Umwelt: Allein sein, träumen, ev. bei mütterl. Weib.

Nasenmanöver sind Ersatz für unmögliche Selbstfellatio.

Heute Nacht Traum, wo Arzt d. Fortunio (den arroganten Störer der Analyse, das künstlerisch-sinnige Ich) erschießt; dann richtet er sich auf & das *andere Ich reicht* ihm die Hand z. Versöhnung.

Die beiden Ich: activ und passiv-meditativ an sich gut. Nur ihre Carricaturen: narcisische Arroganz & Pathicismus schlecht. Diese hindern die Einswerdung. (Fortunio = Fleva, Suarez, Jäger etc.)

9.

Feigheit = Angst vor der Wildheit der eigenen, sadist. Urnatur. Die wird verdrängt & schlägt in Passivität & Masochism. um, der auch nicht zugegeben wird, sondern sich als Angst vor (gleichzeitig gewollten) Angriffen äußert. Wie die virgo defloration fürchtet & wünscht, mit bes. Grauen, da sie die Partei in sich kennt, die dem Angreifer zu Hülfe kommt. Darum sich nicht auf sich verlassen könnend, Feigheit.

Ursprünglich Angst & Wunsch vielleicht gegenüber Castration durch d. Vater. Dies auch in d. Angstträumen die Grundlage. Das Lustvolle dabei gerettet in die Exhibition.

Dem Zahnarzt gegenüber *vorher* keine Furcht, wegen einer masoch-homosex. Libido. Bes. bei Ceconi.

10.

Traulichkeit um Vesp. rührt von Homburg her, Clos. i. Promenaden. Aus altem Holz. Vater, ev. ging er auch im Wald zur Hexe in's Pfannenkuchenhäuschen. (Zusammenhang mit Mystik, Märchen, Giebelhäuser, alte Gassen, Dörfer.)

Hexe i. Pfannenkuchenhäuschen – Closetfrau

Die sex. Ergänzung v. der Plato spricht ist die verdrängte Ichhälfte, die sich vollkommen einmal in einem andern finden kann. Je radicaler das Virile das Feminine od. umgekehrt verdrängt hat, desto leichter die Ergänzung. Die Complicierten haben nicht radical verdrängt, Gegentriebe machen sich fühlbar, sie wissen nicht, was sie wollen & hassen dann leicht im andern den nicht ganz verdrängten Teil des eigenen Ich. (Ich z. B. die Schwäche & Kleinlichkeit d. Weibes.) Zwei gezahnte Räder sollen in einander greifen, aber nun trifft bisweilen Zahn auf Zahn (Zank) oder Vertiefung auf Vertiefung (Leere).

Tod von Anfang an in uns. In jedem ein Trieb z. Mütterlichkeit, in die schlummernde Nacht zurück: nicht geboren werden, nicht leben *wollen*. Wäre nicht dieser Wille z. Tod in uns, wir könnten nicht sterben. Das ganze Leben ein Kampf zwischen der passiven & activen Tendenz. Starke activ-masculin. Naturen haben den Tod scheinbar ganz verdrängt, bis er, plötzlich, oft recht früh explosiv hervorbricht. Kränkliche werden oft sehr alt, da sie früh mit d. Tod pactieren lernten durch Nachgeben, viel Ruhe, Schlaf, passives Verhalten. Sterben immer larvierter Selbstmord. Die sterben *wollende* Partei in uns treibt uns in d. Tod, ev. unter ein Automobil. Wir könnten in keinen Abgrund fallen, wäre nicht der Wille zum Abgrund in uns, der sich in Schwindel und Angst zeigt. Angst ist stets umgekehrte Libido. Vielleicht geht unser telepath.-prophetisches Unbewußtes nur dann in Häuser die abbrennen, wenn es einen Vorwand z. Sterben sucht, da das bewußte Ich es von selber nicht thäte.

Schmerz vielleicht auch nur Symptom der sich wehrenden Activität, des Lebens gg. d. Tod. Natürlich oft irrationell, z. B. der hohle Zahn, der morgens gezogen wird, thut doch noch weh. Vielleicht lassen sich einmal solche unwerte Schmerzen, über die das Bewußtsein bereits entschieden erst weganalysieren. Der Martyrer, der das Leben in's Jenseits projiciert, fühlt seine diesseitigen Schmerzen nicht mehr. Der Mahatma, der den Tod *besiegt* & ihn einst rufen wird, wann er *will*, durchaus glaubhaft. Krankheiten Symptomhandlungen des unbewußten Todestriebs. Der Joghi *darf* alles, weil er die *richtige* Einstellung z. Leben hat. Seine *Lust* ist nicht mehr Nachgeben an d. Tod. (Ich *darf* die mütterl. Frau coïtieren, wenn ich nur nicht die *mütterl.* Einstellung, sondern die männliche zu ihr habe.)

Morgenmüdigkeit: Trotz geg. des Vaters Frühaufstehgebot. Das Unbewußte will beweisen, daß früh aufstehen schlecht ist und produciert verdrossene Müdigkeit.

Abends nicht zu Bett wollen, auch trotzige Einstellung des Knaben, der etwas zu versäumen fürchtet, aber unter väterlicher Duldung, die ja nicht allzu streng ist, bis zu einer gew. Stunde. Geg. 2 Uhr tritt dann nervöse Hast zum nachhause gehen auf, im Hinblick auf die *Pflicht* des Vormittags, im Namen des Vaters. Dagegen kann dies aufgehoben und, wenn im vorhinein ein später zu Bett gehen geplant war (mit väterl. Erlaubnis.) Früh dann wieder nicht anfangen wollen, den Vater vergessen & dann ihm unwillig folgen.

11. Apr.

Verstopfung – hängt zusammen mit Castrationsangst. Angst es wird mir etw. genommen, daher »An sich halten«, wohl auch Angst, i. d. Hosen zu machen, zur Unzeit vom Drang überrascht werden, die wieder verdrängte libido der Selbstbesudelung ist. Übercompensation.

⊥ niedrige, auch *kleine* Typen gesucht. Geht über Rich. Wollte gestern Abend R.'s Briefe ordnen; Müdigkeit drängte dagegen & trieb mich hinaus, wo ich vorher Fritz Herlingtyp gesehen hatte. Die ganze Reaction auf die sehr starken Erkenntnisse des Nachmittags & Abends. Das ganze aber ohne das zwanghafte, gehetzte, unbedingt zum Ziel kommen *müssen*, sondern verlor sich von selbst & dann Wiedereinordnung in m. Welt möglich – am Stammtisch i. Pschorrbräu.

Beim Fechten: Angriff *gut*, aber bei d. Verteidigung & besonders wenn ich auf Commando üben soll, verdrossene Müdigkeit. Nicht wollen. So in allem, auch i. d. Debatte. Gut in d. These, schlecht im Eingehen. Entweder großartig, selbständig, männlich, oder völlig gleichgültig passiv. Grund: die wirkliche Überlegenheit wurde i. d. Kindheit mißverstanden & gekränkt: Unlust sich in fremde Gesetzmäßigkeit zu fügen. Zugleich aber auch Unfähigkeit dazu: daher neben großen Erfolgen [...]

[?]

Erkennen der Vaterwelt, durch Liebe z. Vater und durch den Geist. Nun erhellt sich die Vaterimago zur Autorität und verbietet den eitlen Narcismus der sich beugt. Aber es bleibt das Mißtrauen gegen sich selbst: bin ich nicht doch oberflächlich, bloß auf's Ich bedacht, feig, ein kümmerlicher Geck etc! Daher verlangt das bewußte Ich von sich selbst fortgesetzt *Beweise*. Alles wird zur *Leistung*, nichts ist unbefangener Genuß. Daher die Angst Zeit zu versäumen, das Hetzen des [...]

Morgens die Müdigkeit: der Narcism. macht sich geltend gg. die Tüchtigkeit.

Abends nicht allein sein wollen: Flucht vor dem geheimen Wunsch nach narcistischem (ev. masturbator.) faulem, dämmerndem Alleinsein. Nicht *allein* sein können, weil alleinsein sonst narcistisch werden könnte, wogegen nur durch unruhiges sich zu einer Thätigkeit *Zwingen* aufzukommen wäre, dann lieber Geselligkeit, die gleichzeitig sublimierter Narcismus (Anerkennung suchen) und doch auch actives Leben ist. (Concession.)

Den *Bruch* verursacht also (wie die ejaculatio praecox) die Vaterimago, die den Narcism (resp. Particism.) nicht erlauben will. Daher *alle* Unsicherheiten & Entgleisungen.

18

Die letzten Reservate des Unbewußten, z. Zweck narciß. Libido: Nase (Rest d. Koprophagie), Grunzen (Nachahmung & doch larvierende Veränderung d. Krächzens bei d. Defaecation); diese 2 Symptome direct verdrängt, während alle andern durch Analyse geschwächt wurden. Dazu kommt neu seit ca 14 Tagen jeden Nachmittag Diarrhoe; zu Libidozwecken.

Noch immer die innere Unruhe d. beiden Welten: das Arbeiten hinausschieben, als wäre es eine Qual, was es in Wirklichkeit meist gar nicht ist. Die Enttäuschtheit & leichte Ermüdung bei jeder Art Erholung draußen mit dauernder Sehnsucht nach Hause, nach m. Büchern & oft nach m. Arbeit. Oft als Compromiß: Ausgehen mit Büchern i. d. Tasche.

Ganz befriedigend fast nur sexuelle Momente, die einzigen wo das »Nichtsthun« zugleich »positives Erleben« ist, so daß es auch aus d. Perspektive der activen Welt Billigung empfängt, kurz darauf um so stärkeres Bedürfnis in sie zurückzukehren.

Da Gleichzeitigkeit der beiden Welten unmöglich ein dauerndes Oscillieren sowohl bei d. Arbeit wie beim Genuß. Losung wäre: Einswerden der 2.

21.

Gezwungen Ersatz f. d. früh abgewöhnte Schnuffeln, das irgendwie mit d. Mutter zusammenhing. Dumpfheit; ebenso Schnupfen, der irgendwie z. Mutter »gehörte«. Ihre Taschentücher. Nervöser Schnupfen, Protest der dunklen Welt. So ist dies alles ein Bezirk, Nase überhaupt: Mutterbezirk.

Gestern seit langem wieder Schrecktraum, obwohl *deutlicher* als je, doch nicht so erschreckend: Kein Schrei, vielmehr d. Gefühl: jetzt ist es aber wirklich da: Kopf Aus[++], als focus *alles* dunkel Weltlichen, selbst als Musiker, soziale Schicht etc. Dann aber durch den Schreck d. Traum sofort verdrängt.

22

Traum offenbarte die Intensität des phys. Widerwillens gg. Mutter, gg. ihre Bemutterung, bes. in Krankheitsfällen. Frühzeitig affectiv betonte, trotzige Schamhaftigkeit gg. Mutter, dagegen exhib. Neigung gg. Dienstmädchen, auf welche infolge der Incestschranke frühzeitig die Mutterlibido abgewälzt war. Alles was in d. dunklen Welt *besonders* reizvoll, bei d. Mutter furchtbarer Gedanke. Daher dasselbe was i. d. lichten Welt die Potenz vermehrt, vermindert sie in d. dunkeln: Zärtlichkeit. Der scheinbare Pathicism. daselbst (dem die andere Partei nicht erlaubt & durch Praeercität verhindert) ist nur eine Zärtlichkeitsanleihe bei der Mutter. (Dies möglich, weil die Zärtlichkeit nicht hinreichend an die phys. unsympath. Mutter fixiert war, wohl in folge Narcismus). *Ursprünglich* also auch d. niedern Weib gegenüber *nicht* pathicistisch, sondern narcistisch-exhibitionistisch. Erst das Anschmiegen an sie das vor ihr auf d. Rücken liegen bewirkt Praeercität. Die mangelhaft [...]

[?]

[...]nis heraus, dies gehöre – weil unaesthetisch – nicht zur Vaterwelt. Kurzum: statt des activen Mannes wurde die Männercarricatur Dandy maßgebend. Erst das durchaus Mann sein wollen hat dies überwunden.

Durch die Ablösung des Dandysmus aus d. Vaterwelt wird die Unvollkommenheit des Weibes weniger affectiv empfunden; durch die Ablösung der pathicistisch-zärtlichen aus d. dunkeln Welt wird jene nicht mehr zur Klippe. (Louisa)

Ich brauche eine anschmiegende Frau, die aber nicht sich – und damit mich auch – vor mir erniedrigt: hingebend aber nicht niedrig und ohne Stolz, warmblütig aber nicht hetärenhaft, klug aber nicht intellectuell.

Die Unsicherheit ist die Scham der Männlichkeit. Folgendes Mißverständnis: Das aesthet. also als Hauptmerkmal der Vaterwelt erkannt (statt der tüchtigen Activität.) Außerdem hat der Vater früh die sex. Scham gelehrt, so daß das sex. künstlich in die dunkle Welt gestoßen wurde. Dadurch das Bubwerden verdrängt, Scham über die eigene Derbheit, Niedrigkeit. Versuch sich zu effeminieren, wie die Mädchen sein (was fälschlich zur Vaterwelt gerechnet wurde.) Abneigung geg. Turnen, Sport, Balgerei, Auszeichnung in d. Schule, dagegen Neigung sich in Abliegendem auszuzeichnen: Musik, französisch, Courmachen (statt: v. Mädchen reißt sich stolz d. Knabe.)

Die Männlichkeit gespalten & verdrängt,

1) in die Intellectualität, daher die schroffe, erbarmungslose Ironie gg. d. Weib

2) in die dunkle Welt, als Exhib. gegenüber denen, denen gegenüber ich *relativ* hübsch, zart, licht war. Darum Wahl niederer Frauen, die ich dann durch Ironie töte & durch Geist.

Statt dessen sollte sein: Bärenhafte, gutmütige Männlichkeit, die sich ihrer Rauhheit nicht schämt bei den zarten, lichten Frauen, die ja dies im Grund wollen. Dann brauchen die andern Manifestierungen des Narcismus & der Schulmeisterlichkeit nicht mehr aufzutreten.

Ursache d. ganzen: die künstlerische Anlage:

1.) die künstlerische-aesthet. Neigung, die daran schuld ist & mißleitet wurde dadurch, daß ihr der Vater so sehr, die Mutter so wenig Genüge that.

2.) der sich gestaltenwollende Drang überhaupt auch die gehemmte (zu frühes Lieben [?] wollen, Inzestscheu – Macht des Vaters) Männerentwicklung in's Exhibitionistische und Dandystische carrikiert, weil das Vaterideal falsch gefaßt wird, nämlich aesthetisch statt männlich. Daher Dandysmus mit seiner Kehrseite Exhibitionism, statt bärenhaft-gutmütiger Männlichkeit.

Also: Dandysm & Exhib. statt Tüchtigkeit & raue Männlichkeit. Neue Linie: 1) die Morgenfaulenzerei durch ein Recken & Lachen, als natürlich, abschütteln, statt zu sagen: ach, das Leben ist überhaupt nichts.

2) die niedere Welt als Zoll an das Animalische derb lachend hinnehmen, ohne pathicist. Einstellung.

Dann ist beides Normalerscheinung einer etw. derben Männlichkeit.

Auch d. scharfe, viele Reden i. Gesellsch. ist nur Übercompensation der unterdrückten männl. Einstellung, wie in d. Schule: sich durch besonderes hervordrängen, weil ich sonst hier nichts gelten würde, der ich den gewohnten Wettbewerb der Schulleistung & körperl. Tüchtigkeit verschmäht habe.

25.

Gestern Abend z. letzten Mal mit Eri[ka] und es muß nun das letzte Mal bleiben. Sie quält sich und mich zu sehr, erklärt, sie könne nicht ohne mich leben, litte auch gar nicht mehr darunter, daß sie sich mir nun in allem füge und sie erkenne nun an, daß ich in allem der Herr sein müsse. Das kann ich nicht annehmen: mich in diese Liebe vertiefen will ich nicht – wir passen sonst zu schlecht zusammen; sie genießen und selbst nur mit leichter sinnl. Sympathie beantworten, das widerstrebt mir. Ich benutze daher meine bevorstehende Abreise zum endgültigen Schluß.

[…]

[…] dieses aber die Einhaltung des Gebots auch i. d. Gegenwart verlangte wurde die Exhib.neigung verdrängt. Nicht auf die andern Personen d. Vaterwelt, vor denen ja das Gebot der lichten Sitte besonders galt; blieben die Vertreter der dunkeln Welt. Aber auch diese (Mutter, Dienstboten etc, später *alles* der lichten Welt decidiert feindliche: profess [+++]) standen in irgend einer Beziehung zur Vaterwelt, so daß ich ihnen gegenüber mich bes. als zugehörig erweisen wollte (Die sollen das nicht sehen) oder sie nahmen eine feierliche Stellung ein (als ihnen nicht […]

[…]

29.

Das väterl. Schamgebot macht aufmerksam auf die Zweiheit der Welt. Die zu erstrebende Einheit geht durch die Welt, durch ihre Überwindung. Die faule Ausflucht dagegen ist die Castrationssehnsucht, nicht Mann werden wollen, das die Prinzenherrlichkeit in Homburg (in enger Einheit mit dem Vater) Störende ausreißen, statt es durchzuleben & bewußtmachen. Sehnsucht nach d. Kindheitsparadies ist mattes Rückwärtsschauen, wenn uns der Weg zum Paradies im Jenseits zu schwer wird; denn Para-[…]

Paris,
Sonntag 4. Mai 1913

Letzten Sonntag verließ ich Mittags Berlin. Abends Münster, einsam, langweilig. Montag Vormittag die schöne alte Stadt besichtigt. Nachmittags nach Antwerpen gefahren. Die dortige dämon. Welt völlig versunken. Abends in einigen unmöglichen »maisons de femme«.

Dienstag Vormittag den prachtvollen Dom und Umgebung nachmittags den weiten Hafen besichtigt, abends in einem unerträgl. Stück von Bataille les flambeaux.

Mittwoch vormittags Museum. Nachm. nach Brüssel gefahren, wo das bisher sommerlich heiße Wetter umschlug.

Langer Stadtspaziergang großer Eindruck vom Justizpalast, wo mit den nun einmal f. Westeuropa gültigen röm. hellenischen Formen doch etwas ganz neues großes gemacht wurde, ohne die peinliche Originalitätssuche unserer Architecten. Abends durch die französ. unangenehmen »maisons«, aber doch das nötige schließl. gefunden.

Donnerstag (Himmelfahrt) vorm. Hôtel de ville & Museum. Nachm. Regen, noch ein dunkler Gang dann Paris gefahren. Um Mitternacht über die kalten Boulevards.

Freitag Wohnung gesucht & schließlich ein Riesenzimmer in einem Gartenpavillon Rue Victor Massé gefunden. Abends in einem kl. Montmartretheater »Le Gendre de M. Poirier« gesehen. Um 12 Uhr Baronin Arnswaldt mit Tochter Maria an d. Gare du Nord geholt. Mit ihnen noch Café de la Paix.

Samstag Mittags mit ihnen in d. Brasserie universelle gegessen, dann Besuche bei der Etoile gemacht und Abends i. d. folies Bergère, die Polaire.

Schlechtes Wetter, allgem. Ödigkeit.

19. Mai

Die ganze Zeit noch nicht einen wirklich schönen Tag. Arnswaldts seit einigen Tagen abgereist. Franzl hier. Mit ihm einige sehr lebendige Abende, wie ich sie jetzt sehr selten habe. Gestern mit ihm in Robinson. Bei solchen Gelegenheiten bin ich ganz glücklich. Das kleinste freut mich, keine Spur von Blasiertheit, aber solche Abende kommen zu selten. Sonst in dauernder Tristitia, bes. wenn ich allein bin. Die meisten Menschen aber vermehren dies noch. Frau v. A. immer unerträglicher durch ihre aufdringliche Freundschaft.

Ich habe alles, was ich brauche, beneide niemand und doch dauernd verstimmt. Ein *Hauch* durch irgend einen sympath. Menschen vertreibt dies im Nu, aber diese Menschen sind zu selten, eigentlich nur Hessel, Alfred, Goetz. Ich *muß heiraten*. Ich würde jetzt eine Frau richtig behandeln: mit Zuckerbrot & Peitsche, wie Erika, die nun ganz zahm geworden ist, die sagt, ich sei ein Bär, bisweilen furchteinflößend und doch gemütlich. Keine Discussionen mehr. Ich weiß was ich von der Frau will, & was man von ihr wollen kann & darf. Sonst will ich nichts, aber begeht sie Sünden wider d. heil. Geist d. Liebe oder Ehe, durch Worte oder Thaten dann: streng strafen, aber mit voller Ruhe. Man muß d. liebe Gott sein für sie.

Vorgestern im Moulin Rouge eine – Münchenerin. Die deutsche Irrealität! »Etwas besseres«, und darum so deplaciert. Zu Hause bei mir ganz untauglich. »Es ist mir gräßlich mit Männern zu gehen.« Wollte sich vor 2 Monaten i. d. Seine stürzen, wurde gerettet. Habe ihr das *Billet* zur Rückfahrt nach M., aber nicht bares Geld versprochen; denn hier ist vielleicht zu helfen. Ihr Fall nur darum verzweifelt, weil sie in Paris ist. In M. hat sie eine (natürlich böse) Stiefmutter, wo sie hinkann. Außerdem für jede Art kaufmänn. Stellung vollständig ausgebildet, kann nur hier keine Stelle finden & prostituiert sich hier gg. ihren Willen. Scheußlich!

21. Mai

Gestern Abend mit Franzl, der nach Berlin geht, z. letzten Mal zusammen. Moulin de la Galette, Gillet Royal, Hallen. Das Problem d. franz. Cocotte, das mich so lange quälte ist doch nun (nach den Berliner Erfahrungen & Vergleichen) gelöst: Was ich in B. gelegentlich habe sind keine wahren Dirnen, sondern nur leichtfertige & liebe kl. Mädchen, die den »besseren« Herrn gern haben. Die eigentl. Cocotte (die es natürl. auch in Berl. giebt) ist antisoziale pourriture, auf die der »bessere« Herr gar keinen Reiz ausüben *kann*; er bleibt der Feind, während der Zuhälter *allein* ihre Sinne reizt. Darin sieht sie sogar ihren Wert, daß sie noch *Herz* hat. Dies ihre unbewußte Perversität. Die, welche etwa mit einem client Freuden hat: un boudin. (Auch die kl. Münchenerin am Samstag erzählte ähnliches.)

Für uns liegt also etwas durchaus irreales in d. Verkehr mit diesen Frauen. Real wird nur ihr Anblick, ihr Geplauder, ihre Atmosfäre. Für weiteres kommen sie nur in Frage, wenn sie ihrem Milieu entnommen in einem gut gehaltenen Bordell, wo der Zuhälter k. Zutritt hat, desinfiziert serviert werden, resp. *nur* ihr Fleisch mit lächelnder Gefälligkeit servieren, wobei auch wichtig ist, daß sie physisch gut gewaschen sind & kein Schweiß oder Hauch aus dem »andern« Milieu an ihnen haftet. So ist alles *menschliche*, das hier doch nur Illusion ist, für die man unnütz höhere Preise zahlt ausgeschlossen.

25

Psycho An.

Von Anfang an teils zu große Aggressivität auf d. Leben (aber vielleicht diese bereits Übercompensation für ursprüngl. Passivität.): Alles bändigen wollen, daher nicht sich begnügen mit dem gewöhnl. Leben, sondern alles »erleben« wollen. Daher bei d. Frau (auch bei d. Dirne) unter allen Umständen Gegenliebe provocieren wollen, sonst nicht nur reizlos, sondern fast impotent. Diese überspannte Männlichkeit *muß* scheitern. Folge: Enttäuschung, Depression, Flinte in's Korn werfen, und dann Rückkehr zum Pathicismus (nicht nur dem Weib, sondern überhaupt dem Leben gegenüber.) Diesen, wie ihn etwa Hessel treibt, erhöht nun aber wieder die männl. Componente nicht, und das führt zu tiefen Verstimmungen. (Praeercität, während d. »Lampenfieber« vom Pathicism. geängstete Männlichkeit ist). Also Resultat: das ganze Leben *selbstverständlicher*, *erwartungsloser* nehmen.

31.

Eine Woche heißer Tage, die meine Depressionen immer mehr verschwinden ließen. Bes. gestern ein ganz vollkommener Abend voll der alten Glut. Ich trug einen ägyptischen Tropenanzug und wollte ein Schwimmbad nehmen. Die Bäder noch geschlossen, aber das führte mich bis z. Pont Austerlitz, Appéritif auf der Place de la Bastille, Abendgang durch faub. St. Antoine, viele Einfälle zu meinem Buch. In offener Droschke zum Coq d'or. Artikel über französ. Landleben im Temps. Auf dem Boul. treibt mich ein Regenschauer 1 Stunde in ein Cinema, Rue Hannovre: Frou Frou, & dann in einem Café am Boul. Romain Rolland gelesen. Alles glühend, lebendig und tief an diesem Abend. Bei Regen in einer Droschke nach Hause gefahren. Die ganze Nacht Regen.

Juni 7.

Psycho An.

Der Effect ist im ganzen der, daß ich innerlich ruhiger bin und nicht mehr hinter Illusionen herjage. Diese Illusionen aber waren eine Art Selbstschutz gg. m. angeborene Neigung zur Kritik. Jetzt stehe ich illusionslos im Bann dieser Kritik und das stärkt vorläufig nicht gerade die Lebensactivität; bes. was die Frauen betrifft. Ich habe dieses Mal in Paris nicht die nötige Initiative zu einem Erlebnis aufgebracht, und der Ersatz Maison Hannovre nicht *ganz* zufriedenstellend & hemmungslos. Immerhin scheint dies alles ein Übergang zu sein. Ich werde – weil ich weniger erwarte (d. h. illusionsloser bin) weniger kritisch werden. Jedenfalls ist eine Nachkur nötig.

Berlin, 17. Juni 1913

A Am 8. habe ich Paris verlassen. Abends Luxemburg. Vormärzlich deutsches Leben. Am 9. Nachm. nach Trier. Abendl. Spaziergang über die Berge jenseits der Mosel. Am 10. Vorm. die röm. Altertümer. Nachm. Bahn nach Berncastel, schöne Fußwanderung über den Berg nach Trarbach. Schwimmbad. Öder Abend in d. unbehagl. Hotel. Am 11. Bahn nach Alf. Gemütl. altmod. Gasthof. Nachm. Moselfahrt nach Coblenz. Am 12. Bahn nach Rüdesheim, nachm. Dampfer nach Capellen prachtvolle Abendwanderung Stolzenfels Kuhkopf Karthause Coblenz. Am 13. nach Nassau Schloß d. Freiherrn v. Stein auf die Burg. Eindruck, daß ich hier einmal mit Frau leben könnte: Strom, Gebirg, Wald, Wiesentäler, die günstige Verbindung nach allen Seiten. Abends Tilly in Weilburg getroffen. In dem gemütlichen Hôtel »Deutsches Haus«. Langer Abendspaziergang. Am 14. zusammen nach Wetzlar gefahren. Schlecht gegessen Charlotte Buffhaus. Dann Bahn nach dem herrlichen Braunfels. Geg. Abend zu Fuß nach Weilb. zurück. Am 14 morgens nach Wetzlar, dort Ludwig (etw. verstimmt) und Ussin. Jerusalemhaus, Dom. Um 12 nach Berlin gefahren. ½ 2 Zoo. Stammtisch. Ja, wer kommt denn da.

Gestern Abend netter Abend mit Erika.

Psych. An. wieder begonnen!

B Viele Illusionen, hinter denen ich nervös herrannte sind fort. Daher mehr Weisheit und Ruhe. Reife zur Ehe. Aber so lange die nicht ist, muß ich doch genug Activität für die Surrogate aufbringen. Die fehlte in Paris ganz. Das lag z. gr. Teil an der nun ganz durchgebrochenen Abneigung gg. Französinnen (vielleicht gg. Fremde überhaupt.) Früher erlaubte ich mir diese Abneigung nicht, da ich im Französ. zu sehr die Idealisierung d. Vaterwelt sah. Heute wo ich diese innerlicher erfasse, lasse ich meiner Abneigung freien Raum. Roché hat mir noch am vorletzten Abend gesagt ich besäße eine *zu schnelle* Resonanz, die sofort irgend etwas formuliert, dadurch das Nachklingen bindet und die eigentliche Lebensnähe; bes auch in m. Beziehungen zu Menschen.

Ein Traum hat dies weiter geklärt: irgend ein peinliches Erleben d. ersten Kindheit d. h. irgend ein unangenehmer Complex ist in m. Inneren verdrängt. Um ihm ja nicht nahe zu kommen, meine fieberhafte Intellectualität, nicht allein sein können ohne Thätigkeit, sofort *arbeitet* d. Bewußte. Mein vieles Reden ist ein *Überschreien*. Meine Essayistik ist auch nur ein Mittel das Unbewußte z. Schweigen zu bringen. Und dieses schnelle Formulieren zugleich die große Hemmung bei d. Psychoanalyse. Hier haben wir nun gestern wieder begonnen.

18.

Doppelnatur des Vaters: deutsch *und* international. Die deutsche Seite neigte zur Mutter, die andere zur Welt. Ich *wollte* nur diese Seite sehen, jene war durch die Mutter »gering« gemacht. Daher der Glaube, die höchsten Erfüllungen lägen im Ausland, bes. Frankreich & England. Dort ließ ich anfangs meine Abneigungen nicht aufkommen, (Dort konnte ich nicht lieben, nur bewundern.), suchte vielmehr das Fremde zu begreifen und haßte das Eigene, Unvollkommene, als das Mütterliche.

Je mehr ich aber den Wert der deutschen Seite des Vaters erkannte (erste Erkenntnisse durch den *sehr* heimatlich betonten, Dialect sprechenden Darmstädter Kreis) desto stärker fühlte ich die Doppelnatur: deutsch-fremdländisch in mir. Jetzt in Paris ließ ich zum ersten Mal (durch die Psychoanalyse auf das *wahre Wesen* des Vaters hingewiesen, das ich instinctiv am meisten liebte) meine ganze Abneigung gg. Fremdes durchbrechen ohne es als eigene Unvollkommenheit zu empfinden. Das Deutsche nicht mehr das unvollkommen Mütterliche sondern die wesentliche Seite des Vaters, dessen Internationalismus nur ein aesthetischer äußerer Schliff war, als den ich es gern behalte.

Früher war mir der »roman. Schmutz« weniger ekelhaft, als der deutsche. Heute umgekehrt. Ich bin den französ. Frauen gegenüber nie ganz den Verdacht geheimer Unreinlichkeit losgeworden während ich sie hier viel weniger stark empfinde.

Immer kommen wir an dieselbe Stelle zurück: die phys. Abneigung gg. die Mutter, die in mir den Bruch hervorbrachte und anfangs alles einfache, natürliche, heimatliche verachten ließ, das glänzende fremdländische suchen ließ und selbst den Vater in diese Richtung umgestaltete.

19.

A Die Umwandlung der Vaterimago ist gelungen, der Mutterimago noch nicht. Sicher wollte ich ursprünglich die Mutter als Frau des Vaters, als Königin sehen. Da sie es mir unmöglich machte die (verdrängte) Verachtung & Haß. Centrum d. Unappetitlichen: kl. Kinderstube, Gabern – Gabriele etc. Mutter von Großmutter & Vater geduckt. Dieses geduckte haßte ich & hielt sie darum für d. Vater nicht gut genug.

B Die Großmutter, durch das Ausländische zur Vaterwelt gehörend, durch ihren Glanz. Darum wollte ich den Gegensatz zw. ihr und d. Vater nicht sehen und verdrängte die ursprünglich wohl vorhandene Abneigung gegen sie, als die Feindin des Vaters. Daher heute mein Haß gg. alles englische; wie überhaupt immer wieder mein Haß gg alles Fremde hervorbricht, der die Ureinstellung zu Vater & Großmutter zeigt: der deutsche Vater, von d. engl. Großmutter angefeindet. Dann aber doch *stolz* auf den das Fremde so gut beherrschenden Vater, was sich bes. im Verkehr mit d. Großmutter zeigt. Daher auch Bewunderung des Fremden & Trieb es mir anzueignen.

Ursprünglich muß auch die Mutter gepflegter gewesen sein. Sie war jünger, hatte weniger zu thun & wollte wohl auch d. Vater gefallen. Meine Geringschätzung d. Mutter entstand wohl erst mit ihrer Vernachlässigung, entscheidend war wohl eine Schwangerschaft (Richard od. Tilly.)

Wesentlich die ursprüngl. schönen, dann vernachlässigten Hände der Mutter. Bei Hand assoziiere ich zunächst schöne marmorweiße Hand, wie die der Mutter, gleichzeitig etwas fantastisches, wie Geisterhand od. Totenhand.

Meine Abneigung Dinge derb anzupacken (Abneigung gg. Turnen, Sport, heftige Bewegung, auch in d. Erotik), überhaupt herabgesetzte Activität hängt zweifellos mit *phys. Ekel* zusammen. Abneigung d. Hand d. Mutter anzugreifen, später die Reckstangen i. d. Turnstunde, die Hände von Männern i. Tanzsaal etc

20

1) Die ursprüngl. Analerotik d. Mutter gegenüber wurde wohl normal verdrängt.
2) Mutter sehr bald als Frau des Vaters, Königin, empfunden. Ihr langsames Versagen (wohl bes. während d. Schwangerschaft) brachte die Enttäuschung. Die weißen Hände, die nicht immer gepflegt waren.
3) Sie ist des Vaters, d. Königs unwürdig, = meiner, des Prinzen. Verbindung d. väterl. Welt mit d. Ausländischen. Dies als das Wünschenswerte erfaßt.
4) Wolfskehl in Rom. Vaterersatz. Zum ersten Mal Verbindung des Imponierenden mit unbefangenem Dialectsprechen. Die heimatliche Seite der Vaterimago wird so plötzlich bewußt & das Heimatliche mindestens als gleichberechtigt empfunden, bestärkt durch d. Darmstädter Kreis, bei George, der gerade auch sich langsam vom Fremden abwandte.
5.) Den ersten Zerfall mit dieser erweiterten Vaterwelt – die mich d. Tod des Vaters nicht so tief empfinden ließ, als man erwarten sollte – beantwortete ich mit *Ehe* mit einem einfachen Mädchen, das aber wohl rein persönlich d. Vater gewiß gefallen hätte. Karlsruherin!! Musikalisch. Also gewissermaßen Hinneigung zum Weiblichen, aber unter väterl. Einwilligung, und doch Protesthandlung gg. den Vaterersatz Wolfskehl.
6) Nachdem dies scheiterte starke Hinwendung zu Wolfskehl, der inzwischen die Vaterwelt doppelt erweitert hatte: Heidnischer Pathicismus & bewußtes Judentum: d. h. Erweiterung durch die mütterliche Welt, die hier zum ersten Mal zur Anerkennung kommt, was sie durch die eigene Mutter nicht vermochte. Dazu kommt Hannas Ähnlichkeit mit meiner Mutter. Eine falsche Synthese: der Pathicismus zerfraß meine Männlichkeit, und die *scheinbare* Männlichkeit, welche durch Wolfskehl die Vaterimago fälschte, ließ die bisher unterdrückte dunkle Mutter-Faecalwelt breit hereinwogen.
7.) Erneuter Zerfall mit Wolfskehl führte zu erneuter Protesthandlung. Aber nicht *männliches* Erobern der Gretl Jehly, sondern viel bequemer: zu Louisa Hoby. Dies nur *conventionell*

Protesthandlung, nicht Rückkehr zur Männlichkeit, sondern zu Wolfskehls früher Braut! Sie kannte dabei das ganze pathicist. Vocabular, war bereitwillig und stellte der Männlichkeit keine große Aufgabe. Dabei aber doch Protest gg. W! Zugleich sehr mütterlicher, *unvollkommener* Typ. Ihr Mund – als müßte er irgend etwas im Tiefsten in mir reizen, und doch kam es nicht dazu. Die bewußte, aesthet. Hemmung (Vaterwelt) erlaubte mir nicht, mich diesen dunkeln Reizen ganz hinzugeben & daher schließlich Haß, weil ich es bis zu einem gew. Grad doch that.

8) Als Reaction entwickelte sich dann stark die formale Vaterwelt: französ. Gesellschaftsprobleme. Berlin. Brevier f. Weltleute. Politik. Conservativ. Disraeli.

9) Dann kam Liebe zu Anni. Im Typ fränkisch. Wiedererwachen des gemütvoll, einfach, deutschen. Der Instinct war schon richtig in diesem Fall. Sie war mein Typus, aber durch die lange kinderlose Ehe verdorben, oberflächlich geworden, und *falsche* Weltdame.

10) Psycho-analyse. Reinigen d. Vaterimago. Entwicklung d. Männlichkeit. Deutschtum. »Bär.« Sieg über Erika.

11) Paris. Auseinandersetzung mit dem Fremden. Erkenntnis daß dies nicht wesentlich zum Vater, sondern z. Großmutter gehört. Daher relative Ablehnung. In Weilburg erkannt, wie Tilly immer mehr der Mutter äußerlich ähnlich wird, *ohne* das, was an d. Mutter störte, während Hedwig äußerlich d. Mutter viel unähnlicher ist, aber im Character viel von dem Störenden d. Mutter hat. So verkörpert mir Tilly zum ersten Mal eine *reine* Mutterimago. Ihre weibl. Unvollkommenheiten »stören« meine Instincte nicht. Ihre kindlichen Unvollkommenheiten, wegen deren wir sie »uzten«, liegen wohl für meinen Instinct dahinter. Die aber fanden wir »goldig«, die der Mutter im Grund lächerlich & unangenehm.

21

Zores – Doris (Bieber) – hebräische & frankfurter Dialectworte auf es – unanständige Worte auf es. Zores – Hoor (statt Haar) – alles dies läßt in Verbindung mit der dunkeln Mutterimago (bei der ich es hasse) via Dienstmädchen (bei denen es anziehend ist) das Heimatliche dunkel und gemein erscheinen, später, durch den Wolfskehlkreis sublimiert, wird das Dunkel mystisch: alte Lieder, es zogen 3 Burschen wohl über d. Rhein … *Schrein*.

Spiegel – Hohlspiegel – verzerrte Gesichter in der Nußbaummaserung der *braunen* elterl. Betten – böse *Träume* – Bräune – all dies äu im Zusammenhang mit d. Vater, dem ich gern die Träume erzähle. Er selbst *braun*, (ebenso die Mutter), auch stark behaart. Der spätere Autoerotismus wohl auf Grund der eigenen Bräune & Behaarung, d. h. auf Grund der Vaterähnlichkeit. Die Bräune aber deutet klar auf den Fäcalursprung. Anfangs schien mir blonde Schambehaarung abnormal. Wenn ich Brünette liebe (das Ursprüngliche), dann ist es: *wir Braunen*, ich genieße die eigene & Vaterwelt; wenn ich die Blonden liebe, so genieße ich den *Contrast* und i. d. Frau gewissermaßen das Publicum für die eigene Bräune, sowie das Harmlosere, Bewundernde i. d. Frau. Ich liebe nur sehr weibliche Blondinen, dagegen hasse ich die englischen Blondinen, während ich in England doch eher die Brünetten liebe, als komme ihnen jene mehr männliche independence immer noch eher zu.

22.

Der ursprüngliche Narcism. sublimierte viel zur Familienliebe. Die weitere Sublimierung zu den Menschen wurde gehemmt:

1) durch die Ablehnung der Meisten von Seiten des Vaters, der gern verachtete.

2) dadurch, daß die eigene Prinzenwelt durch d. Unvollkommenheit der Mutter stets in Frage gestellt, und darum ihre Grenzen um so ängstlicher verteidigt wurden. Dadurch ein dauerndes Ansichhalten, nicht aus sich ganz herausgehen bedingt. Eine Aus-

nahme machen die noch höheren, wodurch sich bald ein starkes Standesgefühl für gute Familie entwickelte, aber mit einer leisen Unsicherheit der nicht völligen Zugehörigkeit; weil wir mit diesen Höheren unserer äußeren Verhältnisse wegen nur locker verkehrten.

Schauer entstehen bei Unheimlichem im ganzen Körper, bes i. d. Beinen, vor d. ejaculatio praecox in d. Genitalien. Gemeinsam: das *Stehen* wird in Frage gestellt; das erste Mal des Individuums (der lichten Welt) überhaupt, das andere Mal des *Mannes* d. lichten Welt. Beide Male will eine mystische, dunkle Welt das Ind. resp. d. Mann auflösen in ihren Urstrom. Dies zugleich Angst- & Wollusthervorrufend, da diese dunkle Welt die Urethrallust ist, die sich auf unsere Erd- & Kothhaftigkeit gründet. Der Schauer tritt auch in der lichten Welt beim Weibe hie & da ein, wenn eine Welle des Dunkel-Mütterlichen fühlbar wird in seiner Entartung als niedere libido d. h. vor die Allmutter stellt sich die befleckte Mutterimago und hemmt die *wahre* Hingabe, denn an *sie* will ich mich nicht hingeben und will es mit einer andern Hälfte in mir doch. So ist *alle* Hingebungsfähigkeit gestört: bes. gegenüber Musik & Natur. Das Ich an sich selbst gefesselt. Akicismus. Auch das schlechte Aufstehen-Können ist Unfähigkeit normaler Hingebung an das Leben. Vielmehr brauche ich die starken Reize des Abends, um ganz wach, dann überwach zu werden.

Auch mein Schlaf pathicist. Form d. Hingabe. Die Vormittagsmattigkeit ist das Loch zwischen der pathicist. Übercompensation der Nacht, und der überwachen Lebhaftigkeit des Abends.

25

»Hingebung« ein Wort dessen eigentl. Sinn mir erst durch d. Darmstädter Kreis aufging. Ich verdrängte die unangenehmen Associationen, die damit zusammenhingen: geben, ergeben etc. Dies deutete auf arme Frauen (Waschfrauen, Marktfrauen etc) die in m. Kindheit in's Haus kamen und d. Inbegriff d. sozialen Niedrigkeit waren & irgendwie mit d. dunkeln Seite d. Mutter [...]

30.

Freitag bei d. Cocotte Mary. Alles gut. Plötzl. bei d. immissio fühle ich die breite, weiche Schamlippe, sofort ejac. praec. Daraus wurde mir klar daß diese folgenschwere Überraschung eine Reproduktion eines einmal in frühster Kindheit gehabten *Schrekkens* gewesen sein muß. (vor der Mutter?) Denn dies passiert mir *nur* bei mütterlichen Typen, die mich gleichzeitig am stärksten anziehen, während paradoxer Weise bei solchen die mich nicht so stark anziehen, mehr mädchenhafte Typen, die ejacul. praec. nicht eintritt.

Gestern mit Erika. Alles gut; doch fühlte ich, daß mich doch ein gew. »fertig sein wollen«, das für alles, was ich thue characteristisch ist, auch hier abhielt den Act noch länger auszudehnen, als hätte ich nun genug Männlichkeit practiciert & dürfte mich jetzt gehen lassen. Genau wie nach ca. 1½ – 2 stündiger Arbeit. Dies ein Zeichen für nicht ganz vollständige Hingabe.

Juli 1.

[…]

2. Juli

D. Complex ist nun ganz sicher d. Incestverbot, das *alles* erklärt. 1) die erste männl. Activität dadurch auf sich selbst zurückgeworfen. 2) dadurch Narcism. 3.) Als Neugierersatz II. und 4.) die pathicist. Form des Aufdeckens: der feige Exhib., der sich nicht wissen macht. 5.) dadurch überhaupt jede Hingabe gehemmt: Mutter, Natur, Musik. 6.) Eine neue Deckpersönlichkeit wird durch intellectuelle Sublimierung des Narcißmus über d. verdrängten Complex gelegt: gipfelt im Essayismus unter Verdrängung des Dichterischen. 7.) dies nicht vereinzelt daher hastiges Hin und Her. Vielseitigkeit, Reisen, Don Juanism. 8.) Alles wird *Aufgabe*, weil es nicht spontan ist. 9) Reaction, Mattigkeit, Schlafsucht, Benommenheit, um mich von d. Aufgabe zu drücken. 10.) Strenges Einhalten des Incestgebots bei jungen Mädchen v. Familie. Französ. Doppelmoral. 11.) Sublimierung der kindl. Zärtlichkeit z. Mutter, an die Brust schmiegen, nie Umgebung der Genitalgegend. Daher Zärtlichkeitsvermögen, das die Potenz am höchsten steigert, weil sie das Incestverbot verdrängt, weswegen ich bei der mich primär sexuell (d. h. Mütterlichen) meist weniger reizenden Frau am potentesten bin. 12) die Durchbrechung d. Incestverbots quand même, bewirkt den Schauer & Praeercität. 13.) Das Incestverbot noch verschärft durch Ekel infolge gew. phys. Unvollkommenheiten d. Mutter. Dadurch so leicht Umschlag in Abscheu. (Louisa.) Ziel ist nun d. Incestverbot beseitigen. Werde ich dann ruhig mütterl. Frauen lieben können, oder werden sie mich dann nicht mehr verlocken, nicht mehr reizen.

[?]

[…]
unmöglich, da dieser durch Praeercität gehemmt wurde.

4. Juli 1913

A Das Incestverbot bezieht sich weniger auf die Mutter als die Schwester. Daher auch die Brust nicht mitbetroffen, die ja in d. Kindheit nicht existierte. In der lichten Welt wird daher stets das ähnliche oder idealisierte Bild der Schwester gesucht, und zwar bin ich dort den Frauen gegenüber leicht der gr. Bruder, finde sie drollig und »goldig« und nehme sie nicht allzu ernst. Gleichzeitig Stolz auf d. Schwester, wünsche daher die Frau: klug, etwas selbständig etc, aber immer im Rahmen der patria potestas, der Familie Schmitz. Unabhängigkeitsbestrebungen von der Vaterautorität (= meiner Autorität) weg, lehne ich ab: engl. Frauen, zu mondäne Frauen, Rechtlerinnen etc; doch sind die Möglichkeiten sehr gewachsen im Verhältn. zu meiner wachsenden Autorität, bes. was gesellsch. Rang betrifft, Eleganz.

B Es giebt also 4 Welten: 1) die lichte, *schwesterliche* Welt (Freundinnen d. Schwester) 2) die jenseitigen outsiders, und 3) die untere Welt d. Dienstboten, die zwar auch der väterl. Autorität unterstehen. 4) Sozialdemokr., Verbrecher, kecke Typen etc sind dort die abgelehnten out-siders. Die out-siders lehne ich mit starker Affectivität ab, weil sie die Vaterwelt bedrohen mit ihrem oben und unten.

C Das braune Loch i. d. Mansardendecke in Homburg wird nicht keck untersucht, ergründet etc, wie es der *technisch* interessierte Junge thäte. (Ich thue es ebensowenig wie ich die dunkle Welt durch Coitierung der Dienstmädchen durchschreite & *erkenne*). Vielmehr hat das Incestverbot den aggressiven Untersuchungsinstinct auf sich selbst (pathicistisch verdrängt, bes. die Untersuchung v. Löchern.) Statt dessen wird die dunkle Welt wie ein Mythos hingenommen & statt der technisch-wissenschaftl. Mentalität, entwickelt sich

1.) die künstlerische, die schauernd darüber fabelt. (Pepinster)

2) die psycholog-soziale, die fieberhaft die Wirkungen dieses Mythos in der umgebenden Welt klarlegt, (Essayistik.) gleichzeitig aber bestrebt ist diese Zusammenhänge, weil lustbringend, zu erhalten.

Daher in allem (Menschen, Musik, Natur, Stimmungen) die (männl. active) Besitzergreifung des Augenblickes gestört. Kein Erleben d. Dinge. Um aber nun nicht in völliger Trägheit zu erstarren wurde diese intellectuell-krampfhafte-programmmäßige Activität erzeugt, gg die wiederum das Ich durch Müdigkeit, Verstimmung, Schnell fertig werden protestiert. Ein um das Leben herumgehen: dunkle Welt, auch da Fertig-werden wollen; gleichzeitig werden die dunklen Dinge nur *möglich* durch Umgehung, absichtlich außerachtlassen der Wirklichkeit, denn diese würde mich kritisch machen und das dunkle ausschließen. Also die dunkle Welt etwas irreal Fantastisches, Construiertes, wo nichts zu holen ist.

Die Einstellung des Kindes zum Vater noch nicht aufgehoben. Daher zunächst leichtes Imponierenlassen. Zugleich Ängstlichkeit: mangelnde Sexualaggressivität. Sehr wichtig: das zu frühe Schamgebot des Vaters, das zu früh die an sich interessante Genitalwelt stark accentuierte: Das Verbotene, Dunkle, Gemeine, was nur die Gassenbuben thun. Dadurch wurde diese irreale dunkle Welt geschaffen, in die dann bisweilen geflüchtet wird aus Protest gg. die Vaterwelt. Ohne das *Verbot* wäre sie ohne Interesse. Notwendig ist die Einstellung als Erwachsener, der sich alles erlaubt.

17.

Neurose entstand nicht durch Narcismus etc, sondern dadurch daß das Vaterverbot alle jene Wege in's Dunkle nicht zuließ. Wären sie normal durchschritten worden, wäre ihr Reiz vermutlich hin. Das Vaterverbot hindert durch Praeercität die Ausflüge i. d. dunkle Welt. Das Vater*ge*bot dagegen bewirkt Proteste: Schlafsucht etc. Es macht alles zu einem Programm, Aufgabe, vor dem ich mich drücken will. Schließl. siegt aber das Vatergebot, daher erst Trödeln (autoerotisch) dann krampfhaftes Hetzen. Angst nicht fertig zu werden.

[...]

23

A Durch den sich selbstbespiegelnden Narcismus wurde auch die *Güte* gebunden, vor allem gegenüber Mutter & Bruder, die durch Unvollkommenheit diesen Narcismus beleidigten, bes. d. Bruder.

Frühzeitige Erkenntnis der Notwendigkeit gerade gg. den Bruder gut zu sein. Wider Willen bös gg. ihn, und dies erweckt böses Gewissen. Schuldbewußtsein. Unfähigkeit das ethische (Vater)gebot und das mißverstandene Vaterideal (Narcismus) zu vereinen. Schlechtes Gewissen, trotz vieler guter Handlungen, die das schiefe Grundgefühl (narcissisch) nicht ausmerzen.

B So gelingt zwar ein ethisches (wie arbeitsreiches) Leben, aber auf einem Umweg (um das Vatergebot das einerseits die Activität früh gehemmt hat und sie doch wieder verlangt.) Daher wohl Activität und ethisches Handeln, aber nicht spontan, sondern reflectiert, darum gleichzeitig Protestgefühl dagegen (Motz.), schlechtes Gewissen, als sei es doch nicht genug; statt geradeaus spontan zu lieben und zu hassen, zu arbeiten und zu faulenzen.

24.

A Die falsche Einstellung in d. dunkeln Welt: Ich Schwein, statt Du Schwein, der Act nicht als Selbsterniedrigung sondern eher als Züchtigung.

Gerade durch die gehemmte Activität (männlich = niedrig) wird der Reiz des Verbotenen geschaffen. Durch das voyeurhafte Umherlungern wird das »Geheimnis« bewahrt, das durch unbefangenes Drauflosgehen sofort schwinden würde. Auch die Selbsterniedrigung viel größer in diesem pathicistischen Herumschielen viel größer.

Hauptsache: Das Programm lockern, von dem Gesichtspunct aus, daß es notwendig Proteststimmungen (»Motz.«) hervorbringen muß, die gerade erst recht das Leben beeinträchtigen.

B Folg. Zusammenhang erkannt: Mutter – Muttermal – Bruder – Blut – eigenes Muttermal – eigene Niedrigkeit – Nasenblut. Der Bruder hier Exponent der teils schon verdrängten Mutterniedrigkeit. Sein enger Zusammenhang mit d. Mutter schon bewußt bei seiner Geburt miterlebt.

25.

A Durch das Schamgebot & speciell die Szene mit Schwester männlich – activ = niedrig & verboten. Daher ein scheuer Junge mit auto-erot. schielender Lüsternheit.

B. In d. Pubertät gelingt es dann dem männlichen Element sich doch um das Vaterverbot herum Bahn zu schaffen, und da es für die normale Activität (Schule, Jungenverkehr) zu spät war eine neue (lichte) active Welt zu schaffen (französisch, Musik, Eleganz, Poussieren), die nicht immer ganz spontan der bewußten

Programmatik bedarf. Leichte Hemmungen: Lampenfieber, Stottern, Schüchternheit beim ersten Angriff etc, Spätaufstehen, aber im ganzen gelingt es.

C In der dunkeln Welt soll nun diese neue Activitätswelt zu Hause bleiben. Die ursprüngliche Virilität ist nun tot & auf einen auto-erotischen Narcismus beschränkt, der nun in d. dunkeln Welt allein z. Verfügung ist (Praeercität), denn mit der lichten Welt d. Persönlichkeit ist die Virilität so eng verbunden, daß sie mit deren Verdrängung auch verschwindet. Also überall wo die »Persönlichkeit« ausgeschaltet ist, durch die frigide Frau, die sie nicht anerkennt, durch die mütterliche Frau, die rein typisch gefaßt ist (Insuffizienz d. Mutter & Incestverbot mögen mitspielen) und durch die dunkle Welt besteht eine ungesunde Hingabe mit Praeercität.

In d. lichten Welt umgekehrt. Hier gelingt bei Musik, Natur, Menschen die *Hingabe* nicht, weil die *neue* Persönlichkeit über einem Abgrund zu sehr *an sich* halten muß. Die Libidobesetzung der Welt dadurch erschwert, weil die programmatische Zweckhaftigkeit des »Ichs« die Hingabelust (libido) nicht los läßt. Jeden Morgen muß der Prozeß vom Autoerotisch-lahmen zum Activen erneuert werden & gelingt nur mit Motz & Protestgefühlen.

Es handelt sich also nur darum, das Vatergebot aufzuheben, die elementare Activität & Virilität spontan & programmlos in die lichte Welt einströmen zu lassen, so daß diese krampfhaft sich haltende Persönlichkeit sich löst. Dann wird in d. lichten Welt Hingabe möglich, in d. dunkeln Welt aber die Virilität frei!

An Bord des Dampfers zw. Wilmanstrand und Imatra.
Aug. 27. 1913.

Die letzten Tage i. Berlin, kleines niedliches Mädchen: Clara, 18 Jahre. Das erste Erlebnis dieser Art in m. Leben. Ein Abend mit ihr in Folies-Caprice.

20. Aug. Abfahrt via Stettin. Dort Dampfer. Nach Swinemünde seekrank. Schlechtes Schiff (Welamo) reizlose Gesellschaft. 2. Tag gute See. 22. Vormittags 2 Stunden in Reval. Wenig außer d. schönen Aussicht vom Domberg. Nachm. Helsingfors. Besuch bei Baron Knorring, Eisenbahnbeamter, durch Björn Björnson empfohlen. Dampfbad. Abends Klippan (Abendessen), dann Variété im Brunnspark. Zieml. tote Stadt.

23. Vormittags durch die Stadt, Museum – (Liljfors). Alles in der bekannten nordischen modernen Art, die neu, aber nicht Stil ist, gebaut. Zum Frühstück eingeladen von Knorring im Opera Källar. Dort auch der Intendant des schwed. Theaters, Wetzler. Ganz gemütlich. Nachm. in Badeanstalt. Vergnüglich im Opera Källar gespeist. Dann auf der Promenade Bekanntschaft mit einer Esthin: Olga Tilga, die hier Stelle sucht. Merkwürdig zartfühlendes Geschöpf mit erstaunlicher autodidaktischer Bildung, geschiedene Frau; dabei jetzt *Serviererin*, der einzige ihr mögliche Beruf mit einem Einkommen, daß cultivierten Bedürfnissen entspricht. Nie sah ich eine solche Kluft zwischen äußerer Stellung & Seelenleben. Wir gingen bis 5 Uhr früh in einem Park spazieren. Natürlich wurde zuviel geredet, da sie die Angst hatte, doch nur als Object genommen zu werden, von jemand, der sie so sehr subjectiv nahm, mit dem sie über Dinge sprechen konnte die sonst ihre Umgebung nicht versteht. Rührend ihr Kampf zw. Hingabe & Mißtrauen. In d. Morgenmüdigkeit glaubte ich dann, alles sei verfahren, verschwatzt. Ich hatte vorher angedeutet, *ev.* noch den Sonntag in H. bleiben zu können, obwohl der Tag eigentlich zur Weiterreise bestimmt war; hatte auch halb zu bleiben versprochen, fürchtete aber, daß es eine Enttäuschung würde: ihre Unentschiedenheit, die Schwierigkeit in dieser nordischen Stadt ein Obdach zu finden etc. Als ich schließlich doch decidiert Schluß machen wollte (»um dem schönen Erlebnis nicht ein zweifelhaftes Nachspiel zu geben«) hielt sie mich zurück und *flehte* mich plötzlich an, ihr den morgigen Tag zu schenken. Wir könnten irgendwo zusammen wohnen etc. Ich blieb aber beim Nein und verließ sie mit dem Selbstvorwurf wieder einmal wider Willen Unheil gestiftet zu haben. Um 5 zu Bett. Um 7 erwachte

ich aus einem Traum: Alles Erlebte nach Berlin übertragen; ich schrieb ihr im Traum, ich muß sie doch noch sehen, eilte ihr sogar entgegen, und riß sie von der Plattform einer Tram herab. Erwachen. Nun war mir klar, was thun. Ich schrieb ihr, bat um Wiedersehen & sie sagte zu. Fand ein reizendes, blaues Zimmer mit Bad im Hotel Afallo, und holte sie um 4. Dann als M$^{\underline{r}}$ & M$^{\underline{me}}$ in's Hôtel. Wir fuhren auf die Insel Hogkolmen & vertrugen uns sehr gut. Abends treffliches Souper im Hotel, Krebse, Veuve Cliquot, bachsche Musik, und dann ein paar rauschhafte Stunden von seltener Vollkommenheit.

Früh beide totmüde. Stilles Frühstück, sie brachte mich an d. Bahn. Vor Mattigkeit kam es nicht zu Sentimentalitäten & dann Abschied für immer.

Sie sah ziemlich russisch aus. Gute, volle, aber etwas kleine Figur. Sehr schöne Augen, kein schöner, aber üppiger Mund & sehr glatte Haut & kleine müde Hände.

Sehr zufrieden, es richtig angefangen zu haben:

1.) eine Frau durch plötzliches Abwenden zum »ja« zu entscheiden.

2.) *nicht* aus Mitleid ihrem Flehen nachzugeben.

3.) als durch mein »Nein« alles wieder ungewiß geworden war, nach 2 Stunden ihr *ja* wieder zu erbitten, so daß sie sich nicht erniedrigt, sondern wieder als Schenkerin fühlte, in mir aber wieder das Verlangen erwacht war, nicht die *Pflicht* der Höflichkeit, was äußerst lustlos gewesen wäre.

Festigkeit besiegt alle Widerstände.

24. Bis Heinola, größtenteils Fahrt über Seen und Kanäle; einförmig aber wundervolle Stille zwischen den abendl. beschienenen Birkenalleen der Canäle. Einsames Hôtel.

25. Unter Schwierigkeiten, da d. Dampfer versagte, mit Motorbooten bis Eskola, von wo durch Fichtenwald nach den Markalastromschnellen. Gewiß sehr schön, aber nichts Überraschendes für den, der Alpenwasser kennt. Abends noch mit Bahn bis Wilmanstrand. Alles ganz nett, doch nichts Besonderes. Wetter später scheußlich.

St. Petersburg, 24. Aug /6. Sept 1913

26 Von Wilmanstrand Abends bis Imatra.

27. Vormittags prachtvoller Waldspaziergang. Nachm. nach Viborg. Öde Stadt. Eigentl. ganz Finnland öd und unbehaglich. Nicht ein behagl. Hôtel im ganzen Land, wo man sich abends 1 Stunde in einen Sessel setzen und lesen könnte.

29. Nachm. nach Petersburg gefahren.

30. Vorm. festgestellt, daß alle Leute, an die ich Empfehlungen hatte, noch verreist sind. Dann aber stellte sich heraus, daß diese spätsommerl. Zeit zum Besichtigen der Sehenswürdigk. die einzig geeignete ist, Isaackathedrale. Nachmittags Newafahrt nach den Inseln, z. Strjelka, wo die Sonne im finnischen Busen versank, zu Fuß zur Datscha Ernest, gut soupiert und dann Villa Rohde, Concert- & Varietégarten, mittelmäßig & teuer, aber interess. Publicum: Offiziere mit ihren Mäuschen. Ein öder Herr vom Stettiner Dampfer mein Begleiter.

Sonntag, 30. Vorm. Kasaner Kathedrale. Nachm. nach Zarskoje Selo, prachtvoller Weg durch Park in Pavlowsk, dort z. Abend gegessen. In Pet[erhof] inmitten anderer Heimweg zu Fuß durch das neue Viertel.

31. Vorm. die mißlungene deutsche Botschaft (von Behrens) besichtigt. Nachm. nach Peterhof. Im Schloß Bekanntschaft mit einem interessanten Paar: Graf Hohnstein mit einer Französin, Mme Autain. Schwimmbad. Zum Diner wieder mit dem Paar bei Samson und zusamm. zurück.

Sept. 1. Fast den ganzen Tag zusammen mit einem Herrn Winkler, Verwandter der Familie Goltz, an die ich empfohlen war, der mich auf einem Geschäftsweg mitnahm, z. Jungfrauenkloster, dann zusammen gegessen. Nachm. allein im Alexander Newsky-Kloster (Abendstimmung) Grab Dostojevsky. Auf d. Newa zurück. Abends wieder mit Winkler, erst Russisch gegessen bei Jaroslaw, dann i. Aquarium. Sehr angenehmer Mensch.

3. Sept. Trübes Wetter & windig. (Bisher herrlichster Sommer). Vorm. Winter-Palais. Zu Mittag im Hôtel das dtsch-französ. Paar. Nachm. düstre Petersburger Stimmung. Spaziergang durch den Sommergarten, Dampfbad. Abends müde i. Hôtel Zeitung gelesen.

4. Sept. Vorm. Alexandermuseum, enttäuschend, russ. Malerei. Dann im Kertschsaal der Ermitage. Nachm. Taurisches Palais. Smolny-Kloster, sehr stimmungsvoll gg. den düstern Himmel. Abend in einem ganz behagl. Bordell. Nette kl. Polin in granatrotem Zimmer (13. Linie 48, Watnyi Ostrov).

5. Sept. Ermitage: Malerei. Mit d. Französin im Astoria gegessen. Wie übersichtlich & ohne jede Illusion (nur Desillusion) diese Französinnen sind! Nachm. Börse, Peter & Paulsfestung. Im dämmernd-trüben Nachm. die einsamen Lichter auf den weißen Marmorsärgen d. Romanoffs – seit Jahrhunderten. Haus Peters d. Großen. Abends mit d. Paar bei Cubat (Café de Paris) gegessen, dann Cino, dann Bier i. Hôtel Astoria.

6. Heute nochmals Gemälde, Ermitage. Langes Gespräch mit d. Director.

Riga, 27. Aug / 9. Sept.

Vorgestern (Sonntag) früh in Riga angekommen. Erst Öde. Enttäuschung über die Verrussung aller Behörden. Nachm. Majorendorf. Abends Theater: Eva v. Lehár.

8. Dr. Ruetz von der Rigaischen Rundschau. Spazierfahrt mit ihm durch d. Vorstädte. Abends mit ihm & dem Kunstkritiker Guido Eckart bei Schway gegessen. In d. Grünstr. Bordell. Sect. Sehr lustig. Dann Bar i. d. Hôtel Frankfurt a / M. Frankft Spielclub (genannt Taubenzüchterclub). Gespenstisch durch die [+++] Säle, die Spieler ganz nichtssagende, kleinbürgerl. Menschen. Bis 4 Uhr früh.

Heute zu Tisch wieder die beiden sehr netten Herrn, und ein Dritter linksliberaler, dabei. Nachm. Spazierfahrt mit Eckart. 2 sehr befriedigende Tage.

Zwickledt, 21. Sept.

Von Riga Nachtfahrt nach Königsberg. Dort überrascht durch die malerische Stadt. Nächsten Morgen nach Danzig. Abends kleines ganz dünnes Mädchen. (Mittagspause in *Marienburg*!)

Nächsten Morgen Posen. Geg. Abend durch die polnischen Viertel. Im Hôtel Meydenbauer, der mir nachts im Café die Notwendigkeit der Enteignung erklärt.

Nächsten Morgen Breslau. Ziemlich öd.

Sonntag in der wirkl. interessanten Ausstellung. Abends ⊥ stimmungen. Im Automat gegessen. Kientopp. Montag Brünn. Auf dem Spielberg. Abends ⊙

Dienstag Wien. Vormittage stets dictiert, sonst Rosenbaum, Dir. Geyer, Zifferer gesprochen. Abends im Burgtheater & Volkstheater. Am besten Freitag; Nachmittags mit dem reizenden Tadeusz Rittner, Abends mit Herzmanovsky und Nachts mit Zweig (bei Sacher.)

Gestern im Zug Mittag gegessen, Abends hier.

Mit A. gleich starker Contact. Fühle den thatsächlichen Erfolg der Psycho-Analyse: das ernsthaft entschlossene Suchen nach dem Selbst, statt der lebenfälschenden Programmatic.

27. Sept.

A Auf d. Spaziergängen mit A. wird mir psycho-analyt. folg. klar: Meine Unfähigkeit zur Objectbesetzung, bes. wenn ich allein bin, bedingt durch »die Abwesenheit ds. Vaters«. Nur wenn er da ist, ist *Leben*. Ohne ihn nervöses, unbefriedigtes Warten auf *ihn* (den Abend.) Kein hingebendes Sonderleben möglich. Doch nicht d. Mühe wert. Höchstens im Gegensatz zu ihm, ihn vergessend: dunkle Schleichwege. Ist er da: Streben mich bei ihm zur Geltung zu bringen.

Hier muß die Ps. A. im Winter beginnen.

Nur in Gegenwart des Vaters Freiheit von der (unerkannten) Vaginalbedrängung.

Ich verhalte mich zu den futurist. Kunstbestrebungen, den Dichtern d. »Action«, zu Schönberg i. d. Musik, wie Tolstoj zu d. franz Naturalisten. Vielleicht ist mehr darin als ich sehe. Aber ich brauche es nicht, es ist unter mir. Es geht mich für meine Ziele nichts an. Den Gegensatz zu den fieberhaft jung bleiben wollenden Wolfskehl, Bahr, Kerr, die immer mit d. Jüngsten gehen

& damit ein Scheinleben führen. Denn in *sich* sind sie verausgabt.

28. Sept.

Bisher war m. Leben beherrscht durch den Gegensatz Nord – Süd. Mit dem Norden, der mir ganz & gar nichts zu sagen hat, habe ich dieses Jahr (Finnland) abgeschlossen. Mein diesjähriger Pariser Aufenthalt war eine letzte Abrechnung mit dem Westen. (Eben erschienen die franz. & die engl. Gesellschaftsprobleme.) Dagegen spüre ich schon seit Jahren den Zug nach Osten, zunächst Oesterreich, nun Rußland.

Der Osten beginnt auf d. Friedrichstr. Charlottenburg & Berlin W die äußersten rein occidentalen Siedelungen. Östl. d. Friedrichstr. beginnt etwas, was sich in Breslau & Posen steigert & in Rußland culminiert.

29. [Ps. A.]

Es scheint, daß verdrängte Todeswünsche, gg. Mutter gerichtet, eine gr. Rolle spielen.

1. Okt. [Ps. A.]

A Neigung z. Heiraten trotz vielleicht ungeeignetem Charakter in d. stillen Hoffnung durch d. Medium des Weibes zu einer befriedigenden Objectbesetzung zu kommen. Daher auch […]
B. A's neues Castrum: das Oberbewußtsein: Freude es anzuerkennen. Gleichzeitig *Entsetzen & tiefe Traurigkeit* darüber, daß man sich möglicher Weise abfällig darüber äußern könnte. Warum: Weil im Unbewußten verdrängt ein Trieb ist, dies zu thun. Vgl. die Situation auf d. Oberurseler Chaussée, als Mama das Gebäck fallen ließ, mit dem sie uns überraschen wollte. Einen kurzen Augenblick Versuchung darauf zu treten, (rationalisiert: ich weiß nicht, daß es von Mama kommt, da es auf d. Landstr. liegt.) & dann fast zu Tränen traurig, daß ich es »fast« gethan hätte. Hier

zeigt sich ein verdrängter gg. d. Mutter gerichteter (vielleicht anfangs als Muttermord empfundener) Sadismus, der in d. dunklen Welt i. d. Gegenteil umschlägt. In beiden Fällen trifft er das »Inferiore«, »Gewöhnliche«, »Unaesthetische«. Masoch. mit Praeercität verbunden (Selbsterniedrigung)

[…]

*

Ursache der lustvollen Selbsterniedrigung: das Prinzentum. Ich Prinz werfe mich so weg, was denn zuletzt doch durch die Praeercität unmöglich wird. Dadurch gehemmte Menschlichkeit. Prinzentum: auto-erotisch, narcissisch, durch die falsche Vaterimago bedingt. Alles äußere »nicht gut genug«. Mangelhafte Objectbesetzung.

2. Okt

Mit A. viel über Ps. A. gesprochen. Bei ihm das Bild Gottes durch d. Vaterimago beschattet. Er rechtet mit Gott: Nun habe ich 4 Wochen fleißig gearbeitet, und wirkl. eine Belohnung verdient, statt dessen regnet's & die Frau ist wieder krank.

Auch er fühlt sich wie ich am Ende eines Weges. Nun muß was anderes kommen, denn noch mehr in d. alten Weise wäre nichts wesentliches, nur quantitativ. Für uns beide steht der Complex im Weg zum Neuen: die falsche Vaterimago. Für ihn beschattet sie den Weg zum höchsten Geistigen-Göttlichen, wonach er sich sehnt; bei mir zum *natürlichen* (Objectbesetzung), die ich noch durchzumachen habe. Ich will in die Stufe eintreten, die er gerade verlassen will.

A 3. Oct: vielleicht wichtigster Tag meines Lebens. Mit A. in Passau. Herrliches Haus, sanft umschleierndes Herbstwetter.

Wir gehen einen *neuen Weg* am Inn, den A. unbegreiflicher Weise nie gegangen ist & suchen einen Traum A.'s zu deuten. Nachdem wir einen kl. Hügel überschritten wird uns unter Schauern blitzhaft klar, daß A.'s Complex in seiner Christusidentification liegt: Sohn des Vaters. Enttäuschung, daß er doch durch den

»Dreck« muß. Ablehnung des Drecks (Daher auch stets verstopft, melancholisch, pessimistisch). Verzweiflung, daß ihn Gott verläßt, Zweifel an seinem Sohntum. Angst vor *Kreuzigung* & Schmerz, dem schlimmen Ende & doch Erlösungshoffnung. Dies alles löste sich plötzlich unter m. Bemerkung & doch: *symbolisch* bleibt er Kind Gottes. Nie wäre er zum Psychoanalytiker gegangen, nie hätte er, wie er sagt, für sein Seelenheil 3 000 Mk ausgegeben, & *ich*, der scheinbar ungeeignetste (den er links vom Vater (Kaiser – Gott) sieht, als Artillerie*oberst*, also im *höheren* aber *Dienst*verhältnis, während er *ohne* Rang, als d. Sohn rechts geht, auf d. Marienplatz, wo es keinen Pferdekot giebt) muß von Berlin kommen & es ihm bringen.

Später fanden wir, daß er im Alter v. Christi Kreuzigung sich durch d. *Roman* bereits vom Vater löste, um weiterleben zu können. Als er sich den Fortsetzer Mainländers nannte, der ein Jahr vor *seiner* Geburt starb, kam ein *Blitz* aus *heiterem Sternenhimmel.*

B [Ps. A.] Mein Haß geg. Mutter entstand wohl, als sie den andern Sohn gebar. Ich mußte also alles hassen, was er darstellte: das Häßliche, Unvollständige, *später* Gekommene (auch die zuletzt aufgetragenen Schichten!!!)

Später fühlte *ich*, der brave Junge, der seinem Vater Freude machen will, als *Abel*, aber durch den zweiten Sohn in die *Kainrolle* gedrängt. R. gilt als der *Gute*.

Zweite Enttäuschung: Als *Kain* konnte ich mich nicht mit Christus identifizieren, denn er sagt: wer seinen Bruder hasset ist ein Totschläger. Abneigung gg Christus, Unmöglichkeit seine Gebote zu erfüllen, weil der Bruderhaß im Weg steht; geheime Neigung zu Pontius Pilatus, den Römern, den Juden, allen Christusfeinden. Pilatus Vaterrolle. Richard: Mühselig und Beladen.

Dadurch meine Menschen- & Nächstenliebe gehemmt. Ablehnung alles Technischen, das R. verstand, obwohl im Grund praktischer als R. Mimen des unpraktischen Menschen. Auch ein Zug zum Pharisäismus, denn *ich* bin eigentlich *Abel.*

Ausdehnung des Begriffs des Niederen auf das *Weib*, die den bösen häßl. Bruder geboren hat. Daher gehemmte Hingabefähigkeit. »Abel« will das immer wieder gut machen & wirft sich direct weg. Kain: bewirkt dessen Praeercität. Verschwände Kain, dann brauchte Abel nichts gut zu machen & die Neigung zum Niederen schwände.

*

Heil. Feuer.

Alfr. Wolfsk. & ich, alle 3 im Vatercomplex. W. der ursprüngl. Christus, der sich auf die Odinseite schlug. Wir 3 müssen noch zusammenkommen, der Christ, der Halbblütige, der Jude, zu der myst. Dreiheit, die alles vermag.

*

Das Kainwerden hemmte in mir den in mir vorgezeichneten Vatertypus. Ich sollte sein, dem jüngeren Bruder, allen Unvollkommenen, Inferioren gegenüber zwar überlegen, aber *milder* Vater. Statt dessen nicht überlegen genug (bleibe Bruder) und hart (als Kain). Ebenso dem Weib gegenüber: bleibe Sohn (pathicistisch), aber Kain (Weiberhaß). Andern »Vatertypen« gegenüber bleibe ich *Sohn* (hier immer *gut, Abel*) aber den Niederen mit IIfärbung, den Höheren mit *zu viel* Respect. Entwickle ich den Vatertyp in mir, finde ich das Sichere in sich selbst beruhen mit der *rechten* Objectbesetzung.

(Alfr. Sohntyp. Wolfsk: heil. Geist. Wir alle 3 haben gg. unseren Typ gesündigt. Aber W's Sünde wider d. hl. Geist die schwerste)

Alles was im Sinne d. Weltentwicklung geht, muß toleriert werden (wenn man es auch sachlich nicht affectiv widerlegt z. B. Ostwald), der wirkliche Sünder ist nur der gg. d. heil. Geist. Also Toleranz gg. Technik, Sozialdemokratie, alle Irrtümer, die zwar schlecht sind, aber nötig als Auslöser des Guten.

Salzburg 5. Okt.

Heute mit A. & H. nach Salzbg. gefahren, um Tilly & Ludwig (auf d. Reise nach Canaria) zu treffen.

Abends ⊙

Ps. A.

A Erste Versuche zeigten Lampenfieber, d. h. mangelndes Selbstvertrauen, das kann bei […]

[…] als könne man durch Hingabe seiner *Würde* etwas vergeben. Daher auch lange Ablehnung zu *lustiger* Frauen bes. Mädel ohne Respect vor irgend etwas. Dieser Würde:

B die falsche Prinzenwürde die entstand als das Sohnesgefühl zuerst beleidigt wurde durch Richards Erscheinen. Das Verhältnis zu ihm der Grundtypus der Nichthingabe, gehemmten Liebe aus Angst der Würde etwas zu vergeben, schon früh das Bestreben diese Kälte (wider Willen) durch ethisches Handeln gut zu machen. Dies später fast in allen Beziehungen mit Menschen. Bei Anni am nächsten daran es zu verlieren.

[…]

[…] Niedrigen, Jüngeren, Älteren, nie Gleichen & Höheren. Gleichzeitig aber doch als Schwachen dieser Würde Grund zu geben viel gearbeitet & erreicht.

7. Okt.

Ps. A. Vermutlich ursprünglich *Angst* vor R. dem Ungeheuer. Entsetzen über die Mutter, Schwangerschaft, deren Ergebnis dann *dies* ist. Versöhnt durch Geburt Tillys, die daher bes. zärtlich geliebt wird.

*

Sehr schöne Tage mit Kubin & Spier in Salzburg. Sonntag Autofahrt nach d. erzbischöfl. Sommerschloß Hellbrunn.

Montag vorm. Museum. Nachm. Autofahrt nach Berchtesgaden Königsee. In d. Dämmerung allein mit A. nach dem alten Soldatenfriedhof & zu seiner alten Salzburger Wirtin mit halb idiotischer Tochter, über die beide schon der Tod lauert.

Abends Theater: die Zarin.

Ludwig unerträglich. Endlich Einigkeit aller über Richards großes Unrecht. Brief Hedwigs an ihn, der mich innerlich endgültig von diesem Alp befreit.

München 11. Okt.

Dienstag hierhergefahren, Abends bei Debschitz. Mittw. Vorm. Anni. Nachm. Campagnolle, sehr angeregt. Abends: Centralbad. Mathäser – Ostbahnhof.

*

Ps. A. B

Versp[rechen]: Zwangshandlung, die den Zweck hat, fremde Niedrigkeit festzustellen. Fiction: Eigene Reinheit. Negierung des Sexus, als hätten das nur die Andern, die Gemeinen. Der Gedanke daran beim [...]

Dagegen *Wolf*: Tragisches eigenes Schicksal. Katzen später erst intimer geworden: die spätere lichte Normalität.

Der dicke, triefende Mund – Louisa – Muttermund – Genitale – Bruder??

Die Tanten??

*

B Unangenehmer Eindruck, als ich zum 1. Mal die Art d. Sexualvorgänge erfuhr. Ablehnung. Jahre lang nicht glauben wollen. Daß die Mutter diese Wichtigkeit haben sollte! Einerseits wollte ich das nicht, dann aber auch Abscheu sie zu beschmutzen. Dies wohl Grundlage meiner Stellung zur Frau. Ursprünglich also Ablehnung der activen Erotik, keine langen Hosen tragen wollen. Die 2 Welten sollten getrennt bleiben: Niedriges, wesentlich, auto-erotisch bedingt, & die lichte, lebhafte Welt, nur Kußerotik, ohne eigentl. Sexualität. Hier durchaus strebend, activ, ja draufgängerisch, was gerade bei d. Weitereroberung im Sexualismus oft fehlte. Vor allem: Angst es könne fehlen. Daher: Aufgabe, forciertes Draufgängertum. Zuschauer seiner selbst!

28. Okt.

Es ist, als ob ich Dr. A. & mir selbst eine geheime Niedrigkeit verschweige. Daher dauernd dies Rechtfertigungsbedürfnis; ferner Bedürfnis logisch zu begründen, als ob die Persönlichkeit allein nicht hinreichend überzeugte; als seien die Ansichten eigentlich falsch: Conservatismus etc.

*

Trotz, aber nie gegen Autorität, Staat, Gesellschaft, sondern nach Unten; gg. die Geringen.

*

Schauer stets Mischung aus Angst & Wunsch. In d. dunkeln Welt, Praeercität, vor Geistern: Angst & Wunsch, sie möchten kommen. Sie sind die Folge, wenn sich das helle & dunkle Ich kreuzen.

30

Neigung d. Bruder als Sündenbock zu betrachten. Er als Symbol d. Niedrigen in mir selbst:

Lynx Hermann im Roman.

In Sachsenhausen, Gang z. Schlittschuh laufen: Er wird mißhandelt, so daß ein Fremder sagt: »Laßt doch d. armen Deivel!«

Mitleid mit ihm. Selbstvorwürfe.

31.

Allgemeine Drückebergerei v. d. Leben. Als Junge nicht Mann werden wollen, (kurze Hosen, Mädchenscheitel). Nicht glaubenwollen der Sexualität. Neigung sich vor dem Coïtus zu drücken. Freude wenn Frau unwohl ist. Leichtes Versprechen, sie nicht zu entjungfern: Friedel in Nürnberg.

Gereiztheit gg die Andern = Gereiztheit gg eine Hälfte des Ichs. (gg Friedensapostel, Weiberknechte etc). Aggressivität (z.B. am Samstag gegen den Maler Segall i. d. Gesellschaft bei Heimann) ist Selbstzüchtigung!

Hinter d. Narcismus steht *Selbsthaß*, sich selbst entfliehen wollen, sich nicht in sich selbst vertiefen können aus Selbsthaß. Ausfüllung d. Zeit mit sublimiertem Narcismus.

6. Nov.

Selbstflucht & Selbstangst (vor Selbstvertiefung) fand ein Asyl im Intellect, eine Bleibe, welche die Selbstflucht erträglich (wenn auch stets peinlich machte). So fixierte d. Intellect das Übel indem er es erträglich machte.

B Die Natur verschloß sich, weil sie von dem *Andern* besetzt war. Schnecken- & Muschelsammlung, Molche (Höhlentiere) aufgegeben, gleichzeitig mit d. Kampf geg Mast. Naturinteressen haben auch die Andern, Litterar. Interessen (Molière etc) aristokratischer.

Daher das ganze Gebäude auf unsicherem Grund & Trutz o. Höhe & Herrlichkeit giebt es nicht die nötige Selbst-[…]

[?]

[…] ohne Coquetterie involviert. Vor dem Neuen, Jüngeren aber will ich Mann, Vater sein & dies zu erreichen ist mir darum unbequem.

Das Kindhaft-Narcisstische hält mich früh so lang im Bett. Der Vater treibt mich hinaus. Ich muß jeden Tag ein Vergnügen haben, aber der Vater in mir gestattet es nur als Belohnung für ein Verdienst. Daher kommt bei aller Verkürzung des Tages doch immer etwas heraus. Bloßes Vergnügen ohne eine gewisse, wenn auch wenig Arbeit, habe ich mir nie gestattet.

19.

A Die Bedeutung v. Heidelberg festgestellt durch Traum: auf einer Höhe bei H. Incest mit Schwester T. verbunden mit Gefühl einen Mord (natürlich d. Vaters) begangen zu haben. Umkehrung: In H. die 5tägige Reise mit dem Vater, wo wohl die Absicht ihm nachzueifern zum ersten Mal ganz klar wurde. Vorher Durcheinander der *Ablehnung & Anerkennung*. Rückkehr von H. nach Homburg: Tiefer Rückfall. Zum ersten Mal Trotz geg. die Wirklichkeit: Arbeit, Aufgaben, Lehrer (Privatstunden.) Weinen, als ich wieder an dem Pult sitze. Ablehnung des Alltags mit der

Mutter. Dann aber Zwang durch d. verehrten Vater, dem zu Liebe dann die *Aufgabe* übernommen wurde. Verdrängung aller Incestwünsche.

B Später, als mit Tilly im dunkeln Zimmer überrascht, weil gerade *dieser* Verdacht vom Vater (!) gehegt wurde, der doch *ganz* ausgeschlossen war (weil am stärksten verdrängt.) Ich betone meine Geschwisterliebe, aber lehne den Incest ab. Als Mulus mit d. Vater wieder in Heidelberg. Jetzt darf ich dem Sex. nachgeben. Ich betone jetzt offen den sexuellen Character meiner Wünsche, lehne aber den Gedanken ab daß diese Sexualität in andern Frauen Schwester (licht) resp Mutter (dunkel) sucht. Daher gebe ich in dem Traum der letzten Nacht dem Vater gegenüber (dargestellt durch Prof. Primer) den sex. Act zu, leugne aber das Geschwisterverhältnis: stelle ihm T. als meine Braut vor, aber mit Angst, er könne sie erkennen & der *Mord* käme heraus. Schicke sie daher, »in die Stadt« wo ich sie besuchen werde. Löse also das Sexuelle von der Familienwelt.

Auch die zu große Zärtlichkeit verlockt zur Praeercität, wenn auch in viel geringerem Maß, da sie die Bahnen der Schwesterliebe geht (»goldig«) also mit dem sex. Incestverbot belastet ist. Da es aber doch nicht so »schlimm« ist, wie der Mutterincest, ist hier die Praeercität lange nicht so schlimm wie in der dunkeln Welt.

Eben war Schleich bei mir und hat mir seine Freundschaft angetragen. Zum ersten Mal erlebte ich die theoretisch längst erkannte Thatsache, daß man *seelisch* die Gegensätze des Geistes vereinen kann: *Sachlich* gegen den inferioren Geist durchaus recht behalten (z. B. gegen den Rat v. Lustig, mit dem ich neulich im Kaiserhof eine so unerquickliche Debatte hatte), aber durch Empfinden von dessen Gemütswert seine relative Bedeutung verstehen, & *duldsam* sein, ohne eine Spur seiner geistigen Stellung aufzugeben, ohne darum ein Allerweltsmensch zu werden wie die Liebenswürdigen von Natur: Baronin – Goetz. Man muß aus dem Gegensatz: Tasso – Antonio nicht einen Widerspruch, nicht ein

Vergewaltigen des einen durch den andern machen, sondern durch seelisches darüber stehen *beides* in sich als *Gestalt* nicht als zerstörende Kraft gestatten. Das wäre Größe.

20

Zweifellos wirkte zuerst Circumc. als Zeichen der Männlichkeit, da das väterl. m. (frankfurter Kastenbad) dem doch ähnlich war. Die Juden waren also dadurch im Vorzug, daß sie schon als […]

26.

Schleich am Sonntag Mittag in seinem Quartalsuff in einer Kutscherkneipe gelandet. Baronin & ich hin. Hatte bei einer kl. Dirne Elli 250 Mk geliehen und sie an 4 Weiber gezahlt, seine Uhr (vom Vater) zurückgelassen und die mußte nun eingelöst werden. Die Kleine sehr lieb, der Wirt & die Wirtin in der Kneipe überraschend brave Leute. Nun ist Schl. seit 5 Tagen bei Baronin. Abends mit Goetz dort. Er schlägt zwischen uns den Dreieinigkeitsgedanken vor. Solche Dreieinigkeiten kann der »Vater« 3 haben, i. d. göttl. Welt (Alfr. & Wolfskehl), i. d. geistigen (Schl. & Goetz), nun käme noch die materiell-gesellschaftl. Welt dazu. So der Vater Mittelpunct der 7zahl.

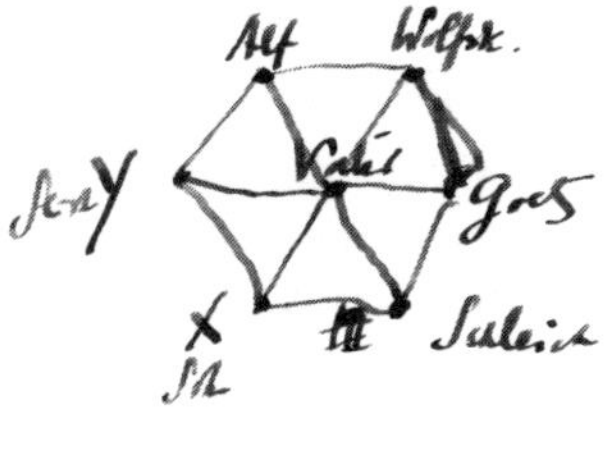

Wut auf d. Baronin, die sich da in ihrer aufdringlichen Weiberart hineindrängen will. – Starke Enttäuschung am Tag nachher, als ich Frau Prof. Sch. besuche & die Krankhaftigkeit des ganzen Zustands erfahre. –

Die Psych. An. hat meine Expansivität bis zu einem gew. Grad aus d. Vatervormundschaft befreit. Nun sucht sie Fixierung. Die Siebenzahl, mit d. Tendenz das Weib nur als untergeordnete Hure zuzulassen, kann eine sublimierte Homosex. sein. So daß sich nun lichte & dunkle Welt im platon. Sinn in Venus Urania & vulgivaga spaltet. Diese Gefahr muß vermieden werden:

Die wachsende Freundschaftsfähigkeit hat die Klippe der Urania, die Ablehnung der weibl. Persönlichkeit die Klippe der Vulgivagia.

Es muß erzielt werden, daß Freundschaft rein geistig bleibt, die Liebe sich zwar an das *einfache*, *schlichte* Weib, nicht aber an die Dirne fixiert.

So zeigt sich hier zum ersten Mal das Ziel, die Richtung. Wird sie auch zwischen d. Klippen (Urania & Vulgivagia) nicht immer verwirklicht, so weiß ich doch nun *genau wohin*. Die Einstellung ist richtig.

30. XI.

Ich *will* im Act mich hingeben, die rationelle (Vater)welt vergessen, lehne darum Frauen jeder Art ab, die das nicht thun, den Kopf *oben* behalten. (Berechnende Dirne, Engländerin etc.) Hier erstickt nur d. Stolz die Hingabe. Gleichzeitig will aber d. Stolz eine zur Hingabe zwingen, die nicht gleich für jeden zu haben ist. (auch etwa die Dirne, die bei andern berechnend ist zur wahren Hingabe bringen.) Je ächter und überzeugender sie Weib sein will, desto ächter & überzeugender bin ich Mann. Gestern mit d. Cocotte Elli, bei der Schleich neulich seine Uhr ließ, 3 Mal in 2 Stunden, da sie selbst so wahnsinnig bei der Sache war. Sie zwang mich zum Mannsein! Hier war mir's der Mühe wert & so ging es. Bei Anni z. B. ist es ja doch verlorene Liebesmüh!

3. Dec.

Heute Nacht Ostmarkenball. S. Witting. Gegenseitige Sympathieerklärung. Sie leidet unter d. Vater. Alles scheint sich zu ebnen. Soll ich oder soll ich nicht vorwärts gehen?

Traum: Bin mit S. W. verheiratet. Sehr zärtl. Gefühle für sie. Sie liegt im Bett. Ich muß noch telefonieren, aber die »umschaltende« Wirtschafterin hindert mich von der rückwärts gelegenen Küche aus. Dann jagt diese auf einem Besen als Hexe um das Haus. Aber ein grüner Vorhang (= span. Wand, welche einst das dunkle Geheimnis d. Eltern vor meinen Blicken schützte) hinderte sie am Hereinschauen & grenzt uns ab geg. die dunkle Welt. Schließlich kommt sie aber doch durch ein andres Fenster herein. Ich flüchte mich zu S. W., ergreife irgend etwas & will die Hexe totschlagen. – Erwachen.

Dr. A. hält für ein Hauptmoment d. Insuffizienz die Selbstbestrafung dafür, daß ich einst sträflich die Eltern (wohl durch die span. Wand) belauschte.

[...]

11. [übrig gebliebener Rest der herausgerissenen Seite] [?] Durch Lebhaftigkeit & viel Reden, (Hieb die beste Parade) wird das anhaltende Blicken in's Vaterauge unnötig. Man schaut einmal hin & schaut wieder weg, cachiert dies Wegschauen unter Lebhaftigkeit. So wird die Intellectualwelt zur *Ausflucht*. Das Schweigen mit Andern so schwer. Angst die eigene Niedrigkeit käme heraus. Verlegenheit, wenn nichts gesagt wird. Daher Angsttraum: Grundgefühl der Vater (resp. die Andern) käme vor m. Bett stehen & nun die eigene Niedrigkeit (Erection) entdecken, weil man im Schlaf jene Ausflüchte, jene *Masken*, nicht zur Verfügung hat. Darum Angstträume bes. in Rückenlage, die noch obendrein v. Vater verboten war. Insofern die Dienstmädchen zur Vaterwelt gehören (also in Häusern) ebenfalls die *Angst*, die eigene Niedrigkeit würde bemerkbar; denn geheim wurden sie begehrt. Ihnen gegenüber eine gewisse Unsicherheit, die sich in Schroffheit oder Kurzangebundenheit hüllt oder sonst etwas nicht ganz Natürliches.

Dies alles auch Ursache aller Unnatürlichkeit, Zweifel & darum Flüchten in's *Dunkle*, wo man nicht in's *Auge* des andern zu schauen braucht.

Zwickledt, 27. Dec.

Die letzte Berliner Zeit Höhepuncte Freundschaften (Schleich, Forest, Rowohlt, Albrecht.) Erholung d. Beziehungen mit Erika. Besuch des Gefängnisses Moabit mit Irrenabteilung. Das Zuhälterfest Roland etc.

Am 20. mit Rowohlt nach Nürnberg gefahren. Abends gebummelt mit ihm, aber schon flaute die innere Hochstimmung etwas ab. Sonntag in Passau Alfred. Auch seine Schwägerin Mizzi ist da.

Die ersten Tage beide verschlossen. Gestern aber wieder ein Ergebnis unserer Gespräche. Die Psych. An. steht noch im Vordergrund. Wir finden: die Entwicklung seiner Männlichkeit (14. Jahr) eng verbunden mit d. Schopenhauer'schen Philosophie, auf die er sich damals gierig warf, und die ihm die Versch.....heit seines damaligen Lebens (vom Onkel Beer unterdrückt) bestätigte. Gleichzeitig lag darin die unbewußte Nachahmung der väterlichen Melancholie. So zieht seine Lebensbetätigung *Lust* aus d. Pessimismus (narzissisch mit ihm verknüpft, nach der Christusenttäuschung) und läßt den Grundoptimismus seiner Natur nicht durch, der sich in allen Träumen der letzten Tage fühlbar macht.

28. XII.

Ps. A. Bei Sod. würde es sich nur um Huf- und Eutertiere handeln. Ähnlichkeit d. Mutter mit Kuh. Via Kuh II.

29.

Das was man zunächst für das größte Unglück hält, ist wohl das größte Glück dieses Lebens:

1) daß es einen Tod giebt. (Wie furchtbar wäre ein ewiges Erdenleben.)

2) daß eine individuelle Unsterblichkeit ziemlich ausgeschlossen ist. (Alles wertvolle in diesem Leben ist das Transindividuelle. Wie furchtbar, wenn auch im Jenseits uns die individuelle Schran-

ke vom Ewigen hemmte. Ps. A. Dies auch eine Absage an Narcismus.

Frankfurt a / M. 31. Dec.

Gestern hier angekommen.

Ps. A. Warum ich von Zw. aus die weiten Gänge auf der bayr. Seite vorziehe hat als Grund die passive Trägheit, der ich ein Gebot auferlegen muß. Sind wir erst nach Passau gefahren, dann *müssen* wir zurück. Da giebt es keinen Conflict. Machen wir aber gewöhnl. Spaziergänge, dann kann ich der Faulheit nachgeben, hoffe oder verlange gar bald zurück. Aus Angst daß *nichts* wird, gebe ich mir bes. große Aufgaben.

Januar 6. 1914

Ps. A. 2 starke pathicist. ⊙ ohne praecox. Vezzo. Offenbar ist durch die Erkenntnis »Kuh, Huftiere« endlich die Incestvorst. überzeugend in's Bewußtsein gerückt & daher nicht mehr wirksam als Hemmung.

Auch Morgenmüdigkeit seitdem fast vorbei.

Berlin, 9. Jan. 1914.

[...]

[...] naturgemäß am stärksten da, wo Hemmungen zu befürchten: dunkle Welt, die ev. Macht gewinnen könnte vor dem Ende. Daher Eile.

Auch das Herumlungern i. d. dunkeln Welt ist nur: sich nicht entschließen können, sich vor der wahren Aktivität drücken wollen, aber doch nicht ganz: Compromiß.

Tiersymbolik: Selbst *Bestie, Wolf, Tiger*. Die Frauen: Lämmer, Ziegen, Kühe, Stuten, Schweine, Elefanten.

Jan 14

[…]

*

Sonntag Besuch bei Witting. Sybille allein zu Haus, empfing mich nicht – wegen Kopfweh. Stich in's Herz. Aber Abends bei Meydenbauers völlig darüber beruhigt, die der Meinung sind, daß von W.'scher Seite eine Heirat mit mir bereits in's Auge gefaßt wird & daß sie daher mich gar nicht empfangen *konnte*. Überhaupt ist sie seit dem Ostmarkenball, wo sie sich mir noch rückhaltlos anvertraute, *scheu* & zurückhaltend, aber ohne jede Unfreundlichkeit.

Ps. A. Da ich absolut nicht *leiden* will verdränge ich solche unangenehmen Zustände, wie beim Nichtempfang durch S. W. sofort durch

[…]

thatsächlich schlecht bekommt. Dies alles am ärgsten am Vormittag. Nachm. & Abend wird das Leben activer, dem Vater nachstrebend. Abends lebhaft, kein starkes Leiden unter Kälte. Mann sein. Der Trotz gg. die Mutter genährt durch das den Vater nachahmende Streben ein Mann zu sein. Die Stubenreinheit wird daher zwar verhältnismäßig leicht erzielt (An sich halten), aber muß aus Trotz überbieten (Verstopfung) auch wohl aus Angst, in die alte Schweinerei zurückzufallen, die stets verführerisch lauert und ihrerseits wieder zu Trotzeinstellungen gg. Vater verleitet (Exhib. Besudelungen etc).

Was von d. Erziehung aus dem Verstand heraus verlangt wird ist: an sich halten. Zunächst tief gekränkt durch dies Verlangen, dann aus d. Vaterperspective die Notwendigkeit dazu begriffen, aber in trotzige Übertreibung umgewandelt, die auch als Schutz geg. Rückfälle aufrecht erhalten wird. Darum Appell des Unbewußten an d. Bewußte um Dispens, was auch durch Vorspiegelung zu großer Leiden möglich ist. Dann wird nachgegeben. So stetiges Wechseln von Faulheit und Übereifer. Dies alles gefunden durch die Beobachtung, daß bei Kälte & wollenen Strümpfen die Defäcation unangenehm & schwer & dieser Act ist ein Loslassen des Selbstzwanges im rechten Augenblick. Der hieße aber ein allgemeines Loslassen der Spannung, des an sich Haltens gegenüber der Kälte, der Wolle, eine trostlose Hinnahme des Unangenehmen, wodurch langsam Gewöhnung entstünde. Statt dessen der Kälte und Wolle gegenüber: ein in sich Verkriechen & Zusammenziehen, das auch Verstopfung hervorbringt. Nicht los können vom ich. Auch bei der Thätigkeit, daher diese heftigen Anläufe über diese Spannung hinaus, aber nie rechte Entspannung. Dies alles Trotz, der, einmal gelöst, die Loslösung des Ichs und damit Hingabe gestatten würde. Statt beleidigt über frühes Aufstehen müssen Hingabe an den Tag, Aufgeben der Nasensache, Hingabe an Musik. Praecox ist Angst das gebundene Ich könnte doch noch alles verderben. Darum Eile. Gar kein Trotz bei allem was direct vom Vater kommt, keine Aufbäumung gg. Autorität. Trotz nur gg. d. indirect mit Mutter Zusammenhängende, wo das Beleidigtsein bei der Entwöhnung den Urgrund bildet. Deshalb auch dauernd austritt: Unsauberkeit sofort, mütterliche Formen durch Praeercität; das eine erweckt Ekel, das andere Angst, der Vaterwelt zu entgleiten und doch genußreich.

B Die sich verschanzende & auflösende Empfindung bei d. Praeercität hat noch die Tendenz, *besonders* lieb sein, d. h. nicht hart männlich. Dieses stolz männliche Ansichhalten und plötzlich nach d. 1. Ehe aufgegebene pathicist. Einstellung: wieder gut machen wollen, restituieren des Zustands vor jenem Incestverbot. So starke Hingabe, daß die Männlichkeit, die so oft verletzt hat, ganz aufgehoben wird. Nachholen wollen, was d. Mutter gegenüber versäumt wurde. Dies natürlich nur möglich bei irgend wie unvollkommenen Frauen, die rühren, die es verdienen. Werden sie bösartig ist sofort die alte Härte da.

Dies zu lieb gegen die Mutter sein ist aber nichts anders als der verbotene Incest, daher der Schauer: Verbot des Vaters gegen die Mutter zu lieb zu sein. Daher gestörte Hingabefähigkeit überhaupt & Zwang z. Narcismus.

Dilemma: ich bin doch gut, warum scheine ich so bös, und bin oft wirklich hart. Ich kann nicht so gut sein, wie ich möchte, wie mir um's Herz ist. Muß es erst durch den Intellect gehen lassen, wenn ich etwas Gutes thun will. Rein expansiv nicht möglich. Da

die Vaterwelt im Grund aber doch ethisch ist, erlaubt sie schließlich das Gute doch, das dann wie Berechnung wirkt, obwohl's aus d. Herzen kommt, und erst diesen Kanal passieren mußte.
C Muß bei allem künstlich nachhelfen. Mißtrauen, von selbst würd ich nichts thun. Programm.

Das der Pathicism. i. d. dunkeln [...]

[?]

1) Hingebung gestört, statt dessen Ansichhalten als Grundeinstellung. 2) die körperlich-sinnliche Expansion von d. Mutter abgedrängt & ganz in d. dunkle Welt, wo Ungepflegtheit nicht d. Narcismus verletzt, wie bei d. eigenen Mutter. Daher Glaube, »Frau« sei immer unaesthetisch, aber dahinter liege das große Geheimnis. So wurde das Sex. anfangs ganz in die dunkle Welt verdrängt, andererseits die niedere [...]

Heute endlich Erika gesagt, daß unser Verhältnis, nicht aber unsere Freundschaft zu Ende sein muß. Endlich habe ich mich zur vollen Klarheit durchgerungen. Weder ihre Person, noch eine andere Frau zwingt mich zu dem Schritt: sondern nur die Unmöglichkeit solcher Zersplitterung. Ich werde mich wohl an keine Frau mehr im Leben innerlich attachieren, außer ich heirate sie & teile alles mit mir. Sonst lasse ich mir Frauengeschichten nicht mehr [...]

viele Dinge unmöglich hat, aber nun zu starr & schwer ist, um den ungezwungenen Durchgang durch die letzte Pforte zu erlauben: gehemmte Hingabe. –

1. Mai.

Ursprünglich: Infantilism. gegenüber Mutter. Die dunkle Vag. das verbotene, zugleich grauen- und lustvolle Geheimnis. Später Demütigung des Mann werden wollenden Narcismus durch die Mutter. Ihre sichtlichen Unvollkommenheiten werden benutzt, um vor *sie* ein Minuszeichen zu setzen. Sie wird nicht mehr begehrt, der Wunsch nach ihr verdrängt unter trotziger Mißachtung. Statt dessen wird nun eine 2. Männlichkeit erbaut nach dem Modell des Vaters, der trieblos, rein, klar gedacht wird. Die triebhafte Hingabe an d. geheimnisvolle Mutterwelt wird nun im Lichten direct perhorresziert, aber im Dunkel schielend gesucht. So entstand die 2teilung: licht und dunkel. Es bleibt aber die dauernde Sehnsucht nach jenem infantilen Zustand, der nicht *normal* sein Ende fand durch Läuterung des […]

[…]

[…] höher, als bis zur Gürtellinie sehen: Einer Frau aber etwas anderes vorschwindeln, kann ich auch nicht. Also Ehe oder nur leichtes Kaliber, hoffentlich bald das erste!

Sie thut mir leid. Viele, viele Tränen, aber ich kann nicht anders.

Wieder gut machen wollen; die einseitig aesthet. Maßstäbe abschütteln wollen, und dann greife gerade ich, der Aesthetische, zu tief: Louisa. So muß sich die Muttertragödie ewig wiederholen.

Auch das narcissisch betonte Mannwerden durch die Mutter zu ironisch bezweifelt. So […]

Zwischen Warschau und Moskau im Zug
Sonntag, 4/17 Mai 1914.

Am Donnerstag Abend in Berlin Bhf Zoo abgefahren. Vorher am Stammtisch, Schleich, Goetz, Forest, Albrecht an d. Bahn. Freitag Mittag in Warschau. Eine Mischung von Prag und Paris, aber ohne die altertüml. Stimmung jener und die Eleganz dieser Stadt. Herrlich das Lazienkischlößchen Poniatowskis. Abends im Judenviertel. Wirklich eine widerlich häßliche und schmierige Gesellschaft. Dann im Hotel etwas geschlafen. Einsam in d. Ermitage gegessen. Spaziergang. Mädchen von ca 13 Jahren fallen unter den Prostituierten mehrfach auf. In d. Altstadt, wo viele hübsche Mädchen in grauen Shawls. Um 11 ½ in das Rest. Aquarium, etwa wie in Petersburg.

Freitag bis Mittag geschlafen. Dann Fahrt nach Wilanów, dem Schloß Johann Sobieskis, des Fürstenbezwingers. Wundervoller, frühlingshafter Park mit dem aufbrechenden Flieder. Dann in den Alexander Park d. Vorstadt Praga, niederes Volk, viele Juden, Holzbaracken. Dann Dampfbad. Im Café Crystal gut gegessen. (Mittags Czerninasuppe aus Entenblut.) Dann Kino.

Heute früh in diesen Zug gestiegen. Behaglicher Schneckengang. Halbcoupé allein. Laues, etwas graues Frühlingswetter.

Dienstag, Moskau, 6./19. Mai 1914

Gestern Mittag hier bei hellem Sonnenschein angekommen. Gleich in d. Kreml, dann d. ganzen Nachmittag & Abend durch die Straßen. Zwar die originellste aller europäischen Städte, aber doch eine europäische Stadt. Nicht mit Konstantinopel & Cairo zu vergleichen. Aber doch die malerische südlich-östliche Unordnung sehr anziehend. Trotzdem abends das Gefühl, als ob mir Reisen nicht mehr das sind, was sie früher waren.

Heute früh Konstantin de Galjaschkin, Adelsmarschall, bei mir, an den ich einen Brief hatte von d. Baronin Seydlitz. Sehr liebenswürdig, meint die in Rußl. ansässigen Deutschen, die auf Rußl. schimpfen, obwohl sie von ihm leben, seien viel Schuld an der Verstimmung gg. Deutschland. Mit ihm in der Basilius Kathedrale, dann bei Margianitsch, einem Kaufmannshotel, echt russisch gegessen; eine Suppe aus Kwas & Fisch (Podwina) & einen Kaukas. Hammelbraten am Spieß.

Freitag 9/22 Mai

Dienstag Nachm. bei Galjaschkins zum Kaffee. Sie eine gute dicke russ. Dame. Leise Gereiztheit zwischen Beiden. Wir fuhren auf die Sperlingsberge. Schöne Aussicht auf die in d. Abendsonne glänzenden Goldkuppeln Moskaus. Zurück & bei Riche gegessen.

Mittwoch im Kreml, die Kathedralen aber nicht mit denen des Westens oder gr. Moscheen zu vergleichen. Sehr eindrucksvoll d. Kremlpalast. Bei Tjestow im Garten gegessen. Nachmittags Dampfbad. Abends mit G. & Frau im Aquarium. Später beim Puschkindenkmal vezzo, abscheulich.

Donnerstag Vorm. bei Poljakoff auf d. Telegraphenagentur. Empfehlung nach Nischnij. Dann mit einem der Herrn Tiltz auf der Börse. Später Romanowhaus, *sehr* schön, altrussisch! Dann Erlöserkathedrale. Nachm. im Sokolnikipark, dann langer Gang durch Vorstädte, über Märkte etc, wo mir Moskau z. ersten Mal aufging. [+++]. Abends im Café Savoy mit G. der mich dann zur Strelna führte: viele Mädchen im Wintergarten, aber keine Herrn. Dann zu *Jar*. Die alte Geschichte. Varieté, dazu sitzen Gesellschaften an Tischen. Rings die Mädchen des Zigeunerchors, des russ. Chors, des ungar. Chors, unter diesen eine nette blonde Hamburgerin. Dann noch durch die Dämmerung – sehr schön! – in die Ermitage, wo »Betrieb« wie in Berlin. Zu Fuß bei hellem Licht um 4 nach Haus durch die bunte Stadt. Bis 12 geschlafen. Der russ. Champagner macht Kopfweh. Heute im *Tolstojhaus*. Sehr eindrucksvoll d. Sterbezimmer mit den authent. Möbeln & Gegenständen, im Schein der Petroleumlampe. Dann wieder über Promenaden & Märkte, festtäglich belebt. Die Atmosfäre d. Volkes stark gefühlt.

Gestern wurde mir zu großer innerer Erleichterung klar, daß hiermit die allein zu unternehmenden Reisen für mich beendigt sind. Asien & America werde ich nur machen, wenn ich Gesellschaft finde. Man ist sonst in dieser Fremde hier zu leicht vereinsamt, wenn die Empfehlungen nicht gleich recht functionieren. Einsames Reisen setzt doch *genauere* Sprachkenntnis voraus.

So bildet dieses Jahr auch in dieser Hinsicht, so wie für meine Arbeit (Essayistik) einen Schlußstein. Die programmatisch-rationalistische Epoche geht zu Ende. Und dies erleichtert mich so sehr.

Montag 12/25

Am Freitag Abend mit Galjaschkin & Frau im Volkshaus, ganz gute Aufführung von Eugen Onegin.

Samstag Nachmittag mit Herrn Tiltz von d. Telegraphenagentur in Zarizino. Die unvollendete, großartige Schloßruine der Katharina II. Dann in einem echt russ. Milieu, eine kl. Datsche, wo 3 Eisenbahnbeamte mit einer dicken Wirtschafterin hausen. Abends in die Stadt, im weißen Bären gegessen. Mädchen. Spät Alexanderpark. Vezzo.

Sonntag Vorm. im Tretjakow-Museum. Wie im Alexandermus. i. Petersburg vorwiegend anekdotische russ. Malerei.

Den ganzen Nachmittag auf den sonnigen Boulevards & i. d. Parks das bunte Volksleben beobachtet ⊥. Abends mit einem öden Herrn Grunwald (Empfehlung Dohme – Kiestownikow) in d. Alpenrose gegessen, dann im Kreml, wo Vorbereitungen zu einem gr. Kirchenfest. Viel Menschen, nichts zu sehen.

Heute Montag wieder dort: glänzende Prozession, zahllose goldene Standarten, Priester mit weißen Bärten & lila Samtmützen & schließlich die Gebeine des heute Nacht heilig gesprochenen Hermogen in offenem Sarg, umgeben von hohen Geistlichen mit Goldkronen. Dazu Militärmusik: »Wir preisen Dich, o Gott d. Liebe.« Strahlende Sonne darüber.

Abends vor d. Abf. nach
Nischnij-Nowgorod.

Heute Nachm. endlich das Erlebnis, das mir Rußl. vertraut gemacht hat. Ohne ein gelungenes Frauenabenteuer bleibt mir jedes Land fremd. Nachm. in einem Bad eine *einfache* Frau verlangt, und es kam eine blonde frische Bäuerin, die sich zuerst ihres Geschäftes als Банщица mit ebensolchem tüchtigen Eifer entledigte, wie des andern Geschäfts: Катя Соколники ist ihr Name. Ich werde sie nach der Rückkehr wieder sehen.

Auf d. Dampfer
zw. Nischnij-Novgorod & Kasan
Mittwoch 14 / 27 Mai

In Nischnij gestern früh gut angekommen. Empfehlung an d. Redacteur des »Wolgar« versagte. Schwierige Situation wegen mangelhafter Kenntnis d. Sprache. Konnte Schiffsbillet erst für heute bekommen. In d. wenig interessanten Stadt herumgelaufen. Nachm. im Kreml. Prachtvolle Aussicht auf Wolga & Kama. Spaziergang hoch über d. Wolga. Spätnachmittag in den verlassenen Jahrmarktstraßen. Abends auf d. Dampfer. Dort gegessen in Gesellschaft eines jungen russ. französierten Ehepaars. Dann in den hochgelegenen »östl. Bazar« mit unvergleichlichem Blick auf das in 1000 Lichtern strahlende Nischnij. Unerhört schöner Himmel mit ganz orientalischer Tönung wie am Nil. Auf dem Rückweg in eine dichtgefüllte Volkskneipe mit bunten Dirnen. Auf d. Dampfer tafelte noch eine Gesellschaft von Deutsch-Russen, die ich vorher schon flüchtig kennen gelernt. Sie luden mich ein & nun bis ½ 2 Uhr an Bord bei prachtvollstem schon wieder hellwerdendem Sternenhimmel eine echt russische Unterhaltung zw. dem schon betrunkenen Baumeister Theod. Kahl und der dicken Frau des Arztes. Sie luden mich ein auf d. Rückkehr einen Abend mit ihnen zu verbringen. Gespräch über die Rechte d. Mannes mit Cocotten zu verkehren, die Herr Kahl sehr beredt verteidigte, während die dicke Dame heftig widersprach.

Heute Mittag ist d. Dampfer abgefahren. Zu Tisch die mich etwas enttäuschende Sterlettsuppe уха gegessen. –

Simbirsk, 16 / 29 Mai

Auf dem Dampfer angenehme Reisegesellschaft, französ. sprechende Russen. Weiche, graue slav. Stimmungen. Mittwoch früh Kasan; den Kreml besucht, nur ein Stückchen der Tatarenstadt. Nachm. auf dem Dampfer einen russ. Gutsbesitzer Jellatschitsch kennen gelernt, sehr gebildeter Mensch, der gut Deutsch & Franz. spricht und mich sofort einlud mit ihm auf ein paar Tage auf sein

Gut tief im Gouvernement Samara zu fahren. Schwerer Entschluß. Wir stiegen Abends hier aus. Die Bahn war schon fort. So mußten wir die Nacht bleiben. Erträgl. Gasthof, abends in ein Café chantant der übl. Art. Lange sehr angeregte Gespräche. Er ist Revolutionär. Heute bis 10 geschlafen, dann auf die Wolga-Kama-Bank, wo es mit einiger Schwierigkeit gelang Geld zu erbeten. Heute d. erste Regentag der Reise. –

Gut Pawlowka
bei Bogulma
Gouvernement Samara
18. Mai / 1 Juni

Vorgestern Abend von Simbirsk abgefahren. Im Nachtzug alles durcheinander, aber russisch behaglich – malerisch. 3 mal 2 Betten im Kupee übereinander, ein reicher Tartar, ein russ. Bauer, eine dicke alte Frau mit Kind, ein Ingenieur-Offizier und mein Begleiter Michael Alexandrowitsch Jellatschitsch und ich. Nachts Durchfall. Um 9 in Bogulma. Am Zug die gute dicke Frau Jellatschitsch. Wir fahren in das gemütl. warme kl. Stadthaus, wo d. Samowar bereit steht. Mein Koffer verwechselt, auf ein falsches Gut gebracht. Dann in 4spänniger Kalesche hierher. 3 nette Kinder, Sonja, Xenia, Dimitri mit einer Berliner Erzieherin. Treffliches russ. Mittagessen, dann geschlafen, dann Thee, dann Spaziergang durch das baum- und wasserreiche Gut. In d. Dämmerung Rabindranath Tagore gelesen, vieles gut, auf meinen jetzigen Zustand bezüglich: der Gefangene im eigenen Schatzhaus. Dann mit M. Alexandrowitsch musiciert, er Orgel, ich Klavier: Beethoven, Adagio aus der IV. Symph. Dann im hölzernen Badhaus ein Dampfbad. Gemütliches Nachtessen.

Heute Vorm. wieder musiziert: Mozart, Violinsonate 4 & 5. Die Kinder singen russ. Lieder die ich begleite. Dann kam der Bruder Ganja mit Frau, stud. jur. aus Petersburg in Uniform, 20 Jahre. Dann fuhr ich mit M. A. in ein reines Tartarendorf auf der eisigen Hochebene am Fuß eines baumlosen Berges. Etwas Schnee. In spitzer Strohhütte der Wächter von dem Gehege, das das Dorf umzieht. Gut gebaute russ. Holzhäuser aus Birkenstämmen aber mit Strohdächern, überall Stroh, auf d. Straßen, in den Höfen, einige bleiche Teiche und Sümpfe. Tataren in Pelzmützen, eine Frau, die sich verschleiert. Eine weiße Moschee mit grünem Dach & Minarett. Wir halten vor dem gr. Hof des Imam. Er empfängt uns, knochiger, brauner Mann, mit kurz geschnittenem schwarzem Bart, kahl geschorenem Kopf & Mütze: ein mäßiger, weiser Mensch, mit feinem Mund & stillen Augen. Im Haus heißer Kachelofen, sehr warm. Die Wände aus Stämmen, 6 Fenster, sehr hell, sehr sauber, am Boden ein weicher Filzteppich, darauf Kissen zum Hocken. Ein bunter Vorhang scheidet den Harem nur halb ab. Die blonde, schüchterne Frau, Bauerngesicht, rosa Kleid, Kopftuch, erscheint, giebt den Gästen die Hand. (Die neue Emancipation), sehr feierlich. Die jüngere, schlankere Nichte im Hintergrund. Kokette Blicke. Sie bieten ein Frühstück, das Beste was sie haben, alles rein und gut. Samowar, Schmant, Honig, Eier, Weißbrot. Hier läßt sich's leben, denn hier ist Behagen & Glück. Leider hat er keine Kinder, aber will doch keine 2te Frau nehmen.

Auf d. Troika zurück. Behagliches Familienmittagessen. –

Moskau, 25. Mai / 7 Juni Pfingstsonntag

Bis Montag blieb ich auf dem Gut Pawlowka. Weiter sehr behaglich. Viel musiciert. Das Gut besichtigt, die Ställe, die Bienenzucht. Montag Nachm. mit M. Alexandrowitsch nach Bogulma gefahren. Allein abgereist. Gräßliche ewig gestörte Nacht im Zug. In Simbirsk Samoljottdampfer, in 2 Tagen (Sonne) nach Nischnij. Dort beim Vizekonsul Schmitt. Abends im Garten des Klub gegessen. Herrliche Wolgaaussicht. Dann gute Nacht nach Moskau. Hier eiskalt. Bei Galjaschkins in der neuen Wohnung zu Mittag gegessen. Nachm. im Bad, aber Katja nicht zu finden. Eine andere, nicht so gut. Abends mit Tiltz in d. Petrowskipassage gegessen.

Gestern in Sergij Troitskaja Lavra. Wohl das malerischste Bild, das ich in R. gesehen habe, die bunten Mauern, rote Türme, vergoldeten Klinkerkuppeln. In d. Einsiedelei Gethsemane unterirdische Gänge, durch die endlosen Reihen bärtiger Bauern & Bauernweiber in Kopftüchern, Leinwandsäcke auf d. Rücken mit Kerzen i. d. Händen von langhaarigen Popen geführt werden. Dazwischen verlassene Zellen mit Betstühlen, kleine goldstrahlende, kerzenhelle Kapellen und – ein enges Bureau mit grüner Petroleumlampe, wo die Verwaltung dieser Räume, Bücher geführt werden etc. Alle unterirdisch. Nachm. zurück. Abends wieder im Bad, aber Katja unauffindbar. Durch d. Straßen gebummelt, im Café Yonny (viel Atmosfäre) Schokolade getrunken, ein Riesenpaar besichtigt. Auf dem andern Ufer spät in einem Bad mit einer Frau. Sehr mäßig. Dann noch im Rest. Wien um Mitternacht soupiert.

Heute vom Advokaten Baleriasky (Bekanntschaft v. Wolgadampfer) zu Mittag im Rest. Praga. Nachher soll d. Rückreise beginnen.

Königsberg, 11. Juni 1914

Sonntag 6 Uhr in Moskau abgefahren. (Pfingsten, russ.) Montag Vorm. im langweiligen Minsk, abends in Wilna. Herrl. Blick Abends v. Schloßberg. An Florenz gemahnend. Dienstag Abend Königsberg. Glücklich in Deutschland zu sein. Gestern prachtvoller Tag. Vorm. nach Cranz gefahren. Sonnen- und Seebad bei 11° Celsius. Nachm. schöner Waldspaziergang Waldhaus-Seebad am Kurischen Haff. Auf d. Rückfahrt etwas unsinnige Blondine in d. Bahn. Angeblich verheiratet & in K. auf Besuch. Nahm mich aber unter allerlei widersprechenden Angaben gleich mit nach Hause. Ganz nett. Abends viel Correspondenz. In einem Kaffeehaus Zeitungen gelesen. Nachher will ich nach Berlin fahren.

Berlin, 14. Juni

Ps. A.

A Durch das väterl. Schamgebot wird die Welt in licht & dunkel gespalten, statt männlich & weibl. Das Sexuelle (infantil exhib.) in's Dunkel gedrängt. Die männl. Welt asexuell, ungemüthaft. Daher wurde – unsinnig – die Welt d. hübschen Freundinnen d. Schwester der Vaterwelt construiert als asexuell. Versuch hier etwas zu gelten nicht durch männliche Robustheit (diese als dunkel den »Andern« zugeschrieben, die hiervon nichts verstehen) sondern durch Anerkennung.

[...]

Charleville, Großes Hauptquartier 16. V. 1915.

Vorgestern früh ab Berlin, Abends Frankf. Gestern früh weiter. Vor Metz die ersten Schützengräben und Drahtverhaue. Im Bahnhof ein langer Zug aus Belgien voll Frauen und Kinder, ausgeräumte belgische Dörfer. Werden via Schweiz nach Frankreich gebracht.

Audun le Roman: die ersten zerschossenen Häuser. Vor Montmédy viehweidende deutsche Landstürmer, deren Frauen vielleicht zu Hause die Anhängerwagen der Straßenbahnen bedienen. So greift d. Krieg in's Leben ein.

Nachmittägliche französ. Dörfer, friedl. Menschen. Blicke in die offenen Fenster d. Häuser. In den Gärten arbeiten alte Leute. Dazwischen überall Feldgrau. Alles leer und verlassen. Die Dörfer noch öder, als sonst. Dagegen die kl. Landstädte lachend und freundlich trotz der Leere. Die Dorfstraße mit ihrer Breite existiert in Frankr. & Italien nicht. Erst das städt. Leben verstehen die Romanen reizvoll zu machen.

Die grüne Landschaft rührend in ihrer Verlassenheit, ein himmlischer Frühling, der auf die Menschen wartet die dieses Jahr nicht kommen. Viele Pferde in Koppeln auf weiten grünen blumenbesäten Flächen. Ulmen Erlen Bäche mit Weiden.

Auf einer Station junge französ. Bahnarbeiter, denen Feldgraue aus den Bahnfenstern zuschauen. Alle Brücken von Feldgrauen bewacht.

Auf einer Sägemühle in deutscher Sprache: »Gott strafe England« darunter »défense d'entrée«. Darunter Aufschriften wie »langsam fahren« schon alt & verwittert. So lange sind wir schon hier.

Ist das alles ein Traum? Man weiß es seit 9 Monaten daß wir N. O. Frankreich haben aber wenn man es sieht, ist es fantastisch.

Vor Sedan wird die Landschaft flacher. Der Zug voll Feldgrauer fährt an dem Schlachtfeld von 1870 vorbei. Kurz nach Bazeille das erste deutsche Soldatengrab, ein Holzkreuz, davor in der Erde eine kl. schw.-weiß-rote Fahne, die Wind & Wetter schon etw. mitgenommen haben.

Ein braver, 53jähriger, freiwilliger Feldwebel-Leutnant, im Frieden Gerichtsvollzieher aus Darmstadt der aus Urlaub zurück i. d. Front geht, erzählt im Coupé, daß er hier im Herbst ein Schlachtfeld aufgeräumt habe. Nun trägt er in d. Brieftasche die Liste der Gräber: Grab 19 25 von dem Regiment, Grab 24 27 von dem Regiment, Grab 32 44 Franzosen, so lautet der schematische Bericht. Er zeigt uns unweit der Bahn zw. zerschossenen Häusern den weißen Hof von Donchéry wo 1870 Bismarck & Nap. III zusammentrafen.

Gegen 7 Ankunft im Hauptquartier. Freundl. Landstadt. Gehe gleich auf die Kommandantur. 2/3 d. Bevölkerung, bes. die Notabeln sind törichter Weise geflohen. So ist Platz genug i. d. Häusern f. unsere Behörden & zum angenehmen Wohnen. D. deutsche Offiziersverein braucht für seinen Verkauf ein altes Warenhaus, ein deutscher Zahnarzt sitzt im Cabinet des franz. Dentisten. In einem sehr eleganten Bürgerhaus die Kommandantur. Dort wird die Gazette des Ardennes v. René Prévot herausgegeben, der mich sehr nett mit s. Presseunteroffizieren empfängt. Man bringt mich in einem von s. Bewohnern verlassenen Haus unter, recht gut. Eine alte Frau einstige beauté bedient mich.

Ich esse bei Kasten aus Hannover, der sich im einstigen Lion d'argent niedergelassen hat gut deutsch zu Abend, trinke Liesner & zahle mit deutschem Geld, auf rotem Samtsofa zw. Spiegeln.

Um 9. müssen alle Einheimischen zu Haus sein. Auf d. Straßen nur noch feldgrau. Ich treffe die »Redaction« der Gazette. Wir gehen an d. dämmernde Maas. Quai mit wohlhab. Häusern. Eine alte Brückenmühle im Strom, jenseits grünes dunkelndes Hügelland.

Dann zu Caspari einem der Herrn. Französ. Haus eines geflüchteten alten Fräuleins mit Salon, salle à manger & prunkvollem Schlafzimmer. Pommade. Gespräche über d. franz. guignol, die boches mußten kommen um diese keuschen Räume so zu entweihen. Dann durch die dunkle Stadt. Dort wohnt der Kaiser, dort der Kanzler, dort *Tirpitz*, dort der Stab des Kriegsministers in schönen patrizischen Häusern. Zuletzt in ein Bordell mit einem ½ Dtzd häßlicher Weiber, die unter d. Krieg seufzend sagen »tous les hommes sont parents« ob Franz. od. Deutsche.

Um 1 nach Haus. In d. breiten franz. Bett köstl. geschlafen. Beim Frühstück Gespräch mit d. alten Frau. Ihr Sohn sous-lieutenant, die Tochter bei einer Familie in Reims. Jede Kommunication verboten. Brave ordentl. Menschen überall. Ich lobe Charleville, aber sie kann nicht glauben, daß ich es wirklich finde, da sie wie alle französ Provinzialen ihr eigenes Leben durch d. Brille v. Paris sehen & es darum verachten.

Mein Zimmer bewohnte v. d. Krieg ein Mr Simon, dessen Tagebuch ich im Nachttisch fand. Dort ist alles was er im Jahr 1914 gegessen & an Medicamenten eingenommen hat liebevoll aufgezeichnet. Wie ein insignifiante dieser Provinzialen. Aber Mr Simon est »un personnage très sérieux«, sagt die Alte. Sie beklagt sich über d. Maire, der die Flucht riet. Ein Teil d. Leute aber zurückgekommen, als sie hörten wie ruhig wir sind. Gute Gesch. macht d. Badeanstalt. Die Franz. baden nur auf ärztl. Verordnung & der Arzt der jene Bäder verordnete ist geflohen, nur die Andern geblieben, aber die Deutschen, sagt die alte Badefrau, baden auch ohne Arzt.

Um 2 auf d. Kommandantur. Zu Rittmeister Schnitzer; langes Gespräch über m. etwaige militär. Verwendung.

Mittags Militärkonzert auf d. schönen von Renaissancegiebelhäusern umstandenen viereckigen Platz. Die Bevölkerung erscheint nicht nur kl. Gamins, die gelernt haben stramm zu stehen & zu rufen: Gott strafe England.

Heute in d. sonntägl. Straßen viele hübsche Mädchen, die heute am Sonntag la fête de Jeanne d'Arc feiern.

Dann Mittagessen im Offizierscasino einem ehemaligen Vergnügungsort: Salon des familles. Ein Glasbau in schönem Garten.

Dann Kaffee auf d. place mit d. Redaction.

Séchault, 17. Mai.

Gestern Nachm. 5 Uhr Abf. v. Charleville. Viele russ. Gefangene als Straßen- & Bahnarbeiter. Aber auch deutsche Landsturmleute. Sie wohnen in alten Eisenbahnwagen. Auf der Vorderplattform eines Wagens eine Blechbadewanne. Überall in d. Landschaft wandernde Offiziere, die sich heute am Sonntag etwas Bewegung machen, denn nicht wenige arbeiten die Woche im Bureau und sehen so wenig vom eigentl. Krieg, wie mancher Forstbeamte vom Wald. Viele Unteroffiziere auf Rädern.

Um 7 Uhr in Vouziers, wo mich Graf Wedel Rittmeister beim Stab d. 15. Res. Division im Auto abholte. Fahrt zw. abendlichen, öden Feldern. Wir sind in d. sogen. Lausechampagne (Champagne pouilleuse), der ödeste Teil Frankreichs. Alle Dörfer voll Soldaten in Reservestellung die vorige Woche an der Front waren und die nächste wieder hinauskommen. Hier läßt man ihnen viel Freiheit, sorgt aber durch tägl. Übungen dafür daß sie nicht müßig gehen. In d. Abendsonne l. ein Flieger, rechts ein Ballon. Sie erkunden die französ. Stellungen. Wir sind etwa 5–6 Kil hinter d. Front. Auf allen Feldern wird überflüssiger Mist verbrannt, da man ja d. Felder dieses Jahr nicht bestellen kann. Rauchschwaden.

Divisionsstab liegt in einem gr. Hof, der einem Notar gehört. Ganz stattl. Herrenhaus mit hübschen Zimmern. Ungeheure Ställe. Exc. v. Liebert empfängt mich unter d. Thür, umgeben von s. Offizieren. Ich erhalte einen Raum unter d. Dach, in dem nichts fehlt, was man z. Leben braucht. Wieder ein Riesenbett à la française & sogar ein Schreibtisch mit Strohsessel. Eine Ordonnanz führt mich hinauf. Zu Tisch etwa 1 Dtzd Offiziere i. d. Salle à manger. Gut & einfach. Dtscher Wein, dann im Salon. Ein alter

Landrat aus Bielefeld Landwehr Kavallerie-Offizier ist hier um die Leiche s. Sohnes zu holen, der hier im Febr. gefallen ist & dessen Grab gerade an einer Stelle, die augenblicklich nicht ganz sicher in unserer Hand ist.

Wir gehen auf d. Hof. Heftiger Kanonendonner der die ganze Nacht anhält. Dann frisches deutsches Bier im Glas.

Am andern Morgen (heute) weckten mich die Klänge von Rheingold um ½ 9. Die Musik übte. Nach d. Kaffee kam d. Kommandierende Gen. Fleck. Taktische Besprechung mit Liebert & d. Generalstabsoffizier. Mit den jüngeren Offizieren so lange im Garten: Der Kriegsgerichtsrat Baumgartner aus Mannheim, der kath. Pfarrer aus Darmstadt, der evang. aus Berlin, der Adjutant (Notar) Baum aus Cochem, einer aus Berlin (Rosenow) etc. Man urteilt abfällig über die ewigen kl. Unternehmungen die keine Partei weiter bringen aber jede Menschen kostet. Vorgestern sprengten wir franz. Gräben, heute nahmen die Franz. sie zurück. Damit soll aber d. Offensivgeist d. Truppe erhalten werden. Dann mit Liebert & Baum, der Ortskommandant ist, Spaziergang durch Séchault. Elendes Dorf. Fast überall die Misthaufen weggeschafft, statt dessen trauliche Birkenlauben & Bänke (Alles dies, sagen d. Franzosen, werden sie wieder zerstören.) mit oft humor. Aufschriften. Überall Blumen. In d. Häusern wohnen die Unteroffiziere. Einer pflegt Gänseblümchen, ein anderer hat einen Zoolog. Garten angelegt mit Tieren d. Gegend: Siebenschläfer, Kaninchen, Ringelnattern, denen man Mäuse gab, aber sie fraßen eine Natter bis auf's Skelett. Darüber tront ein ausgestopfter Storch. Einige Aquarien, und, damit's auch ein echter deutscher Zoo ist: scherzhafte Aufschrift: »Es ist verboten die Rasenfläche zu betreten.« Alles so friedlich, daß man sich so fern v. Krieg wähnen könnte, wie in Tibet, hörte man nicht v. Zt z. Zt Kanonendonner. Grauer Himmel, weißer, staubiger Kalkboden.

Dann in die Schlächterei. Gerade war Wurst fertig geworden & wir mußten Leber- & Blutwurst versuchen. Der Wirt ein Leutnant Roland aus Berlin genannt der Roland v. Berlin.

Lothring. Soldaten werden vorbeigeführt, die ihrer Unzuverlässigkeit wegen an die Ostfront geschickt werden.

Altes graues Kirchlein mit Schieferdach & Hahn darauf, als genius loci der früheren friedl. Zeit. Feldlazarett. Ein Rothaariger mit Scharlach wird gerade eingeliefert.

Dann Friedhof. Reihen mit Holzkreuzen, nur deutsche Namen, aber überall: »honorez les morts«. Dazwischen auch Franzosen »tombé pour sa patrie, enterré par les Allemands«. Sanitätssoldaten graben neue Gräber.

Einfaches Mittagessen, dann Schlaf. Um 3 mit Auto (General v. Liebert, der Generaloberarzt & der Berliner Hauptmann Rosenow & ich) durch das öde Land, dann durch die Argonnen ein Stück in das malerische, hügelige Lothringen hinein & zurück. Überall lange Kolonnen mit Kutschern, die vielleicht Professoren od. Justizräte sind. Die Dörfer fast ganz v. Bevölkerung verlassen, ganz feldgrau bevölkert. In einem Ort Lazarett an Lazarett. Lauter sehr unfreundl. Orte. Dann zum Kaffee nach Haus.

18. Mai.

Zum Kaffee kamen Zeitungen mit der Neuigkeit, dass das Kabinett Salandra bleibt. Bei Exc. im Zimmer bis zum Essen. Nach Tisch zum allwöchentlichen Bierabend in der gemütlichen Baracke des Offizierscasinos. Vortreffliche Musik eines Klavierspielers, einer Violine und einer Bratsche. Ein Opernsänger Kempf aus Frkft gebürtig, vom Kieler Theater erstaunt durch herrl. Stimme. Exc. Liebert trägt selbst einiges vor, ich das »Jesuskindlein«, den »Schwerverbrecher« und das »Aquarium«. Funktioniere auch, wie i. m. Studentenzeit als »Bierorgel« d. h. begleite auf d. Klavier allerlei Gesänge aus dem Kommersbuch. Leute aller Berufe: ein Privatdozent, ein Landrat, ein Richter, Ärzte, ein Bankbeamter etc. Gegen 3 gehe ich mit dem Kriegsgerichtsrat Baumgartner aus Mannheim über die aufgeweichte Landstr. nach Hause.

Erschütternd der Anblick von Soldaten, die gerade in die Stellung gingen und sich in der Kantine stärkten, während drin die bekannten Weisen aus d. Heimat gespielt wurden.

Heute um 3 Uhr auf d. Friedhof der Dorfkirche die Beerdigung eines gefallenen Leutnants Bertram (Referendar). Erschütternd die Ansprache eines seiner Bundesbrüder am offenen Grab, der der Marburger Studentenzeit des jungen Rheinländers gedachte.

Dann mit dem Generalstabsoffizier Major v. Morsbach und dem Rittmeister Baum im Auto nach der sogen. »Kolonie« gefahren, 5 Kil nach südwärts, wo für den Stab völlig neue Häuser in Stein mitten in einem Wald gebaut werden, für den Fall, daß die franz. Granaten Séchault erreichen sollten. Jetzt ist ihre Wirkungsgrenze noch 200 Kil entfernt. Das ganze reizend angelegt, eine Beetanlage mit Goldfischteich geplant. Hier ist jeder erfinderisch in allem was das Leben behaglicher machen könnte. Die Augen des einst rückkehrenden Besitzers, wenn er auf s. Waldstück eine Art Villenkolonie wie einen kl. Kurort vorfindet.

Nach dem Kaffee mit dem Generaloberarzt und Exc. v. L. die Sanitätseinrichtungen bewundert. Welche Fülle von Tüchtigkeit in diesen sicheren Menschen (der neue deutsche Typ) und allen ihren Einrichtungen. So bescheiden, ja dürftig viele untergebracht sind, überall wissen sie sich es behagl. zu machen. Das sonderbarste die Entlausungsanstalt in einem alten baufälligen Backofen. Hier kann ein Mensch mit seiner ganzen Kleidung in knapp 1 St. entlaust werden. Während die Kleidung ausgekocht & dann durch Heißluft völlig getrocknet wird, badet er selbst in einer Wanne. Über dem Eingang prangt die Überschrift:

In diesem niedlich kleinen Haus
Lebt auf d. Mensch und stirbt die Laus.

Die Leute, die das ganze Institut in Gang halten, haben sich's in einem Holzverschlag, Villa Elly genannt, bequem & sogar behaglich gemacht. Auch die Gitarre fehlt dort nicht.

Dann in dem bakteriolog. Institut, wo dauernd wissenschaftl. Untersuchungen gemacht werden; Blut, Harn, Wasser.

In d. Lazaretten nur sehr leicht Verwundete, die bald wieder i. d. Front kommen, und sehr schwere, die nicht einmal bis in die Etappe gebracht werden können. Hier sind die fürchterlichsten

Kopfschüsse, die aber auch nicht hoffnungslos sind. Leute die blind ankommen, haben nach kurzem oft wieder Lichteindrücke und sehen dann wieder. Der Chirurg schwelgte geradezu in Photos, die er uns zeigte & von den entsetzl. Hirnwunden, die ihm zu heilen gelungen war. Kaum ein Fach menschl. Wissens ist durch diesen Krieg mehr an Erfahrung und Können gewachsen als die Chirurgie und das Sanitätswesen. Er versichert, daß nicht nur grundsätzlich getötet, sondern ebenso grundsätzlich geheilt wird. Das ganze ist aber nur der Thatsache zu danken, daß hier jeder viel mehr thut, als seine Pflicht. Wir sind hier in d. Front, wo etatmäßig solche Lazarette gar nicht vorgesehen sind, sondern nur Verbandplätze. Trotzdem ist teils durch Liebesgaben und persönl. Opfer dieses große Werk d. Menschenrettung entstanden. In einem verlausten Dorf voll Misthaufen stehen jetzt die sauberen Baracken und gesäuberten Häuser zwischen reich tragenden Gemüsegärten, zu denen erst ein Unternehmungslustiger den Samen aus d. Heimat kommen ließ, was ihm die Anderen schnell nachmachten.

19 Mai

Gestern Abend nach Tisch im Salon allgem. große Debatte über die Frauenbewegung. Ich bemerkte, wie die Ritterlichkeit dieser männlichen Männer sie z. Tl. blind machte gg. d. Gefahren dieser Bewegung.

Vor dem Schlafengehen wieder heftiger Kanonendonner.

Heute früh mit Leutnant Liebig nach dem Bahnhof Ardenil gefahren, wo die gr. Depots der Intendantur für ca 40000 Mann liegen. Kalter grauer Morgen. Schlammiger Boden. Ungeheurer Wagenpark, dazwischen die Gendarmen zu Pferd alles lenkend. Schuppen voll ungeheurer Massen mit Nahrungsmittel, Kartoffel- und Mehlsäcke, Konserven.

Ein Pionierpark mit Schippen, Bomben aller Art, Handgranaten u. s. w. Daneben ein bombensicherer betonierter Unterstand für eine ganze Kompanie, da hier oft Flieger erscheinen.

Nach Hause. Dann Bad in der ordentl. militär Badeanstalt.

Nach dem Kaffee Spaziergang mit Exc., d. Generaloberarzt & Rittmeister Baum in den Wirkungsradius d. franz. Granaten, viele Granatlöcher im Feld gesehen v. großem Umfang. Vor Bouquenois umgekehrt, das ganz zerschossen, eben ausgeräumt wird & unter d. Nachbardivision steht.

Mai 20.

Nach d. Abendessen erzählten einige von den bisherigen Kriegserlebnissen. Ein Rittmeister v. Friderici, sonst besonders sympathischer, offener Mensch erzählt mit welchem Spaß er auf den Feind feuert, wie abgewartet wird, bis die Leute sich aus d. Unterstand hervorwagen und wie dann d. Feuer los geht etc. Es gehört doch eine bes. Geistesart dazu, sicher ein gewisser Fantasiemangel, um das als etwas anderes als furchtbare Notwendigkeit zu empfinden.

Heute früh im Auto mit Exc. und Rittmeister Baum durch das völlig zerschossene Cernay mit dem Geripp seiner einstigen Kirche nach dem sogen. Kanonenberg gefahren, der terrassenförmig Unterstände in Höhlen (wie die Zigeunerhöhlen bei d. Alhambra) enthält. Ein Bohlenweg führt hin dann steigt man eine glitschige Treppe hinauf. Rechts und links Terrassenwege, an denen die Eingänge zu den Höhlen liegen. Davor kleine niedliche Blumengärtchen (die Gartenstadt genannt) und Bänke aus Birkenholz mit schönem Blick in die weite Ebene. Aus d. Höhlen, wo oft 10–14 Mann im warmen Erddunkel hausen (übereinander liegende Holzbetten mit Strohsäcken, Holztisch mit Kerze, a. d. Wänden Bretter mit einigen Habseligkeiten & Geräten Büchern. An einer Wand die Flinte); die meisten sind früh aus d. Stellung gekommen und schlafen hier jetzt. Aber bombensicher sind sie nicht, rings überall tiefe Granatlöcher. Dagegen vielfache Stollen, die noch tiefer führen, völlige Sicherheit bieten & noch einen 2. Ausgang haben, für d. Fall der Verschüttung. Hier kriecht während d. Beschießung, die jeden Augenblick beginnen kann, alles unter. An einem Eingang d. Aufschrift: Einwurf 10 Pf. Auf einem kl. Plateau das Offizierscasino mit schönen Bänken im Freien,

Zur schönen Aussicht genannt. Der vorbeiführende Weg heißt Kurpromenade. Hier macht sich eine feldgraue Katze zu schaffen. Gegenüber ein halb unterirdisches Bureau.

Die Franz. sind ordentl. Leute. So wie sie die Mahlzeiten genau einhalten, so auch die & die Schießzeiten. Heute Ausnahme & so kam ich in's Granatfeuer. Auf d. Kamm des Hügels muß sich unsere Gruppe etwas zerstreuen, um nicht die Aufmerksamkeit d. Feindes auf uns zu lenken. Wir gingen durch kilometerlange Sappengänge in mannshohen Erdstollen im weißen Kreideboden. Mit Sandsäcken gestützt. An den Wänden oft gelbgrüne Flecke v. d. Pikrinsäure der neuen amerikan. Geschosse. An d. Wand entlang geht das Kabel, das die vorderste Linie mit dem Kanonenhügel & d. eingebauten Batterien dahinter verbindet. Eine Wache begegnet uns, die dem uns führenden Hauptmann Anker meldet, daß die Franzosen seit heute Nacht eine neue Sappe gg. uns bauen. Etwas Beunruhigung. Dauernd sausen in nächster Nähe Schrapnells die weißen und Granaten, die schwarzen Rauch nach d. Einschlagen aufsteigen lassen und deren Knall ein pfeifendes Geräusch folgt. Oberhalb unserer Köpfe Reste alter französischer Drahtverhaue, sogen. span. Reiter in Form von Holzböcken. (Hier lagen einst die Franzosen eingegraben.) Hie und da macht die Sappe Bogen, man kann durch Löcher in's Land sehen. Gegenüber am Hang ein Soldatenfriedhof und viele Unterstände. Etwa 1 Klm. v. d. französ. Stellung entfernt machen wir Halt. Hier lebt in d. Erde ein Oberleutnant als Abschnittskommandeur. Auch er hat sich vor s. Höhle in einer Nische d. Sappenwand eine Bank angelegt. In d. Nähe unter einem einsamen Schutzdach mit einer Spalte wie ein Briefkasten kann man d. französ. Stellung sehen, natürlich keine Menschen, sondern auch nur die gelben Endstreifen der feindlichen Sappengänge, die den gegenüberlieg. Hügel durchschneiden.

Weiter (hin z. sogen. Bereitschaftsstellung) können wir nicht gehen, da sie gerade »belegt« wird. Ca 40 m vor uns platzen dauernd die Granaten. Wir kehren um. Der Hauptmann flucht über einen Kerl der auf d. nahen Hügelhang die Sappe verlassen und gg das Verbot draußen herumläuft und so die Aufmerksamkeit der Franzosen hier her lenkt. Der Mann sucht offenbar kupferne Granatringe von d. feindlichen Geschossen. Diese Ringe werden als Armbänder verarbeitet nach Hause an die Braut geschickt. Die Leute sind so erpicht darauf daß sie sich während starker Belegung nicht abhalten lassen aus d. bombensicheren Stollen herauszulaufen und die Ringe aufzulesen.

Hatte ich Angst? Nein, nur beschäftigte mich d. Zweifel: hat es einen Zweck, sich ev verwunden oder töten zu lassen, ohne daß damit jemand gedient ist und so war es mir recht, als S. Exc. umkehrte. Wer aber hier als Soldat unter höherem Befehl steht, für den giebt es diese Zweifelfrage nicht, und so begreift man, daß die Leute in dieser Gefahrzone ruhig herumlaufen, obwohl im Durchschnitt täglich Opfer fallen.

Wir kehrten über d. Hügel zurück in d. Unterstand d. Hauptmanns, der geradezu behaglich, doch nicht bombensicher, in den Abhang eingebaut ist. In d. Ecke ein breites franz. Bett, vorne ein runder Tisch mit bequemen Sesseln. Hier hatte er telefonisch ein Frühstück bestellt (als wir beim Abteilungskommandanten waren) und nun saßen wir bei vortreffl. Kaffee und Aufschnitt und konnten durch das Fenster in d. Ebene die Wolken betrachten, die von unseren eingedeckten Batterien aufstiegen, während sie über unsere Köpfe weg über d. Kanonenhügel weg schossen.

Um 11 Uhr im Auto zurück durch v. d. Franzosen zerschossene Dörfer, an einem völlig verwüsteten Schloß mit Park vorbei.

Charleville, 22. Mai

Am Nachmittag interessante Verhandlung des Kriegsgerichts. 3 Fälle: einer hat sich mit Schlauheit Monate lang fern v. Kriegsschauplatz gehalten, nachdem er einen Transport v. Gefangenen in d. Heimat gebracht hatte. 9 Mon. Gefängnis. Einer hat i. d. Besoffenheit sich unbotmäßig gg. seinen Unteroffizier gezeigt: 1 Jahr Gefängnis. Am interessantesten d. Fall eines Wachtmeisters, der 100 M. unterschlagen haben soll. 2 Zeugen sagen auf Eid genau das Gegenteil aus. Der eine leugnet sogar des Anderen

Anwesenheit. Das Gericht kann glauben, wem es will und glaubt d. Entlastungszeugen. Der dicke Wachtmeister mit treuherzigen blauen Augen, dem sein Rittmeister eine [...] gleich hervorragende Persönlichkeit nennt, wird glücklicher Weise frei gesprochen.

Eindruck: Sehr strenge Gesetze, aber genauso väterliche Milde bei d. Handhabung. Es müßte ein Mittelding geben zwischen Ruin eines Menschen und Freispruch.

Gegen Abend mit d. prot. Pfarrer Gildenmeister und dem Rittmeister Baum auf d. Mont Bellevue, wo man durch das Scherenfernrohr im Dunst die französ. Stellung sehen konnte. Abends war Exc. bei Kommandierendem geladen und wir allein, aber mit viel Besuch, darunter Graf Türkheim, der Rittmeister jenes freigesprochenen Wachtmeisters. Man steht ganz unter dem Eindruck der letzten, recht zweifelhaften Vorgänge in Italien. Einige Herren stehen doch etwas zu sehr auf d. Standpunkt »Alles muß verruinieret sein«, und bezieht dies auch auf Kunstwerke, als ob damit militärisch etwas erreicht würde. Diese [...] Draufgängerei wird v. Ausland sehr zu unserem Nachteil mißverstanden. Rittmeister Baum auf meiner Seite, der Kriegsgerichtsrat & der Oberleutnant Rosenow aus Berlin auf d. Andern.

Gestern morgen 10 Uhr mit Graf Wedel, dem Kriegsgerichtsrat & dem Leutnant Hotzel (Telefonabteilung) im Auto hierher gefahren. Herrliche Fahrt. Bald wird das Land wieder wellig, die Felder wiederum bestellt und von noch immer blühenden Apfelbäumen überhangen. Das Herz ging einem auf nach d. Ödigkeit der Lausechampagne. Mittags in Sedan. Sehr robuster Fraß in einem als Offiziersverpflegungsstelle eingerichteten Hôtel wo 2 Französinnen bedienen. Nach Tisch weiter nach Donchéry. Wir besuchen die alte Mme Fournaise-Liban in ihrem Häuschen, das sie schon als junge Frau bewohnte, als sie Nap. III. & Bismarck empfing. Alles erhalten wie einst. Die enge Stube mit bunten Wänden. Jetzt alle von deutschen Soldaten eng mit ihren Namen beschrieben. Sie haben den Strohstuhl Bismarcks sogar etwas beschädigt, da sie öfter darauf gestiegen sind um an d. Wand zu schreiben. D. Stuhl Naps ist noch gut in Zustand. »Hier saß d.

Kaiser nach B.'s Abschied allein noch 1 Stunde lang, den Kopf i. d. Hände gestützt.« Nap. hat ihr s. Zt. z. Abschied 4 Goldstücke mit seinem Bildnis sowie seine Autogramme hinterlassen, die sie pietätvoll aufbewahrt hat; Wilh. II hat dasselbe gethan und auf ihren Wunsch in französ. Sprache »Guillaume« geschrieben.

Fahrt durch d. Dorf Donchéry wo thatsächlich fast alle Häuser völlig zerschossen. Die hübsche goth. Kirche ziemlich erhalten.

Dann nach dem von österreich. Motorbatterien Ende August völlig zerschossenen franz. Sperrfort des Ayvelles (1878 erbaut). Hier haben die Granaten haushohe Trichter gerissen. Überall liegt herum Eisenschienen, Eisentöpfe, Bettstellen, durchnäßte Strohsäcke, durchweichte Magazinbüchsen, Laternen, Blindgänger, umgestürzte Laffetten. In d. Kellergewölben Munitionsaufzüge. In einem Gewölbe eine offenbar z. Trocknen aufgehängte Spitzenbluse von mattgrüner Farbe.

Gegen 5 Uhr in Charleville. Wieder dasselbe Quartier erhalten. Rittmeister Schnitzer & Prévot besucht. Bad genommen. Abendspaziergang. Um 8 bei Kasten mit Wedel, Kriegsgerichtsrat & Hotzel. Viel getrunken. Dann mit ihnen wieder in jenes Haus, wie das letzte Mal, aber wir werden plötzl. in einen »Salon« geführt und die Damen erscheinen in fantast. Seidengewändern im Gegensatz zu der ruinösen Aufmachung von neulich, als meine Begleiter Unteroffiziere waren. Wir treiben viel Unsinn. Klavier »Mireille«. Um 2 nach Haus.

11. 1. 16.

Die Verkürztheit besteht darin, daß sich d. Vater nach d. Schamgebot *selbst* physisch entzieht. Dies aber tief verdrängt (unter Abscheugefühlen), statt dessen Versuch ihm in d. lichten (= intellekt.) Welt nahezukommen, stets auf seinen Beifall warten, weswegen die Andern ganz gleichgültig werden. Mutter verachtet & eifersüchtig betrachtet. Zugleich Treulosigkeit im Dunkeln, die zugleich Ventil. Dort das heimlich genossene (Fritz!), von d. Vater versagt. Im Lichten das sex. überhaupt kaum mehr wollen, wenigstens sehr gehemmt, da ja an den Vater jetzt asexuelles Vernunft, das sex. in's Dunkel verbannt ist. Später begonnenes Arrangement: hier licht – dort dunkel.

Grundgefühl: *Es gut gemeint haben, aber zurückgestoßen zu sein.*

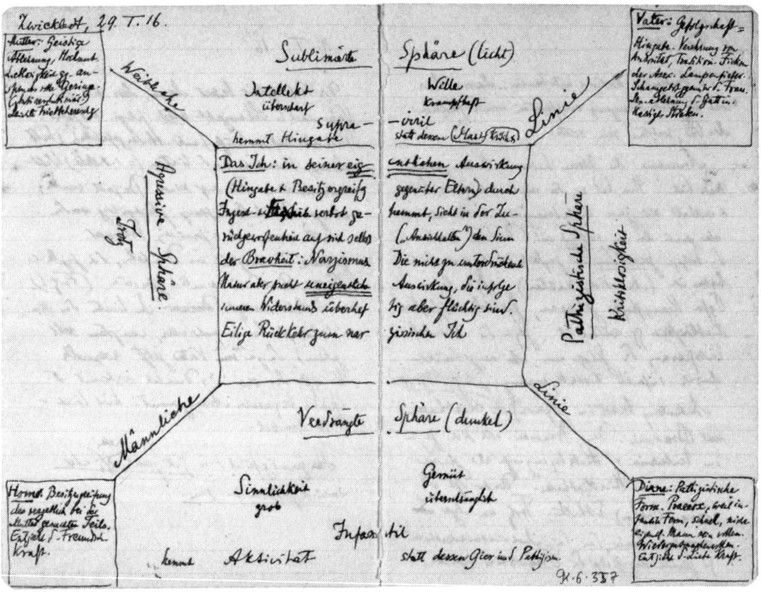

Berlin
11. Febr. 1916

Die Ambivalenz dadurch entstanden, daß: das was als Liebesbezeugung empfunden wurde plötzlich das Böse, Verbotene sein sollte.

Annahme: die Eltern haben d. Knaben »nicht mehr lieb«. Nun hat er sie auch nicht mehr lieb & enthält sich jener Liebesbezeugungen. Das ist aber gerade das was verlangt wird. Dadurch entsteht d. trotzige *Gehorsam* gegen Mutter, der zugleich nicht mehr lieb haben ist (An sich halten). Gegen den Papa krampfhafter *Gehorsam*, der zugleich Lieblosigkeit gg andere ist. Gegen die dunkle Entspannung des Gehorsams, ausgedrückt durch infantile Liebesbezeugung.

Ambivalenz besteht im Gegensatz d. 2 Kinderbegriffe v. Liebhaben und Bravsein. Das Bravsein soll sich zeigen im Unterlassen v. Liebesbezeugungen also gewissermaßen im Nichtliebhaben. Daher oft die starre (lieblose) Ethik. Trotz aus Ärger darüber, daß das »Auchnichtmehrliebhaben« ja gerade die Gesetze des Bravseins erfüllt.

Die Eintragung vom 11. Februar ist die letzte überlieferte Aufzeichnung für das Jahr 1916. Auch für 1917 und 1918 haben sich nur unregelmäßige Aufzeichnungen erhalten, die jedoch einen grundsätzlich anderen Charakter haben als die Eintragungen aus den Jahren zuvor: Im Vordergrund stehen Ideen, Gedankensplitter, Exzerpte, monologische Reflexionen, nur noch rudimentär und schemenhaft tauchen Ereignisse, Erlebnisse und Personen auf.

Oscar A. H. Schmitz hat in »Ergo Sum« auf diese Veränderung aufmerksam gemacht. In der Zeit zwischen 1916 und 1918 hätten in seinem Leben »die Ideen im Vordergrund« gestanden, während »Personen und Dinge meinen Umgang mit ihnen nur zeitweise unterbrachen, so wie bisher die Ideen den Umgang mit jenen«.

Die Notate aus dieser Zeit bestätigen diesen Sachverhalt. Die Außenwelt erscheint in ihnen kaum noch, und wo sie erscheint, da wird sie irrealisiert und verschlüsselt. So werden die entscheidenden Erlebnisse, die sieben Musterungen, die Schmitz über sich ergehen ließ, und die Angst, als Soldat eingezogen zu werden, nicht beim Namen genannt, sondern mit einem Kürzel bezeichnet: »M.« Dieses »M.« geistert zum Teil verloren und irrlichternd durch die Aufzeichnungen, es steht im engeren Sinn für das Militär, für Schmitz' »Kasernophobie«, seine »Kriegspsychose« und »seelische Untauglichkeit«. Im weiteren Sinn ist es ein hochverdichteter Angstkomplex, der sich aus weit zurückliegenden Erlebnissen und Erinnerungen zusammensetzt. »M.« sind der »Pseudovater«, die anderen, die Schule, die Leibesübungen, die Ehe, die Pflicht, das Verbot; »M« ist alles, was den Individualismus in Frage stellt, es ist die Drohung der Außenwelt, in das geschützte Privatuniversum einzugreifen.

Schmitz befürchtete – und sein Analytiker Karl Abraham hat dies in einem Gutachten bestätigt – den Kontrollverlust. In »Das Dionysische Geheimnis« gesteht sein Alter ego dem Oberst bei der Musterung: »Ich habe eine solche angeborne Idiosynkrasie gegen den Militärdienst, daß ich nicht dafür verantwortlich gemacht werden könnte, wenn ich mir aggressive Disziplinlosigkeiten gegen Vorgesetzte zu schulden kommen ließe. Mein Unabhängigkeitsbedürfnis war immer so groß, daß ich nie zu einem gebundenen bürgerlichen Beruf fähig war, sondern nur zu dem völlig freien des Privatgelehrten und Schriftstellers. [...] Schon bei den bisher leichten Berührungen mit dem Militär, wie bei Musterungen, ja Kontrollversammlungen, habe ich meine Selbstbeherrschung aufs äußerste anspannen müssen, jetzt aber bin ich am Ende.«

1915 reagierte Schmitz noch relativ gelassen auf die äußeren Ereignisse. Als er im März erfuhr, daß Karl Abraham eingezogen worden war und die Analyse vorläufig beendet werden mußte, schmerzte ihn das nur kurz. Anfangs habe er »schwere Depressionen« gehabt, schreibt er Kubin am 12. April, doch es sei »höchste Zeit« gewesen, die Behandlung zu beenden: »wenn mich auch die Ps. A. über meinen neurotischen Komplex aufgeklärt hatte – zu starke Abhängigkeit vom Vater, als dessen Adjutant ich mich fühlte – so hinderte sie selbst, nach der Gabe der Erkenntnis, daß ich mit dieser Erkenntnis Ernst machte und mich auch wirklich vom Vater löste; verknüpfte sie mich doch gerade von neuem mit einem Vaterersatz, dem Arzt, auf den ich alle Verantwortung schob und vergnügt im alten Fahrwasser weiterplätscherte.« Schmitz scheint sich ungewöhnlich schnell von der Übertragung befreit zu haben. Schon ein paar Wochen später fand er Trost in einer gänzlich anders gearteten Erklärung seiner neurotischen Komplexe, die für ihn den Vorteil hatte, daß sie das Sexuelle ausklammerte. Kubin berichtete er am 4. Mai 1915: »Nun die Hauptsache: Als nachträgl. Geburtstagsgeschenk geht Dir zu: Adler vom nervösen Menschen. Dieses Buch erlöst wiederum von Freud und giebt erst den letzten Schlüssel. Nicht mehr wird alles aus dem Sexus erklärt, sondern auch der ist bloß (ein freilich sehr nahe und stets bereit liegendes) Symbol, das leicht auf seine Bedeutung aufzulösen ist. Während also Freud doch zu sehr im Sex. wühlt, liegt hier *die Erlösung. Jetzt fühle ich mich erst ganz sattelfest. Ich bin überzeugt, daß das tiefsinnige Buch auch Dir Trost, Erleichterung, Erkenntnis & Anregung bringen wird. Ich f. m. Person habe dadurch erfahren, daß der Urgrund meiner Hemmungen nichts anders als meine Kurzsichtigkeit ist, mit ihren Folgen der Bewegungsungeschicklichkeit, die in meiner Kindheit ein mir wohl erinnerliches Minderwertigkeitsgefühl hervorrief. Als Überbau und gegen Kompensation habe ich mir dann eine sehr starre überspannte, mich mit der Wirklichkeit in häufige Konflikte bringende Welt aufgebaut. Die Erkenntnis ihrer Irrtümer genügte nicht so lange sich das Unbewußte zäh daran klammerte aus Angst, sonst verdrängte Minderwertigkeitsgefühle hervorbrechen zu lassen. Dies kann ich jetzt ruhig thun, da diese Gefühle (als mit der Kurzsichtigkeit zusammenhängend) heute ohne mein Selbstgefühl zu erschüttern leicht im Bewußtsein leben können. – So erklärt es sich auch daß man (in Folge einer sehr zähen unbewußten Bekämpfung alles dessen was wie körperliches Ungeschick scheinen könnte) bei mir nie die üblichen Zeichen des kurzsichtigen Menschen sah.«*

Nicht nur seine persönliche Situation, auch die politische Lage beurteilte er 1915 noch mit einiger Zuversicht. Er war der festen Überzeugung, daß der Krieg bald vorbei sein und ihn selbst die Sache nicht weiter betreffen würde. Am 12. April schrieb er an Kubin: »Ich glaube wir sind im letzten Akt des Krieges. Der Dardanellenplan unserer Feinde ist gescheitert, dem Karpathenplan scheint es ebenso zu gehen; die augenblickliche, bis jetzt durchaus erfolglose Offensive im Westen dürfte die letzte sein. Hülfe von neutraler Seite ist nicht mehr zu erwarten. […] Seit einigen Wochen ist die Stimmung in England, was doch das wichtigste ist, sehr flau. *Der Unterseebootkrieg wirkt doch ziemlich stark. Nur in Frankreich, das doch am allerwenigsten Grund hatte jubiliert die Presse und ist des Sieges gewiß. Um so näher rückt es dem Zusammenbruch.«*

Anfang 1916 wandelte sich die Stimmung: Die militärischen Zurückstellungen wurden aufgehoben, und Schmitz, der in der Zwischenzeit in Zell am See und Salzburg Quartier bezogen hatte, mußte zur Musterung nach Berlin. Er hatte hier zwar noch eine Wohnung, aber die Stadt war ihm jetzt zu einer manifesten Droh-

kulisse geworden, die ihn immer und überall an den Krieg und das Militär erinnerte. Bei den Behörden beantragte er im März eine Urlaubsgenehmigung, um ins oberösterreichische Zwickledt fahren zu können.

Die Korrespondenz und die Gespräche mit Kubin wurden zum Überlebensmittel. Am 22. März schilderte er dem Freund seine Situation: »Auch ich habe sehr, sehr vieles wichtige mit Dir zu sprechen, da ich auch eine sehr seltsame innere Entwicklung nehme. Die großen äußeren Erregungen der ersten Kriegszeit waren wohl der Höhepunkt der Entwicklung der letzten 10 Jahre. Immer mehr sehe ich in alledem das Sansara der unlösbaren Widersprüche. Ich habe einige qualvolle Wochen hinter mir. Mein innerer Zwiespalt fühlte sich ein in den äusseren, der hier eben alles bewegt und dessen Niederschlag Dir die morgige Reichtagssitzung betr. Ubootkrieg & Tirpitz zeigen wird. Du weißt, daß ich gerade in diesen Fragen einige Gelegenheit einzublicken habe; ich quäle mich ein Urteil zu gewinnen, aber beide Parteien haben gleich Recht und Unrecht. Ebenso ist es in allen anderen Fragen des Krieges außen und innen. […] Tatsächlich weiß niemand mehr was innerlich und äußerlich vorgeht, jetzt ist alles im Fluß. Vor diesem in einzelnen Augenblikken überwältigenden Chaos habe ich endlich gelernt, daß es im Sansara eine Wahrheit nicht giebt und daß man, solange man noch darin steckt, nur eine Möglichkeit der Abfindung hat: die Künstlerische. Dies wird um so möglicher, da ja eine endgültige militärische Niederlage, selbst im Fall einzelner Rückschläge, jetzt das wahrscheinlichste von allem ist. Wirtschaftlicher Tiefstand schiene mir aber im Namen von Seele & Geist für Deutschland eine gute Schule. […] Dein letzter Brief hat mich teilweise erschüttert, da ich Dich in ganz demselben Lebenswirbel fühle, wenn auch mit ganz anderen äußeren Symbolen.«

Der »Lebenswirbel« war Kubins sogenannte »buddhistische Krise«, eine für Freunde und Bekannte spektakulär inszenierte zeitweilige Selbstisolation des Künstlers. Ende März schrieb dieser eine Art Abschiedsbrief, er wolle sich von nun an völlig von der Welt zurückziehen und ganz einsam leben, auch den brieflichen Austausch wolle er einstellen. Nach der Ankündigung des Freundes *brach Schmitz förmlich zusammen. Am 29. März 1916 antwortete er: »Was mich betrifft, so bin ich nun freilich völlig einsam in der Welt, der ich nie* ganz *gehört habe, von der ich mich im letzten Jahr nochmehr gelöst habe, und in der Du mein einziger Rückhalt warst mit allem, was mit Zwickledt zusammenhängt. Daß dies nun alles für immer aus sein soll, kann ich mir noch gar nicht vorstellen, und wenn ich auch nicht so egoistisch bin, Dir zu wünschen, daß der Zustand wieder aufhört, so hoffe ich doch, daß er Dir bald zur selbstverständlichen, zweiten Natur wird, daß Du wieder, als freundlicher* Gast *unter denen weilen kannst, die Dich lieben.«*

Bereits Anfang April gab Kubin seine Kommunikationsverweigerung auf und erklärte die »buddhistische Krise« – zumindest teilweise – für beendet. Schmitz reagierte mit großer Erleichterung und stellte sogleich den Stand seiner inzwischen erreichten Selbstaufklärung dar. In einem Brief vom 4. April 1916 heißt es: »Dein vorletzter Brief hat mich umgewälzt, wie nichts in meinem Leben, *und das, was ich blitzhaft sah in jenen Tagen ist mir geblieben: was* wesentlich, *was* unwesentlich *ist. Als Schmerz war eine Analogie seiner Zeit der Bruch mit Wolfskehl, nur war dabei so viel Kleinheit und so wenig Reife. Dieses Mal sah ich: nur das, was mich mit Dir verknüpft, ist mir wesentlich. Das, was ich mit* Berlin *und* Politik *(im weitesten Sinn, zweckhaftes Wirken) bezeichne, war eine Besessenheit, die (nach langsamer Lösung) nun ganz von mir genommen ist. Sie war* gut, *denn sie hat mich von einem Münchener Ästheten zu einem das Leben kennenden Menschen gemacht, aber nun habe ich gesehen, was diese beiden Ungeheuer (Gog und Magog) sind, die hier das Leben bestimmen: triebhafte Sexualität und herzenskalter Rationalismus. Ihr Sinn ist: die Liebe zu* verdrängen. *Ich gebrauche absichtlich dieses Freudsche Wort denn – der Wahrheit entsprechend – haben mich Freudsche Wegweiser noch eine Zeit lang geführt, bis ich folgendes erkannte: Freud hat schon in verblüffender Sicherheit die wunden Stellen des mod. Menschen herausgefunden, aber was er thut, ist nur die Wunde der Sexualität leidlich sauber und offen zu halten. Er selbst steckt ganz und gar in diesem Komplex, aus dem er nicht herauskann. Dieser Komplex ist aber nicht das letzte. Die Sexualität ist eine Veranstaltung* gegen *die*

Liebe; und dasselbe ist der Verstand. Beide verdrängen die Liebe, die das Urgefühl ist, das bei dem kl. Kind unschuldig ist d. h. weder seelisch – noch sexuell, sondern unschuldig sinnlich. (nicht inzesthaft) Das plötzliche (oft zu frühe) Entdecken des sexuellen Charakters [...] dieser unschuldigen Gefühle giebt denn den großen Schreck, aus dem (wie Freud richtig erkannte) die Neurose entsteht. Jene Gefühle zur Mutter sind nun geschändet & erscheinen jetzt erst inzesthaft und werden verdrängt, *sind aber das Einzig echte. Später in der Pubertät wird dann die Sexualität ohne jene Mutterbeziehung Liebe wieder hervorgelassen. Verstandesleben und Sexualität mit ihren ebenso unechten Ablehnungen wie Bejahungen sind nur Veranstaltungen, dieses mißverstandene Gefühl der Liebe niederzuhalten. Gelingt es, es wieder in's Bewußtsein zu heben, dann erkennt man, daß jene Schändung durch die Sexualität (Inzest) ein kindliches Mißverständnis ist, daß Sexualität secundär ist. Siehst Du, wie sich hier unser Widerspruch löst: Zweifellos hattest Du Recht, daß Freud nicht die letzte Wahrheit enthält, wohl aber räumte er mir das weg, was mich von der letzten Wahrheit in mir trennte. Zugleich sehe ich aber hier auch die Realität des Buddhismus gegenüber der Liebeslehre des Christentums. Erstreben der Schmerz*losigkeit *ist nur negativ, ein doch nur* sublimierter *Egoismus. Die Liebe aber sublimiert nicht nur das Ich, sondern auch seine Beziehung zur Welt. Wenn ich nun auch Berlin und politisches Wirken (das notgedrungen blaß sein muß) verlasse und auf's Land gehe, so verzichte ich weder auf Kunst noch auf Philosophie und Natur, weder auf Freundschaft noch auf Liebe. Dies sind die wesentlichen Dinge, die sich immer mehr sublimieren lassen, ohne uns von denen zu lösen, die uns lieben.«*

Die Persönlichkeitskrise ergriff um diese Zeit die intellektuellen Zirkel. Viele Protagonisten der Schwabinger Boheme, die den Krieg anfangs als ästhetisches Ereignis, als Katharsis und Wiedergeburt gefeiert hatten, sahen sich nun von der andauernden Gewalt und der auch für sie näher rückenden Gefahr eines Kriegseinsatzes in ihren Lebensentwürfen, ihrer künstlerischen Existenz bedroht. Freunde und Bekannte, berichtete Kubin am 13. Mai 1916 Herzmanovsky-Orlando, seien von einer allgemeinen »Weltangst« *erfaßt: »Wolfs-*

kehl will mich […] Ende d. M. hier aufsuchen; auch er reagierte stark auf die Ereignisse und macht eine sehr ernsthafte Cur in einem Sanatorium noch zur Zeit durch. […] Wir leben tatsächlich alle miteinander so toll nach innen so ruhig nach außen, flankiert von Strömungen die eben weiter nicht viel anderes sind als die überschwenglichen Extreme eben jener ominösen Weltseele die, von sich selbst säuberlichst und furchtlosest beherrscht werden will.«

Schmitz versuchte sich durch Reisen zu beruhigen, er fuhr an den Main und dann für einige Zeit in den Taunus, um in der Landschaft seiner Kindheit Ruhe zu finden. Doch er geriet in eine immer bedrohlichere Stimmung. Sein Seelenpanzer, heißt es in »Ergo Sum«, »begann jetzt zu schmelzen, mochten sich nun die Abgründe des Inneren öffnen, gleichgültig, was darin war, Kröten der Furcht und Schlangen der Gier«. Während er sich in Dornholzhausen aufhielt und an dem psychoanalytischen Entwicklungsroman »Der Vertriebene« arbeitete, erreichte ihn eine erneute Vorladung der Militärbehörden. Schmitz setzte alle Hebel in Bewegung und konnte sich – vor allem dank des Attests von Karl Abraham – schließlich vor der Einberufung retten.

Ende Juni kam es zum langersehnten Zusammentreffen mit Kubin in Zwickledt und Linz. In »Ergo Sum« ist von »ersten Einweihungen« in buddhistische Schriften und Übungen die Rede. Im August besuchte Kubin den Freund in Zell am See. Vier Wochen studieren die beiden buddhistische Schriften, die Samkhya-Philosophie, das »Tao Tê King« von Lao-Tse, die »Predigten und Traktate« von Meister Eckhart und die Polaritätsphilosophie von Salomo Friedlaender, die Kubin seit 1915 in Grundzügen kannte und die 1918 unter dem Titel »Schöpferische Indifferenz« erschien. Schmitz reicherte diese Lektüren in den kommenden Wochen und Monaten weiter an, so u. a. um die Lebensphilosophie Henri Bergsons, die Phänomenologie Max Schelers und insbesondere Nietzsches »Zarathustra«. Am 26. September 1916 berichtete er aus Zell am See an Kubin: »Zarathustra war der grosse Heiler. So wie Deine unmässige Leidenschaftlichkeit einst die Inder als Gegenstück brauchte, so bedurfte meine immer wieder mich lähmende Trägheit dieser aufpeitschende Nietzsche. […] Ich kann es nicht, wie ich es im August versuchte, still erlauschen, *ich muss es im Sturm von innen heraus ergreifen, dann kommt auch mir »die ›stillste Stunde‹ Zarathustras.«*

Der immer radikalere Versuch einer Selbsterlösung im Selbstbezug führte zu irrationalen Formen der Selbstüberhöhung, die sich nur schwer einordnen lassen. Sicher ist, daß sich Schmitz und Kubin in gleicher Weise von dem selbstmystifizierenden Spiel mit Geniekult und Größenwahn angezogen fühlten. Wie stark sie aber das Spiel in diesen Krisenjahren noch kontrollieren konnten oder wollten, bleibt eine offene Frage. Am 25. November 1916 schrieb Schmitz aus Salzburg an Kubin: »Du nennst Deinen Fall verzweifelt *(im vorletzten Brief.) Ahntest Du, was mir für eine Fratze entgegengrinst! Du hattest doch auch in den schlimmsten Zeiten Deiner Hölle, zeitweise selige Augenschau (›Objektbesetzung‹); nun balanzierst Du zwischen der großen Urpolarität Schöpfer & Geschöpf, und Dein Ich ist, wie jedes Ich, mehr oder weniger verschlackt mit Leidenschaften, Ängsten etc, die Du immer mehr durch* Scham *zum Bild herausstülpst und unschädlich machst. Ganz anders bei mir: Bei mir ist das Ich nicht nur Substrat all' der gegensätzlichen Polaritäten der Welt (gut & böse, Lust & Unlust etc), sondern der Gegensatz geht durch das Ich quer durch.* Ich habe meine Geburtsurkunde als Genie aufgefunden, aber sie ist mitten entzwei gerissen. *Im Verkehr mit Goethe & Nietzsche habe ich erkannt, daß mir keine Substanz fehlt, die sie haben, daß ich den Größten blutsverwandt bin – während ich mit den Mittleren, wie Gottfried Keller, mit dem ich mich gerade etwas beschäftige, nichts gemein habe; das sind nur Philister mit schönen Gaben. Meiner Anlage nach hätte es mir freigestanden Dichter od. Staatsmann, Don Juan oder Mönch zu sein, aber da kam der große Bruch durch ein seelisches Trauma, das ich – wie mir jetzt erst in die Erinnerung getreten ist – dem sex. Attentat eines etwas älteren Mädchens in meinem 4. Jahr verdanke. Da wurde mein Bewußtsein zu früh sexualisiert. Voll Angst vor d. Vater schuf ich mir diesen Fortunioüberbau, der ganz unecht war, während das natürliche Ich sich schon in's Dunkel verkroch. Mein ganzes Leben wurde nun eine ewige Spannung im Fortuniohaften & Entspannung im Infantilen. Beide Gegensätze lösten sich ab (und machten so als Ventile das Leben überhaupt möglich) aber konnten nie zusammen kommen. So konnte ich nie meine Kühnheit, Kraft & Freiheit (kurz mein Männliches) recht ausnutzen, weil es in die mir selbst verhaßte Fortuniolarve gehüllt war, ebensowenig konnte ich das kindlich unschuldige (mein Weibliches) in mir zum Ausdruck bringen, weil es die ekelhafte Larve der Infantilität trug. So huschten beide Hälften immer nur eilig aneinander vorbei, zeugten nur ganz flüchtig miteinander & flohen sich wieder, ehe wahre Einheit (Schaffen & Liebe) möglich war. Hier hast Du das ganze Problem meines Lebens und Arbeitens. Selbst hast Du es oft gesehen, daß bei mir* alles *vorhanden ist. Obwohl ich der intellektuell schärfste Mensch bin, der Dir untergekommen ist, bin ich keineswegs der* reine Intellektualmythos. *Das sind viel weniger scharfe Geister oft viel mehr (Esswein). Denn ebenso stark ist bei mir, wie Du weißt der harmlos Schauende. Wie oft kam er beim Arbeiten heraus, als Du mit leichtem Griff an das Intellektualgeschäfte rührtest. Hier siehst Du das ganze Rätsel gelöst, aber zugleich die ganze Schwere der Aufgabe. Gelingt mir dies Eine – die Überraschung des Unendlichen im plötzlich gelösten Jetzt – dann werde ich weniger Schwierigkeiten haben als Du. Die* 5 Hindernisse *der Buddhisten (Wollust, Haß, Stolz, Trägheit, Zweifelsucht) sind bei mir nicht mehr groß. Schlösse sich der Zwiespalt meines endlichen Bewußtseins (der* neben *dem* allgemeinen, *Dich besonders beschäftigenden Zwiespalt zwischen Unendlichen & endlichen Bewußtseins,* bei mir besteht*), dann wäre es mir ein Kleines dieses Ich (O. A. H. Schz) mechanisch abrollen zu lassen in seiner Gespenstischkeit. Aber stelle Dir vor: zu dem Einsamen kommt nicht* ein *Gespenst, das er zu exorzisieren hat, es kommen 2, die sich gegenseitig raufen &* von ihm Schlichtung *ihres Streits verlangen. Ich probiere es jetzt so, daß ich mich auf die andere Seite lege und denke: ›Ihr könnt mich alle 2 im A . . . lecken.‹ Trotzdem glaube ich, daß ich vorwärts komme. In der letzten Stunde der Besteigung erhebt sich oft der Gipfel noch einmal am aller unbarmherzigsten. Freilich darf man den Wahnsinn nicht scheuen. Ich finde in mir zu Zeiten Symptome des Größenwahns; aber ich glaube, das ist auch nur wieder die ergänzende Kehrseite einer Bescheidenheit, die noch immer nicht wagen* *will, Gott zu sein.* Sehr wichtig wäre mir, ob Du auch solche Größenwahnvorstellungen hattest.«

In »Ergo Sum« spricht Schmitz von einem Weg in den Abgrund, immer erbarmungsloser habe er sein früheres Leben analysiert, bis schließlich hinter seinem Ich eine ganz andere Person hervorgekommen sei: scheu, ungeschickt und ängstlich: »Zunächst mußte ich glauben, dies sei nun mein endlich hervorgekommenes wahres Ich, und in der nächsten Zeit lebte ich immer ausschließlicher auf seiner Linie, brach immer mehr weltliche Beziehungen ab, vernachlässigte meine Geschäfte, ja, meinen Anzug und begnügte mich mit einem immer bescheideneren Leben.«

Seine Wohnung in Berlin löste Schmitz 1916 auf, Kleidung, Bücher und Manuskripte ließ er sich nach Salzburg kommen. Von nun an lebte er viele Jahre in einem Hotel. Im Winter 1916 lernte er dort eine Astrologin kennen, die ihm das Horoskop stellte und ihn in den nächsten Wochen und Monaten in die Materie einführte. Von der Astrologie war Schmitz sofort und nachhaltig fasziniert, in ihr glaubte er endlich so etwas wie den Stein der Weisen gefunden zu haben, einen Erklärungsansatz, der aufs Ganze ging und die Einheit der Kräfte, das individuelle Schicksal und das Kosmische in einen Zusammenhang brachte. In den Tagebucheintragungen von 1917/18 spielt sie eine bedeutsame Rolle. Schmitz führte sogar seit Januar 1918 ein spezielles »Astrologisches Tagebuch«. Wichtige Ereignisse plante er nun mit Hilfe des Horoskops, dessen Möglichkeiten er aber nicht in der Vorhersage von Glück oder Unglück sah: »Für mich bedeutet […] mein Horoskop ein Spiegel, in dem ich die einzelnen, im Bewußtsein noch immer getrennten Teile meines Wesens, als eine rhythmische Einheit wenigstens im Bilde zu sehen bekam, und es konnte nicht fehlen, daß diese ›Anschauung‹ wiederum auf das Innere reflektierte. So wird das Horoskop zur magischen Formel, durch deren Besinnung unser inneres Wesen bestätigt und instand gesetzt wird, sich aus den Zufälligkeiten des Geschehens immer mehr herauszukristallisieren. Diese magische Wirkung der Astrologie fühlte ich nun aufs heftigste, ja fast bis zur Besessenheit. Es gab Zeiten, da es mich vom Spaziergang zur Umkehr trieb, um mich daheim wieder über die geheimnisvollen Zeichen zu beugen und ihnen ihren Sinn abzugewinnen.«

In Vorträgen und Veröffentlichungen stellte Schmitz eine Analogie zur Psychoanalyse her. Der eigentliche Sinn der Astrologie liege nicht in der Deutung des zukünftigen Schicksals, sondern »einzig und allein in der Bewußtmachung. Durch Bewußtmachung unserer eigenen seelischen Zone erweitern wir unseren Gesichtskreis, vertiefen wir unsere Weltauffassung und erhöhen wir unser menschliches Niveau. Dieser Gewinn aber ist so groß, daß er gar nicht überschätzt werden kann. Es gibt eine alte Magierlehre: Wer den Dämon erkennt und seinen Namen ausspricht, dem muß er dienen. Nichts anderes bezweckt ja auch die Psycho-Analyse.«

Salzburg, Sonntag. 25. Febr. 1917.

Meine Hand klammert sich nicht an mich selbst. Was sich an mich klammert, muß eine fremde Hand sein. Was mich beunruhigend od. quälend beschäftigt, ob ein Artikel von mir erscheint, ob ich m.frei bleibe, muß etwas Fremdes sein. Ist dies für mich wesentlich, dann geschieht es von selbst; ohne Beunruhigung wirkt es die unendliche Person.

5. März.

Von äußeren Dingen liegt mir nichts an Einzelnem, Geld, Gesundheit, Frau etc, sondern von alledem brauche ich nur so viel als zu meiner Freiheit nötig ist. Bei d. Frau ist es fraglich, ob sie die Freiheit fördern würde, durch Abnehmen von 1000 kl. Miseren, oder sie hindern durch zu starke persönliche Inanspruchnahme mit mir Fremden. Darum sind auch in diesem Punkt meine Wünsche am zwiespältigsten. Die Freiheit zwar das höchste und edelste Gut, aber noch immer etwas Äußeres. Die *innere* Freiheit dagegen kann niemand geben & nehmen. Von ihr aus muß mir auch noch die äußere Freiheit gleichgültig werden; denn durch wachsames Behüten jener äußeren Freiheit & die Furcht sie zu verlieren bremst man die innere Freiheit. Stellt man sich aber ganz auf diese, dann kommt von selbst so viel äußere Freiheit als man nach seinem jeweiligen Zustand für die Erhaltung d. inneren Freiheit braucht. Die äußeren Freiheitshemmnisse werden durch ihre Anerkennung & Furcht überhaupt erst geschaffen.

8. März.

Neue große Aufregungen, aber zu objectivieren gesucht. Nachts Meister Eckhart, z. ersten Mal als wirkl. Trost. Heute Samkya: Die Nichtunterscheidung beruht darauf, daß man das was Bühnenspiel ist wirklich nimmt. Gott ist d. Krystall, in dem sich die Schöpfung spiegelt in all' ihrer Buntheit (rote Hibiskusblüte), ohne daß sich darum d. Krystall verändert. Werden wir selbst Krystall & erkennen, daß die *Spiegelung* nicht wirklich ist, dann sind wir ohne Leid. Identifizieren wir uns mit d. Geschöpf (statt es zu spiegeln), dann leiden wir mit ihm; denn sein »für sich sein«, das ewig nach d. Einheit strebt ist leidvoll & kann mich nur vorübergehend täuschen, indem es sich mit anderen Geschöpflichen verbindet. Erlösung nur in d. Erkenntnis der Einheit, die *alle* Spiegelbilder umfaßt: d. h. alle Unterschiede, ohne daran zu leiden.

2 Übungsarten: 1) Lauschen auf die innere Stille mit Abkehr von d. Außenwelt: die Reinigung d. Krystalls & von Wahrnehmung, Zeit und Raumgefühl.

2) Betrachten d. Außenwelt, aber sie als Spiegelung erkennen. Neumann S. 19/20.

10. März

Das Samkyabild v. d. Hibiskusblüte hinkt insofern, als dieser Spiegelung kein gespiegeltes Bild entspricht. Diese Annahme führt d. Samkyaphilosophie immer wieder zu materialist. Weltauffassung (neben d. geistigen). Vielmehr ist *nur* die Spiegelung da in seinem von ihr unveränderten Krystall. Leid entsteht in demselben Maß als wir ihr irgend einen Grad von Wichtigkeit geben. –

Im selben Maß als ich im Unterschied lebe, grabe ich einen Hohlraum in mein wesenhaftes Sein. Ich bin also im selben Maße *nicht*. Ich habe dieses Scheinsein selber gemacht, aber ich bin es nicht. Vielmehr ist es meine teilweise Aufhebung. Die Erlösung ist durch Erkenntnis z. Gleichgültigkeit gg. den Schein zu kommen. Ihn asketisch zu bekämpfen, heißt ihn *noch* anerkennen ja seinen Widerstand stärken.

Wesenhaft sein heißt daher indifferent sein. So *ist* man, ohne zu wirken. Dies Sein ist selbst höchste Wirkung ohne ein Thun. Das Wesen ist vollste Ruhe in sich selbst, es bewegt nicht & ist doch *in* aller Bewegung, wie Gott *in* aller Kreatur. Diese persönl. Wesenhaftigkeit, die unbeweglich, ort- & zeitlos ist, muß auch ewig sein. Sie ist nicht identisch mit d. Leib, sowenig wie Gott mit d. Welt, aber sie ist *anwesend* überall im Leib, kann aber unmögl. mit ihm vergehen. So ist alles was war, ist, wird im Wesen ewig.

Christus, der ewig geboren wird, ist d. Symbol d. Fleischwerdung des Wesens.

12. III.

Balzac: La moindre fleur est une pensée, une vie qui correspond à quelques linéaments du grand tout, duquel ils ont une constante intuition. (Séraphita, S. 74)

Damit steigt ein mir 1897 so vertrauter Gedanke wieder auf, nur jetzt in vollerer Klarheit. Alle Erscheinung, vor allem aber das eigene Ich & sein Leben als *Gleichnis* erleben und es so jenseits von Lust und Leid stellen. Die Hibiskusblüte im Kristall also doch *Bild*, Spiegelung von *etwas*, das aber nicht sagbar, nicht nennbar ist und nur als Spiegelung faßbar; in seinem Wesen nur still erlauschbar ist. Soweit es nicht Spiegelung ist, *ist* es nicht wesentlich.

Alles bin ich selbst, aller Unterschied nur *mein* zersplittertes Gott-Selbst, dessen Einheitsprinzip ich vergessen habe, so wie der Wilde in einem teilweise zerbrochenen, wenn auch noch in allen Teilen vorhandenen Tempel nur den Steinhaufen sähe. Der Archäologe aber erkennt sofort den Einheitssinn dieser Trümmer auch in der Zersplitterung. Es handelt sich darum den Einheits-*sinn* des Selbst in seiner Ichzersplitterung dauernd gegenwärtig zu haben (das Gleichnis, welches dieses Selbst ist.) Dazu aber ist nötig, daß man nicht Einzelnen Trümmern Selbstheit giebt, sich mit ihnen identifiziert & meint, *dies* wäre man. Stets wissen, fühlen, erlauschen, *wer* man ist, dann kann man alles thun – im Bilde. Wir leben aber so, wie einer, der bei einem Buch das wesentliche in der Ansammlung von Buchstaben sieht, oder in der Ausstattung, bestenfalls in einzelnen Szenen und vergessen, daß die ort- und zeitlose Idee z. B. des »Faust« uns stets gegenwärtig sein muß, um seine Einzelheiten richtig zu würdigen. Ohne diese Idee sind die Gretchenszenen nichts als hübsche Liebesszenen zwischen einem »besseren« Herrn & einem Bürgermädchen. Trotzdem ist in *Worten* nicht zu sagen, was diese Faustidee eigentlich ist, die in dem ganzen Werk überall allgegenwärtig ist & für unseren groben Sinn & Verstand eben nur durch Bilder & Gleichnisse ausdrückbar ist. Sie *ist* in diesen Bildern, aber diese Bilder sind sie nicht. Genau so verhält sich das Wesen unserer unsterblichen, von keinem Leid & Lust berührten Person zu der Zersplitterung unseres Lebens. Sie drückt sich darin aus & zwar schlecht, weil wir noch solche Stümper des Ausdrucks sind und stets in Einzelheiten verweilen, statt resolut auf's Ganze zu gehen. –

Dies unterscheidet sich wesentlich von d. gemeinen Solipsism. der nur das Ich zeigt, das wie ein Theater die Welt erlebt. Hier wird gerade das Ich entsetzt, da seine hartnäckige Festigkeit nur den wahren Sinn d. Welt stört, wie eine übertriebene Nebenfigur im Drama.

M.

Was giebt es f. ein besseres Symbol für das Brechen des Ichwillens als das Militär. Es handelt sich darum auch dies nur gleichnishaft nehmen & rechtzeitig verstehen, damit die Bedrohung genügt & der Vollzug überflüssig wird. Von innen heraus den scheinbaren Feind demaskieren, als Instrument d. Erlösung. Um *diese*, nicht um Militärisches handelt es sich hier. Ich brauche *mich* nicht zu unterwerfen, wenn ich von innen heraus das Ich und den scheinbaren Unterjocher durchschaue; trotzlos, furchtlos.

Jede Problematik ist an sich ein Fehler, z. B. die Frage: soll ich mein Leben opfern od. bewahren ist ganz falsch gestellt. Weder das Eine noch das Andere. Nichts Irdisches ist das Lebensopfer, aber auch nichts die Lebensbewahrung wert. Man lebe dieses Leben aus, wie einen Anzug, den man auch nicht ohne Grund sich wegreissen läßt.

Askese nur die Kehrseite eines falschen Lebensdranges. Dieser ist nichts als ein Irrtum des *Ichs*, es sei die Person. Da es aber zugleich seine Gebrechlichkeit sieht, muß es sich krampfhaft behaupten. Wäre es die Person – d. h. d. höchste Wert, dann hätte es ganz recht. Nun ist es aber nicht die Person. Diese ist vielmehr ewig und unrealisierbar & bedarf gar keines Dranges, sich zu behaupten & bedient sich des Ichs nur als ihres zeitlichen Gewands. Der Überreichtum d. Lebens aber ist so groß, daß *alles*, auch d. Leib, äußerste Entfaltung will, nur so macht sich d. Werkzeug zum Herrn. Der Person ist dieser Irrtum ganz gleich, aber sie übernimmt sofort wieder die Herrschaft, sobald das Ich diesen Wahn aufgegeben hat. Dies ist aber nicht etwa eine gegnerische Kraft d. Person, etwa ein Teufel, sondern all seine Kraft empfängt es ja in ihr. Es ist vielmehr ein mehr od. weniger gut od. schlecht gestimmtes Instrument. Da d. Person jenseits v. Gut & Böse ist, läßt sie die Ichkapriolen ruhig gewähren, ist aber jeden Augenblick bereit, selbst d. Führung zu übernehmen, sofern & im selben Maß als das Ich erlaubt.

Auch d. Frage: Egoism & Altruism wird durch das »wesentliche Leben« gelöst.

13. III.

Gr. Nachmittagsgang, Salzach – Liefering. In L. dies plötzl. klar. Das väterl. Gebot entriß mich dem Schauen & ließ mich annehmen, daß hinter dem Bild etwas sei, nämlich d. Sex. als *solche* & als Verbotenes, die d. Wurzel der intellect. Grübelsucht, die das Wunder zuerst ist, indem sie es zu verstehen sucht. Dabei ewig Sehnsucht nach d. Wunder zurück, das man nur schauend *inne* haben kann, bis sein Gleichnissinn erfühlt ist. Darin erst möglich die Welt wie ein Bilderbuch zu betrachten, was die rein sinnlichen & die künstlerischen Menschen von selbst thun, aber ohne des Gleichnisses gewahr zu werden. Der sinnliche fühlt es überhaupt nicht, der Künstler nur halb.

14. III.

Der Abscheu vor M. ist teils Scham, in solche Lage zu kommen & geht auch zurück auf d. Trauma: »ein Mensch wie ich«. Dies aber eine völlige Fiction. Der wahre Mensch ist davon gar nicht berührt, sondern nur dieser fingierte, der ganz und gar Gekränktheit, Ressentiment ist & darum dauernd Situationen d. Gekränktheit *schafft*, aus denen er überhaupt erst sein Scheinleben empfängt. Hier liegt die Wurzel des z. T. die Bedrohung *Wollens* um sich mit ihr auseinanderzusetzen. Dadurch aber wird sie angesogen. Das Ich wurde vom Vatergebot »geschaffen«, in dem d. natürlichen Menschen etwas von seiner Kraft genommen wurde. Dieses falsche Ich sollte garnicht, statt auf sich selbst, auf d. Vatergeboten beruhen, die natürl. mißverstanden wurden. Aus d. Auflehnung gegen sie, ihrer angstvollen, dann willigen Befolgung und zuletzt ihrer Verteidigung gegen die Anderen und wiederum Flucht aus alledem in's Dunkel besteht jenes Pseudo-Ich. Dennoch steckt darunter das wahre Ich. Da dieses zu stark war, um sich selbst »aufzugeben«, bewahrte es sich, unter dem falschen Mantel der Vatergebote. Der Durchschnittsmensch hätte sein Ich geopfert, der ganz Sichere hätte es bis zur Pubertät eingekapselt. Der Neurotiker hat es verdrängt, d. h. maskiert, ihn unter fremden Hüllen stets Genugtuungen verschafft, die ihm aber mit d. Umwelt in einige Conflicte brachte, weil er weder ein schlicht Gehorchender, noch ein sich stark Behauptender war, sondern ein advokatorisch sich Behauptender oder ein ängstlich sich Bewegender. Unter aller Angst aber wieder eine Kraft, die Bedrohungen anzieht, um sich in ihnen dann advokatorisch zu behaupten.

*

Spiegel

Indem Gott sich in die Welt aufstellt, muß er die ganze Skala von d. höchsten zu d. niedersten Werten durchmachen. Zu *allem* spricht er sich aus. Der Mensch aber ist die Stelle in d. Schöpfung, wo dies alles bewußt werden kann. So ist Gott in d. Kreatur, sie ist durch ihn, aber er *ist sie* nicht. Hat dies d. Mensch erkannt, dann sieht er die Unvollkommenheit alles Geschaffenen & identifiziert sie nicht länger mit ihm, sondern mit Gott. Aus d. Leib kann er nicht mehr heraus bis zu seinem Tod, aber je weniger er sich mit ihm & allem Geschaffenen identifiziert, desto weniger Realität erhält er. Das derzeitige Dasein ist nur eine unvollständige Skizze des eigentlich von Gott Gewollten, der beständig im *Werden* ist. Wohl ist in allem was ich thue etwas von meiner *Person*, aber nur in unvollkommenstem Ausdruck, der immer wieder beeinträchtigt wird durch die Gottheit des Materials, das sich selbst zum Meister machen, den Ausdruck für d. Wesen selbst nehmen will und so d. Ausdruck willkürlich entstellt. An diesem widerspänstigen Material aber will & soll d. Person Meister werden des Ausdrucks. Noch ist sie lernender Künstler, in dem aber auch von Anbeginn an alles ist, was er zu geben hat, aber erst im Ringen mit d. Stoff gelangt er zum vollen Ausdruck.

*

Auch in d. toten Natur, der Pflanzen- & Tierwelt ist jedes Geschaffene gewissermaßen ein Gedanke Gottes; in d. toten Natur unbewußt, in d. Tierwelt besteht ein instinktives Fühlen der Vereinzelung mit dem Trieb d. Vereinigung. Bewußt aber wird dies erst im Menschen, der nun mit allen Mitteln aus d. Vereinzelung z. Einheit strebt, aber zunächst blind dies mit allen mögl. falschen Mitteln im Endlichen versucht, bis ihm d. Licht aufgeht, daß das Endliche nicht sein wahres Sein ist. Eben wegen dieser höheren Möglichkeit auch die Möglichkeit von Entgleisungen & Entfernungen von Gott, wie sie die Tierwelt gar nicht kennt. Vom unbewußten stille halten der toten Natur geht die Entwicklung zum bewußten stille halten im persönl. Menschen, der sich wiederum

Gottes Willen bewußt wird. Im Stille halten sind meist die vegetativeren Frauen bevorzugt, im bewußten Erkennen mehr die animalisch-bewegten Männer. Beides muß aber in der höchsten Einheit zusammenkommen. Die Einheit ist monosexuell.

*

Exzentrische Neurose.

Der unerlöste Mensch ist immer mit etwas äußerem identifiziert. Als Objekt ist *alles* möglich, selbst d. Subjekt. Im letzten Fall: Egozentrisch. Dieser abnormal-neurotische Fall beruht stets auf einem geheimeren Ichtrauma: Verkürzung. Der Egozentrische scheint habsüchtig, genußgierig etc, aber alles dies ist er nicht, aller Besitz ist ihm nur Symbol: ein Pflaster für d. geheime Wunde. Stets Angst & Mißtrauen verkürzt zu werden. Solange dies nicht erkannt ist, sein Fall besonders verzweifelt. Ist aber diese Wurzel erkannt, dann kann niemand mehr wie eher von innen heraus arbeiten und in die stille Abgeschiedenheit gelangen.

*

16. III.

Gott ist in d. Kreatur, aber die Kreatur ist nicht in Gott, außer durch d. Bewußtsein. Dies entsteht erst auf d. Höhe des Menschen. Indem er Bewußtsein hat, kann er gleichzeitig *wissen*, daß er als Kreatur nicht in Gott, als Person in Gott ist. Dadurch, durch d. Wissen des nicht in Gott seins notwendig das Leiden gegeben & die Sehnsucht nach Einheit, die aber so lange falsche Wege geht, bis der ungöttliche Sinn aller Kreatur erkannt wird.

Gott der sich in d. Kreatur offenbart und bewußt wird, wäre nicht ohne die Kreatur, denn sie giebt ihm erst Sein. Darum braucht er die Kreatur wie sie ihn: Er *will* sich ja bewußt werden, *will* die Kreatur in sich aufnehmen. Dazu aber muß die Kreatur seiner bewußt werden im selben Akt in dem er in ihr bewußt wird. *Das sich bewußt werdende in mir ist also selber Gott.* Ich bin selbst Gott und nur *gleichsam* Ich. Ich habe die Welt geschaffen, erkenne mich nur noch nicht in ihr wieder. Meister Eck. I, 198. Angelus Silesius: S. 8 (Zuschreibung). Erkennen und Erkenntnis sind Eins. *Nicht* Gott ist nur das Nichterkannte. Also auch das Ungöttliche ist in mir, mein Bewußtsein Blindheit. Realität hat's nicht. Es ist vielmehr: Irrtum, Vergessenheit, Unsinn.

*

Merken, daß überhaupt in allem Thun nur Leiden, nichts anders geschieht als d. Erlösung d. Welt im sich Bewußtwerden Gottes. Darin liegt d. Gleichniswert aller Dinge, allen Geschehens, das etwas anders ist, als es scheint.

*

Ekstase als dauernder Zustand kann auch unmöglich d. Ziel sein, denn Gott will sich gerade *in* d. Kreatur bewußt werden. Wozu hatte er sie geschaffen? Wir sollen d. Leib nicht von uns werfen, sondern im Leib *sehend* leben. Dieses Instrument muß daher immer wesenhafter erkannt & gemeistert werden, darf nie sich selbst zum Meister machen. Ist es verbraucht, wird es auf d. Schindanger geworfen; denn Wert hat es nur so weit, als Gott in ihm bewußt wird. Dient es dazu nicht mehr, verwest es, wird zu Staub. Darum ist es Gott allein, der d. Leib macht, bewegt, erhält, verklärt & verläßt. Im selben Maß als wir dessen bewußt werden, uns Gott *fügen*, erheben wir uns zu ihm, in Seligkeit. Nichts, auch die höchste Tugend, Schönheit & Erkenntnis hat irgend einen Eigenwert, außer als Gleichnis Gottes.

*

Der Sinn d. Weltgeschehens: ein ewiges sich Hinausschaffen Gottes in d. Natur & sich ewig wieder innewerden im Geist (Person). Die Bühne dies Innenwerdens d. Menschenseele. D. Mensch zugleich Natur & Geist, hat d. Wahl Amboß od. Hammer, Geschöpf od. Schöpfer zu sein. Er ist *beides*, ist aber frei d. Schwerpunkt in's Eine oder in's Andere zu legen.

*

21. März.[?]

Das Leid ist d. Träger der Bewußtheit vom Unwert d. Endlichen & damit vom Wert des Unendlichen. So wird es sogar zu etwas *positivem* und alles Warum ist gelöst. Nach M. Eckhart ist uns Gott nie näher als im Leid. Es ist das Sprungbrett zu ihm. So erklärt sich die Seligkeit im Leiden. Gott will selbst d. *Leid*, weil er sich in ihm nur selig bewußt wird. Ja, die Sünde ist insofern verständlich. Gott hat sie zugelassen, weil sie Leid schafft und dieses erst zur Seligkeit führt. Darum ein Sünder besser als 30 Gerechte. Dies d. wahrhafte Jenseits v. Gut & Böse. Die gute That hat ihren Lohn in sich selbst, aber die böse auch durch das Leid, das sie bringt, das durch die Reue zu Gott führt. Dies d. göttl. Indifferenzpunkt, die Bereitschaft zu allem, zu Gutem & Bösem, aber nicht mehr um d. Guten & Bösen will, sondern in Gott.

*

Auch in Fragen *M.* löst sich nun alles. Nicht denken: es ist ja gar nicht so schlimm, wie die Andern, die dadurch täuschen; sondern gerade die ganze Tiefe dieses Unheils auskosten und sich auch in solchem Zustand Gott unverstellt zeigen, aber natürlich *innerlich* bereit auch diesen Kelch zu leeren, wenn es sein muß.

Daß d. *innere* Mensch jedes Leid auf sich nimmt, schließt nicht aus, daß d. äußere hofft, & sich bemüht, es abzuwenden, aber auch dies Streben wird durch d. innere Gleichgewicht *ruhiger*, & damit sogar erfolgreicher.

Nichts falscher, als d. übliche Aufmunterung, dem Schlimmen entgegenzugehen, das ja dann gar nicht so schlimm sei, wodurch man sich nur blind macht. Umgekehrt: den ganzen Graus gewahr werden & dadurch die Unhaltbarkeit alles Endlichen zu durchschauen. Darum wird uns das Leid geschickt. Verstehen wir das Symbol, dann genügt die Drohung & es zerreißt von selbst in nichts. Beginnen wir aber mit seiner Verdrängung & kommen wir wirklich mit blauem Auge davon, sind wir um das ganze Heil dieses Leids betrogen.

Im Endlichen haben Angst & Pessimismus *allein recht.* (M. Eckhart II 178) Alles andere ist Selbstbetrug. Nur vom Unendlichen aus ist das alles zu überwinden. Im Endlichen hat auch d. Egoist, ja d. Verbrecher recht. Die Frage ob ehrlicher od. unehrlicher Gewinn ist nur eine Frage d. Methode, welche besser z. Ziel führt. Falsch ist vielmehr Gewinn für »Gewinn« zu halten. Solche Erkenntnisse hat man nur von Gott od. v. Teufel. Sie sind nicht menschlich, so wenig wie d. Verbrecher od. d. Heilige menschl. sind.

22

Sinn d. Vaterpeitsche: Verdrängung alles Minus, Leid, Schwäche, Häßlichkeit bis dann 1915 das Minus so furchtbar hereinbrach, daß Auseinandersetzung damit nötig wurde. Nicht mehr: es ist ja nicht so schlimm & blind hinein, wie die »Tapferen«, sondern viel tapferer sehend das Grauen begriffen & demaskiert. Dies alles im Grund das neu-deutsche Problem nach 70. Der Triumpf d. »Tüchtigkeit«, die den Weltkrieg entzündete, weil sie das Entsetzen d. Welt war in ihrem einseitigen *Plus*. Typen d. Unmenschen: der krampfhafte Plusmensch, der aber im Grund gar nicht so schlimm ist, ewig wieder gut machen muß, unsicher wird, sich Blößen giebt. Demgegenüber die (oft jüdischen) Skeptiker, Miesmacher, die Lust am Mißlingen haben & den einseitig Positiven gegenüber im Einzelnen natürlich immer recht haben, als ganzes aber im selben Irrtum befangen sind: im äußeren könne & solle es eigentlich stimmen.

Dem Unmensch gegenüber steht ein Alfred.scher Mensch: Galgenstrick & doch Meister Eckhartisch, der anfangs als d. Unmensch erscheint, während er in Wahrheit der Andere, der »Gute«, positiv ist.

Aller Irrtum beruht auf d. Annahme die endliche Welt müsse logisch & moralisch stimmen. Je nach d. Erfahrungen wird man davon blinder Optimist oder befangener Pessimist, statt indifferent von d. Welt überhaupt keine Einheit zu erwarten, sondern nur vom Inneren. Ist hier Einheit, dann krystallisiert sich die Welt sofort befriedigend. Dies heißt: das Leben aufgeben, um es zu gewinnen.

23. III.

Jeder hat im tiefsten Grund seines Wollens Recht, nur sind alle mehr oder weniger schlechte Künstler d. Verwirklichung & bedienen sich grober Gleichnisse, von denen sie sich selber weiterreißen lassen, so daß schließlich etwas ganz anderes dabei herauskommt, als ursprünglich gewollt war, am häufigsten das genaue Gegenteil (der Sanftmütige äußert sich z. B. mit Härte; Übercompensation.) Am klarsten liegen noch die Fälle, wo jemand Liebe meint, aber sich an Wollust verliert, äußere Freiheit erstrebt, statt innerer, langes Leben statt ewigen Lebens. Meine Neurose wollte: unbedingte Unabhängigkeit von allen äußeren Gesetzen & Konventionen der Andern, nachdem ich in d. l. Lebensjahren ganz von innen heraus gelebt hatte. Da meine eigene Person noch zu schwach war für diese ungeheure Aufgabe, schuf ich die neurotische Pseudoperson des Fortunio mit Stützung auf d. Vater. In meinen jetzigen Nöten dient sie mir zum letzten Mal, wenn auch nur noch als Maske, und zwar bewußt. Der Erfolg d. Ps. A. war, daß sie mir dies bisher unbewußt Geschehene in's Bewußtsein hob, so daß ich diese an sich nicht unpraktische Maske nach außen weiter benutzen kann, ohne mich im Inneren mit ihr zu identifizieren. Wer sich so »erkennt«, erkennt plötzlich auch alle die Andere, deren berechtigtes Wesen in groben Gleichnissen. Er selbst aber west ganz von innen heraus, ohne die mindesten Zweifel, ob er »anerkannt« oder »abgelehnt« wird von Andern. Diese Einstellung den Andern gegenüber ist die Quelle des Egozentrischen & macht alle Urteile schief, da bei jedem Bild, bei jedem Wort unbewußt d. Urteil beeinflußt wird durch d. Zweifel, ob jene Lebensäußerung in ihren letzten Folgen einer dem Ich freundl. od. feindl. Welt angehört.

25. III

Nicht nur d. Rechtfertigungsbedürfnis, auch das Betonen od. gewisse Zeichen, wie gut man es hat, ist Ressentiment, Übercompensation auf d. Basis des Verkürzungsgefühls, es werde einem nicht gegönnt. Dies die Zeitkrankheit, da d. Menschen sich tatsächlich nichts gönnen. Aber wie irreal selber gemacht ist diese Verknüpfung mit ihnen.

26. III.

Meister Eckhart: I, 10–11. Abgeschiedenheit ist besser als Demut. Dies löst mein ganzes Verhältnis zu M. [*Randbemerkung:* M. mitmachen würde mir so wenig nützen auf d. Weg, als M. nicht mitmachen schadet. Vielmehr: Abgeschiedenheit.] Noch glaubte ich, das Beste, allerdings von mir nicht Gekonnte, sei demütige Unterwerfung, natürlich nicht unter M. selbst, sondern als Gleichnis eines Schicksalswillens. Dieses Demutideal rief aber als Widerstand immer wieder den Hochmut hervor: wie komme ich dazu, wodurch diese geheimen Dialoge entstanden. Demut hat eben noch immer ein »Absehen auf die Kreatur«, genau wie d. Hochmut. M. E. aber verlangt: »Kein Sichbeugen & kein Sicherheben, sondern nur sich selber eins sein.« Wie *sollte* man sich auch hier einem ungewollten Äußeren beugen, wo man schon ankämpft sich zu beugen unter das, was die eigenen Begierden wollen. / Natürlich kann es, wie jede Askese, für manchen als selbstgewählte Methode gut sein, sich M. zu beugen – für mich aber jedenfalls besser: dagegen in innerer Abgeschiedenheit verharren, ihm keine moralische Kraft leihen. Weder dagegen trotzen, noch sich unterwerfen. Sondern sich dort herumstoßen lassen, bis sie sehen, daß es nicht geht. Nicht gegen Ekel & Trägheit ankämpfen mit d. moralischen Kraft, wie man es sonst gewohnt ist, sondern sich ruhig von diesen Gefühlen lähmen lassen. Das ganze M-problem ein rein dialektisches Ichproblem des äußeren sich verkürzt fühlenden & in d. Verteidigung behauptenden Menschen.

*

Zwischen d. mod. Menschen & Gott steht weniger das Bild (wie bei d. Primitiven) als d. Begriff. Durch d. (an sich gröbere) Bild kommt d. mod. Mensch sogar Gott näher, wie sein gröberes Wesen gerade ihm nicht so trügerisch ist als die Verschlungenheit d. Begriffswelt.

*

Spiegel

Die Gleichnishaftigkeit d. Welt schon d. Grund der frühesten Götterlehre; nur wurde d. Gleichnis statt überall nur in bestimmten Vorgängen (Vogelflug, Eingeweide d. Opfer etc) gesucht & die sich im sichtbaren symbolisierende Gottheit als eine Vielheit leiblicher Götter gedacht. Noch wird nicht die Namen- nur Gestaltlosigkeit Gottes erkannt, sondern benannte Göttergestalten zwischen d. Menschen & die Gottheit gestellt, deren letzte Christus war. Die Religion also eigentlich nur eine Stütze für d. Gottheit, solange d. Menschheit nicht fähig war sie unmittelbar innerlich zu erleben. So löst sich d. Frage, ob die Priester d. echte Religion gefördert oder geschädigt haben. Beides. Für den der nichts von Gott besaß, gaben sie wenigstens d. Bilder. Für den, der Gott besaß geben sie einen Popanz.

Im Religiösen kann man daher unbedingt von einem Fortschritt zum inneren unmittelbareren Erleben Gottes sprechen, der gleichzeitig geht mit immer größerem Verfall des endlichen Lebens. Das sich auflösende Europa wird jedenfalls noch die lichte Gottnähe erreichen, die die Menschheit bisher kannte.

Dem Gebot: »Du sollst dir kein Bildnis noch irgend ein Gleichnis von Gott machen« war die große Menge auch d. Gebildeten nicht gewachsen. Das Bild ist wohl eine Klippe des Glaubens, aber d. abstrakte Begriff (Theologie) ist die fast gefährlichere Klippe (Scholastik, Protestantismus). Solange Gott nicht unmittelbar erlebt wird ist das Bild (Katholizismus) vielleicht brauchbarer als d. Begriff (Protestantism.).

*

Die Entwicklung d. profanen Kunst, losgelöst von d. hieratischen, ist d. Ausdruck d. Erkenntnis, daß die Gleichnishaftigkeit d. Welt immer unmittelbarer erlebt wird, nicht mehr nur in einzelnen Äußerungen von d. Gottheit im Tempel.

*

Hermes (Merkur) der Erfinder des begrifflichen (diskursiven) Denkens & Buchstaben schuf in Gegensatz zu d. symbolischen Ausdrucksweise durch Bilder & Hieroglyphen. Hermes i. d. Vater des Rationalism.

*

Der Wahnsinn d. histor. Menschen in solcher Aufrechnung des Menschenwesens in d. Zeit, vom Bildhaften zum Begrifflichen einen Fortschritt sehen zu wollen, der das frühere nun verdrängen will, statt 2 Seiten des mittelbaren Erkenntnisvorgangs, über den hinaus man zum unmittelbaren Innewerden & Sein d. Gottheit kommen muß. Wir stehen jetzt am Ende d. diskursiv-rationalistischen Epoche, nachdem die bildhafte Zeit d. Renaissance abzuebben beginnt. Übrigens im ausgehenden Altertum d. selbe Vorgang: bildhaft – diskursiv – mystisch.

*

D. Weltkrieg mit seinem Geschrei von Siegen & Durchhaltenmüssen nur eine Verkrustung der Seelen unter denen d. neue Mensch schon fertig ist. Nur muß er d. Kruste erst aufbrechen. Im Augenblick wo er durchschaut, daß Sieg gar nicht wesentlich ist, wird er auch seine Furcht vor d. Niederlage verlieren, & dann sogar vielleicht auch äußerlich zeigen, weil es ja gleichgültig ist.

*

Patriotism. eines d. allergröbsten Weltgleichnisse, mit dem, nachdem es jetzt sein höchstes Leben gehabt, d. Weltkrieg vielleicht endgültig in d. Menschheit aufräumt.

*

27. März

Wie der Unterschied, d. Schleier d. Maja entsteht: Fr. Creuzer, Symbolik, I, S. 59: »Und wie das Farbenspiel des Regenbogens durch das an der dunkeln Wolke gebrochene Bild der Sonne entstehe, so wird das einfache Licht der Idee im Symbol in einen farbigen Strahl von Bedeutsamkeit zerlegt.« So ist alles Endliche, Unterschiedene Gleichnis, und wer es real nimmt gleicht dem, der den Regenbogen fassen will.

*

Die Gefahr beim gleichnishaften, symbolischen Erfassen d. Welt ist, daß man nicht in's Allegorische verfalle und aussprechbare Bedeutungen sucht; denn das Symbol *bedeutet* nicht, es verkörpert, ist also selbst die Wahrheit. So sehr es sie auch verhüllt, wer von d. Allegorie zum Symbol kommt, vom Begrifflichen z. Bildlichen, *nähert* sich der Idee. Durch die ganze Geistesgeschichte geht dieses Schwanken von der Ursprünglichkeit des Bildes zum erklärenden Begriff und wiederum von der Ursprungsferne des alles zergliedernden Begriffs zu der Erlösung durch d. Bild. Beides sind die mittelbaren Weisen sich Gott zu nähern. Er selbst ist gestalt- & namenlos & sein unmittelbarer Besitz erlöst von Bild wie von Begriff, von Kunst, wie v. Wissenschaft.

*

Darum ist auch in d. Kunst nur das Symbolische von Wert, dessen epische Form d. Mythos ist. Ohne solchen mythischen Einschlag hat z. B. kein Roman höhere Bedeutung. Deshalb steht z. B. E. T. A. Hoffmann bei all seiner Krausheit so hoch über den allzu harmlosen deutschen Erzählern wie Mörike oder Eichendorff. Die eigentl. Romantik aber treibt mit jenem Mythischen nur ihren, oft recht schalen Witz.

*

Im künstlerischen Symbol decken sich Form & Bedeutung, im religiösen Symbol strebt die Bedeutung über die Form hinaus (z. B. Sakramente.) Im Emblem (Heraldik, Fahnen etc) fesselt die Form d. Bedeutung. Natürlich läßt 1. durch sein Streben über die Form hinaus leicht 3. (die leere Form) zurück (die abgestreifte Larve)

*

Das Ichbewußtsein ist ein krampfhaftes Sichbehaupten, aus Angst, sich sonst zu vergessen. Wahrscheinlich ist d. egozentr. Mensch der, welcher selber am meisten in Gefahr war, sein Ich zu verlieren. Dies aber soll er ja, um zu Gott zu kommen.

28. III.

Die Entwicklung geht ohne Zweifel den Weg einer immer größeren Verfeinerung der Lebenssymbole. Das rohe Götterbild, das nur an seinem conventionellen Attribut kenntlich wird, wird bei den griechischen durch den Ausdruck seiner Gestalt kenntlich. Auch ohne d. Adler oder Widderhörner würde man den Zeus als Zeus erkennen. Damit ist aber schon die Brücke zwischen Gottheit und Mensch geschlagen. Später wird auch diese Brücke immer unnötiger für den Kult, indem d. Mensch ruhig in die Tiefe der Seele hinabsteigt, statt sie zu überbrücken, sich in ihr mit d. Gottheit vereinigt fühlt. Auch die Kunst drückt nun immer mehr das Seelische aus. Von außen gesehen ist dies Dekadenz. Von innen gesehen ist es Überwindung des Leiblichen, das sich nun schlechter behauptet. Nicht nur soll man hiergegen nichts thun, man soll (und kann) auch gar nicht jene Entwicklung zur Vergeistigung d. Symbole irgendwie, oder durch Gründungen & Propaganda, programmmäßig unterstützen. Nur aus d. Inneren heraus kann & wird sie kommen.

*

In seinem Gottkult wird sich d. Mensch seiner Göttlichkeit bewußt. Ursprünglich ein Naturwesen verehrt er d. Fetisch, später die grobe Menschengestalt, die durch Atribut, d. h. äußere Macht, sich unterscheidet; Hellas ist die große Wasserscheide zwischen Natur & Geist. Das Christentum macht d. großen Schritt zum Geist, verhüllt sich aber noch in Symbole: *Christus* als d. besondere

Gottessohn (während doch jeder Gottes Kind ist), das Abendmahl, wo Gott im Brot gegenwärtig ist, (während er doch in Wahrheit überall gegenwärtig ist), die Kinder, als Gemeinschaft d. Gotteskinder (während diese Gemeinschaft doch innerlich, ja Identität ist.) So ist d. Christentum d. letzte Schleier, der feinste, der aber auch noch gehoben werden muß.

Diese Vergeistigung d. Christentums längst vorbereitet durch d. Philosophie. Die jonischen Philosophen hatten sich von d. künstlerischen – homerischen polytheist. Gotteswelt stets frei gehalten und fußend auf alter Priesterüberlieferung (Ägypten) die Geistigkeit d. Weltspiegels stets festgehalten, so daß die *künstlerische Kultur* zu Hellas gewissermaßen nur als ein, freilich eine Zeit lang den Stamm verdrehender, Seitenzweig d. Entwicklung erscheint, wie wohl später alle künstlerischen Perioden, die ein Ausruhen auf einem Plateau sind, stets in Fäulnis übergehen, Zersetzungsstoffe schaffen (Dekadenzzeiten), die den Boden neu düngen für weitere Vergeistigung. Jede künstlerische Epoche endigt mit Skeptizism. & Auflösung, und ruft eine religiös-mystische Reaktion hervor, die das eben Geschehene zu verstehen beginnt (Röm. Kaiserzeit, unsere Zeit.)

Nahe Beziehungen zwischen d. Mysterien & d. Philosophen, während d. Volk d. heiteren Olymp Homers zujubelt. Alexanders Züge, d. Hellenism. bringen Auflösung & zugleich Vermählung mit orientalischem Geist den Homer besiegt zu haben schien. Immer wieder wird äußerlich d. Orient besiegt (Troja, Aktium, die Araber) und doch kommt immer wieder aus ihm das Licht (Pythagoras, Christus, die indische Mystik.) Gerade die Verfallzeiten, die nicht nur d. Feste, sondern auch das Starre lösen, sind geistig Annäherungen an d. Ursinn d. göttlichen Gleichnisses, das diese Welt ist (z. B. Neuplatonism. tief von Orientalischem durchtränkt.)

[...]

29. III.

Die Neurose nichts anders als das frühgeistige Erkennen, daß man »so« d. h. real nicht leben kann; zugleich die Unmöglichkeit *mit* dieser Erkenntnis zu leben. So wird jene Pseudowelt geschaffen, die mit Zähigkeit sich behauptet 1) gegen die Realität. 2) gegen die inneren Zweifel, und in diesem Kampf immer wieder zusammenbricht. Diese Zusammenbrüche schließlich vorgesehen: Ventil d. dunkeln Welt, die zeitweise Entspannung giebt. Ganz anders aber, wenn die Erkenntnis, daß man »so« nicht leben kann ertragen wird auf Grund einer Weltanschauung, die die Möglichkeit giebt *nicht* in d. Realität zu leben, aber nicht als krampfhafte Behauptung zwischen innerem Zweifel & äußerer Forderung, sondern in innerer Gewißheit & mit ruhigem laisser aller gegenüber d. Realität. Es wird gar nicht mehr versucht zwischen d. Pseudorealität & d. Realität einen Einklang zu schaffen, sondern je mißklingender diese ist, desto gewisser wird die Notwendigkeit von innen, d. h. nicht *so* zu leben. Die Neurose war ein Compromiß, auf d. Basis der halben Anerkennung jener Wirklichkeit, die, wenn auch mit starken Reservaten, doch »gelebt« werden sollte. Je weniger ich aber diese Realität real nehme desto weniger brauche ich ihr Zugeständnisse zu machen, sie anzuerkennen od. sie zu täuschen oder mir über sie Illusionen zu machen.

*

Der menschgewordene Osiris stirbt & wird in Memphis leiblich begraben, während er selbst wieder unter die Götter geht. Die, welche sich bei ihm in d. Nähe begraben ließen, suchten Erlösung durch ihn, d. Menschgewordenen, der sie in die Seligkeit führen sollte: Kurz, die christliche Idee in noch trüber, stofflicher Auffassung. (vgl. Philipp II, der sein Schlafzimmer *in* die Kirche baute, um am geweihten Ort zu sterben.)

*

Gerade d. Gesunde, der »Realist«, ist geblendet und betäubt, z. B. Hindenburg, der sagt, im Krieg hätte man doch keine Nerven. Umgekehrt: nur wer hier Nerven hat, die ihm nicht erlauben mitzumachen, kann hier *sehen*. Nur bekenne man sich zu diesen Nerven, zu diesem Sehen, und suche nicht in d. Fiction einer *Neurose* Anschluß an diese Wirklichkeit. »Durch d. Schwachen wirkt Gott Großes«, aber nur wenn sie sich zu d. Schwäche bekennen & nicht zu etwas Hohem.

30. III.

Von Kindheit an wurden alle im Vater verkörperten Dinge, selbst die natürlichsten Funktionen, so feierlich ehrfürchtig genommen, daß als Gegensatz zu dieser Ehrfurcht die Insuffizienz entstand: dies kommt nur d. Vater zu, ich darf & kann es nicht. Nun aber vom Vater selbst z. Handeln aufgepeitscht. Krampfhaft Folge geleistet, mit d. eigenen unbewußten Insuffizieren. So entsteht dies, daß das nicht gekonnt wird, was jeder kann, aber ein Ziel vorschwebt, von dem die Andern nichts ahnen. Daher das Schwanken zwischen Ohmacht & Hochmuth. Zugleich krampfhaft nach Dingen gestrebt, die andern selbstverständlich sind, weil alles (z. B. gut essen etc, die ganze lichte Welt) *Gleichnis* für die Vaterwelt wird. Zugleich dies alles aber nie so ganz unbefangen genossen infolge des geheimen Gefühls: eigentlich kommt dies doch nur d. Vater zu. Darüber aber die Schicht: du sollst ja wie d. Vater sein, er hat es ja selbst verlangt. So wird alles zugleich ehrfürchtig, ängstlich, ohnmächtig, krampfhaft strebend, als Aufgabe, und darum wieder ungern gethan. Die Ps. A. ist nun bestrebt, dies dadurch zu lösen, den Vatercomplex zu lösen, den Dingen den Charakter des Vatergleichnisses zu lösen, dem Patienten die Ehrfurcht zu nehmen, so daß er nun alles thun kann, was der reale Vater (= das soziale Sollen) von ihm verlangt. Mein Weg umgekehrt: ich erhalte & pflege diese Ehrfurcht vor d. Gleichnis d. Dinge, das der »metaphys. Vater« zuerst verkörperte, beseitige aber den realen Vater mit seinen Forderungen (2. Gebot). So verschwindet das Problem: Insuffizierung, und die alte Ehrfurcht vor d. Dingen bleibt, ohne zum *Handeln* im weltlichen Sinn gezwungen zu sein. Nur sind die Dinge künftig nicht mehr im Vater, sondern in mir selbst. Dieses plötzliche Erkennen, daß man all dies Geheimnis *selbst* ist, daß es nicht d. Vater ist, dies ist sicher auch die Grundlage von Alfreds Erlebnis. Es ist symbolisch d. Übergang vom Gott außer uns zum Gott in uns. Jetzt ruft die große Feierlichkeit der Dinge keine Furcht mehr hervor und kein Gebot des Handelns stellt sich zwischen mich und diese Feierlichkeit, denn ich bin sie selbst. *Seiend* wirke ich sie aus. Die Frage steht fest: »Wie sollte *ich* das können?« Es handelt sich ja gar nicht um ein Können, sondern um ein ruhiges Sein, Nichthandeln.

Damit dies klar wurde war die Drohung des M. nötig; d. h. eine Peitsche, die Handeln verlangte. Hier gab's nun kein Ausweichen, wie in d. Kindheit, wo ich mir eine Pseudomobilität schuf, die allem aus d. Weg ging, was die Andern thaten & sich nur betätigte, um das zuständlich zum Vater Gehören zu *erweisen*, also gar nichts *wollte*, sondern nur das schon Besessene verteidigte, vorwiegend dialektisch. Dieser M.peitsche war nicht compromißhaft auszuweichen, indem man ihr scheinbar folgte. So kam der absolute eindeutige Entschluß zum *Nein* gegen das Äußere und zum *Ja* gegen das Innere. Es wurde nicht mehr Anpassung gesucht, sondern erst Empörung. Nun überwindet sich auch diese und es bleibt d. stille Besitz dessen, was stets da war & da ist, so daß es auch nicht verteidigt zu werden braucht.

[...]

2. April

Angst vor M. führte zu scheinbarem Sinn. In Wirklichkeit aber war es umgekehrt – das ganze Leben wurde simuliert; nämlich eine falsche Mannhaftigkeit, und wäre dies fortgesetzt worden, so hätte es zu M. geführt. So zwang M. nicht zum simulieren, sondern zum Farbe bekennen, daß diese Mannhaftigkeit nicht das ist. Die »Andern« dissimulieren.

Ich erfahre durch Baronin Pach, die hier im Haus wohnt & Astrologin ist, dass bei meiner Geburt Mars rückläufig, also geistig ist. Dadurch wurde es möglich die väterl. Männlichkeit (Sex) durch d. Vatergebot so leicht zu verdrängen. Schnell einverstanden, nicht männlich zu sein. Nun wird aber folglich vom Vater doch Männlichkeit verlangt; Fortunios compl., M. verlangt aber: Farbe bekennen, da entschied ich mich für's Geistige. (♂)

*

Polarität

Sehr charakteristisch ist bei d. Dualismus d. Perser, daß neben Ormuzd, dem Licht, sofort Ariman, als der *Neid*, d. i. d. Ressentiment, entsteht. Wegen dieser immanenten 2heit d. Dinge wird jedes bewußte endliche Wirkenwollen des Guten Sisyphusarbeit. Wer d. Gute setzt, setzt das Böse. Nur das Erkennen & Heraustreten aus dieser Polarität hat Sinn (Indisch; persisch dagegen auf Erden d. ewige Kampf zwischen Ormuzd & Ariman.)

*

So wie das Urlicht mit d. intelligiblen Licht verwechselt wird, das doch nur polar ist mit d. Finsternis, der Urgeist mit d. begrifflichen Geist, so auch das Urwort *[darunter: λογος]* mit d. ausgesprochenen Wort. Damit aber ist d. Schritt zum Intellectualism. gemacht. Die Perser glauben, es müsse unaufhörlich durch d. Priester gebetet werden, damit d. Urwort nicht vergessen werde. Gerade dadurch wird es aber übertönt. Charakter d. intellektuellen Menschen ist eben, daß er *sich*, d. begriffliche Wort nicht vergessen kann, es so wie des Urwortes innewird, das unaussprechbar ist. So wird das intelligible *Wort*, genau wie bei d. Griechen das Bild, statt Ausdruck des Ewigen, Barriere vor ihm.

3. April

M

M. ist nun d. Pseudovater, der nicht tabu ist & dem gegenüber das wahre sich auflehnende Ich herausgetraut & sein Nein sagt. Nur weil außer dem wahren Tabuvater nie jemand Macht über mich hatte, konnte sich die Neurose so lange halten. Insuffizienz ganz recht: mir ist es zu gut gegangen. Sonst hätte es lange vor M. zu ihrem Zusammenbruch kommen müssen. Zuerst wurde gg. M. wie gegen die Schule der Widerstand versucht nicht aus d. wahren Selbst, sondern aus d. Pseudoselbst, das sich »zu gut«

vorkam für dies. Nachdem dies aber nicht Grundgefühl werden konnte, mußte dies Pseudoselbst kapitulieren & das nun postum ausgesprochen werden: nicht mehr als Sohn des Tabuvaters kann & will ich nicht, sondern als selbständig geistiger Mars.

Mir ist es zu gut gegangen; ich konnte stets dies Pseudoleben führen. Nun wird dies infantile Ich gebrochen, aber nur damit d. Wahn erst recht leben kann. Dazu war gar nicht nötig die Pferdekur des M. selbst, sondern nur d. Bedrohung. Die Pferdekur hätte vielleicht nur polar d. Aufrührer gesucht, nicht die Möglichkeit heraus zukommen; d. Aufrührer aber hätte sich d. Kopf eingerannt.

*

Alles Starke gehemmt durch jenes Tabu, alles Schwache hingegen als gemein geschändet; dazu alles real Vorhandene gehörig: Bubenhaftigkeit, Genußhaftigkeit, später Sex. So ist plus & minus d. Lebens auseinandergesprengt. Gerade durch diese neurot. Übertreibung dessen, was heute bei fast allen mod. Menschen geschieht, wird die Falschheit & Untauglichkeit des ganzen Systems klar. So kommt die Einsicht dessen in die Zeit, der sie am gründlichsten mitgelebt hat. Die Einsicht muß aber dabei führen, denn dies + & – eine künstliche Zweiheit, in Wahrheit identisch: der Stärkste zugleich d. Schwächste & umgekehrt, das Hässlichste zugleich d. Schönste. D. starke Vater & d. schwache, auf ihn bezogene Sohn sind *eins* im Geist.

4. IV.

Die verdrängte Vorstellung, auf der alles beruht, ist, obgleich natürlich in einer oberen Bewußtseinsschicht gewußt, nichts anderes, als die Sex. d. Vaters, die durch Ansichhalten dazu gebracht wird, daß man nicht die Maske plötzlich fallen läßt & sich überraschen läßt. Darum dies ewige: daran denken müssen, den Intellect beschäftigt erhalten. Dies symbolisiert in d. Träumen, wo man nie fertig werden kann, immer noch etwas mitnehmen muß, immer noch etwas vergessen hat oder zu verlieren fürchtet, mühsam & schnell noch alles mögliche zusammenrafft, während einem wieder anderes entfällt. Inzwischen aber geht der Zug ab, der immer gerade noch in größter Hetze erreicht wird. Dies ist das nicht Zusammenbringen resp. das mühsam Zusammenhalten der 2 Enden: der Vaterwelt und d. infantilen Ichwelt. Beides will sich behaupten, obwohl sie sich gegenseitig ausschließen. So erscheint d. Leib als eine Ellipse, deren 2 Brennpunkte Min. und P., ein ewiges Oszillieren & sich Stoßen; statt einer einheitlichen Selbstbegründung im Herzen.

*

Mithraskult: M. der Mittler zwischen Licht & Dunkel. Diese Polarität d. Grundgedanke der pers. Religion: Kampf zw. Licht & Finsternis. Nur wird hier, wie auch noch im Christentum d. Fehler gemacht, das der Mittler den Kampf schließl. zu Gunsten d. Lichts entscheidet, während dies doch ganz unmöglich ist. Licht & Dunkel sind vielmehr nur 2 Seiten ein und derselben Sache: des Seins; man kann nicht die Rückseite beseitigen & die andere erhalten. Die Erlösung kann nur liegen im Austritt aus diesem Gegensatz in die Einheit. Mag man dieses Licht ohne Schatten nennen, Seligkeit, sie ist keinenfalls d. Sieg von Ormuzd über Ariman, von Gut über Böse, sondern jenseits v. Gut & Böse, von Lust & Leid. Im Augenblick aber wo die Seele sich wieder incarniert ist auch d. Gegensatz wieder da (Christus, der Gott).

Spiegel Gottes

*

Der Orgiasmus antiker Religionen, wie des Kybele- & Dionysosdienstes, der bis zur Selbstentmannung führt. Der Widerspruch zwischen dieser & d. angebeteten Göttern des Zeugens & Fruchtbarkeit liegt wohl darin: der phys. Leib ist selbst ja nur Gleichnis d. Fruchtbarkeit; d. Phallus zwar ihr Instrument, aber auch zugleich ihre Bindung an d. Einzelheit. Die Ekstase vor allem auch die phys. orgastische will aus d. Leib heraus zur Gottheit selbst & opfert darum das leibliche Gleichnis, um des Göttlichen selbst inne zu werden. Außerdem wird das zu höchst reichste (Tabu) zugleich für den Anbetenden d. Verbotene, was nur d. Gott darf. Die Selbstverstümmlung als Opfer ist also ein leibliches Opfer d. Beters, der als Leib nicht mehr fruchtbar sein will. Zugleich aber auch eine Erhöhung zum Gott im Wesen wo er in der Ekstase des Einzelleibes nicht mehr bedarf. So erklärt sich auch die Selbstvernichtung zu Ehren der höchsten Lebensgötter: Aufhebung d. Unterschieds zu Gunsten d. göttl. Einheit, die ja in jeder Religion mehr od. weniger dunkel bewußt ist. Das blutige Selbstopfer ist nur eine grobe Form des christlichen: »Sterben, um zu leben«. Zu äußerster Sublimierung braucht das Opfer nur noch in d. Erkenntnis gebracht zu werden, überhaupt nicht mehr greif- & sichtbar: Religion d. keine Geister, die selbst Vater & Sohn überwunden hat. Dies auch d. Überwindung aller Ethik & Dogmatik als d. letzten Opfer-Götzen. – Gewollt ist, auch in d. gröbsten Religionen, immer dasselbe: Aus d. Vielheit in d. Einheit. Je gröber d. Gott, desto gröber die Arten ihn zu erreichen. Blutige Opfer, Selbstverstümmelung, Märtyrertum, Askese, Ethik jeder Form bis z. stillen Erkennen daß ja all dieser Unterschied gar nicht real ist & infolge dessen gar nicht *geopfert*, sondern nur in seinem Nichts erkannt werden muß.

*

Ps. A.

Die Behauptung der Ps. A. die Neurose beruhe auf Complexen, die in's Unbewußte verdrängt sind, ist halb wahr, vielmehr sind sie eingekapselte Reservate eines Zwischenbewußtseins, das d. Verkehr zw. Unbewußtem & Bewußtem hemmt. Das Unbewußte ist des Menschen Wesenheit, das Bewußte besteht aus Bildern & Begriffen. Sind diese gleichnishafte Abbildungen seines wahren Wesens so läßt sich mit ihnen leidlich leben, tiefe Naturen vermögen sie sogar zu durchschauen & bis auf d. Grund zu sehen. So war es in Zeiten von harmon. Kultur. Der Mensch um so harmonischer, je entsprechender seinem Wesen sein Gleichnis ist. Da kam das 19. Jahrh. mit seinem Rationalismus, der sich von d. Bildern (d. Gleichnissen) löste & ex abstracto eine Begriffswelt schuf, die er logisch & ethisch d. Jugend anerzog. Dies führte, wo es gelang, zu einer völligen Zudeckung (Verdrängung) des Unbewußten, Bilder waren nicht mehr Gleichnisse, sondern höchstens ästhet. Zierrat: dies die Seelenverfassung des Spießbürgers, des tüchtigen Menschen, des nützl. Glieds d. Gesellschaft. Massenhaft mißlingt aber diese Erziehung & so entsteht die Neurose: d. h. das Unbewußte läßt sich nicht ganz zudecken, so bewahrt der Mensch einige seiner infantilen Gleichnisse als Reservate verkapselt in einem Zwischenbewußtsein. Dies sind die Complexe, die ein berechtigter Protest gg. d. Rationalismus sind, aus d. Tiefen d. göttl. Natur des Menschen, aber in infantiler & so verzerrter Form, daß sie nicht erkannt werden. So erklärt sich ihre Ähnlichkeit mit d. Religion & ihre Lächerlichkeit. D. Neurotiker hütet die Complexe als etwas Heiliges, Höheres, hält sich für mißverstanden, hat aber nur selten den Muth sich darum von d. Mitwelt abzuwenden & *jenseits* seines Complexes ganz in die Tiefen zu steigen & nun seinen Complex zu »sublimieren«. Dann wird er zum großen Künstler, der ja fast immer durch Complexe d. Neurotiker verwandt ist. Dieser hingegen hat jene Kühnheit nicht; bleibt diesseits d. Grenze, sucht sich irgendwie abzufinden mit d. Mitwelt, in der er als Kranker lebt, bis es vielleicht einem Nervenarzt gelingt, seine Complexe teilweise zu lösen & ihn d. Spießbürgerideal d. Normalität etwas anzunähern. Wer hingegen *unter* seine Complexe steigt, dem lösen sie sich zwar auch, aber nicht als einem nützl. Mitglied d. Gesellschaft, sondern als einem wesentlichen Menschen, der in d. Gesellsch. nur noch als Gast lebt & dort auch kaum großen Anstoß erweckt, denn er versucht ja jetzt nicht mehr seine Complexe gegen sie durchzusetzen, sie vielmehr gleichnishaft zu fassen, als Künstler od. Erkennender.

*

Bei d. ganzen Mystik handelt es sich *nur* darum *das Bewußtsein des Seins* zu erlangen. Das ist dies Sein ja immer. Wir hingegen geben ihm einen »Inhalt« und sehen darum d. Wald vor Bäumen nicht. Das Sein ist nicht das, was es enthält, sondern es ist an sich. Hat ein Mensch in sich als Gleichnis geeignete Bilder, so *ist* er darin relativ; hat er, durch Absperrung von seinem wahren Sein (im Unbewußten) falsche d. h. fremde, sich angeeignete Bilder, so lebt er in dauernder Qual & Zwiespalt an seinem wahren Sein vorbei: Dies ist der Neurotiker, der aber auch die größte Chance hat ganz über das Bild & Gleichnis hinauszukommen. Davon gibt es noch den halb erstorbenen, halb noch von alten Gleichnissen lebenden, d. Spießbürger. Den reinen bild- & gleichnislosen Rationalisten giebt es wohl überhaupt nicht. Der es scheint, ist es in übercompensierendem Kampf gg. neurot. Complexe.

[...]

14. April

(vgl. Friedlaender, Waghalter d. Welt. W. Bl. Juli 1915:)

Skeptizism. wäre konsequent, wenn er sich, sein Nein, nicht doch positiv nähme. Erst wenn er einsieht, daß dies Nein nicht mehr und nicht weniger als irgend ein Ja ist, hat er recht. Das Nichts d. Indifferenz ist kein Nichts in Gegensatz zu einem Ja (man setze denn die gesamte intelligible Welt mit ihrem Positiven & Negativen als ein Ja), sondern die Mitte zwischen Beiden, der Quellpunkt d. noch ungeschiedenen Welt. (Man kann alles bejahen & verneinen.)

Nein ist ein negatives Ja, also etwas Positives mit negativem Vorzeichen. Indifferenz aber ist nichts im Hinblick auf ein Ja, nicht einmal die Verneinung irgend eines Ja.

Die »Wurschtigkeit« ist nicht zentrale Indifferenz sondern nur die zur Überinteressiertheit polare Enttäuschung.

Die falsche Freiheit d. Lebens vor d. Krieg nur eine Opposition gg. Zwang, was zeitweise, einzelnen z. B. mir gelang, aber auf Sand gebaut, von außen stets zu erschüttern, weil diese Freiheit ihren polaren Gegensatz, den Zwang, in Bezug auf den sie überhaupt erst ist, immer mitschleppt. Wahre Freiheit ist d. Punkt zwischen Willkür & Zwang, Mut & Feigheit, Hoffnung u. Verzagen.

Der Weltkrieg das Äußerste an irrsinnigster Selbstvergessenheit in d. Extremen, d. genaue Gegenteil der Größe, die Selbstverblendung des absolut einseitigen Bejahens und Verneinens.

[...]

19. April

Das Kind ist d. paradies. Mensch, als er vom Baum d. Erkenntnis gegessen. Nun tritt folgendes Problem auf: durch d. Vater selbst beginnt er die Erkenntnis der Unterschiede (im Gegensatz zu seiner bisher. Einheit) und gleichzeitig verbietet d. Vater die Hälfte der Unterschiede als böse. So hat Gott selbst d. Baum in's Paradies gestellt, verbietet aber davon zu essen; nur *anschauen* ist erlaubt. Nachdem d. Mensch davon gegessen steht er unter d. Vatergebot & Vaterverbot. Das Essen kann nicht rückgängig gemacht, aber d. Mensch (Adam) neu geboren werden, indem der Vater (Jehova) beseitigt, der Mensch selbst Gott & sein eigener Vater wird (Christus: Ich & d. Vater sind eins.) Damit tritt die »wissende« Unschuld ein. Der Mensch kennt d. Geschmack d. Früchte (der Unterschied.) ist ihnen aber nicht mehr verfallen. Er wird »göttlich indifferent«.

[…]

23. April

Alles was *gedacht* ist, ist in Worten, also noch ein Außen und wenn es scheinbar noch so sehr in die Tiefe geht. Auch wenn ich Gott od. Seele denke od. sage, so bin ich noch draußen. Das Wort ist nicht anders wie das Bild nur Symbol von etwas wesentlich Unsagbarem. Das abstracteste Denken nicht mehr als eine Combination solcher Symbole; und auch d. Bedürfnis d. Denkens sich verständlich zu werden hat nichts mit seinem Wesen zu thun, sondern ist nur ein höchst sublimierter Ruf an die Horde.

Je mehr diese Symbolik d. Sprache & des Denkens vergessen, ihr Material als Selbstwert genommen wird, desto mehr entfernt man sich vom Wesenhaften, das stets unsagbar, nur andeutbar ist; desto mehr wird man »exakt«. Sehr klar im Unterschied der »exakten« & humanist. Wissenschaften.

Dies der Grund, warum die Alten (oder auch Goethe) bei allem Sinn für Natur & ihre Erforschung, es nie zu einer entwikkelten »Technik« brachten. Sie waren zu menschlich, um sich so d. Toten zu verschreiben, wie es die Technik verlangt.

*

Durch d. Schamgebot wurde alles unbefangene d. h. wunschhaft-primitive Denken verdrängt durch ein zielgerichtetes erwachsenes Denken. Aber abgewiesen durch d. Außenwelt, kam es zu einem Kompromiß jener *scheinbar* dem Wirklichen angepaßten Fortuniowelt, die im Grund nur d. Versuch war einen Traum zu logisieren. So entstanden Enttäuschungen in d. Wirklichkeit und zugleich war d. Weg in's wunschhafte (in's Künstlerische zu sublimierende) Denken. So erklärt sich d. ewige Zwiespalt zwischen Politiker & Dichter. Meine Politik ein logisierter Traum, meine Kunst ein geträumter Logos. Jenes künstliche Wunschdenken wurde verlassen, aus *Angst* vor seiner sex. Richtung. Folge d. Schamgebots, das eben gründliche bis in's letzte genossen wurde.

*

Das Übersehen d. Polarität führte im Christentum zu d. allgütigen Gott dem d. böse Teufel gegenübersteht & zu d. Frage, ob denn Judas wirklich verdammt sei, der nun doch da: ohne *ihn* kein erlösender Christus d. h. Judas & Christus identisch, nur 2 Seiten derselben Erlösung.

*

Die ewige Selbstverteidigung ist nur eine Übertragung jener brachliegenden Kraft d. Selbstseins. Dieses Sein lebt sich aus mit negativem Vorzeichen, durch Verteidigung, vor allem, es sei *nicht* egoistisch; so kommt es zu einer umgekehrten Äußerung des Egoismus. Wer wirkl. nicht egoistisch ist, der braucht es auch nicht zu betonen. Ich bin es leider zu wenig im Sinn von Selbstsein, und werde es erst durch jenes falsche, sich selbst allerdings äußerst betonende, wie stets herausgeforderte Ich. Manchmal freilich betont es sich auch affirmativ, aber auch nur um d. Widerspruch zu provozieren. Also: statt d. verdrängten Selbstseins, dieses Pseudoich, das allerdings äußerst egoistisch ist, aber von d. Selbst gehaßt wird & nur imaginäre Existenz hat. Die Verteidigung bezieht sich auch mehr auf d. Nichtsex.sein, mehr auf d. Jasexuellsein, je nachdem an was für äußere Forderungen Adaption gemacht wird. Sex. wird markiert, um herauszufordern (Andere), Askese markiert, um *höhere* Billigung zu finden. Beides aber ist falsch, sondern nur abgeleitete Energie aus d. thatsächlich verdrängten Urerotik d. Kindes.

*

Richtig ist die Freud' & Jungsche Theorie, daß die Gottvateridee außerhalb d. Menschen eine Geburt d. Angst ist vor d. wirkl. Vater und zwar umgesetzte Libido, die sich nicht befriedigen darf, ohne inzestuös konnotiert zu werden. Aber nur diese Projektion ist so psychol. erklärt, meint jene abgelenkte & irregeführte Kraft selbst des »Gottes im Busen«.

24. Apr.

D. Protestant geht von d. Vollkommenheit aus & um sich diese erreichbar zu machen, »verdrängt« er seine Triebe und wird so zum gesetzerfüllenden Pharisäer. D. Katholik hingegen geht von d. Sünde aus, die er in d. Beichte immer wieder aufwühlt und die ihm dann vergeben wird. So bleibt er menschlich, ohne doch das Vollkommenheitsideal aus d. Auge zu verlieren. Der Protestant kann bei diesem gräßlichen Zustand natürlich zu Höchstleistungen kommen, der Katholik kann bei seiner Praxis in ein zu gemütliches Laisser faire versinken. Die Gefahr d. Protest: die Sünde aus d. Auge zu verlieren (sich für vollkommen zu halten); die Gefahr des Kath: die Vollkommenheit aus d. Auge zu verlieren & sich mit seiner Unvollkommenheit zu behaglich abzufinden

Der Erleuchtete beichtet sich selbst, indem er sich aus d. Indifferenzpunkt absolviert. Das Erreichen dieses Punktes *ist* eben Absolution. So gleicht er *äußerlich* mehr d. Protestant, weil er *keine* Ohrenbeichte hat, ist aber innerlich viel mehr Katholik, weil er sie sich selbst abhört. Auch in seiner Zurückziehung von d. Gemeinschaft scheint [er] eher protestantisch, ist aber in seinem allumfassenden Begreifen d. Unvollkommenheiten viel mehr Katholik; denn so wie er sein eigener Beichtiger ist, so ist er auch seine eigene Gemeinde; die *Andern* hat er in sich; denn die Andern sind nur Symbol für den Gegenpol des engen *Ich*. Wer dessen Verhaftung, Vereinsamung im *Inneren* zu lösen vermag, der bedarf für diese Lösung nicht mehr des Symbols des *Nächsten*. Nur als Nicht-ich hat dieser Wert (denn das *Ich* ist die Sünde). Wer aber das Nicht-Ich in sich hat, ist auch des *Gesetzes* der Nächstenliebe enthoben.

Jene Nächstenliebe ist nur ein Übergangssymbol von den primitiven Formen des Menschenschicksals Sex. und Kampf. Wer diese völlig aufgelöst hat, dem ist die Nächstenliebe nicht mehr Stufe, sondern Hemmschuh auf d. Weg zu Gott. Sie ist eine losere Verhaftung als Sex. und Kampf & darum Gott viel näher, aber sie ist seine Verhaftung, so wie d. nach Außen projicierte Gott oder Christus (Mittler) selbst. Erst wird in antik-heidnischen Kulten das Fleisch Gott, dann wird Gott Fleisch, dann Logos und zuletzt wird er gar nichts mehr sondern *west selbst* im Wesen d. Menschen. Dies ist der Weg der Erkenntnis zu Gott; der Weg Gottes zum erkennenden Menschen ging umgekehrt. Gott *war* natürlich zuerst *eins*, dann Logos etc.

*

Die durch das Schamgebot verdrängte (d. h. von d. Mutter abgedrängte, in's Dunkel getriebene) Lust ist d. Grund der mangelnden Objektbesetzung im Licht: Musik, Natur etc. Bei aller Erkenntnis ihrer Schönheit fehlt die Bindung. Erst der ganz befreite Eros läßt die Schönheit d. Welt umfassen, schaffen. Aber unser Eros ist gefesselt. Daher d. Neigung so vieler Menschen Kunst & Natur zu zweit, womögl. mit einem erot. vertrauten Wesen zu geniessen, wodurch aber Natur & Kunst nur zur Kulisse, nicht selbst Liebesobjekt werden.

*

Die Göttererdung ist d. polare Gegensatz der tiefsten menschlichen Schwäche & Demut. Der »fest auf seinen Füßen stehende« d. h. der abgrundverdrängende Mensch wird nie Gott, sondern vom Teufel geholt. Mich hindert noch die letzte Verknüpfung an d. Vater, die zugleich ein verschlossener Stolz ist, der zu lösen ist. Solange diese Bindung an d. Vater besteht, bleibt Gott draußen. Diese zu demütige Unterwerfung an d. wirklichen Vater ist mangelnde Demut gegenüber dem wirkl. Gott. Durch die völlig von aller Verhaftung erlöste Libido entsteht jener Indifferenzpunkt, von wo aus die ganze Welt von Seligkeit überschwemmt werden kann. Jede Bindung d. Libido (scheinbares Plus) ist so in Wahrheit ein Minus, ohne das Plus ist eine Unterscheidung Abscheidung aus d. Einheit. Umgekehrt aber gäbe es kein Minus, ohne die gesetzte Annahme, Veräußerung eines Plus. Wenn ich »mich« nicht setze (kein Plus), kann mir nichts geschehen (kein Minus). Welcher Wahnsinn also dies selbstgeschaffene Plus & Minus ernst zu nehmen, als mehr denn ein Spiel des Selbst, dem man sich bestenfalls spielend zweitweise überlassen kann. Die Ps. An. begnügt sich damit jenes Leben etwas zu entlasten von d. Last gewisser neurotischer Einbildungen, statt diese selbst zu sublimieren & zu zeigen, daß sie recht haben mit ihrer Ablehnung des Lebens, und irren indem sie diesem Leben ein Anderes, wenigstens im Wunsch, oktroyieren, statt d. Indifferenzpunkt zu finden. Jetzt, wo man nicht mehr teilnimmt, braucht man jenen Selbstbetrug d. Neurose nicht mehr, sondern kann diesem Spiel von Minus & Plus klar in's Auge sehen.

[…]

1917 waren alle Bemühungen von Oscar A. H. Schmitz darauf gerichtet, sich von äußeren Eindrücken, der Politik, der Brutalität des Krieges und der noch immer drohenden Einberufung fernzuhalten, um nicht an diesen Wirklichkeiten haftenzubleiben. Im Mittelpunkt standen dabei die Schriften Meister Eckharts. In dem Mystiker erkannte er sofort eine verwandte Seele, denn auch dieser habe, »unberührt durch den Lärm gelegentlich vorüberziehender Kriegsknechte«, sein inneres Leben gelebt. »Die ersten Worte, die ich las lauteten: ›Halte dich abgeschieden von allen Menschen, bleibe ungetrübt von allen aufgenommenen Eindrücken, mache dich frei von allem, was deinem Wesen eine fremde Zutat geben, dich ans Irdische verhaften und Kummer über dich bringen könnte, und richte dein Gemüt allezeit auf ein heilsames Schauen.‹« Die Übungen im Nichthaftenbleiben zielten aber nicht nur auf die äußeren Ereignisse, sie richteten sich auch auf das eigene Ich, auf die Last der Individuation: »Als Ziel schwebte mir ein Zustand vor, in dem mir das Ich so gleichgültig wäre, daß ich es ohne Zögern dem militärischen Moloch preisgeben würde.« In den Briefen an Kubin berichtete er wiederholt von seinen Versenkungsübungen, von den Fortschritten des sich Abstoßens von der verstrickenden Realität, vor allem aber auch von seinem vergangenen Ich, das ihm nun wie ein Fluch erschien, und von den Versuchen, eine neue »Anhaftung« zu finden. Am 12. April 1917 schrieb er dem Freund: »Was mich betrifft, so habe ich in der Nacht vom Ostermontag auf Dienstag (unter mächtiger Beihilfe M. Eckharts) mein Gesellenstück gemacht. Das bisherige Haupthemmnis, warum bei allem intellektuellem Fortschritt die gemüthafte Anhaftung nicht gelingen wollte, ist beseitigt. Der Dämon wurde völlig demaskiert und muß jetzt mit offenem Visier kämpfen. Durch einen (für die Sache gleichgültigen) Umstand hatte ich wieder große Angst wegen meiner Hauptangelegenheit, die noch nicht entschieden ist. Ich suchte nun mit Gewalt den Indifferenzpunkt, von wo aus ich diese Angst polarisieren wollte. Was aber war der Gegenpol der Angst? Da wurde mir plötzlich klar, daß der von mir Fortunio genannte Schmitzische Held und der Angstmensch nicht Gegensätze, sondern dasselbe sind. Wer hatte Angst? Nicht ich, sondern Fortunio, und zwar mit vollem Recht, da er für sein Scheinleben *40 Jahre lang bei jeder Veränderung fürchten mußte. Mit dieser Vernichtung jenes Scheinlebens erwachte aber gleichzeitig mein wahres Wesen aus seinem* Scheintod *und seitdem balanziere ich das Ganze. Nun kann auch M. Eckhart endlich wirklich bei mir haften. Ich fühle seine Innigkeit, Abgeschiedenheit in mir selbst. Er kommt nicht mehr bloß zu mir, sondern etwas in ihm kommt ihm entgegen und ich merke, daß ich mein ganzes Leben gewissermaßen eine Oktave zu tief gelebt habe, indem ich mich mit endlichem Geist und endlicher Lust begnügt habe. Der Indifferenzpunkt, der bisher für mich nie ein mathematischer*

Punkt war, ist jetzt quellend, kein Etwas, und doch auch kein Nichts. Noch ist der Kampf mit dem endlichen Sein nicht abgeschlossen, er ist vielmehr so heftig, daß eine wahre Seligkeit noch nicht Platz greifen kann, aber eines ist da: ich bin innerlich der Welt und ihrem Schicksal enthoben, nicht mehr wie bisher aus menschlicher Absonderlichkeit, die im Grunde Schwäche war, sondern aus einer höheren Oktave, von der aus die Welt ›erledigt‹ ist. Das Erfüllen der Formalitäten des Lebens, z. B. das Bestellen des Essens hat für mich etwas, wie Fasching, und es macht mir Spaß meine Rolle ›echt‹ zu markieren. Dennoch scheint mir eine so völlige Abgeschiedenheit wie bei Dir noch nicht möglich. Es hat sich nicht nur die Tiefe des Gemüts geöffnet, zugleich hat sich mein Geist auf eine Ebene geschwungen, wo er noch eine Zeit lang forschen muß. Ich glaube, ich werde mein ganzes Erdenwissen nun von jener uranischen Ebene aus beleuchten müssen. So lebe ich nun die Tage sehr geistig (z. B. studiere ich Creuzers Symbolik von ganz neuen Gesichtspunkten aus), nachts aber versenke ich mich möglichst in die Tiefen, worüber ich dann einschlafe, den M. Eckhart unter dem Kopfkissen. Auch ein Wirken von der uranischen Ebene aus, d. h. jenseits der Gestirnahnen, die das Geschick der z. B. zu Grund gehenden alten Menschheit lenken, scheint mir für mich nicht ausgeschlossen. Ich glaube, Wolfskehl hat Recht: Es wird Perlisch. Das Zeitalter, das mit der harmonischen Götterwelt (aesthetisch & rationalistisch) erste Gestalt gewann und trotz Christentum immer wieder in Renaissance, Paris, Goethe vorherrschte, ist gerichtet.«

Auf der Suche nach Selbsterlösung wurde die Astrologie immer wichtiger, sie war Heilsversprechen und Entlastung, denn die individuelle Persönlichkeit erschien unter diesem Blickwinkel als ein Ganzes – und in der Ganzheit erkannte Schmitz das Heil. Heil und Heilung dachte er als Entropie, als Umkehrung des Zerrissenseins und der Gegensätze. Ins Kosmische projiziert, erlebt sich das Ich nicht mehr als Spielball fremder Mächte, als Produkt des Zufalls, sondern in einem Weltganzen aufgehoben, in einem Universum, in dem es zwar Leiden gibt, aber kein sinnloses Leiden. Die Botschaften an Alfred Kubin wurden immer abgehobener, emphatischer und hochgestimmter, es sind Protokolle von Exerzitien, in denen sich das Ich an sich selbst, an seinen Erleuchtungszuständen berauscht. Vermeintlich wichtige Erkenntnisse sind drei- und vierfach unterstrichen und mit Ausrufezeichen versehen. Am 3. Mai 1917 heißt es: »[…] ich habe eine zweite ›Begegnung der Götter‹ gehabt, und dieses Mal haben sie mir Rede gestanden, wer sie sind, nämlich genau, wie sie am äußeren Himmel als Planeten aus d. Sonne hervorgegangen sind, was jedes astronomische Lehrbuch lehrt, so sind sie im Mikrokosmos aus d. Zentralsonne *des Selbst hervorgegangen,* die nun entdeckt ist. *Ich durchschaue jetzt dies: ›göttliche Komödie‹ meines Pseudo-ich (ein ›Mars-Saturndrama‹ von erschütternder Komik und nur scheinbarer Tragik) und sehe, daß es mir selbst damit ja nie ganz ernst gewesen ist. Ich habe mir selbst diesen* Vater *und seine Gesetzmäßigkeit als Gegenspieler geschaffen, eine Abschwächung meines Selbst, und zwar aus demselben Grund, warum Gott die Welt geschaffen, um* sich *bewußt in ihr wiederzufinden. (Im Mikrokosmos erneuert sich die Kosmogonie jeden Augenblick). Ich hatte Angst vor der scheinbaren Totenhand, die neben mir lag, bis ich entdeckte, daß dies die eigene Hand war, dessen Blutkreislauf mit dem Centralherz durch das Schwergewicht des* eigenen *Leibes gehemmt war. Nun dauert es zwar eine Zeit lang, nachdem man die Hand herausgezogen, bis d. Blutlauf wiederhergestellt ist, die Hand wirkt erst wie eingeschlafen, aber die große Hemmung ist jetzt beseitigt. Ich weiß jetzt, daß alles was endlich geschieht Schattenbewegung ist, die das Ich hervorruft, indem es mit dem Rücken gg. die Zentralsonne sitzt und sich begreift mit den hellen Umrissen seiner eigenen Schattenbilder. Oder: ich gleiche einem Kind, das sich Nachts vor Gestalten fürchtete und bei Licht lachend erkennt, daß die Gestalten die Zipfel des eigenen Kissens waren. Endlichkeit ist* abgeschwächte *Unendlichkeit. Mein unverwüstlicher Optimismus, den man mir bei allem Schwanken so oft vorwarf ist mein* Kern *(die Sonne), that nur Unrecht, sich auf Endliches zu beziehen und dies nach Gesichtspunkten* ordnen *zu wollen. Als dies versagte kam dann Katzenjammer, der auch recht hatte; denn dem Endlichen gegenüber kann man nicht genug Pessimist sein. Dieser krampfhafte Tätigkeitsmensch in mir war schon von Sonnenherkunft, aber statt still zu* strahlen, *wurde er gebrochen durch das Medium des* Ichs *(in meinem Horoskop ein* schwacher *Mars, der sich eben wegen seiner Schwäche so maßlos übercompensierte mit Mitteln, die er borgte von Mercur und Juppiter, die in meinem Horoskop stark gestellt sind, aber nie ihre Gaben ungestört bringen konnten, weil dieser Mars, im Grunde aus Schwäche, solchen Radau machte; dies mein* Complex, *gelöst von einer Ebene aus, die Freud nicht ahnt, aber wie ich doch zugeben muss, mit seiner analytischen Methode). Was also mein* endliches *Unglück war, dieser stets in seiner Ohnmacht gekränkte Mars, wird nun, was ich schon Weihnachten voraus sah, meine Gnade.* Mars *ist alles* Ichhafte. *Giebt es ein größeres Glück, um d. Weg zur Unendlichkeit zu finden, als daß dies Ich* schwach *ist, gar nicht d. Popanz, für den es sich ausgab? Ich meine: ein Mensch mit starkem Mars müßte es sehr viel schwerer haben. Meine Begierden selbst erweisen sich als ziemlich gering, jedenfalls leicht beherrschbar. Alles, was ich einst so heftig begehrte, wollte ich, wie ich jetzt sehe, nicht um dieser Dinge willen, sondern nur um die Komödie dieses* Ich *zu spielen, das nur eine Sternschnuppe war von dem Zentralgestirn. Und warum wollte ich dieses Ich so stark? – Nun wirst Du staunen: aus Liebe zu Gott, den ich mir künstlich in den* Vater *projizierte. Diesem wollte ich gefallen, von ihm geliebt werden. Darum mein Haß gg. die welche meinen Gott nicht anerkennen wollten. (Die Andern das Negativ des positiven Vaters, mein* Panzer *das Negativ der unschuldigsten Gottliebe.) Ich könnte Dir Stunden lang weiter erzählen, aber ich will es auf Pfingsten verschieben.«*

Noch vor dem Pfingsbesuch im Mai mußte sich Schmitz erneut einer Musterung unterziehen, diesmal in Wien, und er erreichte nun seine Befreiung vom Kriegsdienst. Während seines Aufenthalts in Wien lernte er Friedrich Schwickert kennen, einen Marineoffizier, der unter dem Pseudonym Sindbad okkultistische, esoterische und astrologische Bücher verfaßte. Mitte der zwanziger Jahre veröffentlichte er mit seinem Schüler Adolf Weiss das fünfbändige Lehrwerk »Bausteine der Astrologie«. Schwickert wurde bald für Schmitz zum Lehrer, aber auch zum Freund und geistigen Beistand. Der Aufenthalt in dem steirischen Städtchen Murau im Sommer 1917 stand ganz unter dem Eindruck dieser neuen Bekanntschaft. Schmitz ver-

tiefte sich in den kommenden Wochen und Monaten in das Studium okkultistischer und astrologischer Schriften. Im August kam Alfred Kubin zu Besuch. Bei dieser Gelegenheit erprobte Schmitz gleich sein neues Wissen, indem er Kubin ein sogenanntes »Charakter-Horoskop« erstellte. Die Leidenschaft, der sich Schmitz nun ganz hingab, betrachtete Kubin mit einiger Reserve. An Herzmanovsky-Orlando schrieb er am 19. September 1917: »O. A. Sch. hält das Charakter-Horoskop als ein Hilfsmittel zum Regulieren und Ausbessern seelischer Disharmonien für recht gut. Ich finde seine Resultate hochinteressant stimme aber doch nur mittelmäßig über den Wert mit ihm überein da ich jede Fatalität vom höchsten Punkte (und dies ist der einzig vertretbare und erstrebenswerte nach 60 000jähriger Schinderei) ablehne: – Ich kultiviere Freiheit von Allem und zu Allem und halte es für irr, daß der Geist auch nur im Geringsten vom Materiellen (Symbole, Unterschiede sind schon Creatur) etwa abhängig wäre, sondern das Umgekehrte findet statt.« Mit diesem Kommentar schickte Kubin dem Freund das Horoskop zur Einsicht. Herzmanovsky-Orlando teilte ganz und gar nicht die Bedenken Kubins und antwortete: »Sehr interessant war mir O. A. H. Schmitzens Horoskop; ich bewundere seine fleißige Arbeit. Er ist für mich der Typus eines sehr klugen und genialen Menschen der das Geheimnis der Maske wie kein zweiter erfaßt hat. Er geht die Dinge gerne im Smoking an, der für viele Gewalten ein wunderbarer Panzer ist. Ich glaube, daß er mit den bisher sichtbaren Vorarbeiten noch irgend etwas ganz Großes erreichen wird.« So wie Herzmanovsky-Orlando dachten damals viele. Schmitz hatte mit seinen astrologischen Forschungen wieder einmal den Nerv der Zeit getroffen. In den nächsten Jahren erstellte er zahlreiche Horoskope, u. a. für Franz Hessel, Hermann Bahr, Hermann Graf von Keyserling, Heinrich und Thomas Mann.

Im Oktober 1917 besuchte Schmitz für vierzehn Tage seinen Lehrer Friedrich Schwickert in Wien, um seine Kenntnisse zu vertiefen. Sosehr er sich von den Studien ergriffen fühlte, seine Psyche blieb weiterhin instabil, er schwankte zwischen Euphorie und tiefer Depression. Am 1. November berichtete er Kubin von »heftigen Rückfällen« und Nervenzusammenbrüchen. In einem Schreiben vom

17. Februar nennt er seine Briefe »Rechenschaftsberichte über den inneren Zustand«, im Moment könne er sich jedoch über seine Situation nicht äußern, aber Kubin möge bitte weiterschreiben und ihn auf dem laufenden halten. Im nächsten Brief vom 8. März spricht Schmitz von einer »zähen Masse« in seinem Inneren, die nun in »unaufhaltsamer Bewegung« sei. Kryptisch bleiben die Andeutungen über seinen inneren Zustand auch in einem Brief vom 25. April. Im Mai entschließt er sich dann doch zu einem Besuch in Zwickledt. In »Ergo Sum« berichtet er von mystischen Erlebnissen, die ihn dort eines Abends heimgesucht hätten: »Heute plötzlich ›es‹, die Mitte der Welt, erfühlt, erfaßt, während ein Sturm über die Felder sauste und Regenwolken drohten, zwischen Wallerham und Schartsham. Die letzten Gedanken vorher waren: ich werde es nie finden, stehe vor einer dunkeln Tür, im Rücken der Abgrund des intellektuellen Solipsismus.«

Da man in Murau wegen der Hungersnot keine Gäste aufnahm, verbrachte Schmitz den Sommer in dem Nachbarort Neumarkt: »Anfangs erschien mir diese Verbannung aus dem heiteren Murau ein Mißstand, aber dieses Jahr brauchte ich die volle Einsamkeit und deshalb hatte ich sie auch.« Der briefliche Kontakt mit Kubin setzte erst wieder am 2. November 1918 ein. Er habe, schreibt Schmitz, »die ganze Zeit nicht geschrieben, da ›das Hauptgeschäft‹ wieder derart ›in Gang‹ war, daß ich täglich auf so definitive Resultate wartete, daß ich Dir vorher nicht schreiben wollte. Nun übersteigen sich die äußeren Ereignisse derart, daß es sogar ungewiß wird, ob ich hier bleiben kann.« Schmitz berichtete von Aufständen und Plünderungen in Salzburg, doch Angst hätte er nicht gehabt, »es ist nur Unruhe, und ich fühle mich doch erheblich sicherer, als gegenüber den Militärängsten 1916/17«. In »Das Dionysische Geheimnis« ist von einer ihm zugewachsenen neuen »Selbstheit« die Rede, die nichts anderes sei als eine »wiedergewonnene Unschuld«. Im Bewußtsein dieser Selbstheit schrieb Schmitz am 28. November an Kubin über die Novemberrevolution: »Was die Zeitgenossen betrifft, so habe ich das bestimmte Gefühl, daß die Scheinbarkeit objektiver Werte allgemein, aber unbewußt bereits überall durchschaut wird, aber nur aus Angst vor dem objektiven Nichts (und aus Man-

gel an subjektivem ›eins‹) wagt es keiner das zuzugeben. Darum stürzen jetzt die Heil- und Siegrufer für König & Vaterland, mit so erstaunlicher Bereitwilligkeit auf Revolution, Republik, ohne zu ahnen, daß dies genau solche Attrappen sind wie Kaisertreu & dgl. Ich glaube nicht, daß wir noch einmal leidlich feste Formen im Objektiven erleben.«

10. März.

Heute Nacht Urmuttertraum, Stadtsymbolik, mit Hedwig, der ich *es* zeige, Wien, die Umgebung; hügeliges Land, nicht durch Häuser *bekleidet*; Strom zwischen Häusern, »das ist die Donau«, dunkle Winkel. – Begegnung mit einem der schlecht »französisch« kann, aber mich belehren will; dabei nicht weiß, was eine »Conjunction« ist (in d. Grammatik) –

Französisch: Verdrängung d. »Mutter«sprache, darum der Eifer, während die »Andern« es unbefangen & schlecht lernen. Ich dringe aber in den Geist des »Fremden« ein: Flucht vor d. Mutter.

11. März

Wenn d. Frau den Vollkommenheitswünschen entspräche, mit denen d. Mann, bes. in d. Jugend an sie herantritt, dann kämen wir nie über einen (vielleicht sublimierten) Astarte-Dienst hinaus: die Frau als Göttin, statt als göttliches Gefäß, das zerbrechlich sein *muß*. Nur infolge dieser Gebrechlichkeit ist es möglich, daß der Mann auf das kommt, was d. Gefäß verschließt, daß d. Weib sich selbst manchmal darauf besinnt. Die Frau soll immer wieder zum Geheimnis *locken*, dann aber versagen, damit wir nicht sie selbst für d. Geheimnis halten. Jede ein Gefäß d. Gottheit, aber dabei persönlich noch unvollkommener als der Gott suchende Mann; zugleich aber *immer* Gott näher als d. Mann, solange d. Mann nicht gefunden hat.

*

Irrtum die Freiheit sei durch Revolution zu erreichen: denn das wogegen ich revolutioniere erkenne ich ja dadurch an. Die Gesetze müssen mir so *nichts* sein, daß ich sie nicht einmal übertrete, bekämpfe – als Gesetze. Als Hemmnis im Raum & in d. Zeit muß ich sie natürlich, wie jedes materielle Hemmnis, genau so lang anerkennen, als ich in Zeit & Raum lebe, aber nicht als Gesetz. Als mat. Hemmnis erkenne ich z. B. die Räuberbande an, die einen Weg bedroht, den ich gehen will, & ich werde mich mit allen Mitteln ihr zu entziehen suchen, aber ich erkenne sie nicht an als »Gesetz«. Wollte jeder M. gegenüber so denken (d. Industriebanditen, die uns ohne Not mit Engl. in Conflict gebracht haben, jetzt somit ihren Arbeitern enthoben sind & das »Volksheer« kämpfen lassen) so wäre Krieg unmöglich. Ohne prinzipiellen Widerstand innerlich nicht wollen, dann brauchte man zur Bewachung jedes Soldaten Zauberer & auch diesen könnte man nicht trauen. Die Hälfte bliebe aus, die Hälfte simulierte. Nur solange das Volk an das *Recht* von M. glaubt, giebt es M. Auch diese krudeste aller Mächte lebt nur vom Glauben. Wer sich ihr weder beugt, noch gg. sie rebelliert, sondern sie in ihrem Nichts durchschaut, gg. den ist sie machtlos. Er ist »untauglich«.

*

D. Menschen sind nicht reif dazu. Antw: Darum soll man die Gemeinschaft ebenso wenig *zerstören*, wie an sie Kräfte verschwenden, darum sich indifferenzieren, sie denen lassen, die sie brauchen, aber zugleich den Weg aus ihr endlich öffnen. Man kann sogar »für's Vaterland« fallen, man rufe nur nicht Alarm & gebe vor allem keine Gesinnungskraft dazu & auch nicht die, daß es anständiger ist wenn alle es thun, sondern nur, weil es einem so mehr entspricht.

18. März

Gottlosigkeit giebt es eigentlich gar nicht, sondern nur Gottvergessenheit. Ob jemand Gott bejahend (glaubend) oder verneinend (zweifelnd) anerkennt, das ist nur eine dialectisch-sophistische Wortfrage. Es giebt Gotterfülltheit des Glaubenden & Gottverlassenheit des fanat. Atheisten, aber Gottlosigkeit giebt es nicht. Das, was zweifelt ist selbst Gott so sehr wie das was glaubt.

19. März

Die schlechten Aspekte sind d. Aufgaben, die zeigen, daß hier überhaupt ein Problem zu lösen ist, die guten Aspecte sind die Hülfen, die einem wie selbstverständlich vorkommen. So kann mein Selbst (☉) gar nicht zur äußersten Allmacht kommen wenn es nicht die ♄ beschränkung & die ♆-Aufpeitschung hätte. So wird erst d. Problem klar. (♃ □ ♀ d. h. beide sollen aus d. Kampf reiner hervorgehen die ♀ weniger anspruchsvoll-weltlich, der ♃ rein von Genußschlacken.)

20. März.

Daß das Dunkel einen bes. sex Reiz habe: Selbsttäuschung. Ebenso, daß es bes. verächtlich sei. (Schmerz, daß d. Mutter vielfach dem Dunkeln gleicht.) Das Dunkel ist zwar d. krampfhaft über die Sex. gelegte Schleier; um sich davor zu schützen, wird Sex als Angelegenheit gemeiner Anderer entwürdigt. Als sie dann aber mit d. Virilität doch hervorbricht erscheint sie im dunkeln Mantel im Gegensatz zum Licht. Diese falsche Ausrichtung verschuldet alles: Unterschätzung des Unbefangenen, Dunkeln, Überschätzung d. Lichten.

27. März.

Als Introvertierter muß ich alle Empfindungsansätze genau beachten & aus ihrer Verzerrung befreien d. h. ihnen nachgehen, denn sonst äußern sie sich als dumpfe lästige Körpergefühle oder als Verstimmungen gg. Mensch & Dinge, mit denen ich aus bewußten Gründen zusammensein *will*, aus unterdrückten unbewußten Gründen nicht. Mein häufiger Streit in Berliner Gesellschaften: unbewußte Versuche mich von diesen Kreisen zu trennen, in die mich mein falsches erzwungenes (lichtes) Bewußtsein trieb. A. dagegen ein Extravertierter mit schiefem Denken, das sich in hysterischen Fantasien entlud, bis sein Denken die rechte Lösung: der Göttlichkeit fand. Ich muß sie dagegen erfüllen.

Auch im vorigen Monat meine Erbitterung gg. A. war ein »Losrücken«: zur eigenen Allmacht, der Urtrieb, der mich auch von Berlin fort in d. Einsamkeit trieb. Aber der Fehler war: Die Andern, die ich haßte, der Vater & A. die ich liebte alles dies nur Projectionen meiner selbst. Ich selbst bin ja *der*; wage es nur nicht selbst zu sein, den ich im Andern verabscheue oder verehre. Solange ich aber statt er zu sein ihn »projiziere« in Objekte werde ich stets an solche verhaftet sein durch Über- od. Unterschätzung. Nachdem erst alles Gute (väterliche) auf A. projiziert war, dann alles Böse (»Die Anderen, die nur unrecht thun.«) In Wahrheit ist dies alles *mein Gutes*, das ich nicht zu *sein* wage & darum als Tabu auf d. Vater übertrage, & mein Böses, das ich nicht zugestehen will & auf die Anderen (L.) übertrage.

Ebenso der dämonische Haß gg. M., der Hindenburg nicht ein Mal die Ehre anthut ihn für einen Dämon zu halten – weil ich es selbst sein will & doch nicht zu sein wage. Weil ich nicht wage die Bosheit d. Weltkriegs auf *mich* zu nehmen, mache ich H. zum Verbrecher; weil ich es aber doch gern möchte & recht dumm sein will – zum dummen Verbrecher. Erst wenn ich selbst alles Böse & Gute *bin*, brauche ich nicht mehr zwangsmäßig, tendenziös das Eine zu thun, das Andere zu lassen (keine Aufgaben mehr). Solange ich d. Weltkrieg in H. objektiviere, muß ich ihn hassen & zugleich gönne ich ihm nicht einmal die Ehre solcher Bosheit. Der Mensch ist nur solange böse als er d. Gott in sich unterdrückt. Drum muß er aus d. Unbewußten irrational wirken gegen die eigenen Projectionen: »die Andern«. Wage ich Gott zu sein, giebt es keine Feinde. Dann kann ich Alle lieben, die Bösen & die Guten, als *Bilder* (Schöpfungen) meiner Selbst. *Ich* aber beseitige mich wo als gut noch als böse daran. Auch das empir. Ich nur eine solche Projection. Damit aber ist alle Introversion gehoben, die Welt steht als Bild um den Befreiten, Indifferenten.

30.

Gestern um 12h35 »Dionys. Geheimnis« begonnen. Stundenhoroskop dazu gemacht. –

A. der extravertierte, der sein Denken, weil kindisch, störend empfindet & dem dies inf. Denken immer wieder Streiche spielt in seinem Gefühlserkennen. Ich, der Introvertierte wurde durch verdrängtes Gefühl am vollen Genuß meines Erkennens gehindert. Nicht wie A. »Ablösungsübungen«, sondern »Fühlübungen«, bei denen die Erkenntnis schon verhindert, daß ich noch d. Objekte als Dinge an sich nehme. – Das Denken ist nicht etwa zu stark, es kann ja gar nicht stark genug sein, sondern d. Fühlen zu verdrängt. Wird dieses hervorgelassen tritt von selbst d. Gleichgewicht ein, nicht durch Unterdrücken des Denkens.

2. April, Ostern.

Seit vorgestern A. hier.

Grund der Gefühlsverdrängung: Seit L. sind die Urgefühle in Angst vor d. eigenen Ziel umgeschlagen. In dieser unlustvollen Verpackung die Gefühle verachtet & verdrängt.

Gespräch: »Ich bin Gott.« »Nein, ich.« »Das sage ich ja; ich habe ja nicht gesagt: Du bist Gott, sondern ich bin Gott.« »Nein, ich.« »Sage doch lieber: ja *ich.* Alles *Ich* ist identisch, göttlich, alles Du ist Schein, menschlich.«

Die mod. Menschen: erst gebärden sie sich unbeirrt individualistisch, dann folgen sie Hindenburg wie die Hämmel.

Wäre ich ein Mörder, so würde ich töten, unbeirrt durch das 5. Gebot. Da ich aber kein Mörder bin, töte ich nicht, auch wenn Hindenburg es befiehlt. Aber die »Andern« haben kein Zutrauen mehr – fürchten sich vor ihm & beruhigen ihre Furcht, indem sie jeweilig das »Rechte« thun, diesmal was H. befiehlt.

3. April

Die Welt ist die Privatspiegelung des kosm. Geschehens durch das Ich. Darum ist allerdings das Leben der Güter höchstes nicht, da man sich nach seinem Ende ja sofort in eine andere Spiegelung gehoben fühlt, aber dennoch ist [es] das wertvollste Instrument, das Prisma durch das sich der Urstrahl bricht. Es anders als spontan hinzugeben, wenn nämlich die kosm. Kräfte in Überspannung das verbrauchte Gefäß zerbrechen, kann es keinen zureichenden Grund geben. – Auch unser Wille natürlich nur Spiegelung des Urwillens. Wird er frei von endlicher Verhaftung, dann kann nichts Endliches uns mehr etwas anthun. Hindenburg wird *an sich* zum Nichts, den man mit der ganzen Welt sogar »lieben« kann, aber weder gehorcht man ihm, noch bekämpft man ihn; nach solcher Enthaftung wird er machtlos was sich in der Causalität scheinbar wunderlos irgendwie als Militäruntauglichkeit ausdrückt.

D. ganze Weltkrieg wird unmöglich, wenn die Menschen nicht doch immer wieder ihre Gesinnung für die falschen Ideale hergäben. Nur das macht die übermenschlichen Leistungen möglich. Betrachtete man sich in d. Händen v. Banditen, gg. die jede List erlaubt ist so ginge es nicht.

4. Apr.

Heute früh A. abgereist. – So wie jede Erscheinung, auch die inneren nur verengte Symbole des großen kosm. Geschehens sind, so das ganze Ich selbst ein verengtes, verschieltes *Bild Gottes*. Je mehr man sich daher nach außen ent-icht, nach innen ver-icht, desto göttlicher wird man. Übung der Indifferenz gg. *alles*, so daß dies Ich nur Instrument wird. Indem dieses sich allem unterwirft (menschlich), von allen Erlebnissen überraschen läßt, wird es göttlich immer mehr Herrscher.

5. April

Alles besonders Unangenehme ist nichts Anderes, als der verdrängte Pol des eigenen Ich. Dies klar geworden an einem läppischen, affigen Menschen im Dampfbad, der dann im Traum ohne Genit. nackt erschien: er brauchte sich nicht »zu schämen«, war also das weder dunkle noch lichte Ich, sondern das überhaupt nicht manifeste. Das Ich aber ist selbst nichts als ein Pol, alles ihm Feindliche ist nur verdrängte, durch Objektivierung auf andere projizierte Welt. Dies muß gelöst werden um die Freiheit von & zu allen Gegensätzen zu gewinnen. –

6. April

Introvertierte: stets ängstlich auf Wahrung der Ichgrenzen bedacht, darum ewig auf dem quivive lebend gg. Kränkungen, Verkürzungen. *Extravertierte:* sich centrumlos nach außen verpuffend. Wenn die Enttäuschungen kommen Leid *suchend*, Mortificationen, mit einem künstlichen Gottzentrum außerhalb. *Erkennende:* Extra & Intra sind Pole desselben Ich, darum wird keine Grenzverletzung mehr gefürchtet, aber auch kein Verlieren an ein Außen & wäre es ein Gott möglich. Leiden wird nicht *gesucht*, sondern als Gegenpol hinzugenommen. Die Grenzen zwischen dem manifesten Ich und dem Minus-Ich regulieren sich von selbst & so kann auch dem manifesten Ich nichts geschehen was ihm nicht zukommt, und sähe es von außen noch so furchtbar aus, von innen wird es nun leicht balanciert. Ohne Bewußtsein des Geheimnisses thut dies bis zu einem gewissen Grad der harmonische Normalmensch, dessen monumentale Form Goethe. Der Neurotiker dagegen hat stets Grenzconflicte zwischen innen & außen, Unbewußtem & Bewußtem. Monumentalform: Nietzsche, Dostojewskij, Strindberg. Goethe weiß von deren Abgründen nichts. Der Gelöste ist aber nicht nur frei von sondern auch frei zu diesen Abgründen. Darum kann ihn nichts mehr überraschen, kann ihm nichts mehr geschehen, denn alles Minus sein eigener Gegenpol.

*

Von feineren Menschen soll man keine Dienstpflicht *verlangen*, weil sie zu schade dafür sind, von gröberen nicht, weil dann durch ihr Opfer Ansprüche begründet werden die individuell nur zu begreiflich, objektiv unmöglich sind (Demokratie). Nur solche, denen der Dienst kein Opfer ist, die ihn freiwillig als Beruf ergreifen, dürften Soldaten sein. Sie haben dafür aber keinen anderen Lohn zu verlangen, jeder Diener, der seines Lohnes Wert ist.

*

Tod die endgültige Hochzeit mit dem Gegenpol. Man soll sich vorher, während der langen Verlobungszeit recht gut kennen lernen.

*

Aller Zug d. Menschen nach d. Sonderbaren, Fremden, Düsteren, Romantischen, Tragischen (A's Kunst) ist der Drang nach dem Gegenpol, nur mit dem Irrtum, er sei das Andere, Fremde. Darum wird es bald mit Hast erjagt, bald voll Schauer gefürchtet. Die Maschine läuft nie glatt. So bei mir dunkle Welt: Trieb und d. Gegenpol, aber noch Angst, darum praecox. Die Identität von Ich & Welt muß erkannt werden. –

7. Apr

Alle Entwicklung d. Menschheit & des Menschen beruht darauf, daß immer mehr vermeintliche Transzendenz in Immanenz des Ichs verwandelt wird (Polytheism. Monotheism. Gott-Geist & Liebe.) Das 19. Jahrh. glaubte den letzten Schritt zu thun, indem es den letzten Rest transzendenter Göttlichkeit vernichtete, damit aber auch die Göttlichkeit überhaupt. Der Neurotiker ist der, welcher hinter jener Entwicklung zurückbleibt, d. h. veraltete (= infantile) Transzendenzen heimlich (d. h. verdrängt) erhält & fürchtet. (Angstneurose). Unter solchen Transzendenzen die Elternimago. Sein Zwang sich von solchen Ängsten zu befreien kann ihn z. Künstler machen, der höchsten Form des Zwangsneurotikers (»das Schaudern ist d. Menschheit bestes Teil«). Indem er durch solchen Infantilismus hinter s. Mitmenschen zurückbleibt (Insuffizienz) erhält seine Angst die stete Verbindung mit d. Geheimnis. Wohl nehmen es die meisten mit in's Grab, doch sie besitzen in d. Angst den von d. Andern weggeworfenen Schlüssel. Wenn auch nur durch d. Angst wissen sie von dem dunkeln Gegenpol. Gelingt ihnen die Angst zu lösen durch d. Erkenntnis, daß d. Gegenpol die Kehrseite ihres Selbst ist, so gewinnen sie die Göttlichkeit, neben der der Materialism. der Normalmenschen eine stoffliche Transzendenz ist, die »außer sich« eine Objektwelt anerkennt, begehrt od. fürchtet.

D. Neurotiker bedient sich nicht einmal des Grads von Selbstheit, den jeder hat. So bleibt ihm d. Viril. teils Transzendenz: Tabuwelt des Vaters, Inz.scheu.

8. April

Durch falsches Balancieren können einem nicht nur Minuse, sondern auch Pluse zufallen, die einem nicht zukommen, was sich aber immer rächen *muß*, da das Gleichgewicht wieder hergestellt werden muß. (Darauf beruht alle schwarze Magie.) Bei rechtem Balancement erhält man das Plus & das Minus, das einem zukommt & das nie unerträglich ist. Was einem zukommt, ersieht man am besten aus d. Horoskop.

9. Apr.

Das Ich gleicht als Instrument dem Thermometer, das Freud & Leiden *mißt*. Wenn es zerbricht ist nur ein Instrument zerbrochen. Selbst sei es anteillos, indifferent, seine Lust sei der Wechsel zwischen kalt & heiß, + & –. Identifiz. man sich aber mit d. Instrument, so hat man wohl kalt & heiß, bringt sich aber um d. göttl. Spaß.

10. Apr

Heute beim Erwachen z. 1. Mal das Wunder des Seins, getrennt vom Sosein (wie ich) gespürt, das Sein des Seins, seine Identität einen Augenblick gespürt. Für den gewöhnl. Menschen ist das Ichleben gleich dem Sein, jenes aber nur der *indifferente* Inhalt von etwas Unsagbarem, Göttlichem.

Fehler zu glauben, nachdem ich M. los bin, ich müßte auch dagegen indiff. werden. Dies eine Fiction. Es genügt, nicht mehr Angst zu haben vor dem Leid, das einen treffen kann, denn zu dem Leid, das einem *zukommt*, hat man stets die Kraft (darum will ja auch keiner sein Leid gg. das des Anderen vertauschen, sondern nur eine eigene Leidsituation gg. eine geringere eines Andern). Darum ist subjektiv jedem gleich viel Leid zugeteilt relativ zu seiner Kraft. Nur dies, das eigene Kreuz nehme man angstlos auf sich. Weder suche noch fürchte man »fremdes Leid«. Wohl bin ich nicht sehr leidfähig, aber objektiv ist es mir ja auch relativ gut gegangen. Subjektiv habe ich aber unter M. viel mehr gelitten als viele im Schützengraben. D. Menschen kommen nie zur Erkenntnis solange sie jammern, ihnen ginge es schlechter, als andern, noch solange sie sich einreden: besser. Diese dumme Plusmacherei hindert uns aus unserem kleinen Leid das Weltleid zu erleben, indem wir es verkleinern: »es ist ja nicht so schlimm«. Nur durch Auskosten unseres Leides kommen wir zur Erkenntnis, nicht durch »mannhafte« Verdrängung. Darum wird immer mehr Leid nötig, bis d. Mensch zusammenbricht & zur Gotterkenntnis kommt. Darum wird diese so selten von solchen genossen, denen es vermeintlich gut geht. Was einem an Leid & Lust *zukommt*, zeigt am besten d. Horoskop.

Wer dauernd ihm nicht Zukommendes erjagt, dem muß als Pendelreflex auch passieren, was ihm nicht zukommt. Die absolute Zurückziehung auf mich *selbst*, hat mich z. B. auch frei gemacht von der Zumutung von M. So wird *mein* Wille & Gottes Wille eins, denn mein Wesen, wie es im Horoskop steht ist Gottes Wille durch mich. Jeder will im Tiefsten *sich* als ein Wesen mit allem plus & minus, denn er hat *sich so* gewollt, d. h. Gott hat sich so als ihn gewollt. Dies ist nur vergessen im Äußeren, wo jeder nur *plus* sucht, minus meidet, d. h. Freuden will & fürchtet, als gäbe es ein anderes plus als Selbstheit & als sei ein Leid des Selbsts ja unerträglich. Hat man sein *Selbst*, so kann einem nichts mehr zugemutet werden (oder es ist dann etwas anderes als es schien) & es gibt kein Angstgefühl mehr: »Wie komme ich zu so etwas, etwa zu M. Man braucht dann auch nicht mehr die *Angst* jenes Schutzmittel gg. das Fremde, auf Grund deren ich auch vor mir selbst z. B. als untauglich simulierte.

11. Apr

Der Mensch hat die ungeheure Freiheit sogar zwischen sich & dem Fremden zu wählen. Er kann außer sich leben, im fremden + oder aber dem mir ebenso fremden Minus zu allen andern. Erst wenn er die Freiheit als Willkür durchschaut & sich *selbst* gewählt hat, ist er frei zu *sich* d. h. zu dem Instrument, mit dem allein er göttl. sein kann, falls er es rein spielt mit *seinem* + & *seinem* –. Mischung von Fatalism. & Freiheit: man nimmt die Ichform des Seins ruhig hin, um dadurch frei im Göttlichen zu sein, so wie d. Künstler erst *frei* ist, wenn er die Technik durch ihre volle Hinnahme völlig beherrscht (d. Musiker z. B.: d. Harmonielehre). So lange bei dem Hinnehmen seiner Ichheit mit plus & minus noch etwas ist wie Resignation, Zerknirschung, Sühne, Reue, Sündigkeitsgefühl oder gar *Opfer*, ist ein Mißton darin. Es ist kein Opfer, sondern höchstes Erfassen, so wenig es ein Opfer an Freiheit ist (& auch keine Strafe od. Sühne für frühere Willkür) wenn d. Componist sich der Harmonielehre »beugt«. (was ja nicht ausschließt, daß er sie auf's freieste benutzt, ausbaut & neu vertont & -kündet)

12. April

Auch das Ich selbst ist so wenig wie die Objekte das, was es scheint, sondern verzaubert, Symbol kosmischer Dinge, die sich so lange unvollkommen & mit Widerständen vollziehen, als das Ich in sich verkrampft bleibt, statt gelöst von sich, kosmisches

Instrument zu werden. Entzauberung des Ichs & seiner Objekte durch solche Erkenntnisse.

13. April

Jeder erlebte Augenblick ist ein kosmisches Ereignis, gespiegelt in der Ichheit (Ein Wirken von Transiten auf das radicale usf. progressive Ich.) Das Ich das Prisma (d. h. d. Form), durch das die Sonne fällt & das Farbengespenst hervorbringt, nur viel mannigfaltiger als das Prisma.

*

D. Deutschen haben das Gefühl ihrer besonderen Reinlichkeit & Anständigkeit, & daran mag etwas Wahres sein, es giebt bei uns nicht so viel Corruption als in andern Ländern; aber leider fehlt die Hauptsache: der Mut zu dieser Anständigkeit. Immer haben sie zugleich Angst wegen dieser Anständigkeit mißachtet, in d. Hintergrund gerückt zu werden. Da sie nun aber, wie alle Kinder, stets ein Zeugnis ihres Wohlverhaltens brauchen, es ihnen aber niemand giebt verfallen sie nun in diese Überschätzung der rohen Gewalt, die nur den Zweck hat, sich Geltung zu *erzwingen*. Mögen die andern Völker bösartiger sein, sie haben d. Muth zu sich selbst, werden als solche anerkannt, & brauchen darum nicht immer mit dem Säbel zu rasseln: Der deutsche Militarism. ist übercompensierte Schwäche.

15. Apr.

Romani

Um das ganze Grauen d. Welt zu ertragen, muß er wachsam nach innen Schauen: inf. Narzism., statt nach oben (anagogisch) nach rückwärts (Inf.). [...] Das Ich, das seiner selbst, seines Gefängnisses müde ist, statt sich in d. Kosmos, dem Spiegel seines Selbst, auszudehnen, stürzt sich in die Tiefe (dunkle Welt) & kehrt dann immer wieder unversehrt zurück. Praee.: die Aufgabe des Ichs; das Selbst aber braucht sich nicht aufzugeben, da in seiner Hingabe erst seine wahre Ausdehnung liegt. Hingabe des Selbst an d. Welt ist Aufnahme d. Welt in d. Selbst. Hingabe des Ichs aber heißt das willige Werkzeug weggeben: Impot. Das Ich soll nicht hingegeben werden, nur soll es nicht herrschen, sondern Werkzeug bleiben. Solange das Ganze noch Ichproblem ist, ist die rechte Ebene noch gar nicht erreicht.

1. Juni

Sünde = Begrenzung im Ich. Der Sünder ist d. Beschränkte, der actuelle Sünder der welcher aus dieser Begrenzung hinaus will, aber in d. Ichheit bleibt, nur aus dem eigenen Ich in die fremden Iche hinübergreift. Man ist aber *selbst* viel mehr & *kann* viel mehr. Darum ist das Selbst über Sünden erhaben, weil es über die Ichheit überhaupt hinaus greift. Selbst ist eins mit Gott & Kosmos. In ihm fällt Pantheism. mit Personalismus zusammen. Das Selbst: Gottmaske = Persona. Sinn & Verstand dann nur noch, wie d. ganze Ich, Instrumente. Durch sie *fühlt* und *denkt* sich dann das Selbst selber; freilich nur symbolisch, denn fühlen & denken sind selber nur Seinssymbole.

*

Durch den L.fall wird die ganze Männlichkeit gepreßt und damit die Entwicklung des Ich wie die Andern. Das Ich bleibt inf. & umgeht die Männlichkeit durch Vaternachahmung, die scheinbar Mutterablehnung involviert, scharfe Ablehnung d. Andern, & zugleich Path. gegen die Mutter im Dunkel (vezza & vezzo). So wurde zwar die »Veranderung« gehindert, aber doch ein Pseudo-Ich entwickelt, das schlecht functionierte, unzufrieden machte. Dies erhielt durch M. den Todesstoß & erkannte sich als pseudomännlich. Nun wurde es aufgegeben, diese Pseudo-viril. zu mimen, Rückfall in Inf. & Path. & nun Versuch das Ich loszuwerden & zum Selbst zu kommen, aber auch das Pseudo-Ich ist hier störend, ja durch seine Krampfhaftigkeit *besonders* zäh, obwohl seine Pseudohaftigkeit zugleich auch das Erlösungsbedürfnis giebt. Wer mit den Andern auskommt, der wird nie vom Ich erlöst. Dies erleichtert, weil jetzt in d. Alter, wo die eigentliche Männlichkeit nicht mehr so sehr gefordert wird. Im Falle der Lösung im Selbst wird die Ichheit incl. Viril. als Instrument glatt functionieren.

3. Juni

Da der Ichwille ja nur symbolisch verkappter Gottwille ist – es kann ja kein Anderer wollen als Gott – so wird durch die Indiff. dieser Ichwille nicht etwa geschwächt, sondern noch gestärkt, dazu aber auch alles Gegen-Ich, der Gegenpol, mitbejaht. Es handelt sich nun aber um die Kultur des Ichwillens, vor allem um dessen polare Spaltungen, die sich gegenseitig stören, statt auch sie als Pol & Gegenpol zu versöhnen: Schlaflosigkeit = zugleich schlafen & wachen wollen (z. B. denken). Meine Urpolarität: Vaterwelt & zugleich primitive Welt: aus mangelhaftem Polemisieren verdrängt I II, nur dann reißt wieder II heimliche Breschen in I.

6. Juni

Erst jetzt wird mir ganz klar wie »die Andern« eigentlich sind, wie sie sich immer wieder am »Andern« orientieren und gar nichts anders kennen, wie sich Ehrgeiz erklärt & das sich Aufgeben für ihn, das sich Identifizieren mit Außen. Ich habe das immer nur spielend, halb gethan. Ernst war mir das nie. Immer im Ich verwurzelt, aber auch dies Ich besaß ich nie ganz insofern als ich Angst hatte, es werde wie die Andern. Daher ein ewiger Zickzack d. Bewegung zwischen Innen & Außen. Bald stört die Welt, bald wird sie krampfhaft erjagt. Der Grenzstrich zwischen innen & außen zu stark, kein Fluten möglich in d. Einheit zwischen Innen & Außen, Ich & Welt. Eben darum aber zu der Untersuchung dieses Grenzstrichs gekommen & Tendenz ihn überhaupt zu beseitigen. Bisher Concentration immer nur gewaltsam möglich oder völliges Hin- & Hergerissensein, Übersehen d. Außenwelt oder zu kleinliche Detailbeobachtung. Dies symbolisiert durch die Träume vom Nichtmitkommen im Zug, von dem verlorenen oder störenden Reisegepäck. Dabei ist nichts verloren, sondern alles da, und nichts braucht krampfhaft festgehalten zu werden.

Zu dem Pol des Ich muß der Gegenpol des Nicht-Ich in d. Einheit alles Seins hinzugenommen werden. Das Wort Indifferenz führt leicht irre, weil es zu sehr an Gleichgültigkeit erinnert. Hingegen ist es Ergreifen aller polaren Differenzen zugleich, eine Pandifferenz: Dionysos. Dies gestern zum ersten Mal erlebt beim Forellenquintett von Schubert.

8. Juni

Das schlechte Gewissen scheinbar weil ich nicht ganz wie d. Vater bin; immer aber bin ich das nicht! Weil stets Vatertum das eigene Selbst verdrängt, und in Wirklichkeit kommt daher das böse Gewissen; denn dies Selbst ist böse gegen d. Mutter nach dem Muster des Vaters und rechtfertigt sich mit den Argumenten der Vaterwelt, die aber nur scheinbar den Abgrund schließen. Dies die Schuld: sich mit Vaterargumenten (lichte Welt) rechtfertigen wegen der Ablehnung d. Mutter. Alles Ächte, Selbsthafte, das besser, empfindungsvoller ist, als d. Vater verkriecht sich & sucht im Dunkel Ausweg, resp. bleibt in's Infantil-Ichhaft-Physische-Autoerotische zurückgedrängt.

9. Juni

Mit der Errichtung d. lichten Welt ist d. wahre Wunsch des Selbsts (Mutter) verlassen und es wird aus äußeren Gründen etwas gethan, was gar nicht gewünscht wird. Als Entspannung Rückfälle aber nicht zur Mutter, sondern zum Gegenpol dieses Unerwünschten (dunkel) das schließlich auch nur ein Unerwünschtes ist & Reiz nur dadurch hat, weil es das Gegenteil des Lichten ist. Die Unterdrückung bezog sich auf d. infantilen Leib, die Entspannung ist Befreiung des inf. Leibs. So also dauernde Leibbefangenheit gerade infolge jener Unterdrückung. Normale Entwicklung an d. Mutter aber durch d. Inzestscheu unmögl.

*

Zu Marcus: Problem der excentr. Empfindung. Verlag Sturm.

Das consentionelle Sehen beruht auf der möglichst restlosen Adaptierung des optischen (resp. akustischen) Bildes an die Körperwelt, zu deren materieller Bestimmung. Der Mensch aber ist viel origineller. Er »sähe« mehr, wenn er sich weniger an d. Körperwelt klammerte. Dies das Wesen des schöpferisch-genialen Menschen, aber auch er ist sich dieser Originalität nicht hinreichend bewußt; darum caramboliert er so leicht mit d. Körperwelt. Wie aber wenn man durch genaues Erkennen dieser Dinge schöpferisch weiterkäme, und zugleich die materielle Welt ruhig besorgte? Dies die Befreiung des Willens aus d. Materie, des Schöpfers aus d. Geschöpf, das ihm ja nur Instrument sein soll, *sich* zu erleben. Nun werden alle Fakirwunder erklärlich, und d. Möglichkeit schließlich bewußt den Leib zu verlassen. Die »höhere Ebene« ist erreicht. Ich bin der Kosmos selbst, er ist die aetherische Projection *meines* Zentralorgans, aber ich bin nicht d. Kosmos, wenn ich ihn als Ding betrachte & ihm Eigenwert gebe. Was aber hier will & schafft ist Gott selbst, der sich an d. Materie bewußt wird. Der gewöhnliche Mensch aber sieht noch nicht d. Wald vor Bäumen, hört die Symphonie noch nicht, weil er nur auf d. Instrumente starrt, sieht in d. Bild nur bemalte Leinwand. Dieser aetherische Traum von Klang, Farbe & Luft muß endlich gelöst von d. Instrument genossen werden, auf dem er gespielt wird. Schein ist nicht Artefaktion am Vorhandensein, sondern Neuschaffen. Diese Spiritualität ist dem Menschen noch ubw.

10. Juni

Bei der Lectüre von Marcus die Ablösung der Empfindungen von d. Körperwelt endlich gelungen. Nur unbegreiflich, daß er die Tastempfindungen ausnimmt, die ihm direct die Körperwelt vermitteln sollen, während sie doch nur die Basis sind der von dem Hirn als Hilfsconstruction f. d. Einheit d. Wahrnehmung hypostasierte Raum- & Körperwelt, incl. dem eigenen Körper. Diese Einheit aber liegt nicht im Raum (Objekt), sondern im wahrnehmenden Subjekt. Die Zeit aber ist wiederum abgeleitet vom Raum durch die Bewegung innerhalb seiner. Beides dient nur zur Orientierung, solange man in einem (fingierten) Außen lebt. Ein solches kann aber gar nicht real sein. Real kann nur das Innen sein, das Subjekt. Seine »Verlegung« von Wahrnehmungen nach außen, die sogenannte Realität, ist vielen aber reines *Hirn*gespinst. Darum leiden wir so an dieser Realität weil sie Lüge ist, suchen sie durch Wohlgefühle, Narcotica, oder wenigstens Ruhe zu vergessen; aber erst die Erkenntnis ihres Nichtseins befreit uns von ihr. Was geschieht ist rein göttliche Lust & wird erst menschliche Lust & Leid durch die fictive Verkörperung, die durch Erkenntnis allein aufzuheben ist. Die Überwindung v. Raum & Zeit aber ist die Befreiung von Schmerz & Langeweile, von Einsamkeit & Bedrückung durch Andere, und dabei ist es keine Weltflucht, sondern erst wahre Welterfassung. Es ist auch nicht Nihilismus, sondern Essentialismus. Wohl ist *etwas* (nicht das Nichts d. Inder), nur ist dies nicht körperlich materiell, sondern göttliche Essenz in dionysisch-polarer Spannung. Es ist auch nicht Solipsism., denn das Ich ist selbst zeiträumliche Urphypostase: Instrument um das Göttliche in einer von abermillionen Gestalten zu erleben. Nichts hindert sogar die »holde Täuschung« als ein Matadó mitzumachen.

Halluzinationen, Fantasieen etc sind so real wie Wahrnehmungen, nur in jene durch die hypostasierte Körperlichkeit geschaffene Scheinwelt des Raums nicht einzuordnen & darum für das »objektive« Leben hemmend. Ideale sind solche Halluzinationen, die man glaubt dem objektiven Leben aufzwingen zu können. Sie sind nur noch nicht ideal genug, denn sie wollen sich noch immer auf d. Umweg über d. Objekt in jener Scheinwelt »verwirklichen«, was ja in Wahrheit ein Entwirklichen ist.

Damit entfällt auch alle Angst, die ja nur an der sich durchaus aufrechterhalten wollenden Illusion der Ichheit, gebunden an die Leiblichkeit, haftet.

Aus dieser Befreiung aus d. Täuschung *muß* notgedrungen auch eine Beherrschung der nun entkörperten, essentiell gewordenen Welt aus d. Zentrum entstehen.

Die deutsche Wissenschaft hat lange die Materie geleugnet, aber in d. Meinung dies »als ob« müsse aufrecht erhalten werden & so half wie meist dem Deutschen seine Erkenntnis nichts zum Leben.

11. Juni

Körperwelt d. Ariadnefaden den sich das Hirn spinnt um im Labyrinth der Welt sich zurecht zu finden: Hirngespinst. Also gerade das erkennbar Realste ist das einzig Irreale, denn die Empfindungen selbst *sind* doch etwas, wenn auch viellcicht nur schwächster Abglanz ungeahnter Herrlichkeit.

Der Expressionismus sucht in d. Kunst die Entkörperung & an die Quelle zurück, wo die Formen hervortreiben, um neue Formen zu finden, nicht die gewohnten.

Die Musik, die völlig körper- & beziehungslose, ist von Haus aus expressionistisch. Was sich heute expr. Musik nennt ist nur die Beschränkung auf die bloße Minusseite – die Dissonanz – während der »Kitsch« nur mit den längst abgebrauchten Harmonien rechnet.

Das Ding an sich ist nicht wie Marcus meint das ewig Unerkennbare außer dem Erlebenden, sondern der Erlebende ist es selbst.

Es ist geradezu unmöglich, daß irgend etwas *außer* mir ist. Dieser Übersubjektivismus zugleich d. höchste Primitivismus der Materialismus & d. Bürger die höchsten Fantasmagorieen, die denkbar sind; so das ganze 19. Jahrh. mit seiner Versachlichung. Es giebt gar keine Sachen.

12. Juni

Buddhas Ursachenreihe für d. Leid:

Geburt – Werden – Anhangen – Durst – Gefühle – Berührung – sechsfaches Reich (der Sinne) – *Bild & Begriff* – Bewußtsein.

13. Juni

Es ist nicht so, daß wir durch den Körper wahrnehmen. Vielmehr ist alles Wahrnehmen rein geistig. Das Subjekt ist ∞, aber um im Endlichen sich zu differenzieren hypostasiert es als Hilfskonstruction die Körperwelt, incl Ichkörper, die aber gar nicht existieren. Nicht einmal Instrument ist d. Körper, sondern nur Scheininstrument, Hilfshypothese.

Brahmanen drücken die Wahrheit zeitlich aus, wenn sie sagen: das Selbst habe sein Schicksal vor d. Geburt gewählt. Dies thut es ewig. Das Selbst *will* ja eben sein + & –. Nur das Ich lebt in d. Illusion es könne im + leben. Zieh ich das geringste – aus meinem Leben, so bricht es zusammen.

Genau wie d. Mensch die Sinnenwelt schafft, so auch die seelisch-geistige. Von seiner Schöpferrichtung hängt es ab, ob er als Bild d. ∞ eine Sachlichkeit, einen Gott oder sich selbst hypostasiert, ob Verdienst oder Gnade. Das Selbst *ist*, was es sein wird.

14. Juni

Buddhas Stufenleiter d. Bewußtseins:

1) Nach Vernichtung d. Form- & Vielheitswahrnehmung: gränzenlos ist d. Raum.
2) " " " Raumsfäre: gränzenlos ist d. Bewußtsein.
3) " " " Bewußtseinssfäre: Nichts ist da
4) Weder bewußt noch unbewußt.

*

Die innere Einheit ist in d. Differenzen auseinander gesprungen. Der Mensch versucht sie körperlich zu integrieren, statt die Mitte im Inneren, den schöpferischen Ausgangspunkt zu finden. Hat man erst diesen Punkt, erscheint also das Äußere wieder als das Innere, das es ist, entfällt d. Problem der Intra- & Extraversion; denn beides ist eins.

15.

Nur das thun, was einem zu thun leichter fällt, als zu unterlassen, also sich auch nicht zum Nichtstun vergewaltigen, wenn man ein thätiger Mensch ist. Dies sich nicht vergewaltigen ist aber schon das »Nichthandeln« des Laotse. Analytisch ist jedoch festzustellen, was zu thun es einen eigentlich wirklich treibt, was nur Scheinwerte (Complexe) sind, die wegfallen als Ziel, wenn sie aufgelöst sind.

*

Diese verkappte Göttlichkeit des *Selbst*schöpfers, der sein + & – selbst will & schafft & damit spielt, selig unberührt durch die Illusion von Lust & Leid, die das Scheinich duldet & fingiert.

16. Juni.

[…] äußerstem Gegensatz zum realen Vater, wodurch erst der arge innere Conflict entsteht. Jener Urmensch verpönt, teils in's Dunkel getrieben, teils sublimiert als lichter Path. & verbogen durch Härte gg. Andere, die nicht solch einen Vater haben.

*

Da alles geistig ist schwindet die Machtlosigkeit vor der zähen Körperwelt draußen. Mit einem realen Außen wäre nie fertig zu werden, aller tragischer Kampf beruht darauf. Das Geistige aber ist unser Eigenes & läßt sich darum mit geschlossenen Augen von innen lenken. Auch die Annahme eines Urbösen gg. das zu kämpfen ist, Askese basiert auf d. Annahme eines außer uns zu Bekämpfenden, statt in uns zu Regelnden.

*

Polarität: Jeder Außenreiz ruft den Gegenreiz hervor, bis beide gleich stark sind, dann hört die Wirkung auf. Darauf beruht die Abhärtung gg. Kälte, die langsam versagende […]

[…] das Ich dagegen, so wird er machtlos. So kann man je nach Wunsch zugeben & abnehmen. »Den Gegner nicht unnütz reizen«, »Mit Freundlichkeit siegen«. Solches waren früher zwar immer Gesetze der Lebenskunst, sie sind aber Weltgesetz. Solange dies nicht erkannt wurde, waren sie diskutabel. Viele glauben noch immer an die Wirkung d. Gottheit. Dies nur bei Schwachen, & auch da nur bedingt möglich mit höchst unerfreulichen Nebenwirkungen. Die polare Balance aber hilft gegen Schwache & Starke. Stets außen & innen als 2 Pole balancieren. Gegen Lustreize etwas Minus ausspielen, um sie nicht zu erschöpfen & schal & widerwärtig zu machen, gegen Unlust das eigene Plus *still* wirken *lassen* ohne Rebellion. So ist die christliche Ergebenheit eine Teilwahrheit. Nach außen ist sie die rechte Haltung, aber, wenn sie nicht Schwäche & Dummheit werden soll, setzt sie das *stille* Gegensein des Ich voraus. Die Neurose ist eine Carrikatur davon, auch sie merkt ihre stillen Reservate, aber unbewußt und infolge dessen unbewußt & an falscher Stelle, aber selbst diese Methode setzt sich durch, weil sie immerhin geistig ist, wenn auch reizend. Besonders die Hysterie aber auch d. Neurose *schaffen* Gegenpole d. Abwehr, nur an falscher Stelle (weil infantil orientiert) und mit falschen Mitteln; sie setzen immerhin die Macht des Kindes durch. Was ich gg. M. mit Heulen & Zähneklappen erreichte, hätte ich auch still erreichen können, wenn *bewußt*. Mein *heftiger* Widerstand stärkte aber auch immer wieder den Reiz. Ein ebenso starkes, aber stilles Nein meines Ich hätte schmerzloser gesiegt. Die gute Schule aber war die, daß ich schließlich zur stillen, demütigen Methode gezwungen war, denn hier galt es einer Macht die äußeren Widerstand nicht duldet & sofort besiegt. So wurde ich von selbst auf die innere Kraft gewiesen & habe sie an diesem Meisterstück entwickelt.

Dieses Innen ist selber »Nichts«, aber dafür Zentrum. Durch sein Nichtssein entwaffnet es alles Außen; läßt alles gelten, giebt jedem Recht, ohne Falschheit, auch ohne *innere* Revolte, die für die rechte Orientierung genau so irreführend ist wie äußeres Aufbegehren. So setzt sich das Nichts in der Stille durch, die Form dieses Durchsetzens aber ist durch das jeweilige Ich gegeben, bei mir gegen M., einen andern würde M. gar nicht genieren.

17. Juni

Neben jeden Pol, der sich außen zeigt, den Gegenpol im Innern setzen, wobei man diesen oft tiefer empfindet, als den manifesten Pol, so z. B. den inneren Frieden im äußeren Lärm. Das Manifeste ist ja immer nur ein à peu près der inneren Realität: Spiegel. Die Vorstellung ist realer als die Pseudokörperlichkeit, so wie die künstlerische Vision realer als d. bemalte Leinwand, die auch nur ein à peu près der Vision geben kann. So zaubert man die Welt zurecht durch Balance, aber man kann sie auch ruhig wirken lassen & ihr das zentrale Nichts, den innersten Frieden entgegensetzen. Gegenpol d. intellect. Überwachheit – Müdigkeit. Balance giebt die innere Stille.

Murau 7. Juli

Mann hat (schon physisch) gerade das zu viel, was das Weib zu wenig hat. So hat er die Fehler & Tugenden des Überschusses, sie die der Verkürzung. Aber nur durch diese Dissonanz der Unterschiede kommt es zu dem Drang nach Einheit. Äußerlich kann dies niemals stimmen, daher die Menschen bewußt geworden sind. Alle früheren Lösungen Palliative. Das Weib kann das ihm fehlende Stück nie wieder bekommen. Es sucht daher in d. Dauerliebe einen Scheinersatz für die Einheit. Der Mann kann sein Überglied nie los werden, es treibt ihn daher dauernd zu dem »aufnahmefähigen« Weib. Da es aber nun leichter ist sich mit einer Verkürzung abzufinden als einen Überfluß dauernd ohne Verwendung herumzutragen ist das Begehren des Mannes in seinem Überreichtum stärker als das Sehnen des verkürzten Weibes, das allenfalls auch reduziert leben kann. So wird es thatsächlich so, daß *sie*, die eigentlich verkürzt, etwas hat, was d. Mann braucht. Darauf beruht ihre Macht, die Macht der Schwäche. Umgekehrt aber ist sie, wenn sie nur eine leidliche Lösung sucht, an den Einen gebunden, während der Mann unbeschadet seines höheren Wesens seinen Überreichtum verschwenden oder auch *einer* darbringen kann. Die Hauptsache ist, das er ihn los wird, außer er hebt sich in die bisexuale Geistsfäre, die zugleich transsex. ist. Dort ist plus & minus in *einem*, hier braucht sein Ego keine äußere Ergänzung mehr.

Neumarkt in Steiermark 8. Juli

Wohl löst mir ☿ im IX alle meine Probleme und bringt dadurch immer wieder Harmonie die er aber selber immer wieder stört, denn nur *er* ist es, der durch den Zwang die Welt intellectuell zu spiegeln, die Problematik der Differenzen schafft. Er ist nicht mehr zu benutzen als Löser d. Probleme, sondern es ist zu verhindern, daß er Probleme entstehen läßt. Mit dem Polarisieren aus der Indiff. des ∞ giebt es kein Problem mehr.

Heute Nachm. hier angekommen. Mehrere Minus gut, schließlich lustvoll balanciert. Brief Pannwitz, der »Menschheitsdämmerung« so gut wie ganz ablehnt: Wirkung des damals noch nicht völligen Durchbruchs, der noch intellectuellen Spiegelung des Erlebnisses, das er nicht sieht. Abends: Versagen des electr. Lichts. Auf dem Balkon, Blick über Fichten in den verglühenden Westhimmel, vom Balkon aus, *jubelnd erkannt* – unter den knatternden Schüssen einer nahen Nachtübung, sonst mein Freuen – daß es überhaupt keine Probleme giebt, sondern nur einen Überschwang der + & – Differenzen, aus denen das vermittelnde Ich die Harmonie zu *finden* hat, die darin *gegeben* ist. Eine andere »Aufgabe« giebt es nicht!

10. Juli

Alle Depression kommt von der Unfähigkeit sich zur Minushälfte zu bekennen, weil diese geschändet ist durch Sex & Inz. Darum die Selbstquälerei der Pluswelt, in die ich mich hineinpeitsche, um dieser Grunddepression zu entfliehen. So stets mit einer geheimen Wunde herumgelaufen, die sanft gestreichelt werden will: lichte Umgebung, Künste, gute Gesellschaft, ich brauche dauernd Heilmittel; die Pluswelt daher überschätzt als das einzig Erstrebenswerte. Ich wollte von Heilmitteln, statt Nahrungsmitteln leben. Diese Lebenshälfte als das Ganze genommen, die Minushälfte geächtet, Lebenskunst verbirgt nur das Übel, sucht dauernd nach Plusreizen.

Minus muß aufhören geächtet zu sein, muß *ge*würdigt werden, statt entwürdigt; frei zugänglich statt inz.gehemmt. Dann nicht mehr »verkürzt«.

– = ♂ R in ♏, aspektlos. Pseudoplus: = ♂ □ Asz. ☿ in ♈ sein Prophet.

Lieflamm = Vaterurbild: Hüter der Schwelle, des Minus – ist die Schwelle über die es zu den Müttern geht. Sie muß vorher desexualisiert werden. Urwunsch im Kastenbad: sein wollen wie der Vater, aber im statu nascendi verdrängt, denn das hieße ja Inz. mit Mutter. Dies noch mehr Tabu. Zugleich meine Eifersucht auf Mutter. Der Vater soll dies nicht mit ihr thun. Da dies aber die Bewußtseinsschwelle nicht überschreitet, wird dieses ganze furchtbare Gebiet verdrängt. Inz.lust – Inz.angst mit Mutter & mit Vater & Eifersucht auf Mutter, Vater vielleicht überhaupt nur aus Eifersucht, weil Sex. der Mutter nicht gegönnt wird. Wenn jemand dies haben soll, dann doch *ich*. Da aber *ich* es nicht zu haben wage, soll es niemand haben. So wird Sex verdrängt & der lichte Vater construiert, von dem *ich* das gar nicht will, und der es etwa wollenden Mutter vorenthält. So ist das böse, starre, mutterfeindliche, eifersüchtige Plus fertig, mit dem ich den dunklen Complex verdränge, der aber später immer wieder als dunkle Welt, path., inf., bisex. hervorbricht und nie recht weiß, was eigentlich gewollt wird, weil das Kind darüber nicht zur Klarheit kam.

[Datierung unklar]

[…] Körper, anstatt zu dem Körper. Dies die Urform des »angewandten« Idealism. der Deutschen, der sich durch den Kampf mit d. Materie in ihr verstrickt, statt ganz über sie hinauszugehen & um sie von außen mechanisch functionieren zu lassen usf. sie frei zu beeinflussen. Also: Freiheit nicht auf Kosten des Minus, sondern mit Einschluß des Minus. Die Last soll wieder aufgenommen werden, aber nun nicht mehr als Last.

14. Juli

Bisher zu sehr lustvoll & +, unlustvoll & – verwechselt. + & – können beide beides sein. Außerdem ist jedes + zugleich – & umgekehrt. (+ M. = – ich, + Lust = ich path. also – etc.). Dieser Lustmaßstab ist das typisch Ichhaft-Illusionäre, das verheddernde, das in + & – Seligkeit ist. Lust & Unlust das + & – des Ich und verschwindet mit seiner Abschaffung. […]

Versenkung in d. mildeste Sanftmut & Stille. Kein Wunder, daß der Mensch Jahrtausende lang glaubte, dies Wunder geschähe durch einen Gott außer ihm, demgegenüber er Kind sei, während dies sein wahres Wesen ist, wo er Kind & Gott zugleich ist. Ist dies erkannt, fällt die Angst vor d. Vatergott, und die Scham vor der großen Mutter ∞. Das Gotterlebnis so stets & überall dasselbe. Nur die Formulierung wechselt nach Zeitalter, allgemeiner Erkenntnisstufe, individuellem Bildungsgrad. Es giebt nur ein Göttliches, in dem man ist od. nicht ist, doch sein Name ist Legion. Von hier aus wird aber + & – identisch, + ist nur das herausgestülpte Minus, der convexe Gott; Minus der concave Gott, das Nichts der Unterschiede. Angst der menschl. Urzustand vor Gott, Scham der Kulturzustand vor d. Göttlichen [*Randbemerkung*: wie der Moderne nur inf. kennt.] (Scham vor d. Inf.) Beide meinen aufgehen in Liebe.

25. Sept. Salzburg

Gestern in's Hotel Bristol übersiedelt.

Alles Geschehen ist Realdenken. D. Kind ist zwar im Realen, aber kann nicht denken, daher ubw. Int. kann denken, ist aber auch bewußt, aber noch nicht im Centrum der Realität. Richtig erkennt er wohl den Schein des Objekts und bekämpft darum die Objektheit, statt sie aus dem Centrum der Realität als die eigene Hieroglyphik zu erleben: als das Realdenken.

Der Schöpfer verliert sich (als Kind) in den eigenen Gedanken, läßt sie daher überreal d. h. frei werden in d. Physis. Dieser Verplusung kann schließlich nur der Tod beikommen. Diese Verplusung Ursache der kindischen Täuschung die Objektwelt sei an sich fest, nur Festes sei real, während gerade Festes am wenigsten real ist, nämlich erstarrter, festgerammter Geist, verkalkt, verschlackt. Je tiefer man in dieser Täuschung bleibt, desto »toter« ist man. Int. die Rettung, aber er ist in stetem Nachhutgefecht rückwärts geg. das Feste gekehrt – provoziere es gerade dadurch zu immer neuem Scheinleben statt dies als erledigt hinter sich zu lassen & selbst zum wahren Real-denken in's Innere der Welt vorzudringen. Hier besteht derselbe Grundgegensatz wie im formalen Denken: Polarität von ja & nein, + & –. Realdenken in Bildern statt Formeldenken in Begriffen, Zaubern statt Vorstellen.

26. Sept

Zerstörung aller Sachen des V. Hauses durch vorzeitige Verplusung des Ziels. Dies aber nur Übercomp. geg die Verminusung durch Schamgebot (Insuff.), weshalb gewohnt nicht an's Ziel zu kommen. Diese Aufgabe der natürl. Spontanität Grund zu aller Voreiligkeit, als würde ich von selbst nicht fertig. Gegen dies einseitige Plus muß dann das Minus forciert werden, als Entspannung im Dunkel. So erscheint Urplus & Urminus verdrängt, ja das Minus war ursprünglich in d. lichten Welt gar nicht vorgesehen, mußte erst langsam durch Rationalisierung eingeführt werden: Selbsterlaubnis zu Schlaf, Ruhe, schließlich seit Schüler zu dunkler Sex.

Das Kind zwar subjektiv-central, aber ubw. stoffgebunden. Der Erwachsene zwar bewußt, Meister des Stoffs, aber ihn als Objekt anerkennend. Erstes Objekt die phys. Übermacht des ängstigenden Vaters, dessen Nachahmung Schutz bietet (durch Int.) gg. andere Objekte. So lehrt d. Vater die Objectivität d. Welt & die Mittel zu ihrer Bekämpfung. Mit dieser Bewußtheit zum Ursubjekt zurück, aber nicht mehr stofflich ubw. befangen.

1. Okt.

Gestern allein Untersberg.

Gewiß ist alles Autosugg., aber was man so nennt hat nur den Nachteil, daß es eine Re-action gg. die spontane Auto-sugg. ist.

Mattigkeit ist die falsche Reaction gg. väterl. Zumutung, nicht die spontane Bejahung des Minus.

Die + & –setzung ist überhaupt durch Vater unfrei geworden, nämlich zwangshaft, an die Dinge geknüpft, statt spontanes Ausfließen lassen. So wird d. Plushafte programmatisch, weil nicht eigene, sondern Vaterwerte plushaft gemacht werden, dagegen wird dann das Minus gewaltsam reactiv verplust: dunkle Welt. So mache ich es im Kleinen noch immer falsch, wo mir jeder alltägliche Lebenskünstler über ist im »se laisser vivre«, dagegen mache ich es »dem Schicksal« gegenüber, im Großen, im Hinnehmen von + & – richtig.

Das spontane Sein durch d. Angst wie L. (= wie Urvater) sein zu müssen (Inz.) gesperrt, das künstl. Sein geöffnet durch Schamgeb. = Lust wie d. Lichtvater sein zu dürfen. Nur wenn d. Urvaterseite wieder frei bejaht wird, kann die Lichtvaterseite tendenzlos (ohne Zumutung an sich selbst) gelebt werden.

D. Unfreiheit liegt in d. spaltenden Ambivalenz des Vaterideals, wodurch schon eine Vaterhälfte ganz verdrängt wird zu Gunsten der Andern (infolge zu früher, unverstandener Entdeckung der dunkeln Seite durch L.)

Praec: Angst ante portas tenebrarum.

2. Okt.

Mit d. Annahme des Schamgeb. konnte das spontane Leben nicht mehr befriedigen, nicht an sich recht sein, solange es nicht d. Vater conform war. Folge Kritik, Mißtrauen gg. eigenes Urteil, Unsicherheit. Im Laufe der Jahrzehnte das ganze Leben in dies Prokrustesbett eingespannt – aus Angst vor der durch L. geschändeten Umwelt. Zugleich Sehnsucht dorthin & Trieb auf Schleichwegen hinzukommen, i. d. inf. Inz. Maske. So ist ∞ inf. verkrustet & darum Tabu; verboten.

Die Verrichtung also bloß ein Surrogat der Civilisation (Vaterwelt) aus Angst vor d. Urwelt. Nicht z. Mutter können = nicht mehr selbst sein können. Alle lichte Mutterablehnung nur Rationalisierung dieser Selbsthemmung. Auch Hom. ist kein L-Urrecht, sondern schon die geheime Bindung an L. Durch *diesen* wurde die Selbstheit zuweit gestört & [...]

Dokumente

Ärztliches Zeugnis von Dr. Karl Abraham

Juni 1916

Allenstein 3. 7. 1916

Ärztliches Zeugnis.

Herrn Oscar Schmitz in Berlin habe ich 2 Jahre vor dem Kriege und ¾ Jahr während des Krieges (d. h. bis zu meiner Einberufung) spezialärztlich beobachtet und behandelt. Auf Grund genauester Kenntnis seines Zustandes, die sich auf sehr eingehende, früher fast tägliche Behandlung stützt, bescheinige ich hierdurch Folgendes:

Herr Schmitz ist körperlich bis auf ein Bruchleiden gesund. Seine intellektuellen Anlagen sind ausgezeichnet, dagegen bietet er seit früher Jugend die Erscheinungen einer *psychopathischen Konstitution*. Die krankhafte seelische Veranlagung äußert sich in Angst- & Depressionszuständen, in jähen Stimmungsschwankungen, in krankhafter gemütlicher Erregbarkeit und zeitweisem Versagen der körperlichen und geistigen Leistungsfähigkeit. Schon diese Erscheinungen stellen die militärische Dienstbrauchbarkeit stark in Frage. Ausschlaggebend in dieser Richtung ist jedoch das Vorliegen einer hochgradigen Erregbarkeit, die, wie ich bezeugen kann, leicht zu aggressiven Äußerungen und Handlungen führt. Diese impulsiven Äußerungen werden vom Bewußtsein des Patienten durchaus mißbilligt, treten aber dennoch mit triebhafter Heftigkeit hervor. Er gehört zu der Klasse der Psychopathen mit explosiver Reizbarkeit, die nach ausdrücklicher Verordnung des Kriegsministeriums, Medicinal-Abteilung, vom militärischen Dienst auszuschließen sind.

Wie mir Herr Schmitz mitteilt, befindet er sich zur Zeit wieder in depressiver Gemütslage und ist infolgedessen arbeits- & erwerbsunfähig. Ohne gegenwärtig diese Angabe nachprüfen zu können, erscheint sie mir auf Grund meiner Erfahrung durchaus glaubwürdig.

Dr. Karl Abraham
z. Zt. ordin. Arzt der psychiatrischen Station
XX A. K., Reservelazarett II.
Allenstein.

Ärztliches Gutachten von Dr. Georg Peritz

Berlin, den 10. Juli 1916.

Der Schriftsteller Herr Oscar A. H. Schmitz, wohnhaft Berlin, Neue Winterfeldtstr. 7, wird mir von Prof. Dr. Schleich zwecks Begutachtung seines Gesundheitszustandes zugesandt. Der Patient wünscht dieses Gutachten der Militärbehörde vorzulegen.

Der Patient giebt an, daß er ein außerordentlich heftiger Mensch ist, der unter normalen Verhältnissen im Stande ist zu arbeiten, der aber, sobald sich Widerstände zeigen, schwersten Zornausbrüchen und Wutanfällen unterliegt, die er nicht unterdrücken kann. Sobald sich diese Anfälle ausgetobt haben, bekommt der Patient wieder einen freien Blick und sieht, welches Unheil er angerichtet hat. Herr Prof. Schleich bestätigt diese Charaktereigenschaft des Patienten, da er selbst derartigen Zuständen beigewohnt hat. Der Patient selber giebt noch an, daß er, infolge dieser Charaktereigenschaft je eine gebundene Stellung anzunehmen nicht in der Lage war, sondern daß er stets als freier Schriftsteller tätig sein mußte. An sonstigen Klagen bestehen nur noch die über Kopfschmerzen und Kopfdruck.

Die Untersuchung ergiebt einen großen kräftigen Mann mit guter Muskulatur. Körperlich finden sich nur Muskeldruckschmerzen in der Hals- und Nackenmuskulatur, eine starke Vasolabilität, die sich durch schnellen Wechsel des Pulses äußert und starkes Nachröten der Haut.

Psychisch macht der Patient einen außerordentlich eigenartigen Eindruck. Er ist von einer starken Unruhe und Aufgeregtheit, während der Schilderung seiner Charaktereigenschaften und seiner Aussichten beim Militär zur Subordination gezwungen zu werden. Diese Erregung ist so stark, daß bei der Untersuchung zu befürchten stand ein Wutanfall würde sich einstellen. Mit vieler Mühe konnte der Patient durch gutes Zureden zur Realität zurückgeführt werden. Aber auch nachdem dieser Erregungszustand abgeklungen ist, zeigt der Patient eine erhebliche Eingeengtheit seiner ganzen Denkrichtung. Trotzdem vorläufig eine Einziehung zum Militär noch garnicht unmittelbar bevorsteht, sondern erst eine Erholungsreise, beherrscht ihn vollkommen der Gedanke, er könne eine Insubordination begehen, der zugleich schwere Angstzustände in ihm erzeugt. Er macht infolgedessen beim Anziehen seiner Kleider die konfusesten Fehler, kommt mehrmals zurück, um mir noch etwas zu berichten, was er vorher schon ausführlich besprochen, aber in seiner Erregung vollkommen vergessen hat, glaubt Gegenstände bei mir zurückgelassen zu haben, schreibt mir am nämlichen und am nächsten Tag zwei Briefe, die vollkommen den gleichen Inhalt haben, wie unser Gespräch bei der Untersuchung, ohne irgend einen neuen Punkt zu geben. Auf Grund dieser Tatsachen ist es auch durchaus glaublich, wie Patient angiebt, daß er seit Wochen nicht mehr imstande ist, geistig zu arbeiten.

In vielen Punkten erinnert der Zustand an eine eigenartige Form der Epilepsie. Ich bin aber der Ansicht, daß es sich nicht um eine solche handelt, sondern daß vielmehr hier eine starke Übererregbarkeit des gesamten Nervensystems vorliegt, die sich dadurch kennzeichnet, daß der Hemmungsmechanismus des Nervensystems außerordentlich schwach ist, sodaß kleinste Erregungen schon zu Reaktionen führen, die beim normalen Menschen im Leben sich nur einmal unter den widrigsten Verhältnissen einstellen. Ich habe vor kurzem einen ähnlichen Fall gesehen solcher abnormen Übererregtheit und Hemmungslosigkeit. Der Mann, der daran litt und wie der Patient den besten Gesellschaftsklassen angehörte, nächste Verwandte in höheren Stellungen bei der Armee hatte, [mußte,] trotzdem er sich als Kriegsfreiwilliger gestellt hatte, wegen seiner Insubordinationen und Wutausbrüche entlassen werden und einem Sanatorium zugeführt werden. Ich führe dieses Beispiel hier an, um zu zeigen, daß derartige Fälle eine üble Prognose haben. Auch bei Herrn Schmitz steht zu befürchten, daß er schließlich einem Sanatorium zugewiesen werden muß, da die Furcht, er könne eine Insubordination begehen, in ihm schon zur Zwangsvorstellung geworden ist, die wie alle Zwangsvorstellungen mit starken Angstgefühlen verbunden ist. Seine Unfähigkeit zu arbeiten und sich zu konzentrieren, beweisen zur Genüge, wie stark die dauernde Erregung in ihm schon ist. Ich halte es daher für dringend erforderlich, daß dem Patienten zunächst ein längerer Urlaub bewilligt wird, damit er sich zunächst wieder erholt und ins Gleichgewicht kommt. Der augenblickliche Zustand läßt befürchten, daß nicht nur seine Arbeitskraft zeitlich geschädigt wird, sondern eine dauernde Störung seines nervösen Gleichgewichtes und seiner psychischen Persönlichkeit entsteht.

Dr. Georg Peritz

[Mein menschlich infantiles Ich]
Oscar A. H. Schmitz

Darmstadt, 4. Okt. 1921.

Oscar A. H. Schmitz, geb. 16. IV. 1873 zu Homburg v/H. Städtisches Gymnasium in Frankfurt a/M, Matura 1892 in Weilburg a/Lahn. Universitäten Heidelberg, Leipzig, München, Berlin, Rom. Jura, Nationalökonomie, Germanistik, Philosophie. Schriftsteller. Salzburg, Paris-Ledionstr. 2^{II}.

Im 4. Lebensjahr gewann ich den ersten Einblick in den dämonischen Abgrund der Welt durch den Verkehr mit einem etwas älteren Geschwisterpaar, das mir durch seine englische Nationalität sehr imponierte, aber mich durch seine sexuelle Verdorbenheit derart erschreckte, daß mir dies zeitlebens der unbewußte Vorwand geblieben ist mich voll Menschenverachtung zu isolieren. Ich heftete mich mit doppelter Zärtlichkeit an die Eltern, wurde aber zu meiner größten Enttäuschung von ihnen immer wieder an andere Kinder verwiesen. Meiner Mutter nahm ich das sehr übel und verschloß mich trotzig, in dem Gefühl durchaus mißverstanden zu werden, glaubte ich doch besonders »brav« zu sein, weil ich jene verbotenen Dinge nicht mitmachte. Von meinem Vater, einer sehr einnehmenden, glänzenden Persönlichkeit, construierte ich mir bald folgendes Bild: im Grund verachtet er »die Andern« ebenso wie ich es thue. Aber da nun einmal der Schulbesuch nötig ist, muß er mich aus pädagogischen Gründen zwingen, mich »den Andern« anzupassen. Unter solchem Druck war ich ein schlechter Schüler, worunter mein Selbstgefühl nicht wenig litt. Im 11. Jahr erkannte ich, ohne es noch formulieren zu können, daß man nicht unbedingt Amboß der Außenwelt sein muß, daß es vielmehr einen eigenen Willen giebt, der in den Dienst von Erkenntnissen gestellt werden kann. Hüter dieser Erkenntnisse schien mir der Vater, später eine lange Reihe mehr oder weniger bedeutender Persönlichkeiten, lebender, die ich kennen lernte, und toter, deren Werke auf mich wirkten. So bin ich zuletzt bis zur indischen und chinesischen

Weisheit vorgedrungen und schließlich nach Darmstadt gekommen. Heute habe ich in der 2ten Meditation (vom Gralstempel) erkannt, daß die Richtung meines Weges die rechte ist, daß aber meine Motive unrein und selbstisch waren, so daß die Früchte bis jetzt ausgeblieben sind. Ich wählte jenen hohen Weg des erkennenden Willens 1.) aus Trotz gegen die Mutter, die mir, wie ich kindisch glaubte, ihre Liebe entzog und einem neu geborenen Bruder zuwandt. 2.) aus Verachtung gegen »die Andern«, die ich für minderwertig hielt, wie jene englischen Kinder. 3.) aus Angst vor meinem infantil gebliebenen, lieblos-trotzigen menschlichen Ich. So brauchte ich mich in meinem Leben niemals zu dem »Weg« zu entscheiden. Stets *wollte* ich ja das Höchste, aber unselbständig angelehnt an vaterähnliche Führer, ohne Liebe und im Gegensatz zu mir selbst. Zwei Mal bestrafte ich mich selbst, ich wollte büßen und schloß 2 kurze Ehen mit Frauen von geringem Wert, um mit ihnen bescheidener und sachlicher zu werden. Nach diesen Irrtümern (1906) führte ich ein Doppelleben, äußerlich in den oberen Kreisen der Gesellschaft und gleichzeitig an andern Orten unbekannt unter dem niederen Volk. Ich versagte mir keinen geistigen und keinen sinnlichen Genuß. 1914 brach diese Welt zusammen. Die Zumutung der Dienstpflicht, die mich den verachteten »Andern« gleich machen sollte, rief alle meine Gegenkräfte wach. Ich zog mich in die Einsamkeit zurück, versenkte mich in den Buddhismus, erreichte die »erste Schau« und benutzte die so gewonnene Willensconzentration zum Kampf um meine »Freiheit«, der in folge meiner magischen Kräfte spielend gelang. Aber ich mußte dafür zahlen. 1918 trat eine völlige Ermattung & Verödung ein. Zu den Genüssen von einst konnte ich nicht zurück. Ich schritt im Wissen & Erkennen zwar täglich fort, aber ohne jede Freude. Dies ging so weit, daß mir die Körperlichkeit selbst und alle ihre Functionen zur Last wurden. Vor dem Selbstmord schützte mich nur das Wissen, daß uns damit nicht geholfen ist. Als ich heute nach der Nachmittagsstunde etwas im Wald spazieren ging erfaßte mich wieder die mir wohlbekannte Öde und Verzweiflung, & ich erkannte deutlich als ihren Grund, daß mein menschliches Ich den geistigen Weg einfach nicht gehen will, ihn unmöglich machen möchte. Als ich später während der Meditation bei dem Bad der Reinigung verweilte, vermochte ich nicht ohne Unwahrheit die Stufen hinanzusteigen. Da sah ich mein menschlich infantiles Ich als schwarzen, starren Körper und – erkannte es. Nicht länger darf ich es asketisch unterdrücken. Vielmehr löste ich seinen Trotz auf, der kindisch gekränkte Liebe war. Nun kann ich ihm so viel Lust lassen, als es zum normalen Functionieren braucht. Damit fällt sein Widerstand gegen den geistigen Weg, der nicht im Gegensatz zu ihm stehen darf, vielmehr über es hinaus führen muß, ohne daß es zum trotzigen Hemmnis wird. Am Abend erkannte ich dann, daß unter dem Trotzmotiv zum geistigen Weg doch die Liebe liegt – hätte ich sonst nicht lieber den Weg der Empörung oder gar des Verbrechens gewählt? – daß beleidigter Trotz nur die Liebe verdrängte. So ist mir dieser Tag wohl zum Tag der Reinigung geworden. Nach ¾ stündiger Meditation vermochte ich die Stufen empozusteigen, aber die völlige Durchdringung mit Freude, wie sie der buddhistische Mönch im Gegensatz zum Asketen, sucht und findet, ist mir noch nicht zu teil geworden, so befriedigt mit dem vorläufigen Resultat ich auch diesen Tag beschließe.

Anhang

Ansichten eines nervösen Zeitalters
Nachwort

Die moderne Krise der Identität und die Gattung Tagebuch hängen eng zusammen. Nicht von ungefähr erlebte das Tagebuch in der Schwellenzeit um 1900 eine Konjunktur. Die Modernisierung löste fundamentale Ängste aus, die im Kampf der Geschlechter, in der Dämonisierung des Weiblichen, in der sexuellen Krise, im Bankrott der männlichen Rolle und in der Bedrohung der Ich-Autonomie offenbar wurden. Das von Ernst Mach apostrophierte »unrettbare Ich« war von einer tiefgreifenden Unsicherheit über die Kontinuität und Konsistenz des eigenen Selbst geprägt. Dieses Ich sah sich dazu verurteilt, die eigene Besonderheit und Einzigartigkeit in einem exterritorialen Raum, einem Vakuum zu begründen, abgetrennt von der Gesellschaft und losgelöst von einer Tradition, die als überholt und erschöpft empfunden wurde. Die Erben der Gründerzeit lebten im Bewußtsein der Spätgeborenen, im Gefühl, Epigonen sein zu müssen. In seinem 1893 erschienenen Essay über »Gabriele D'Annunzio« hat Hugo von Hofmannsthal die Stimmung dieser Generation auf den Punkt gebracht: »Man hat manchmal die Empfindung, als hätten uns unsere Väter, die Zeitgenossen des jüngeren Offenbach, und unsere Großväter, die Zeitgenossen Leopardis, und alle die unzähligen Generationen vor ihnen, als hätten sie uns, den Spätgeborenen, nur zwei Dinge hinterlassen: hübsche Möbel und überfeine Nerven. [...] Es ist, als hätte die ganze Arbeit dieses feinfühligen, elektrischen Jahrhunderts darin bestanden, den vergangenen Dingen ein unheimliches Eigenleben einzuflößen. Jetzt umflattern sie uns, Vampire, lebendige Leichen, beseelte Besen des unglücklichen Zauberlehrlings! Wir haben aus den Toten unsere Abgötter gemacht [...]. Bei uns aber ist nichts zurückgeblieben als frierendes Leben, schale, öde Wirklichkeit, flügellahme Entsagung. Wir haben nichts als ein sentimentales Gedächtnis, einen gelähmten Willen und die unheimliche Gabe der

Selbstverdopplung. Wir schauen unserem Leben zu; wir leeren den Pokal vorzeitig und bleiben doch unendlich durstig.« Sosehr sich die nachbürgerliche Generation am Ende des 19. Jahrhunderts von der Außenwelt abgeschlossen hatte, sie entkam nicht den familiären Konflikten, den Ansprüchen und Geboten der väterlichen Welt, die sie als Hypothek verinnerlichte.

Das Tagebuch spielte für diese Generation eine besondere Rolle, es diente, wie die für diese Epoche bedeutenden Tagebücher von Hermann Bahr und Arthur Schnitzler zeigen, weniger der ausgefeilten literarischen Reflexion, der genauen Beschreibung von Personen, Erlebnissen und Sachverhalten, als der Stabilisierung und Selbstvergewisserung des eigenen Ichs. Die Aufzeichnungen dokumentieren ein ständiges Sichaufbäumen gegen die empfundene Leere, gegen die Zerstreuung und Nervosität der Zeit, gegen die von der Tradition vorgeschriebene Rolle und gegen eine Identitätskrise, die das Individuum mit Einsamkeit, Fragmentierung und Sinnverlust bedrohte. Für den neuen Individualismus, wie er sich um 1900 als Gegenpol zu den Nivellierungstendenzen der Gesellschaft ausbildete, war das Tagebuch aber nicht nur eine Möglichkeit der Selbstvergewisserung, ein Zufluchtsort, der Schutz bot vor den Ansprüchen einer patriarchalen Vereinnahmung, es war darüber hinaus ein Ort des Experimentierens mit dem eigenen Ich, der Dekonstruktion und der Erschreibung einer Identität. Das Tagebuch war daher nicht bloß ein Ersatzwerk, es wurde für viele Autoren zum eigentlichen Werk. Schnitzler betrachtete, mit dem Blick auf sein literarisches Werk, sein Tagebuch als »das einzige von meinen Sachen, worin Kraft«.

Die Aufzeichnungen von Oscar A. H. Schmitz können – bei allen bedeutsamen Unterschieden – in diesen Zusammenhang eingeordnet werden. Sein Tagebuch läßt sich als individuelle Entwicklungsgeschichte, im psychoanalytischen Sinn durchaus auch als Fallgeschichte lesen, die in den Jahren 1912 bis 1918 in einer psychotischen Krise kulminierte. Nicht erst an diesem historischen Zeitintervall wird deutlich, daß bei Schmitz die individuelle und die kollektive Neurose auf bemerkenswerte Weise verkoppelt waren. Das Tagebuch ist darum auch das Dokument einer Kulturkrise, in dem sich die Pathologien der Zeit wie in einem Brennspiegel zeigen: der Widerwille einer Generation, die mit den gesellschaftlichen Zwecken und Zielen nichts mehr anzufangen weiß, einer Generation, die von großen Sehnsüchten, von einem, wie Robert Musil im »Törleß« schreibt, »innerlichen Hunger« erfüllt war und dabei leer blieb. Schmitz ist der Repräsentant eines »nervösen Zeitalters« (Joachim Radkau), der an der Unentschiedenheit seiner Empfindungen und Gefühle litt und sich nach einer starken Leidenschaft sehnte, die ihm Ziel und Richtung geben sollte. Diese Kulturkrise kulminierte bekanntlich in den irrationalistischen Strömungen des Ersten Weltkriegs, die der nun vorliegende dritte Band in besonderer Weise dokumentiert.

Für Oscar A. H. Schmitz stand das Tagebuch der Jahre 1896 bis 1912 ganz im Zeichen einer Selbstbehauptung und Selbstbegründung. Es war ein Projekt, das der Konstruktion einer Identität gewidmet war, die sich von Anfang an als besonders labil erwies. Nicht von ungefähr war eine existentielle Krise der Ausgangspunkt des Tagebuchs: die gescheiterte Promotion. Schmitz schildert jedoch im eigentlichen Sinn keinen Gleichgewichtsbruch, er bezieht das Scheitern nicht auf sein Ich, auf sein persönliches Unvermögen, er lastet es vielmehr der Institution, dem kruden akademischen Betrieb, einer künstlichen Geistigkeit an, die im Widerspruch zu seiner Natur, seinem Selbst stehe.

Schmitz beginnt seine Aufzeichnungen im Bewußtsein, daß der ihm aufgezwungene Entwicklungsweg ein fremder Bann war, der ihn von seinen Träumen getrennt habe. Seine Wünche, Ziele und Pläne habe er sich immer wieder von den andern entreißen lassen, die ihn mit guten Absichten, wie der Vater, oder mit Befehlen und Vorschriften, wie Schule und Universität, von seiner eigentlichen Bahn und Bestimmung abgebracht hätten, zu der er nun zurückkehren wolle, um im Einklang mit dem eigenen Selbst zu leben.

Es sind die unbeachteten, unerkannten und nicht anerkannten Besonderheiten seiner Person, die Schmitz in den Mittelpunkt rückt; Besonderheiten, über die er sein unverwechselbares Anderssein definiert. Im Gefühl dieses Andersseins, das in seiner Umgebung nicht zur Entfaltung kommen konnte, beginnt er zu schreiben. Er nimmt eine Position ein, wie sie Rousseau am Anfang seiner »Bekenntnisse« skizziert hat: »Einzig und allein ich. [...] Ich bin nicht gemacht wie irgendeiner von denen, die ich bisher sah, und ich wage zu glauben, daß ich auch nicht gemacht bin wie irgendeiner von allen, die leben.« Diese trotzige Haltung des ›Ich allein‹ ist das Credo und Motiv, das hinter vielen Eintragungen des Tagebuchs von Oscar A. H. Schmitz steht.

Schon die ersten Seiten sind aus einer Mischung aus Eitelkeit und Selbstüberhebung geschrieben: Hier meldet sich einer zu Wort, der in einem falschen Leben gesteckt hat. In diesem angenommenen Leben war er zunächst bereitwillig, dann zunehmend widerwillig dem Wunsch der Familie gefolgt, um Gelehrter, um »Doktor irgend einer Fakultät« zu werden. Doch die Forderungen des akademischen Betriebs hatten sich als unvereinbar mit einem Ich erwiesen, das auf institutionelle Zwänge, auf die Forderung nach Einordnung und Disziplin geradezu allergisch reagierte. Schmitz macht gleich zu Anfang des Tagebuchs deutlich, daß er in diese Zusammenhänge nicht paßt, daß sein Ich zu ›groß‹ für die ihm zugedachte Perspektive ist und seine eigentliche Begabung, sein eigentliches Lebensziel woanders liegt. So verweist er auf seine poetischen Ambitionen, seinen Hang zum dichterischen Schaffen und auf die bislang unterdrückten Seiten seines Selbst, die alles Vorgegebene, alles Enge negieren und unvereinbar mit der väterlichen Forderung nach einer »gesicherten Position« sind. Schmitz spricht von einem »Trieb ins Weite«, von einem unbändigen Lebenshunger, den der Vater schon früh als »unstete Natur« begriffen habe und dem er »Zügel anzulegen« versuchte. In »Dämon Welt« heißt es: »In all meiner Verworrenheit hatte ich ein ganz klares Ziel: das Leben in seiner Fülle zu erfahren.«

Der plötzliche Tod des Vaters 1895 ermöglichte dies. Mit dem väterlichen Erbe konnte er endlich seinen literarischen Ambitionen folgen. Er stehe im Begriff, notierte er in sein Tagebuch, seine »Lebensverhältnisse zu ändern«, und er wolle nun »endlich etwas mehr, als Mittelmäßiges leisten«. Es ging ihm nicht darum, unter dem Vorwand schriftstellerischer Tätigkeit das genüßliche Dasein eines Bonvivants zu führen, er wollte sich mit seinem Schreiben Anerkennung verschaffen, sich einen Namen als Dichter machen. Untrennbar damit verbunden waren für ihn ein entsprechender Lebensstil und eine weltmännische Bildung, die eine rein verstandesmäßige Geistigkeit abstreifte.

Schmitz, der sich in einem »uneigentlichen Sein« eingeschlossen fühlte, suchte Kontakt mit dem Lebendigen. Es zog ihn in die großen europäischen Metropolen, wo er das fand, was er in München und in den Zirkeln der Boheme vermißte – ein mondänes Leben, die Aura einer intellektuellen Dekadenz und vor allem sexuelle Freizügigkeit. Auf ausgedehnten Reisen nach Italien, Frankreich, England, Spanien, Algerien und Ägypten versuchte er der drohenden »Cerebralität« zu entkommen. Er stilisierte sich in diesen Jahren als Weltmann und Dandy, doch unter dem Zwang einer beständigen Selbstinszenierung verlor er immer mehr den Kontakt zu dem eigenen Ich. Er suchte Zuflucht in äußeren Reizen, die seinen Überdruß und das Gefühl einer inneren Leere nur noch steigerten. In den plötzlich auftretenden Depressionen und Dämonenängsten wurde ihm bewußt, daß sein Leben von einem Fremden dirigiert wurde, dem er sukzessive das Terrain überlassen hatte und der sich nun anschickte, jede Erinnerung an das eigene Ich zu tilgen. Schmitz hat diese Inbesitznahme durch ein anderes Ich in »Herr von Pepinster und sein Popanz« beschrieben, der Geschichte eines Doppelgängers, der sich an die Stelle des eigentlichen Ichs setzt, das längst nicht mehr ›Herr im eigenen Haus‹ ist.

Als Schmitz 1911 seine Tagebuchblätter zu sichten und ein Typoskript zu erstellen begann, wollte er nicht nur Ordnung in seine Aufzeichnungen, sondern auch in sein Leben bringen. Er hatte Heiratsabsichten, arbeitete an einem großen Roman, mit dem er reüssieren wollte. Die Arbeit am Tagebuch hatte einen eigentümlichen Effekt: Je mehr Stücke Schmitz von seinem vergangenen Leben zusammentrug und verdichtete, desto problematischer erschien ihm dieses Leben, das er in den letzten fünfzehn Jahren geführt hatte. Erschöpft von den erotischen Abenteuern und Eskapaden, von der rituellen Inszenierung und der ständigen Imagearbeit, erkannte er Ende 1912 immer deutlicher, daß er bisher in einer Pseudo-Identität gelebt hatte.

Von der im November 1912 begonnenen Psychoanalyse erwartete er eine Befreiung und Erneuerung, sie sollte ihn vom uneigentlichen Sein lösen und sein wahres Ich entdecken. Im Mittelpunkt der Analyse stand zunächst aber nicht sein gegenwärtiges Leben, sondern seine Kindheit, sein ›Familienroman‹. Eine besondere Rolle spielten dabei die starke Vaterverehrung und die Mutterablehnung. Der Vater war »die überlegene, humorvolle, welt- und sprachkundige Persönlichkeit«. Gegen die Mutter hatte Schmitz schon in frühester Jugend eine geradezu physische Abneigung entwickelt. Am 22. Januar 1913 schreibt er: »Von Kindheit auf das seelische Muttererbteil gehaßt und zu überwinden gesucht [...]. Dann Gewissensbisse, Schuldgefühl, daß ich die Mutter nicht genug liebte dann auf den Bruder, dann auf alles, was herabziehen konnte übertragen. Sophistische Entschuldigung: daß die Anderen aber auch wirklich schuld daran sind, durch ihre Fehler. Ausspähen dieser zur Rechtfertigung meiner Kälte: so noch heute meine Menschenverachtung. Dageg. Einsamkeits- & Verlassenheitsgefühle. Sehnsucht nach Liebe. Die Liebesschule bei d. Mutter schlecht absolviert: daher allgemein das Fehlen der Wärme bemerkt.«

Offenbar entwickelte Schmitz gleich zu Anfang der Analyse ein Sphärenmodell, in dem er seine Persönlichkeit zu beschreiben versuchte. Der obere Teil, die sublimierte Sphäre (die lichte Welt), wird durch den Vater und die Mutter repräsentiert, die zugleich Verkörperungen einer weiblichen und männlichen Linie sind, die mitten durch das Ich in eine verdrängte Sphäre (die dunkle Welt) übergeht. Das Weibliche ist hier in Gestalt der Dirne präsent, das Männliche wird mit der Homosexualität identifiziert. Schmitz machte später dazu eine Skizze, die er in das Tagebuch einfügte (vgl. in diesem Band S. 96). Unter dem Einfluß der Analyse veränderten sich die Zuordnungen. Zunächst gehörte der Vater nur der lichten Welt an; Schmitz konnotierte ihn mit Gefolgschaft,

Hingabe, Verehrung. Am 19. Dezember 1912 notierte er: »Auch Vater hat dunkle Seite. Vielleicht sogar das Ursprüngliche. Sein Animalisches von Anfang eindrucksvoll. Behaartheit. Lieflam. Seine Stuhlsorgen. Defaecation im Wald.« Einen Tag später stellte er nach einer Sitzung bei Abraham fest: »Heute herausbekommen, daß der Vater ursprünglich einer Koproswelt angehört [...].« Gewaltphantasien, die in zahlreichen Träumen eine bedeutende Rolle spielten, wurden in der Analyse nun mehr und mehr auf den Vater bezogen. Am 21. Januar 1913 heißt es im Tagebuch: »Die Castrationsträume beziehen sich wohl auf d. Vater. Erinnerung an gewisse hygien. Praktiken, die d. Vater mir applicierte; teilweise gefürchtet, teilweise erwünscht. Angst auf die Hoden geschlagen zu bekommen, weg. des leibwehartigen Schmerzes – Leibweh – Analsphäre des Vaters.« Wie das Tagebuch zeigt, hat Abraham in Phasen, in denen die Analyse stockte, mit Assoziationsexperimenten gearbeitet, die Schmitz in vielen Eintragungen einsetzte, um sein Unbewußtes zum Sprechen zu bringen: »Bett – Schlaf – Nacht – Onanie – Sarg – ›früher Tod‹ gegen Aufstehen – Schule – Tagesleben – Lichte Frauensfäre, wo man auf dem Qui vive lebt – Thätigkeit – Ehrgeiz – Hygiene – langes Leben.«

Das Bild des Vaters als Faszinationsfigur und machtvoller Herrscher bekam im Verlauf der Analyse Risse. In der in seinen Kinderträumen wiederkehrenden Gestalt des Lieflamms erkannte er jetzt die dunkle Seite des Vaters: Das Angsttier bedeutete nichts anderes als das Vatergebot, das die Welt und sein Ich definierte. Aber auch die ›lichte Seite‹ wurde ihm zunehmend suspekt: Der Vater hatte ihn mit Ehrgeiz durchtränkt, ihn zur Aktivität und Virilität bestimmt, seine passive, weibliche Seite, die Fähigkeit zur Hingabe, zur pathischen Einstellung, war ausgegrenzt und unterdrückt worden. Das Vatergebot stellte eine einschneidende Zäsur dar, die ihn von sich selbst losgerissen hatte, ohne ihm einen Zugang zur Welt der anderen zu verschaffen.

Trotz vieler Freundschaften empfand sich Schmitz schon früh als ein isoliertes Individuum, das anders als die anderen war. Inspiriert durch die Psychoanalyse, forschte er nun nach den Gründen für diese Andersheit. Er glaubte schließlich, daß ein zentrales Ereignis, ein Kindheitstrauma, Auslöser einer Anomalie war, die sein ganzes Leben überschattet hatte. Zu diesem Trauma suchte er in den nächsten Jahren eine Erinnerung. Mehrfach war er überzeugt, die entscheidende Szene gefunden zu haben. Am 25. November 1916 schrieb er an Kubin: »Meiner Anlage nach hätte es mir freigestanden Dichter od. Staatsmann, Don Juan oder Mönch zu sein, aber da kam der große Bruch durch ein seelisches Trauma, das ich – wie mir jetzt erst in die Erinnerung getreten ist – dem sex. Attentat eines etwas älteren Mädchens in meinem 4. Jahr verdanke. Da wurde mein Bewußtsein zu früh sexualisiert. Voll Angst vor d. Vater schuf ich mir diesen Fortunioüberbau, der ganz unecht war, während das natürliche Ich sich schon in's Dunkel verkroch.« Fünf Jahre später, am 4. Oktober 1921, erinnerte er sich an eine andere Szene, die er sofort in einem Schriftstück festhielt, das er von nun an in seinen persönlichen Unterlagen aufbewahrte: »Im 4. Lebensjahr gewann ich den ersten Einblick in den dämonischen Abgrund der Welt durch den Verkehr mit einem etwas älteren Geschwisterpaar, das mir durch seine englische Nationalität sehr imponierte, aber mich durch seine sexuelle Verdorbenheit derart erschreckte, daß mir dies zeitlebens der unbewußte Vorwand geblieben ist mich voll Menschenverachtung zu isolieren.« (Vgl. in diesem Band, S. 178)

Den Beginn des Ersten Weltkriegs erlebte Schmitz als eine bemerkenswerte Koinzidenz: In der Analyse wollte er sich erneuern, suchte er die Regeneration und Selbstreinigung, und plötzlich, so heißt es in »Ergo Sum«, schien ihm »die Wiedergeburt unserer herrschenden Schichten« und der »gesamten Gesellschaft« bevorzustehen. Schmitz stand mit dieser Hoffnung nicht allein. Seine Freunde aus der Schwabinger Boheme schwelgten in ähnlichen Ideen und Vorstellungen. »Bei Wolfskehl in München war es hochbedeutsam«, schreibt Kubin am 6. November 1914 an seinen Freund Herzmanovsky-Orlando, er »hofft ja viel mehr noch vom Krieg wie ich – er glaubt ›das Reich‹ bricht an.« Der Glaube an die erneuernde Kraft des Krieges war vor allem unter den Anhängern Stefan Georges weit verbreitet. Anfang 1915 trafen sich die ehemaligen Freunde aus der Boheme Alfred Kubin, Karl Wolfskehl, Gustav Meyrink und Alexander von Bernus in München und diskutierten die politischen Beziehungen zu England und die kosmische Bedeutung des Krieges. Herzmanovsky-Orlando berichtete Kubin anschließend: »Die Wurzel des Weltkrieges ist astral, das ist sicher, aber wie mag das Verhältnis liegen? – Soviel scheint mir festzustehen, die *heutigen* Engländer sind die *dämonischen Karikaturen* – die Affen der Deutschen. – In ihrer Civilisation, Ordnung, Art, Form, Religion, in allem bis ins kleinste spiegeln sie *verzerrtes* abgewichenes Deutschtum, – – das klingt fabelhaft: *Alles Geheimnis der Zukunft* scheint mir, – (allgemein betrachtet) heute bei dem Deutschen zu liegen. – Das englische Ideal, der menschlichen Schönheit z. Bsp. ist vollkommen *leer* und spiegelhaft – *nichts* wie Satan! Wahrscheinlich, nehme ich an war der deutsche lebendige Volksgeist (Michael) in *größter* Gefahr verschlungen und zerfasert zu werden! – daher die kriegerische Reaktion!«

Schmitz beendete in dieser Zeit sein Buch »Das wirkliche Deutschland«, das den Krieg als schöpferische Kraft preist, der nach der großen Apokalypse den neuen Menschen hervorbringt: »Im Krieg wird der neue Mensch geboren; auch bei unseren Feinden [...]. Durch die gesamte europäische Jugend geht seit einigen Jahren ein idealer Drang gegen die zunehmende Verstofflichung der Welt. Der deutsche Sieg muß ihn zum Durchbruch bringen und eine neue mannhaftere Welt gebären [...]: der Krieg ist das Große, das Ich ist das Kleine, er schreitet über das Ich hinweg; das Ich aber wird entweder zerstampft oder es heftet sich an seine Fersen.« Angesichts dieser Aussagen sprach Schmitz später von »der Benebelung meines Geistes durch den groben Lärm der Ereignisse«.

Die große Eloge auf die Wiedergeburt von Männlichkeit und Mannesmut war im Druck, als sich die Position von Schmitz zum Krieg bedeutend wandelte. Zwei Ereignisse waren dafür ausschlaggebend: Zunächst seine Besuche an der Front als militärischer Berichterstatter. Im April und Mai 1915 war Schmitz zuerst in Belgien, dann, im Mai, in Frankreich, im Großen Hauptquartier in

Charleville. Über seine Erlebnisse in Belgien hat Schmitz, der ansonsten jede Gelegenheit zu einem Essay wahrnahm, nichts berichtet. Selbst die Reise hat er weitgehend verschwiegen und später nie erwähnt; nur Kubin wahr eingeweiht. Seinen Besuch in Charleville hat er dagegen gleich mehrfach verarbeitet, im Tagebuch, in einem Essay über »Frankreich« (1916) und in seinem autobiographischen Roman »Das Dionysische Geheimnis« (1921). Während die zeitnah entstandenen Tagebuchaufzeichnungen und der Essay die eigene Betroffenheit herunterspielen und eher neutral gehalten sind, zeigt der drei Jahre nach Kriegsende erschienene Roman aus einer ästhetisierenden Optik den Ekel vor der Welt des Militärs: »Ich fühlte in jenen Tagen zum erstenmal einen Schauder vor jedem Uniformierten.« Um sich von den Eindrücken zu befreien, habe er fast ein Jahr alles aufbieten müssen, was er »an Kräften des Herzens, des Verstandes, des Willens besitze«.

Das andere Ereignis stellte sich gleich im Anschluß an den Frontbesuch ein: Im Juni 1915 erhielt Schmitz seinen ersten Musterungsbescheid. »Von diesem Tag an war es aus mit meiner Ruhe«, heißt es in »Das Dionysische Geheimnis«. Für Schmitz, der den Individualismus als obersten Wert verehrte, brach augenblicklich eine Welt zusammen. Daß er hautnah und ganz persönlich durch den Krieg betroffen sein sollte, war ihm bisher als ziemlich unwahrscheinlich erschienen. In der privaten Existenz, die auf innere Entwicklung und Kontinuität ausgerichtet war, konnte der Krieg nur als Zumutung und Demütigung empfunden werden. Schmitz hat das im »Dionysischen Geheimnis« an den Musterungen beschrieben: »Unteroffiziere und Schutzleute trieben uns nun in Gruppen zusammen. Schließlich befand ich mich in einem engen Raum zwischen nackten Männern, die nicht wußten, ob sie das Hemd ganz fallen lassen sollten. Schauderhafte, gekrümmte, mit Pusteln übersäte, bleiche Leiber, oft unterernährt und rachitisch, entblößten sich da. Phantastisch waren besonders die mannigfaltigen Formen der Füße und über- oder untergewachsenen Zehen. Dem ausdrücklichen Befehl, in gewaschenem Zustand zu erscheinen, war wohl jeder nachgekom-

1 Oscar A. H. Schmitz, 1922.
»›Ist sie nicht vielleicht nur eine Maske gewesen‹, fragte ich mich oft, ›die Person des Menschen der Welt, des Schriftstellers, ein unbewußter Betrug gegenüber mir selbst und den Anderen?‹ Hinter ihr war allmählich eine ganz andere Person in mir aufgetaucht, mit der ich mich nun immer mehr identisch fühlte, der bisherigen völlig entgegengesetzt: scheu, ungeschickt, ängstlich, träge, unbekümmert um Tun und Meinen der Welt, aber tief besinnlich, nach innen gekehrt, mehr fühlend und empfindend als denkend.« (Ergo Sum)

2 Die Eltern Gabriele Bertha Schmitz (1850–1897), geb. Schwarzschild, und Oskar Carl Heinrich Schmitz (1841–1895), um 1885. »Vater die Lichte Welt, Mutter Inbegriff der dunkeln Welt, auch der mühseligen Welt, aus der ich mich (scheinbar ehrgeizig) so energisch herausgearbeitet habe.«

3 OSCAR A.H. SCHMITZ (in der Mitte) mit seinem jüngeren Bruder RICHARD (links) und seiner Schwester HEDWIG (rechts), um 1880. »Richard [...] spielte meist Nebenrollen, etwa den Knappen, wenn Hedwig und ich den König und die Königin agierten.« (Die Geister des Hauses)

4 ALFRED KUBIN, 1926.
»Der einzige lebende Künstler nun, der mir eine Welt eröffnet hat, ohne die mein Leben merklich ärmer wäre, ist Alfred Kubin.« (Brevier für Einsame)

5 Zwickledt bei Wernstein in Oberösterreich, Wohnsitz von Alfred und Hedwig Kubin.
Zwischen 1912 und 1918 hielt sich Oscar A. H. Schmitz hier regelmäßig zu intensiven Gesprächen auf. »Mir ist, als sei meine Wirklichkeit wo anders, wohl am meisten in Zwickledt concentriert [...].«

6 Illustration von ALFRED KUBIN zu »Herr von Pepinster und sein Popanz. Eine Gespenstergeschichte«, 1915.
»Nun trug Herr Lynx einen hohen Hut, einen Überzieher mit Seidenfutter und Samtkragen, ein feines Hemd, eine Damastweste und helle Hosen, wie sie in jenem Frühjahr gerade Mode waren, und er fühlte, wie aus allen den etwas abgetragenen Kleidungsstücken aufgespeicherte Lebenskräfte lebendig wurden und ihm neue, deutlich fühlbare Wünsche und Daseinsantriebe gaben.«

7 SALOMO FRIEDLAENDER, um 1915 (Aufnahme Atelier Eberth, Berlin).
Die Polaritätsphilosophie Friedlaenders wurde für Schmitz und Kubin während des Ersten Weltkriegs zum therapeutischen Programm. Indifferenz und Balancement waren die magischen Zauberworte, um die eigene Zerrissenheit und Doppelnatur zu bannen.
»Die Existenz ist weder schwer noch leicht, sondern das Kunststück der Balanße. Und gewiß, man kann unzählige Male die Balanße verlieren, aber niemals den Balanßeur.« (Friedlaender an Kubin, 10. Juli 1915)

8 Markt auf der Place Ducale in Charleville-Mézières, 1916.
Im Mai 1915 fuhr Oscar A. H. Schmitz als Kriegsberichterstatter ins Große Hauptquartier nach Charleville an der Maas (Departement Ardennes).

9 Deutsche Truppen am Ufer der Maas in der Nähe von Charleville. »Ach, wie anders waren die Stimmungen gewesen, in denen ich sonst nach Frankreich zu fahren pflegte! Aus diesem uns nun feindlichen Lande blinzelte mich verstohlen doch immer wieder ›mein Frankreich‹ an, mit dessen Luft, Sprache, Landhäusern, Pappelalleen und Frauen so viel meiner Jugend verknüpft war.« (Ergo Sum)

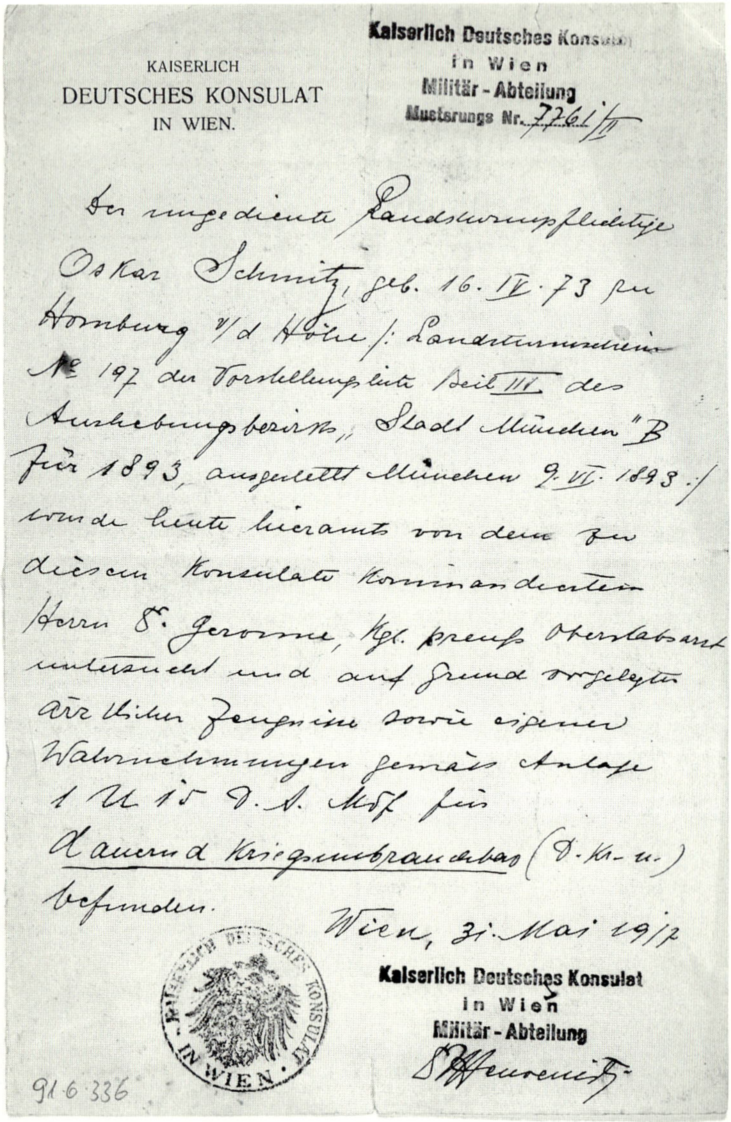

Kaiserlich Deutsches Konsulat
in Wien
Militär-Abteilung
Musterungs Nr. 7761/II

KAISERLICH
DEUTSCHES KONSULAT
IN WIEN.

Der ungediente Landsturmpflichtige Oskar Schmitz, geb. 16. IV. 73 zu Homburg v/d Höhe (: Landsturmrolle Nr 197 der Vorstellungsliste Teil III des Aushebungsbezirks „Stadt München" B für 1893, ausgestellt München 9. VI. 1893 :) wurde heute hieramts von dem zu diesem Konsulate kommandierten Herrn Dr. Jerome, Kgl. preuß. Oberstabsarzt untersucht und auf Grund vorgelegter ärztlicher Zeugnisse sowie eigener Wahrnehmungen gemäss Anlage 1 U 15 D. A. Mdf für dauernd kriegsunbrauchbar (D. Kr. u.) befunden.

Wien, 31. Mai 1917

Kaiserlich Deutsches Konsulat
in Wien
Militär-Abteilung

KAISERLICH DEUTSCHES KONSULAT IN WIEN

91.6.336

10 Die letzte von sieben Musterungen fand am 31. Mai 1917 im deutschen Konsulat in Wien statt und endete mit dem von Schmitz erhofften Ergebnis: »dauernd Kriegsunbrauchbar«.

»Als der Oberstabsarzt kam, stand ich gleich mit einer Verbeugung auf. Er winkte mich in das Zimmer, wo an einem langen Tisch drei Feldwebel saßen. Der Arzt gab einem Anweisungen, etwas zu schreiben [...]. Als ich draußen meine Papiere ansah, fand ich den ersehnten Vermerk.« (Das Dionysische Geheimnis)

11 Der Analytiker KARL ABRAHAM, um 1912.
Eine »gewinnende Persönlichkeit«, ein »sehr sympathischer Mann« – Schmitz geriet noch Jahre nach der Analyse ins Schwärmen. Abraham seinerseits setzte sich bei den Militärbehörden mit einem ärztlichen Zeugnis dafür ein, daß Schmitz als untauglich anerkannt wurde.

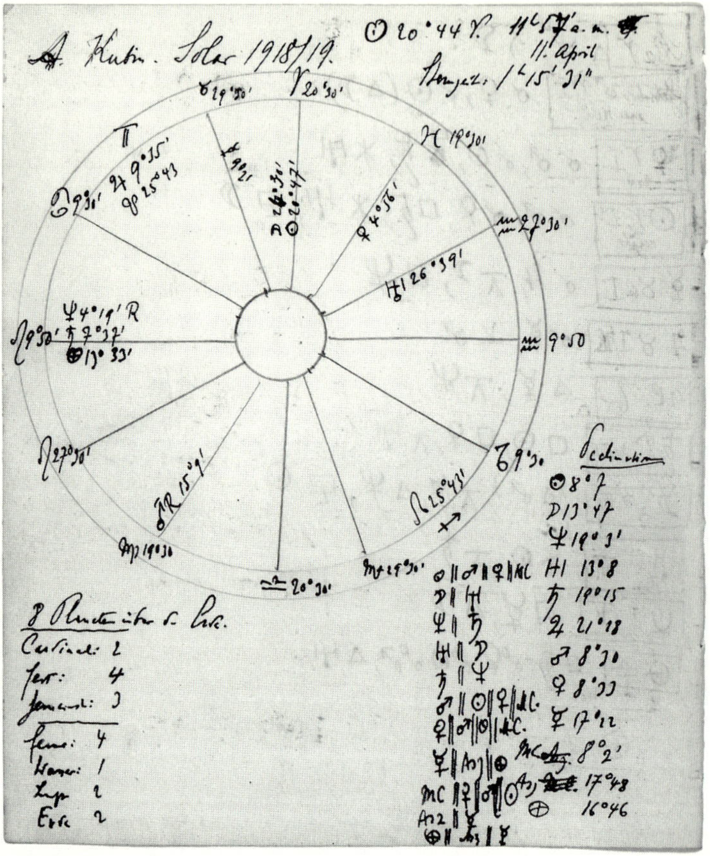

12 Alfred Kubin-Horoskop (Ausschnitt).
1917 lernte Schmitz die Astrologie kennen, schon bald fertigte er für Freunde und Bekannte Horoskope an. Im Nachlaß haben sich Horoskope u. a. von Thomas und Heinrich Mann, Franz Hessel, Gustav Meyrink, Hermann Graf von Keyserling erhalten.
»Diese magische Wirkung der Astrologie fühlte ich nun aufs heftigste, ja fast bis zur Besessenheit. Es gab Zeiten, da es mich vom Spaziergang zur Umkehr trieb, um mich daheim wieder über die geheimnisvollen Zeichen zu beugen und ihnen ihren Sinn abzugewinnen.« (Ergo Sum)

13 OSCAR A. H. SCHMITZ bei einem seiner zahlreichen Vorträge über den »Geist der Astrologie«. Zeichnung von Alfred Kubin.
Hans Carossa schrieb über einen Astrologievortrag von Schmitz, »seine Fähigkeit zu formulieren, ist bewundernswert und so brachte er es fertig die Hörer 2 geschlagene Stunden lang festzuhalten«. (Brief an Alfred Kubin)

14 OSCAR A. H. SCHMITZ, »Die vierte Gestalt des Lieflamms«. Im Sommer 1926 machte Schmitz eine Analyse bei C. G. Jung in Zürich. Während seines Aufenthalts entwickelte er eine ganze Reihe von visionären Traumbildern, die er in den kommenden Jahren zeichnete. Weit über hundert Zeichnungen von bedrohlichen Tieren, dämonischen Fabelwesen und übermächtigen Frauen- und Müttergestalten finden sich im Nachlaß. »Die Seele aber begann zu sprechen, und zwar nach ihrer Art, in Bildern.« (Ergo Sum)

15 Oscar A. H. Schmitz, »Im Reich der schwarzen Mutter«, 30. IV. 31. »Wir müssen uns zu dem Schrecklichen in uns bekennen, damit es wieder unschuldig wird.« (Ergo Sum)

16 Oscar A. H. Schmitz, um 1917.
»Ich kann objektiv mein Leben sehr wohl als verfehlt betrachten. Das Glück wurde mir nicht zuteil, die innere und äußere Befriedigung am Werk nur bruchstückweise, aber dafür habe ich den individuellen Sinn des Lebens gefunden, der da heißt: tiefster Verzicht auf den unbedingt glücklichen Ausgang und unbedingte Bejahung des Wegs. Der aber ist für jeden ein anderer.« (Ergo Sum)

men; trotzdem wirkte die dumpffade Ausdünstung, halb herb, halb süßlich, geradezu mephitisch.« Sieben Musterungen ließ Schmitz zwischen 1915 und Ende 1917 über sich ergehen, um endlich als »dauernd untauglich« anerkannt zu werden. Er habe eine »Kasernophobie«, eine »Kriegspsychose« und eine »angeborene Idiosynkrasie gegen den Militärdienst«, die bei ihm zu unkontrollierten Handlungen und psychischen Ausbrüchen führen würden. Karl Abraham hat diese Disposition in einem Attest bestätigt (vgl. in diesem Band S. 173f.) und sich erfolgreich für eine Freistellung seines ehemaligen Patienten vom Militärdienst eingesetzt.

Das Tagebuch aus diesen Krisenjahren hat sich nur zum Teil erhalten, zwischen den Eintragungen in den Jahren 1916 bis 1918 klaffen große Lücken. Die fehlenden Aufzeichnungen sind entweder verlorengegangen oder vernichtet worden. Es ist wenig wahrscheinlich, daß Schmitz in dieser Zeit kein Tagebuch geführt hat, denn das Schreiben hatte für ihn eine geradezu selbsttherapeutische Funktion. Wie der vorliegende Band zeigt, koppelte sich dieses Schreiben mehr und mehr von der Wahrnehmung der Außenwelt ab. Selbst die Angst vor dem Militär wird oft nicht mehr beim Namen genannt, sondern erscheint – relativ bezugslos – nur noch mit dem Kürzel ›M‹. Die Ideen hätten nun im Vordergrund gestanden, nicht die Personen und Ereignisse. Das ist die euphemistische Umschreibung eines psychischen Zusammenbruchs, dessen Dimensionen sich nicht leicht abschätzen lassen. Immer wieder ist in den Briefen an Kubin von Nervenkrisen und extremen seelischen Zuständen die Rede. Am 20. November 1916 schreibt Schmitz, der sich in der Zwischenzeit nach Salzburg abgesetzt hatte und zurückgezogen in einem Hotel lebte, von schweren Rückfällen: »Dieses mal war es der Wahnsinn, mit dem ich (wie schon einmal in Zell) gerungen habe; aber ich glaube die Ursache nun auch zu sehen: ich wollte durch Grübelein erzwingen, was nur im Stillen erschaut werden kann.« Schmitz befand sich in nervenärztlicher Behandlung und mußte nach einem psychischen Zusammenbruch im Sommer 1916 ein Sanatorium aufsuchen.

Hatte er in den Jahren 1912 bis 1915 die Psychoanalyse als Medium der Katharsis auserkoren, traten nun fernöstliche Heilslehren und Meditationstechniken in den Mittelpunkt eines selbsttherapeutischen Programms – für die damalige Welt, die von der indischen Lebensphilosophie Tagores fasziniert war und eine Möglichkeit suchte, sich von der Wirklichkeit abzustoßen, eine nicht untypische Wendung. Das Interesse für die fernöstlichen Weisheitslehren war unter den deutschen Intellektuellen und Literaten schon kurz vor dem Ersten Weltkrieg erwacht bzw. – nach der Nirwana-Sehnsucht des 19. Jahrhunderts – wiedererwacht (verwiesen sei u. a. auf Hermann Graf von Keyserling und Hermann Hesse) und sollte sich Anfang der zwanziger Jahre noch verstärken. Schmitz ging es um eine Entlastungsformel für das Ich, das an allem haftenbleibt, und er fand sie zunächst – unter kräftigen Zuspruch von Kubin – im Buddhismus. In »Das Dionysische Geheimnis« fragt er sich: »Sollte das Ich vielleicht nichts anderes sein als ein falscher Knoten in dem Gewebe der Welt?« Das Ich erstrebe Lustgewinnung, sei aber in Wahrheit Auslöser und Wurzel des Leidens. Nicht die Welt an sich sei leidvoll, sondern nur die Haltung des Ichs. Das Ziel sei daher »Leidüberwindung durch Loslösung des Ichs vom Menschlichen mit buddhistischen Methoden«.

Der Buddhismus erwies sich als Ausweg nur partiell als erfolgreich. 1917 lernte Schmitz das Werk Meister Eckharts kennen. Die Lektüre trug deutlich autosuggestive Züge. An Kubin schrieb er am 3. Mai 1917: »Übrigens bleibt Meister Eckhart (jeden Abend vorm Einschlafen 2–3 Seiten) noch immer der große Konzentrierer.« Mit buddhistischen Übungen und der Versenkung in die mystischen Schriften wollte er sich ablösen und einen Zustand erreichen, in dem er alles hinnehmen konnte. Deutlich erkannte er aber die Grenzen der Exerzitien: Sie waren Mittel zur Disziplinierung, zur Selbstberuhigung. Weder Buddha noch Meister Eckhart konnten die Frage beantworten, um die es ihm eigentlich ging: Wer dieses Ich denn ist, das sich versenkt und willentlich verneint. Es ist das Problem des inneren Kerns, das Schmitz in einer immer radikaleren Innenschau zu lösen glaubte. In »Ergo

Sum« heißt es: »So stieg ich immer tiefer hinab, mein früheres Leben erbarmungslos zerpflückend. ›Ist sie nicht vielleicht nur eine Maske gewesen‹, fragte ich mich oft, ›die Person des Menschen der Welt, des Schriftstellers, ein unbewußter Betrug gegenüber mir selbst und den Anderen?‹ Hinter ihr war allmählich eine ganz andere Person in mir aufgetaucht, mit der ich mich nun immer mehr identisch fühlte, der bisherigen völlig entgegengesetzt: scheu, ungeschickt, ängstlich, träge, unbekümmert um Tun und Meinen der Welt, aber tief besinnlich, nach innen gekehrt, mehr fühlend und empfindend als denkend.«

Die entscheidende Erleuchtung findet Schmitz, als er über Kubin die Philosophie Salomo Friedlaenders kennenlernt. Man kann das Tagebuch aus den Jahren 1917 und 1918 geradezu als eine immer wieder neuansetzende Umschrift der Auffassungen Friedlaenders von der Entzweiung zwischen Ich und Welt, von der Polarität als eigentlichem existentiellem Problem lesen. Friedlaender zufolge kann man die Differenzen, die polaren Gegensätze nicht abwerfen, nicht wirklich loswerden, man kann sie nur ausbalancieren: »Die Existenz«, schreibt er am 10. Juli 1915 an Kubin, »ist weder schwer noch leicht, sondern das Kunststück der Balanße. Und gewiß, man kann unzählige Male die Balanße verlieren, aber niemals den Balanßeur: & wenn dieser sich dieses unauslöslich einprägt, wird auch seine Balanße immer weniger zerbrechlich werden müssen.« Das Balancieren ist letztlich nur erfolgreich, wenn die polare Welt von einem Punkt im eigenen Inneren erlebt wird, der von aller Entzweiung unberührt ist, die Indifferenz, in der alle Differenzen harmonisiert sind. Schmitz und Kubin benutzten Friedlaenders Philosophie zur Lebensbewältigung und entwickelten aus ihr eine Art Psychotechnik. Indifferenz und Balance wurden zum Heilsversprechen. Balancieren hieß für Schmitz die eigene Zerrissenheit ausgleichen, sie auspendeln. Balanciert werden mußte jetzt alles: die Erotik, die schriftstellerische Arbeit, die zwischenmenschlichen Beziehungen und vor allem natürlich die Angst. Schmitz verband die Lehren Meister Eckharts und Friedlaenders und setzte sie autosuggestiv ein. Am 29. März 1917 schrieb er an Kubin: »Ich habe einige Nächte so verbracht: Angstzustand mit Schlaflosigkeit, ein Kapitel Meister Eckhart, leise mich umfangend, Waldstille, Schlaf. Nach 1–2 Stunden Erwachen in Angst & Wiederholung. Die Wirkung versagte nie und heute habe ich das Ganze derart balanciert, daß es mich nicht mehr innerlich berührt. Obwohl die Sache äußerlich noch nicht entschieden ist.«

Friedlaender hat solchen lebenspraktischen Deutungen seiner Philosophie zum Teil selbst Vorschub geleistet. Auf Forderungen Kubins, ihm doch Winke und Anweisungen zu geben, wie man sich am besten polarisierend verhalte, reagierte Friedlaender durchaus positiv: »Der ganze Zauber liegt im ∞ als dem innersten Gleichgewichts- & Spielpunkt. Erkennen Sie sodann das, was die Sprache, sogar das Gefühl meistens einfach nimmt, alles Positive (also auch alles umgekehrt, nämlich ›negativ‹ Positive) als differenziert & suchen Sie die Pole, um ihnen gemeinsamen Halt in der Null, der Indifferenz derselben zu gewähren. Bei Angstzuständen fassen Sie diese als die Nachtseite der verborgenen antipodischen Tagseite auf.« Schmitz, der mit Friedlaender in Kontakt stand, hat dessen Briefe an Kubin zumindest teilweise gekannt, das legen viele Passagen des Tagebuchs nahe. In den eigenen Briefen an Kubin erörterte er immer wieder die Technik des Polarisierens. Am 17. April 1917 schrieb er: »Durch einen (für die Sache gleichgültigen) Umstand hatte ich wieder große Ängste wegen meiner Hauptangelegenheit, die noch nicht entschieden ist. Ich suchte nun mit Gewalt den Indifferenzpunkt, von wo aus ich diese Angst polarisieren wollte. Was aber war der Gegenpol der Angst?«

Schmitz sah sich nun auf einem Weg, den er in den zwanziger Jahren als höhere oder neue Geistigkeit definierte. Er folgte einer Lebensphilosophie und Weisheitslehre, die sich abseits der institutionellen Wissenschaften und des logischen und systematischen Denkens bewegte. In der »neuen Geistigkeit«, heißt es in »Der Geist der Astrologie«, komme es »weniger auf allgemeines Wissen und Können« an »als auf individuelle Erkenntnis und Weisheit, nicht mehr auf Dogmen und Vorschriften, sondern auf Verstehen des Lebenssinnes und seine schöpferische Verwirklichung im Dasein«. Die Astrologie, die Schmitz 1917/18 unter der Anleitung von Friedrich Schwickert intensiv studierte, war ein Element dieser Geistigkeit, die nicht so sehr an Analysen als an Synthesen interessiert war. Nicht um prognostische Möglichkeiten ging es Schmitz bei der Astrologie, auch nicht um Leidvermeidung oder Leidverminderung, sondern um eine Herauslösung des Ichs aus den »Zufälligkeiten des Geschehens«, um die Einbindung des Ichs in ein kosmisches Ganzes. Das Horoskop, schreibt er in »Ergo Sum«, sei eine »magische Formel«, »ein Spiegel, in dem ich die einzelnen, im Bewußtsein noch immer getrennten Teile meines Wesens, als eine rhythmische Einheit wenigstens im Bilde zu sehen bekam«. 1918 widmete sich Schmitz »fast bis zur Besessenheit« dem Studium der Astrologie und übte sich im Erstellen von Horoskopen. In den nächsten Jahren fragten viele Freunde und Bekannte an, übermittelten ihre Daten, und Schmitz erstellte Horsokope u. a. für Thomas und Heinrich Mann, Hermann Bahr, Alfred Kubin, Fritz von Hermanovsky-Orlando, Franz Hessel und Gustav Meyrink.

Aus der Perspektive der neuen Geistigkeit, die sich jenseits der praktischen Welt und des Handelns bewegte und sich weder an Erfolgen noch an Irrtümern und Niederlagen maß, sondern das Leben und die Gesellschaft aus einer Losgelöstheit betrachtete, beurteilte Schmitz das Ende des Krieges. Am 28. November 1918 schrieb er an Kubin über die Zeitgenossen, die vorher »Heil- und Siegrufer für König & Vaterland« waren und jetzt »mit so erstaunlicher Bereitwilligkeit auf Revolution, Republik« umschwenkten, »ohne zu ahnen, daß dies genau solche Attrappen sind wie Kaisertreu & dgl.«. Die revolutionären Umtriebe und Plünderungen, von denen er, zurückgezogen in seinem Salzburger Hotel Bristol, erfuhr, kommentierte er ungerührt und weitgehend gelassen.

Seine neurotische Zerrissenheit ließ er in einem imaginierten »kosmischen Selbst« aufgehen, das Ich, das er so beharrlich zu ergründen versuchte, war nun nichts weiter als »ein belangloses, ohnmächtiges Staubkorn« (Ergo Sum). Die »festen Formen im Objektiven«, schreibt er in dem obenzitierten Brief vom 28. November an Kubin, seien endgültig dahin, der Sinn ließe sich nicht mehr aus übergreifenden Werten und Zielvorstellungen gewinnen, er sei rein individuell geworden, und der einzige Sinn, der sich verbindlich angeben ließe, sei der Weg: »Ich kann objektiv mein Leben sehr wohl als verfehlt betrachten. Das Glück wurde mir nicht zuteil, die innere und äußere Befriedigung am Werk nur bruchstückweise, aber dafür habe ich den individuellen Sinn des Lebens gefunden, der da heißt: tiefster Verzicht auf den unbedingt glücklichen Ausgang und unbedingte Bejahung des Wegs. Der aber ist für jeden ein anderer.« (Ergo Sum)

Diese Position, die sich bei Kriegsende schemenhaft abzeichnete, baute Schmitz in den zwanziger Jahren unter dem zitierten programmatischen Titel einer »neuen Geistigkeit« weiter aus. Zwei Personen bzw. Schulen bildeten das geistige Zentrum, dem er sich nun ganz verschrieb und von dem er sich tragen ließ: Hermann Graf von Keyserling und seine 1920 gegründete »Schule der Weisheit« sowie Carl Gustav Jungs Tiefenpsychologie.

Keyserling machte Schmitz zu seiner rechten Hand, dieser wurde eine Art Geschäftsführer, der die jährlichen Treffen der »Schule der Weisheit« organisierte, mit den Referenten in Kontakt trat und vor allem das Ohr am Puls des Zeit hatte, um neue Themen und Tendenzen zu eruieren. Mit den Büchern, die in den zwanziger Jahren erschienen (»Der Geist der Astrologie«, »Psychoanalyse und Yoga«), bewegte sich Schmitz – wie er in seiner Autobiographie schreibt, zu seiner eigenen Überraschung – ganz in der Konjunktur der Zeit. Die Mischung aus Buddhismus, Tao, Mystik, Psychoanalyse, »Schule der Weisheit«, »neue Geistigkeit« und »neuer Mensch« war – wie er in zahlreichen Vorträgen erfahren konnte – nach dem Geschmack des Publikums. Gleich nach der Lektüre von »Der Geist der Astrologie« schrieb ein begeisterter Hermann Hesse aus Montagnola, daß er bisher einige Schwierigkeiten mit den Büchern von Schmitz gehabt habe, nun aber von »großer Freude erfüllt« sei, das Buch habe den »etwas enttäuschenden Eindruck« früherer Schriften »mehr als aufgewogen«.

1926 erlebte Schmitz einen weiteren Schub: Er lernte C. G. Jung kennen, blieb sechs Wochen am Zürichsee, um sich analysieren zu lassen. Während dieser Zeit begann, wie er in »Ergo Sum« schreibt, seine Seele in Bildern zu sprechen. Auf Jungs Empfehlung zeichnete er weit über hundert hochsymbolische, visionäre Traumbilder, die im Nachlaß aufbewahrt werden. In den nächsten Jahren war er immer wieder Gast in Zürich, hielt Vorträge im »Psychologischen Club« und ließ sich als praktischer Analytiker ausbilden. 1928 übernahm er, unter Anleitung von Toni Wolff, die ersten eigenen Analysen.

Ende der zwanziger Jahre verlief sein Leben in den geordneten Bahnen einer bürgerlichen Existenz, auf die er lange Zeit mit Verachtung, aber auch mit einiger Faszination geblickt hatte. Er war gerngesehener Gast im Salon der Familie Sombart, die ihm bei seinen zahlreichen Berlin-Besuchen ein kleines Zimmer zur Verfügung stellte. Neben seiner Tätigkeit als praktischer Analytiker entwickelte er sich zu einem gefragten Vortragsreisenden, der in Deutschland, Österreich und Italien über Astrologie und Psychotherapie sprach und dabei ein außerordentliches Gespür für das Publikum an den Tag legte. Über einen dieser Vorträge berichtete Hans Carossa Alfred Kubin, vieles von dem, was Schmitz erzählt habe, sei eigentlich »nicht neu« gewesen, aber »seine Fähigkeit zu formulieren, ist bewundernswert und so brachte er es fertig die Hörer 2 geschlagene Stunden lang festzuhalten«.

Auch die lange Suche nach einer geeigneten Ehefrau fand einen glücklichen Abschluß. Im April 1929 heiratete Schmitz Emeline Primer. In vielen Briefen, die er ihr vor der Hochzeit schrieb, versichert er, daß er ein anderer geworden und zur Reife und Einsicht gekommen sei. Am 18. April 1929 heißt es: »Dann treibt den Mann oft ein Erkenntnistrieb in die Welt, und für mich heißt Welt: Frau. Ich habe viel durch Frauen erkannt, und ohne diese Erkenntnisse würde ich Dich heute nicht in Deinem Wert erkennen. Darum bin ich auf diesem Gebiet nicht im Geringsten mehr neugierig.« In Salzburg wollte das Paar eine gemeinsame Wohnung beziehen. Aus verschiedenen Gründen zog sich der Umzug hin, so blieb es eine ganze Weile bei getrennten Wohnungen und Lebensbereichen in Frankfurt und Salzburg. Schmitz war häufig auf Reisen und stürzte sich rückhaltlos in die Arbeit.

In den Jahren 1930/31 eilte er von Vortrag zu Vortrag, er trat mit Lesungen im Radio auf, schrieb zahlreiche Artikel über die neue Lebenskunst, über das Verhältnis der Generationen, über die Beziehung von Mann und Frau und bereitete ein Buch vor, zu dem ihn C. G. Jung inspriert hatte: »Märchen aus dem Unbewußten«.

Schon einige Jahre litt Schmitz an einer immer wieder auftretenden Nierenstörung. Er konsultierte verschiedene Ärzte, wurde mit unterschiedlichen Diagnosen und Therapien konfrontiert, die Schmerzen traten jedoch nach einer Weile wieder auf, es kam zu heftigen Koliken. Wie die Briefe an seine Frau zeigen, war sich Schmitz bewußt, daß er nicht mehr lange zu leben hatte. Vor dem Einschlafen schrieb er an seine Frau Mitteilungen, die er in einem Briefkuvert mit der Aufschrift »nur vom Empfänger zu öffnen« auf seinem Nachttisch hinterlegte. Die letzte Mitteilung ist datiert vom »25. XI. 31, 8 ½ Uhr Abends«: »Mein liebes, gutes Emmychen, ich lege mich ruhig und ohne Angst zu Bett. Aber falls etwas passieren sollte: Du weißt, daß ich niemand in der Welt so lieb gehabt habe wie Dich, daß Du das größte Glück meines Lebens warst, und das ich Dir *nichts zu vergleichen* habe. In treuer Liebe Dein Oscar.«

Oscar A. H. Schmitz starb am 17. Dezember 1931 in Frankfurt am Main an den Folgen eines schweren Nierenleidens.

Entstehung

Das Überlieferungsmaterial für das Tagebuch von Oscar A. H. Schmitz ist unterschiedlich: Für die Aufzeichnungen in der Zeit von Dezember 1896 bis November 1912 hat sich ein Typoskript erhalten, die sich daran anschließenden Aufzeichnungen bis zum Oktober 1918 sind als Handschrift überliefert. Da für den ersten Zeitraum kein anderer Textzeuge als das Typoskript vorhanden ist, ist die Möglichkeit textkritischer Befunde eingeschränkt.

Oscar A. H. Schmitz selbst hat zur Authentizität und zur Entstehung des Typoskripts in einer handschriftlichen Notiz Stellung genommen. Diese Notiz montierte er im letzten Drittel des Typoskripts, auf den Seiten 649–650 (vgl. Ein Dandy auf Reisen, S. 233 und Faksimile, S. 366), in den Text ein und machte sie damit zu einem Bestandteil seiner Tagebuchaufzeichnungen. Nach der Eintragung vom 6. August 1911 – in der es um eine Reise nach Beirut geht – werden die maschinenschriftlichen Aufzeichnungen unterbrochen. Auf Seite 649 unten geht es handschriftlich mit einer neuen Orts- und Datumsangabe weiter: »Berlin 9. November 1911.« Nicht mehr das Tagebuch-Ich, sondern das Autor-Ich spricht und gibt eine Erklärung ab: »Diese durch 15 Jahre gehenden Aufzeichnungen waren in Bücher, Hefte und auf lose Blätter geschrieben. Darunter befanden sich Notizen über alle möglichen Gebiete, die mich interessierten. Dies ganze war in solchem Durcheinander, daß das Tagebuch seinen eigentlichen Zweck, von mir gerne gelesen zu werden, völlig verfehlte. Ich benutzte daher die vortreffliche Einrichtung meines Anfang dieses Jahres erworbenen Dictaphons, in das ich mühelos und mit verhältnismäßig geringem Zeitaufwand die gesamten Aufzeichnungen dictierte.« Nachträglich fügt er in kleinerer Handschrift und in Klammern gesetzt den Zeitraum des Diktats hinzu: »(Ende Sept. bis Mitte Nov.)«. Da das Typoskript bis zum 10. November 1912 geht, hat Schmitz weiter diktiert. Wann er den Rest diktierte, ist nicht festzustellen.

Unbekannt ist auch, wann und durch wen der Text abgetippt wurde. Sicher ist, daß sich Schmitz zum Abtippen nicht nur einer, sondern – wie sich durch Fehler und Verschreibungen nachweisen läßt – mehrerer Schreibkräfte bediente. Schon vor der Benutzung des Diktaphons, das er wahrscheinlich durch Gustav Meyrink kennenlernte, diktierte Schmitz nahezu alle seine Texte. Die fertiggestellten Seiten ging er dann noch einmal durch. So weist das Typoskript in unterschiedlicher Ausprägung Streichungen, Korrekturen falsch geschriebener Wörter, Namen und Titel, handschriftlich ergänzte Daten und zuweilen auch an den Rand geschriebene Bemerkungen auf.

In der handschriftlichen Notiz versicherte Schmitz: »Geändert habe ich so gut wie nichts, nur habe ich in der ersten Hälfte manche der kunstphilosophischen weitläufigen Speculationen, die sich nun als leeres Begriffsstroh erwiesen, weggelassen oder gekürzt (so hatte ich z. B. über die gesamten Kunstschätze des Louvre, mit namentlicher Aufzählung aller Werke die mich besonders anzogen oder abstießen, ziemlich wertlose Kommentare geschrieben.) In der zweiten Hälfte dagegen habe ich Gedanken und besonders Reiseeindrücke, die ich später ausgearbeitet und veröffentlicht habe, in dieser Abschrift unterdrückt.« (vgl. Ein Dandy auf Reisen, S. 233) Knapp einen Monat vor der Notiz, am 15. Oktober 1911, schrieb Schmitz über die Arbeit am Typoskript an Alfred Kubin: »Mir geht es ganz gut. Ich hätte Dir manches (nur Inneres betreffend) zu erzählen. Ich bin eben dabei, ehe ich den Roman von neuem beginne, meine durch 15 Jahre gehenden Tagebücher in das Dictaphone zu lesen, um ein sauberes übersichtliches Exemplar in Händen zu haben. Solche Rückblicke sind sehr wichtig u. orientierend. Ich wollte, Du würdest darum dieses Tagebuch einmal lesen. Vielleicht, wenn ich im Winter zu Euch komme.« (Kubin-Archiv)

Schmitz ging es also darum, Ordnung in die eigenen Aufzeichnungen zu bringen. Schließlich war das Tagebuch für ihn nicht nur ein wichtiges Instrument der Selbstvergewisserung, sondern ein Arbeitsmittel und zuweilen sogar ein Steinbruch, aus dem er immer wieder Stücke herausbrach, um sie in das eigene Werk zu montieren. Welche Bedeutung das Tagebuch für seine schriftstellerische Arbeit hatte, zeigt der im Brief an Kubin erwähnte Roman, bei dem es sich um »Wenn wir Frauen erwachen …« handelt.

Schmitz hatte den Roman 1906 zusammen mit Franz Hessel in Paris geplant, ein Jahr später hatte er mit der ersten Niederschrift begonnen, die er 1908 aufgab. Es ist ziemlich sicher, daß der Roman zu dieser Zeit nicht die spätere Form eines relativ konventionell erzählten, klassischen Bildungs- und Entwicklungsromans hatte. Schmitz stand in diesen Jahren unter dem starken Einfluß von Franz Hessel: »Er brachte mich auf das Aphoristische, Impressionistische, als meine eigentliche Originalität«, schreibt er in »Dämon« (S. 357). In dieser Form versuchte er wohl auch den Roman über die Boheme zu schreiben – und scheiterte damit. Den

1911 neu begonnenen Roman richtete er dann sehr eng am Tagebuch aus, er übernahm mit wenigen Änderungen ganze Passagen oder schrieb die im Tagebuch aufgezeichneten Erlebnisse nur leicht verfremdet um.

Die Aufzeichnungen wurden zur unentbehrlichen Stütze im Schreibprozeß. Im ursprünglichen Zustand waren sie für diesen Zweck offenbar nicht zu gebrauchen. In der zitierten Notiz ist von einem »Durcheinander« von Heften und losen Blättern die Rede. Da Schmitz das handschriftliche Manuskript vernichtete, lassen sich diese Angaben nicht verifizieren. Es sind jedoch gewisse Rückschlüsse möglich, die den Zustandsbericht plausibel erscheinen lassen. Besieht man sich das erhaltene handschriftliche Manuskript aus der Zeit von 1912 bis 1918, dann kann man den Zustand dieser Aufzeichnungen ähnlich beschreiben, wie es Schmitz für die Tagebücher der vorhergehenden Jahre machte: lose Seiten, geheftete Konvolute, herausgeschnittene oder durchgestrichene Textpassagen, eingelegte Zettel, Skizzen etc. Auch die Eintragungen selbst sind inhaltlich und von der literarischen Qualität her sehr unterschiedlich und lassen sich keinem bestimmten Typus zuordnen. Es finden sich private Eintragungen, Berichte, Reiseaufzeichnungen, Exzerpte, Ideensammlungen und Gedankensplitter zu unterschiedlichen Themen und Bezügen.

Vor diesem Hintergrund erscheint der Wunsch nach einem »sauberen übersichtlichen Exemplar« nicht unplausibel, der Zeugniswert des Tagebuchs wird durch eine solche Umschrift natürlich eingeschränkt. Wer ein »sauberes übersichtliches Exemplar« herstellt, der reproduziert nicht einfach das Original, sondern transformiert den Text und erzeugt schon auf der graphischen Ebene der Textoberfläche eine andere Form. Bei Tagebüchern ist bereits der materielle Textträger von einiger Bedeutung, ebenso die Art des Schreibens, die verwendeten Schreibmittel, die Gestaltung des Textes, das Schriftbild, das Format etc.

Auch die Angaben, die Schmitz zur Umsetzung der Aufzeichnungen macht, sind problematisch und vieldeutig. Die kunstphilosophischen Spekulationen sowie die Gedanken und Reiseeindrücke, die er gekürzt bzw. gestrichen hat, werden weder inhaltlich noch quantitativ genauer beschrieben. Wenn Schmitz im übrigen versichert: »Geändert habe ich so gut wie nichts ...«, dann ist diese Aussage sehr vage gehalten.

Bereits der Anfang des Tagebuchs läßt Zweifel aufkommen, ob hier der 22jährige oder vielleicht doch schon der einige Jahre ältere Schmitz spricht, der sich mit viel Emphase in seine damalige Lebenssituation versetzt und noch einmal den Bruch markiert, mit dem dieses Tagebuch einsetzt. Stilistisch spricht einiges dafür, daß Schmitz den Anfang seiner

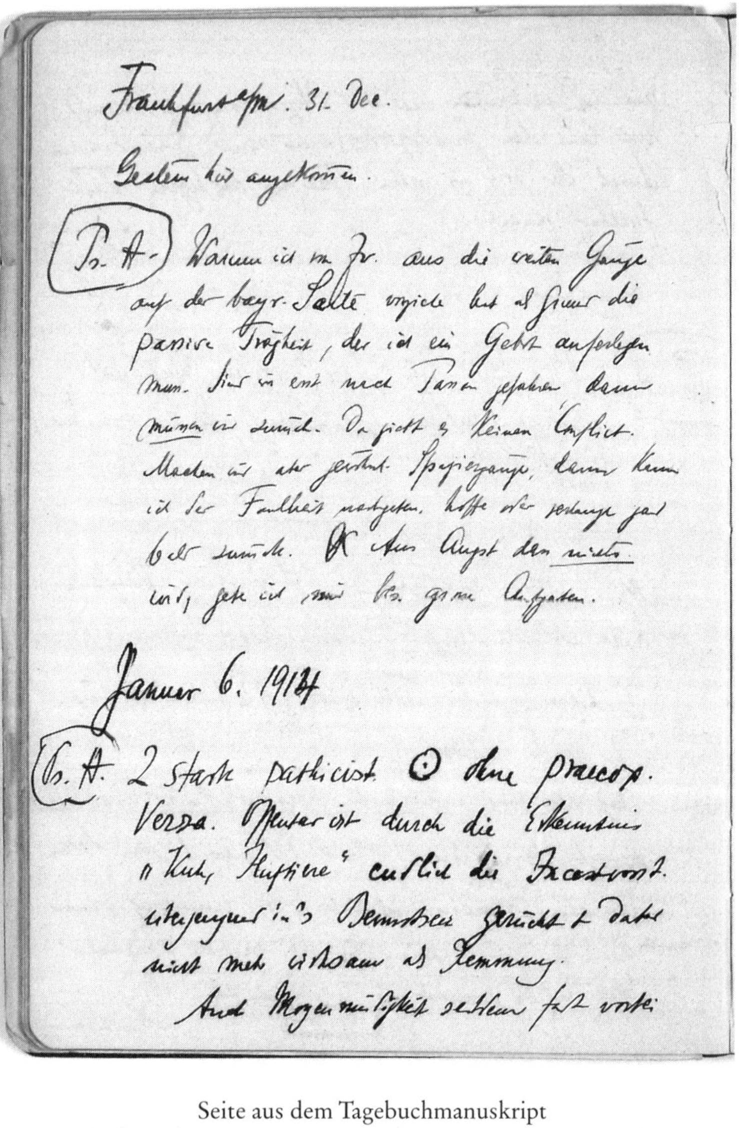
Frankfurt a/M. 31. Dec.

Gestern hier angekommen.

Januar 6. 1914

Seite aus dem Tagebuchmanuskript
mit dem Eintrag vom 31. Dezember 1913 und 6. Januar 1914
zur Psychoanalyse bzw. Selbstanalyse.

Aufzeichnungen im Herbst 1911 nicht einfach ins Diktaphon sprach, sondern ihn – eventuell auch des öfteren – überarbeitete und umschrieb bzw. umdiktierte. Der Anfang kann, aber muß nicht später entstanden sein. In anderen Fällen, wo ein bestimmtes Wissen, bestimmte Erfahrungen oder spezifische Begriffe eine Rolle spielen, sind die Indizien für eine – partielle – Abweichung von der ›Urschrift‹ stärker. Auf einige Stellen sei beispielhaft hingewiesen: Wenn Schmitz am 20. Dezember 1896 von seinem »am Mittelmeer genährten Farbensinn« erzählt, dann liegt dem gerade einmal ein Aufenthalt zugrunde. Es ist nicht auszuschließen, daß hier spätere Erfahrungen von langen Aufenthalten am Mittelmeer durchscheinen. Ähnlich verhält es sich mit den Reiseeindrücken aus Norditalien im Januar 1897. Die Alpentäler, die Seen und Bergformationen setzt Schmitz in Beziehung zu der norwegischen Landschaft. Es ist möglich, daß er sich dabei auf ein Bild der norwegischen Landschaft bezieht, das er im Kopf hatte, realiter aber lernte er Norwegen erst später kennen, nämlich 1912, also zur Entstehungszeit des Typoskripts. Es gibt weitere Punkte, die darauf hindeuten, daß hinter dem Tagebuch-Ich zum Teil ein anderer Erlebnishorizont stehen könnte: So sind die erwähnten frühen Schopenhauer-Studien zwar möglich, doch eine intensive Lektüre und Auseinandersetzung mit Schopenhauer findet erst – wie der Briefwechsel mit Alfred Kubin zeigt – in späteren Jahren statt, und zwar in den Jahren, die sich mit der Entstehungszeit des Typoskripts zum Teil berühren: 1911 bis 1914. Eine andere Stelle könnte von der Analyse bei Karl Abraham, die 1912 begann, beeinflußt sein. In einer Eintragung vom 31. Dezember 1896 spricht Schmitz vom »Cunnilingus«, von der »Koprophagie« und der »Idee des sich ganz und gar Hingebens«. Im sexuellen Diskurs um 1900 waren diese Begriffe durchaus in der Diskussion. So hat etwa der Sexualforscher Richard von Krafft-Ebing in seinem damals berühmt-berüchtigten Buch »Psychopathia sexualis« genau diesen Zusammenhang unter dem Stichwort Cunnilingus und Koprolagnie angesprochen. Möglicherweise war Schmitz von diesem Diskurs inspiriert, auffällig ist aber, daß koprophile Neigungen gleich zu Anfang in der Analyse bei Karl Abraham eine Rolle spielten.

An diesen und anderen Stellen sind Entscheidungen, ob und wie beim Einlesen des Textes von der ›Urschrift‹ abgewichen wurde, schwer zu treffen, es könnten immer auch andere Einflußfaktoren von Bedeutung gewesen sein.

Schmitz hat das Tagebuch nicht als sakrosankten Text angesehen, für ihn waren die Aufzeichnungen – wie andere Manuskripte auch – überarbeitungsfähig und überarbeitungswürdig. Die Literaturgeschichte kennt

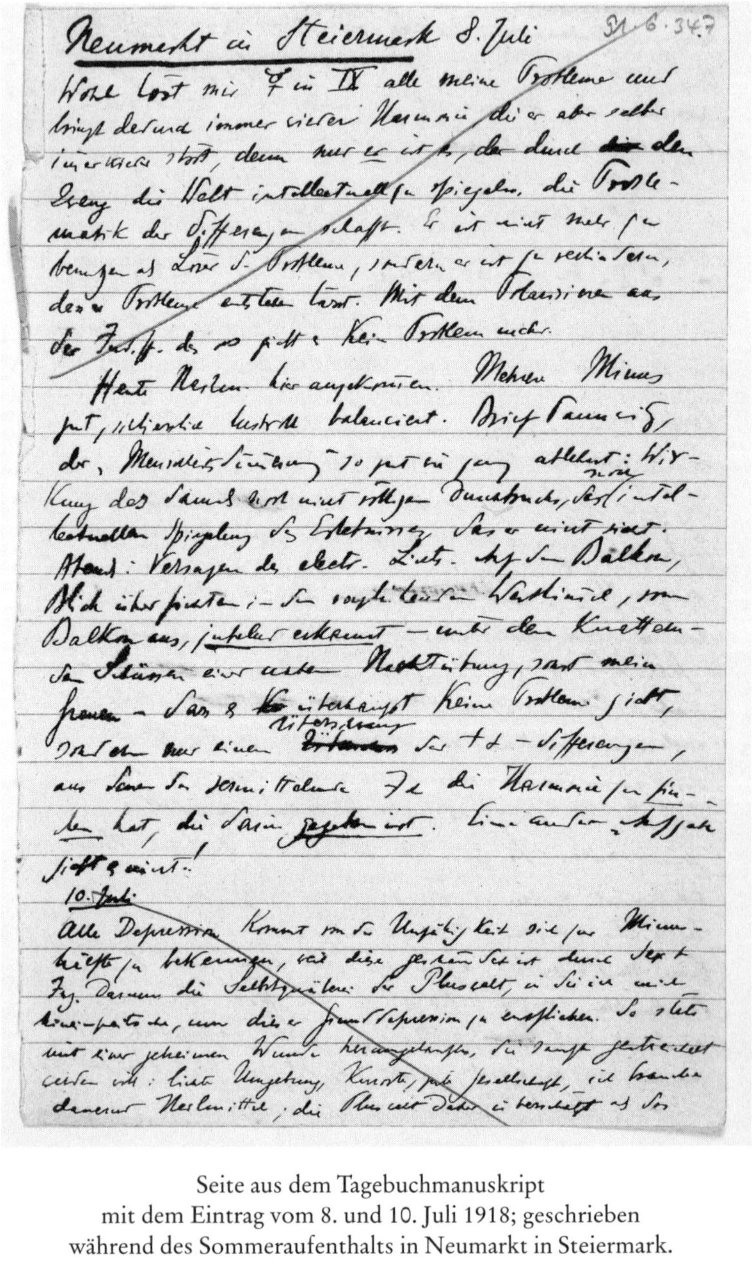

Seite aus dem Tagebuchmanuskript
mit dem Eintrag vom 8. und 10. Juli 1918; geschrieben
während des Sommeraufenthalts in Neumarkt in Steiermark.

viele ganz ähnlich gelagerte Fälle. Schon Goethe nahm seine Tagebücher immer wieder vor, sah sie durch und korrigierte. Ebenso verfuhr Arthur Schnitzler, der die ersten drei Jahre seines Tagebuchs gänzlich »ins Reine« schrieb und die Arbeit des Korrigierens und Umarbeitens in den folgenden Jahren fortsetzte. Auch Hermann Bahr und Thomas Mann überarbeiteten zuweilen die »frisch« geschriebenen Eindrücke bei einer späteren Durchsicht. Häufig waren diese Eingriffe und Korrekturen durch die Absicht der Autoren motiviert, die Tagebücher zu veröffentlichen. Philipp Lejeune merkt dazu an: »Fast kein Tagebuch ist so veröffentlicht worden, wie es geschrieben worden ist.«

Es spricht viel dafür, daß auch Schmitz eine Veröffentlichung beabsichtigte und das Typoskript auch aus diesem Grund anfertigte. Nicht von ungefähr strich er 1911 Reiseeindrücke, die er schon in Artikeln verarbeitet hatte. Auf solche bereits veröffentlichte Texte weist er auch im Typoskript an einigen Stellen hin. Am 20. Mai 1906 schreibt er zum Beispiel: »Diese Nacht war der Bal des 4 z'arts. (Später: Ich habe ihn genau in meinem Buch beschrieben.)« Möglicherweise hat Schmitz auch an dieser Stelle einen Teil seiner Schilderungen »unterdrückt«, denn er beschreibt den Ball in tagebuchartiger Form ausführlich in »Französische Gesellschaftsprobleme«.

Wie lange Schmitz an der Veröffentlichungsabsicht festhielt, darüber läßt sich nur spekulieren. Interessant ist in diesem Zusammenhang die abschließende Bemerkung in der Notiz vom 9. November 1911. Schmitz schreibt: »Als ich bei der Aufzeichnung vom 6. August 1911 angekommen war, widerstrebte es mir das folgende weiterzudiktieren; denn hier begann das durch die ganzen 15 Jahre ersehnte größte, stärkste Erlebnis meines Daseins. Von ihm aus datiere ich ein neues Leben. Die Aufzeichnungen vom 6. August ab bilden den Beginn eines neuen Tagebuchs, an dem ich noch schreibe.« (vgl. Ein Dandy auf Reisen, S. 233) Tatsächlich sind zwei Eintragungen vom 6. August 1911 vorhanden – die des ›alten‹ Tagebuchs, das Schmitz nicht weiter diktieren wollte, und die Eintragung, die den Beginn des ›neuen‹ Tagebuchs markieren sollte.

Bei dem von Schmitz genannten Erlebnis handelt es sich um die Liebe zu einer verheirateten Frau, die im Tagebuch »Frau Dr. X.« heißt. Ein Jahr erlebte Schmitz ein Wechselbad der Gefühle, bis – im Herbst 1912 – die Beziehung zerbrach. Kurz darauf endet auch das Typoskript. Die Aufzeichnungen für die Zeit von November 1912 bis Oktober 1918 sprach Schmitz nicht mehr ins Diktaphon. Möglicherweise gab er die Absicht einer Veröffentlichung der Tagebücher schon mit Abschluß des Typoskripts auf, vielleicht aber auch erst Anfang der zwanziger Jahre, als er eine umfangreiche Autobiographie plante.

In den zwischen 1924 und 1926 erschienenen drei autobiographischen Bänden spielt das Tagebuch – und vor allem die als Typoskript überlieferten Aufzeichnungen – die Rolle eines »Ersatzwerks«, aus dem er immer wieder zitierte oder auf das er kryptisch anspielte. Für Schmitz waren diese Aufzeichnungen nicht abgeschlossen, das zeigen die Korrekturen und Randbemerkungen, die sich auch aus dieser Zeit noch vereinzelt im Typoskript finden.

Das nicht mehr »ins reine« geschriebene Tagebuch (1912–1918), das diesem Band zugrunde liegt, hat einen völlig anderen, sehr viel intimeren Charakter, das wird schon an der obenbeschriebenen Form sichtbar, aber auch an der Funktion. Schmitz benutzte diese Aufzeichnungen zur Selbstreflexion, zur Selbsterkundung, zur Sinnsuche und – in nicht zu unterschätzender Weise – auch zur Therapie, zur Bekämpfung der inneren Unruhe. Dieses Tagebuch ist weniger ein Medium zur Darstellung von äußeren Erlebnissen als ein Ort der Analyse und Entfaltung des inneren Ichs. Es dokumentiert die Suche nach Bestätigung, nach Vertiefung einer von der Welt abgesonderten subjektiven Empfindung, die sich in einem monologischen Selbstgespräch zu begründen versuchte. Mit den Aufzeichnungen wollte Schmitz vor allem während des Ersten Weltkriegs der Einsamkeit und Unruhe entgehen, das Tagebuch wurde zu einem Ort der Selbstbegegnung, zu einer Zufluchtsstätte, in der das Ich immer wieder Schutz vor den Ansprüchen der Gesellschaft suchte. Auch die Eintragungen aus den Jahren 1912 bis 1918 wurden zum Teil in das Werk übernommen, der eigentliche Sinn dieser Aufzeichnungen lag aber in der Begründung einer neuen Stabilität, eines neuen Ichs.

Zu dieser Ausgabe

Das bisher unveröffentlichte Manuskript des Tagebuchs von Oscar A. H. Schmitz wird im Deutschen Literaturarchiv in Marbach aufbewahrt, wo sich auch der Nachlaß befindet. Die gesamten Materialien, Dokumente und Bilder erwarb das Literaturarchiv am 9. Mai 1991 von dem Lehrer und passionierten Sammler Fritz Schirmer (1904–1991). Schirmer gehörte zu einer Gruppe von Bibliophilen in Halle und besaß zahlreiche Autographen und Bücher, zu seinem Spezialgebiet gehörte das Sammeln von Totenmasken. Das Interesse Schirmers an Oscar A. H. Schmitz war durchaus inhaltlich begründet. Ein enger Freund, der Mäzen Karl Albin Bohacek, war schon früh auf Schmitz aufmerksam geworden. Bohacek war ein Förderer der Dichter des Charon-Kreises, der sich Anfang des 20. Jahrhunderts gebildet hatte und zu dem Otto zur Linde, Karl Röttger, Rudolf Pannwitz, Else Lasker-Schüler u. a. gehörten. Oscar A. H. Schmitz stand mit dem Kreis in Verbindung. Seit 1935 korrespondierte Schirmer mit Emeline Schmitz (geb. Primer), der dritten Ehefrau von Oscar A. H. Schmitz. In einem Brief an Schirmer aus dieser Zeit dankte sie für das Interesse am Werk ihres Mannes und kündigte an, Manuskripte zu schicken, die sie im Nachlaß gefunden hatte. Den gesamten übrigen Nachlaß erhielt Schirmer drei Jahre später. Emeline Schmitz schrieb am 5. Oktober 1938, ein Dreivierteljahr vor ihrem Tod am 30. Juli 1939, an Schirmer: »Nun erlaube ich mir einen Vorschlag zu machen: ich möchte Ihnen gerne den ganzen lit. Nachlaß meines Mannes zur Durchsicht u. Aufbewahrung zur Verfügung stellen. Morgen rollt der Möbelwagen von Salzburg hier in Frkfrt. mit meinen ganzen Sachen an. Ich könnte Ihnen, sehr geehrter Herr Schirmer, im Laufe der Wochen die Kiste mit dem Nachlaß zustellen.« (Brief im Nachlaß Fritz Schirmer, DLA)

Die Tagebuchaufzeichnungen von 1896 bis 1918 sind teilweise als Typoskript, teilweise als Handschrift überliefert. Das Typoskript beginnt am 6. Dezember 1896 und endet am 10. November 1912. Es umfaßt insgesamt 732 Seiten im Format DIN-A4 einschließlich 18 nachträglich in das Typoskript eingefügter Seiten (S. 56a bis 56r); darüber hinaus wurden bei der Zählung die Seiten 7–10 berücksichtigt, die entweder aufgrund einer fehlerhaften Paginierung im Typoskript nicht enthalten waren oder herausgenommen wurden.

Die handschriftlichen Aufzeichnungen sind in verschiedenen Heften, in gehefteten Blättern und Konvoluten im Format DIN-A5 überliefert und umfassen folgende Zeiträume:

Heft:	16. 11. 1912 – 02. 07. 1913 (44 Blätter)
Heft:	04. 07. 1913 – 14. 06. 1914 (43 Blätter)
geheftete Blätter:	16. 05. 1915 – 11. 02. 1916 (15 Blätter)

Zu diesen Tagebuchblättern kommt ein formal und inhaltlich schwer zuzuordnendes und eingrenzbares Konvolut von Eintragungen, die unter dem Titel »Verschiedenes: Aufzeichnungen, Exzerpte, Gedankengänge u. ä.« archiviert sind. Es handelt sich hier um tagebuchähnliche Aufzeichnungen, die Eintragungen folgen einer Chronologie, lösen sich aber zum Teil von der Darstellung einer äußeren Welt völlig ab, es sind Notizen und Ideensammlungen, die häufig nicht ausgeführt werden oder abrupt abbrechen. Nach Durchsicht und Ordnung der Blätter ergaben sich vier abgrenzbare Konvolute, die Eintragungen für die folgenden Zeiträume enthalten:

Konvolut:	25. 02. 1917 – 23. 03. 1917 (11 Blätter)
Konvolut:	23. 03. 1917 – 24. 04. 1917 (48 Blätter)
Konvolut:	13. 07. 1917 – 28. 09. 1917 (106 Blätter)
Konvolut:	08. 03. 1918 – 02. 10. 1918 (23 Blätter)

Überliefert und erhalten haben sich mithin Tagebuchaufzeichnungen vom 6. Dezember 1896 bis zum 2. Oktober 1918. Allerdings sind die Eintragungen, wie schon die angegebenen Zeiträume der Hefte und Konvolute zeigen, nicht lückenlos. Dies gilt sowohl für die Handschrift wie auch für das Typoskript. Die Tagebücher sind zwar kalendarisch eingeteilt und chronologisch strukturiert, enthalten aber nur in den unmittelbaren Anfangsjahren regelmäßige Aufzeichnungen von Tag zu Tag. Zwischen Berichtszeit und Eintragungszeit gibt es zuweilen beträchtliche Differenzen.

Der vorliegende dritte Band umfaßt den Zeitraum vom 16. November 1912 bis zum 2. Oktober 1918. Die Eintragungen sind bis zum 11. Februar 1916 vollständig abgedruckt. Bei den vier Konvoluten aus den Jahren 1917/18 sind solche Eintragungen nicht übernommen worden, die als Exzerpte oder exzerptähnliche Aufzeichnungen, als reine Ideensammlung oder fragmentarische Notizen zu identifizieren waren. Dies betrifft im wesentlichen die Eintragungen aus dem Jahr 1917, die in sich so heterogen sind, daß ca. 100 Blätter aus dem abzudruckenden Manuskript herausgenommen wurden. Bis auf wenige Ausnahmen – die auf den Zustand bzw. die Lesbarkeit des Manuskripts zurückzuführen sind – wurden innerhalb der Eintragungen keine Kürzungen vorgenommen.

Schon der äußere Zustand der sechs Hefte bzw. Konvolute zeigt, daß es sich bei diesen Aufzeichnungen nicht um ein textliches Kontinuum handelt. Weder die Hefte noch die Konvolute verfügen über eine einwandfreie Bindung, entweder ist die Bindung gelöst, oder sie fehlt ganz, die entsprechenden Seiten sind dann lediglich zusammengelegt. Die Tagebuchblätter aus dem Heft 1 (16.11.1912 – 2.7.1913) und dem Heft 2 (4.7.1913 – 14.6.1914) hatten ursprünglich einen Leinen- bzw. Ledereinband. Bei Heft 1 fehlt der Rücken, bei Heft 2 ist die Bindung gelockert, viele Seiten sind lose. Heft 3 (16.5.1915 – 11.2.1916) besteht nur aus zusammengelegten Blättern, ohne jeden Einband. Die Konvolute 4 (25.2.1917 – 23.3.1917), 5 (23.3.1917 – 24.4.1917) und 6 (13.7.1917 bis 28.9.1917) sind nur teilweise gebunden. Heft 7 (8.3.1918 – 2.10. 1918) ist ein Konvolut von zusammengelegten Blättern, ohne Umschlag und Einband.

Bei der Transkription des Textes zeigte sich, daß an mehreren Stellen Seiten aus dem Tagebuch herausgenommen worden sind. Viele Seiten waren nicht in der richtigen Reihenfolge eingeordnet. Nicht immer war die Zuordnung von lose eingelegten Seiten zweifelsfrei möglich, darauf wird in den Anmerkungen an den betreffenden Stellen aufmerksam gemacht. In zahlreichen Fällen sind Textpassagen aus dem Manuskript herausgeschnitten worden. Auf fehlende Seiten oder fehlenden Text wird mit eckigen Klammern [...] hingewiesen. Sowohl die fehlenden Seiten wie die herausgeschnittenen Textpassagen sind – soweit wie möglich – im Anmerkungsteil quantitativ erfaßt.

Ein besonderes Problem waren die zahlreichen ganz oder teilweise gestrichenen Eintragungen. In den meisten Fällen handelt es sich dabei nicht um echte Streichungen. Schmitz hatte die Angewohnheit, Passagen, die er zur Veröffentlichung benutzen wollte, durchzustreichen. Manchmal vermerkte er dies auch am Rand, zum Beispiel durch das Wort »Roman« oder »D« (für »Das Dionysische Geheimnis«). Häufig ist die Eintragung aber einfach quer durchgestrichen. Für das Werk waren zum Teil wohl auch einige herausgeschnittene Passagen vorgesehen, die er einfach ins Manuskript montierte. In anderen Fällen ist es aber offensichtlich, daß er bei einer späteren Lektüre des Tagebuchs auch Eintragungen herausgeschnitten hat, mit denen er nicht mehr einverstanden war oder die ihm peinlich erschienen. So verstümmelte er zum Bespiel die ausführliche Darstellung der Diagnose von Karl Abraham (S. 26) und tilgte das Urteil über die Mutter (S. 33).

Der Text wird zeichen- und buchstabengetreu wiedergegeben. So bleiben ältere Formen – wie Decor, Conflict, Vatercult, Defaecation – ebenso erhalten wie Eigenheiten in der Schreibweise, die auf Einflüsse der französischen Sprache (Bsp.: Hôtel, Bureau) zurückzuführen sind. Ebenfalls übernommen wurden Abkürzungen, auch wenn sie vielfach nicht den Regeln entsprechen (Psych. für Psychologie, gg. für gegen, inf. für infantil). Erhalten geblieben sind auch Sonderzeichen und Symbole, die in überwiegender Zahl aus der Astrologie stammen (Bsp.: ♂= Mars, ♏ = Skorpion, Asz. = Aszendent, ☿ = Merkur, ♈= Widder). Unterstreichungen im Original erscheinen im Druck kursiv.

Korrigiert wurden offenkundige Verschreibungen. Eingriffe in die Interpunktion erfolgten nur dort, wo das Verständnis beeinträchtigt war. Fehlerhaft geschriebene Namen und Orte sind korrigiert. Die Berichtigung der Ortsnamen erfolgt nach der damaligen Schreibweise. Ältere oder nicht mehr übliche Schreibweisen sind jedoch im Text erhalten geblieben, die Korrektur erfolgt in diesen Fällen im Kommentar.

Im Tagebuchtext stehen die Zusätze des Herausgebers in eckigen Klammern, die längeren Ein- und Überleitungen (vgl. S. 7–9, 97–107, 138–145) erscheinen kursiv.

Der Text war an einigen Stellen nur schwer zu entziffern, das lag an der Beschaffenheit des Manuskripts (schlechte Papierqualität, Benutzung von Bleistiften und Farbstiften) und an einer Handschrift, die sich in auffälliger Korrespondenz zu den psychischen Krisen veränderte. So konnten gerade die Notate der Krisenjahre 1917/18 nicht immer zweifelsfrei entziffert werden, diese Fälle sind durch [++] bei einem oder mehreren unleserlichen Buchstaben und durch [+++] bei einem oder mehreren unleserlichen Worten gekennzeichnet. Unsichere Lesungen werden durch [?] markiert.

Anders als bei literarischen und wissenschaftlichen Werken steht der Zeugniswert eines Tagebuchs im unmittelbaren Zusammenhang mit der Lebensführung und dem Lebensstil seines Autors. Dadurch erhalten bestimmte editorische Aufgaben – wie die Erläuterung und Kommentierung des Textes – ein anderes Gewicht. Die vorliegende Ausgabe versucht dem Rechnung zu tragen, die Anmerkungen verstehen sich – neben Nachwort, Entstehungsgeschichte, Chronik und Register – als ›Lesehilfe‹: Personen,

Orte, Ereignisse, Zitate, Anspielungen werden erläutert, soweit sie nicht zum allgemeinen Bildungsgut gehören. Da das überlieferte Manuskript des vorliegenden Bandes zahlreiche zum Teil kryptische, schwer verständliche Anspielungen enthält und an vielen Stellen Lücken aufweist, die einem kontinuierlichen Lesefluß und Sinnverstehen entgegenstehen, kommt dem Kommentar eine besondere Aufgabe zu. Um die Verständlichkeit bestimmter Passagen zu erhöhen, werden Querverbindungen zum Werk von Oscar A. H. Schmitz hergestellt. Dies betrifft vor allem die dreibändige Autobiographie (»Die Geister des Hauses«, »Dämon Welt«, »Ergo Sum«). Berücksichtigt werden darüber hinaus der psychoanalytische Entwicklungsroman »Der Vertriebene« und der autobiographische Roman »Das Dionysische Geheimnis«, in dem Schmitz die Zeit des Ersten Weltkriegs darstellt. Für die Jahre 1912 bis 1915 greift der Kommentar ausführlich auf die Werke Karl Abrahams und Sigmund Freuds zurück, da Schmitz über seine Analyse zum Teil nur sehr implizit berichtet. Ähnlich verhält es sich für die Jahre 1917/18. Die Eintragungen aus dieser Zeit sind durchsetzt von sprachlichen Wendungen, Ideen und Konstrukten Salomo Friedlaenders, auf die in den Anmerkungen – soweit erkennbar – hingewiesen wird.

Die Edition stützt sich vor allem auf Recherchen im Deutschen Literaturarchiv in Marbach am Neckar. Zu danken ist insbesondere der Handschriftenabteilung, die durch Rat und Tat viel zum Gelingen der Edition beigetragen hat. Ein weiterer wichtiger Anlaufpunkt für die Arbeiten zur Edition war das Alfred-Kubin-Archiv (Städtische Galerie im Lenbachhaus und Kunstbau München). Die Leiterin des Archivs, Dr. Annegret Hoberg, hat mir bei meinen Besuchen in München Einsicht gewährt in die Korrespondenz von Oscar A. H. Schmitz mit Alfred und Hedwig Kubin. Für Hinweise zu den Anmerkungen danke ich Herrn Helmut Schwarzer aus Newbury (USA). Besonderen Dank schulde ich Frau Margarete Schirmer, die meine Absicht, die Tagebücher zu veröffentlichen, sofort unterstützte. Daß die drei Bände in dieser Form erscheinen konnten, ist das Verdienst meiner Lektorinnen: Magdalena Frank und Dr. Christina Salmen. Magdalena Frank hat das Projekt in einem frühen Stadium kennengelernt, es mit viel Sympathie aufgenommen und bis zum Abschluß mit Rat und Tat unterstützt. Christina Salmen war über Jahre die kritische Begleiterin und aufmerksame Leserin, die mit ihren Nachfragen, Hinweisen und Vorschlägen viel zur Verbesserung der Ausgabe beigetragen hat und sich unermüdlich für die Sache eingesetzt hat. Ihr vor allem ist für eine anregende, produktive und vertrauensvolle Zusammenarbeit zu danken. Ermöglicht und gefördert wurden die Arbeiten zu dieser Ausgabe durch ein zweimonatiges Marbach-Stipendium der Deutschen Schillergesellschaft und ein Forschungsstipendium der Deutschen Forschungsgemeinschaft. Ohne die dankenswerte Unterstützung dieser und anderer Institutionen und Personen wäre die Edition nicht denkbar gewesen.

Chronik

1873 *16. April:* Oscar A. H. Schmitz wird in Bad Homburg vor der Höhe geboren.

1874 Geburt der Schwester Hedwig.

1876 Geburt des Bruders Richard.

1880 Geburt der Schwester Mathilde (Tilly). August: Erste größere Reise nach Vevey bei Genf, wo die Schwester Hedwig in einem Internat untergebracht ist. Umsiedlung der Familie von Bad Homburg nach Frankfurt am Main.

1892 Abitur in Weilburg an der Lahn. Studium der Rechtswissenschaft an der Universität Heidelberg. Herbst: Wechsel an die Universität Leipzig.

1893 Sommersemester: Universität München. Winter: Einschreibung in Berlin.

1894 Halbjähriger Rom-Aufenthalt. Gasthörer in kunsthistorischen Vorlesungen. April: Besuch des Vaters. In Rom erste Begegnung mit Karl Wolfskehl. Spätsommer: Reise nach Sizilien, Tunis, Neapel, Budapest und Wien. Herbst: Einschreibung in München; Vorlesungen bei Lujo Brentano, Franz Muncker und Theodor Lipps. Beginn einer Doktorarbeit bei Prof. Brentano im Fach Nationalökonomie.

1895 Tod des Vaters. Aufgabe der Doktorarbeit in Nationalökonomie und Beginn einer literarhistorischen Doktorarbeit bei Prof. Muncker.

1896 Dezember: Abbruch des Studiums. Beginn der Tagebuchaufzeichnungen. Reise nach Italien. In »Blätter für die Kunst« erscheinen erste Gedichte.

1897 Tod der Mutter. Februar–Dezember: Aufenthalt in Paris (unterbrochen von Fahrten auf die Insel Jersey und in die Bretagne). April: Persönliche Begegnung mit Stefan George. Erste Novellen und Prosadichtungen.

1898 Februar–April: Reise nach Italien und England. Ab Oktober: Aufenthalt in Berlin; Kontakt zu Stefan George und dem Berliner Kreis um George (R. Lepsius, M. Lechter, R. Meyer, G. Simmel). November: Erste Buchveröffentlichung, der Gedichtband »Orpheus« erscheint.

1899 Frühjahr–Sommer: Reise nach Italien.

1900 Bekanntschaft mit Gustav Meyrink. November: Nach der Kritik an Melchior Lechter Ausgrenzung aus dem George-Kreis.

1901 Erste Ehe mit der Sängerin Nina Burk. Sommer: Schweiz- und Italienreise.

1902 Die phantastischen Erzählungen »Haschisch« erscheinen. Nähere Bekanntschaft mit Ludwig Klages und Alfred Schuler. November: Scheidung.

1903 Tod der Großmutter. Freundschaftlicher Kontakt zu dem Verleger Hugo Bruckmann und den Künstlern Wilhelm von Debschitz und Hermann Obrist.

1904 »Kosmiker-Krise«, erneuter Bruch mit Wolfskehl. September: Hedwig Gründler, geb. Schmitz, und Alfred Kubin heiraten.

1905 März: Zweite Ehe mit Louisa Hoby. Reise nach Frankreich und Spanien. »Lothar oder Untergang einer Kindheit« erscheint. Herbst/Winter: Trennung von Louisa. Aufenthalt in Paris bis zum November 1906.

1906 Freundschaft mit Henri-Pierre Roché. »Don Juan, Casanova und andere erotische Charaktere« erscheint. Enge Freundschaft mit Franz Hessel; gemeinsame Wohnung in Paris; Sommerwohnung in L'Isle-Adam. November: Rückkehr nach München; Scheidung. Aufenthalt in Berlin. Treffen mit Herwarth Walden und Else Lasker-Schüler.

1907 Wohnung in München. »Französische Gesellschaftsprobleme« erscheint. Juni: Beginn der Liebesbeziehung mit der Musikerin Friedel Gundermann. Sommer: Reise nach Bosnien, Dalmatien, Montenegro mit Wilhelm von Debschitz. September: Genfer See. Oktober–Dezember: Aufenthalt in Wien. Begegnungen mit Egon Friedell, Alfred Polgar, Peter Altenberg, Stefan Zweig. Besuche bei Hugo von Hofmannsthal. Beginn des Romans »Wenn wir Frauen erwachen ...«. Vorträge in der Urania, im wissenschaftlich-literarischen Verein »Kosmos« und im »Ansorge Verein«. Dezember: Treffen mit Sigmund Freud. Fahrt an den Lago Maggiore.

1908 Januar: Aufenthalt in Berlin. Vortrag im »Verein für Kunst« (Salon Cassirer) über »Don Juan und Casanova«. März: Ständiger Mitarbeiter beim »Tag«. April: Aufenthalt in Genf und Montreux. Sommer: Reise durch Spanien, Marokko und Algerien. September: Reise durch Portugal. Anschließend Fahrt an die Riviera di Levante; Aufenthalt in Turin und Mailand. Oktober: Rückkehr nach Berlin.

1909 Januar in Zwickledt: Diskussionen über Alfred Kubins Roman »Die andere Seite«. Februar: »Don Juanito«, Uraufführung am Mannheimer Hoftheater. April: Reise nach England. September: Aufenthalt in Berlin. Arbeit an der Disraeli-Biographie. »Fortunio oder Das andere Ich« erscheint.

1910 Juni: Reise durch England, Schottland und Irland. Dezember: »Brevier für Weltleute« erscheint.

1911 Januar/Februar: Aufenthalt in Zwickledt und Salzburg. April: Reise nach Ägypten. Juni: Reise durch Palästina. Juli: Aufenthalt in Damaskus und Beirut. Ende Juli: Reise nach Zypern und Konstantinopel. September: Treffen mit Alfred und Hedwig Kubin in Zwickledt. Anschließend Aufenthalt in Berlin: OS liest sein Tagebuch ins Diktaphon; Beginn der Anfertigung einer Typoskriptfassung. Jahreswende: Gespräche mit Alfred Kubin in Zwickledt.

1912 April/Mai: Ende der Niederschrift des Romans »Wenn wir Frauen erwachen …«. Juni: Skandinavienreise. Oktober: Berlin. Zusammen mit Adolf Grabowsky Gründung der Zeitschrift »Das neue Deutschland«. Anfang November: Fahrt nach Wien. Begegnung mit Fritz von Herzmanovsky-Orlando. Anschließend Reise nach Prag. Treffen mit Max Brod. Der Roman »Wenn wir Frauen erwachen …« erscheint. November: Beginn der Analyse bei Karl Abraham in Berlin.

1913 Neben der Analyse bei Karl Abraham psychoanalytische Gespräche mit Kubin und Selbstanalysen. Mai/Juni: Aufenthalt in Paris. August: Rußlandreise.

1914 Mai: Zweite Rußlandreise: Aufenthalt in Moskau und an der Wolga. Kurz vor Ausbruch des Ersten Weltkriegs: Rückkehr nach Berlin. Herbst: Tätigkeit in der Presseabteilung des Reichsmarineamtes.

1915 März: Unterbrechung der Psychoanalyse bei Karl Abraham. April: Kriegsberichterstatter in Belgien. Mai: Kriegsberichterstatter an der Westfront (Großes Hauptquartier, Charleville). »Das wirkliche Deutschland« erscheint. Frühsommer: Erste Musterung. Ende Juni: Aufenthalt in Zell am See. Zunehmende psychische Probleme. Winter: Einquartierung in ein Hotel in Salzburg.

1916 März: Mainreise, Aufenthalt im Taunus. April: Alle militärischen Zurückstellungen werden aufgehoben: Erneute Musterung in Berlin. Buddhistische Krise Kubins, der zeitweise jeden Kontakt abbricht. »Was mich betrifft, so bin ich nun freilich völlig einsam in der Welt.« (Brief an Kubin) Psychischer Zusammenbruch: Aufenthalt im Sanatorium. Ende Juni: Nach der Krise erstes Treffen mit Kubin in Zwickledt und Linz. Sommeraufenthalt in Zell am See, zum Teil zusammen mit Kubin. Intensives Studium buddhistischer Schriften sowie des Mystikers Meister Eckhart und der Polaritätsphilosophie Salomo Friedlaenders. Herbst: Übersiedlung von Berlin nach Salzburg. Dezember: Nachmusterung in Berlin: 6 Monate zurückgestellt.

1917 Beschäftigung mit der Astrologie. Erste Horoskope entstehen. Spaziergänge mit Hermann Bahr. Mai: Erneute Musterung in Wien. Sommer: Rückzug in das steirische Städtchen Murau. Herbst: Aufenthalt in Salzburg, Graz und Wien.

1918 Frühjahr: Völliger Rückzug von der Außenwelt; mystische Versenkung und Selbstanalysen. Beginn der Arbeiten am Roman »Das dionysische Geheimnis« (1921). April: Die Novellensammlung »Menschheitsdämmerung« erscheint. Sommer: Aufenthalt in dem steirischen Ort Neumarkt. Arbeit am Roman »Dionysisches Geheimnis«. Herbst: Rückkehr nach Salzburg (Hotel Bristol).

1921 März: Treffen mit Karl Abraham in Meran; kurzfristige Wiederaufnahme der Analyse. Nach erfolgreicher Behandlung erneute Beschäftigung mit der Psychoanalyse. Herbst: Teilnahme an der von Hermann Graf von Keyserling ins Leben gerufenen »Schule der Weisheit« in Darmstadt. Studium der Arbeiten von C. G. Jung.

1922 »Der Geist der Astrologie« erscheint. Vorträge über Astrologie und Lebenskunst.

1923 »Psychoanalyse und Yoga« erscheint. Enge Zusammenarbeit mit Hermann Graf von Keyserling. OS wird Mitorganisator der Tagungen der »Schule der Weisheit«.

1924 Auf Einladung des Kulturbundes Vorträge in Wien. Während des Aufenthalts mehrere Treffen mit Alfred Adler. Begeisterung für dessen Individualpsychologie.

1925 »Die Geister des Hauses«, der erste Band der dreibändigen Autobiographie, erscheint.

1926 Mai: Aufenthalt in Paris, anschließend bei C.G. Jung in Zürich. Teilnahme an den Seminaren von C.G. Jung und Analysesitzungen. Zahlreiche Traumbilder, Zeichnungen und Skizzen entstehen. Aufsätze über die Rolle und Bedeutung des Judentums; Auseinandersetzung mit Martin Buber.

1928 Unter Anleitung von Toni Wolff und C. G. Jung arbeitet OS als Analytiker.

1929 April: Dritte Ehe mit Emeline Maria Primer.

1930 Zahlreiche Vorträge über Psychotherapie in Salzburg, Leipzig, Berlin, München.

1931 *17. Dezember:* Oscar A. H. Schmitz stirbt in Frankfurt am Main.

Anmerkungen

16. 11. 1912

9 *bei Dr. Abraham* – OS wollte schon 1907 eine Analyse bei Sigmund Freud machen, der ihm jedoch bei einer Konsultation am 13. Dezember 1907 empfahl, zunächst ein Blasenleiden auszukurieren; vgl. Ein Dandy auf Reisen, S. 100 f. Erst im Herbst 1912 waren die Beschwerden behoben. Am 24. Oktober ging OS zu einem Münchner Arzt, um sich den positiven Befund bestätigen zu lassen. Mit diesem Befund suchte er offenbar Anfang November erneut Freud auf, um mit ihm eine Analyse zu vereinbaren, doch dieser überwies ihn an einen Berliner Kollegen. Der Freud-Schüler Karl Abraham (1877–1925) hatte in Würzburg, Berlin und Freiburg im Breisgau Medizin studiert. Nach Abschluß seines Studiums war er zunächst an der Berliner Irrenanstalt Dalldorf tätig, dann an der psychiatrischen Klinik Burghölzli in Zürich. Durch den Direktor des Burghölzli, Eugen Bleuler, und dessen Oberarzt, C. G. Jung, kam Abraham mit den Schriften Freuds in Berührung. Nach einem Vortrag auf der Jahresversammlung der Deutschen Psychiatrischen Gesellschaft im Jahr 1907 nahm er brieflich Kontakt mit Freud auf. In den folgenden Jahren entstanden ein enger Austausch und eine Zusammenarbeit beim Ausbau der Technik und Theorie der Psychoanalyse. Unter Freuds Einfluß ging Abraham nach Berlin, eröffnete dort eine bald florierende psychoanalytische Privatpraxis und gründete im August 1908 die Berliner Psychoanalytische Vereinigung. In kurzer Zeit stieg er zu einem begehrten und äußerst erfolgreichen Analytiker auf. Er veröffentlichte zahlreiche klinische Studien sowie Arbeiten zur angewandten Psychoanalyse, in denen er über Kunst, ägyptische Religion und über die Beziehung von Traum und Mythos schrieb. Anfang 1912 meldete Abraham an Freud: »Seit Januar ist die Praxis erdrückend, nie unter 10 Stunden am Tage.« (Sigmund Freud/Karl Abraham, Briefe, S. 116) In diesem Jahr behandelte er zehn Analysanden, unter ihnen OS. Dessen Einschätzung, Abraham sei ein strenger Gefolgsmann Freuds gewesen, ist nur zum Teil richtig. Zwar hatte Abraham sich den Freudschen Theorien voll und ganz verschrieben, doch ging er in der Behandlung durchaus eigene

Wege. So streng und nüchtern er äußerlich erscheinen mochte, als Analytiker und Forscher war er zuweilen eher unkonventionell. – In »Ergo Sum« spricht OS in den höchsten Tönen von Abrahams »gewinnender Persönlichkeit« (S. 222). Und dieser fand offenbar auch seinen Analysanden nicht ganz unsympathisch, gestattete er ihm doch während des Krieges die Benutzung seiner Privatbibliothek. Die Analyse war in der ersten Zeit sehr intensiv. In einem ärztlichen Gutachten versicherte Abraham, daß er OS »fast täglich« in Behandlung habe. (Ärztliches Zeugnis vom 3. Juli 1916, N im DLA, vgl. Anhang, S. 173 f.) Ende 1913 scheint sich der Rhythmus verändert zu haben. Am 10. November schrieb OS an Alfred Kubin: »Ich gehe nur noch 2 mal wöchentlich hin.« (Kubin-Archiv) Wie der Briefwechsel mit Kubin zeigt, wurde die Analyse 1914 wieder intensiver. Bis März 1915, als Abraham zum Militärdienst eingezogen wurde, blieb OS in Behandlung. Die Notwendigkeit einer psychoanalytischen Kur, die durch das Tagebuch offensichtlich wird, hat OS in den späteren Jahren immer wieder erörtert und in Frage gestellt. In seiner Autobiographie »Ergo Sum«, die fünfzehn Jahre nach Beginn der Analyse erschien, ist von konkreten Symptomen und seiner damaligen Krise, nach der Trennung von Anny Eberth und der harschen Kritik seiner Freunde an dem Roman »Wenn wir Frauen erwachen …«, nicht mehr die Rede. OS stellt die Sache so dar, als hätte es für eine Behandlung keine konkreten Gründe gegeben: »Aber wozu denn eine solche Kur? wird der Leser fragen. Ging es mir denn nicht recht gut? Sechs Jahre waren nun seit meiner zweiten Scheidung verflossen, und inzwischen stieg doch mein Weg ständig aufwärts. Glück mit Frauen, weite Reisen, Erfolge waren mir beschieden worden […]. Ich weiß es nicht, ich weiß nur, daß mir all das äußere Glück wenig galt, daß mir, seit ich ›meine Seele beurlaubt‹ hatte, zumute war, als griffe ich nach den äußeren Dingen nur als Ersatz für etwas anderes, das allein in dem eigenen Inneren zu finden war.« (S. 151) OS gesteht zwar ein, daß er zeitweise »recht nervös« gewesen sei, »aber das schien nicht verwunderlich bei einem derartig umherwirbelnden Leben, wie ich es führte« (S. 171). Abraham gegenüber habe er sich »mehr als Schüler, denn als Patient« gefühlt. Gleichwohl habe er sich in der Analyse sofort als »neurotischer Typus« erwiesen, eine Eigenschaft, die er »mit allen nur einigermaßen geistig gerichteten Menschen« teile. Die Neurose ist für OS keine Störung, sondern eine gesellschaftlich erzwungene Unangepaßtheit, die den Angepaßten, den sogenannten Normalen, krankhaft oder lächerlich erscheint. In »Psychoanalyse und Yoga« heißt es: »Die Elenden von heute sind vielmehr jene, deren Nervensystem zu differenziert und sensibel geworden ist, um sich dem groben Mechanismus der Betriebe anpassen zu können. Erscheinen auch ihre Nöte oft mehr grotesk und lächerlich als tragisch, unter ihnen ist das Salz der Erde zu suchen. Der noch dominierende Trieb- und Muskelmensch macht sich nicht schlecht über sie lustig. Freilich ist er auf seiner Ebene vollkommener, gesunder, aber sein Reich geht zu Ende. Seine letzte Rolle hat er im Krieg gespielt, den er verloren hat.« (S. 141) In der pathologischen Form des Neurotikers tritt der ›neue Mensch‹ auf die Bühne, der es nur noch nicht zur allgemeinen gesellschaftlichen Anerkennung gebracht hat.

9 *psycho-analyt.* – OS schreibt durchgängig »psycho-analytische« oder auch »Psycho Analyse«. Schon C. G. Jung stieß sich am Hiatus zwischen a und o. Bis ins Jahr 1908 bevorzugte er die Schreibweise »Psychanalyse«. In einem Brief an Freud vom 14.5. 1908 fragte er nach: »Wie denken Sie über den Hiatus Psycho-analysis?« (S. Freud/C. G. Jung: Briefwechsel, S. 167) Freud nahm wohl an, Jung würde sich am Bindestrich stoßen, und schrieb am 19.5.1908: »Ich würde Psychoanalyse ohne Trennung schreiben.«

II – Die römische II steht hier – wie auch an anderen Stellen des Tagebuchs – für doppelt bzw. zweifach.

Vater die Lichte Welt, Mutter Inbegriff der dunkeln Welt – Karl Abraham hat die Beziehung von Licht und Dunkel in seiner Arbeit »Über Einschränkungen und Umwandlungen der Schaulust« (1914) thematisiert. Das III. Kapitel »Zur Bedeutung des Dunkels in der Psychologie der Neurosen« könnte u. a. von OS angeregt worden sein. Abraham bezieht sich hier auf einen Patienten, der das Licht dem Vater zuordnet und die Dunkelheit als Symbol der Mutter auffaßt; vgl. S. 354. Für OS hat die Beziehung von Licht und Dunkel eine geradezu existentielle Bedeutung, auf die er im Tagebuch immer wieder zurückkommt. OS sah seine Person, sein ganzes Leben durch polare Kräfte bestimmt, die auf sein Ich einwirken und das psychische Gleichgewicht bedrohen. In Alfred Kubin fand er einen Freund, der die Erfahrung zweier polarer Welten, einer lichten und einer dunklen, teilte. Beide waren stark von der Polaritätsphilosophie Salomo Friedlaenders beeinflußt; vgl. Polarität (1912), Der Waghalter der Welt (1915) und Schöpferische Indifferenz (1918). Im »Brevier für Einsame« schreibt OS, daß sich diese dualen Kräfte bei Kubin »oft bis zur Gefahr des Wahnsinns vermengten, bei mir, sich gegenseitig bisweilen bis zur Lähmung hemmend, einander zu entfliehen trachteten« (S. 48). Lange Zeit habe man in steter Gefahr geschwebt, »daß das Dunkel die Helle einmal völlig mit dämonischer Gewalt einschlingen könne«. Wie der Briefwechsel mit Kubin zeigt, galt dies durchaus auch für OS, vor allem in den Krisenjahren 1916–1918. Beide unternahmen in der Zeit des Ersten Weltkriegs den Versuch, sich aus dem Gegensatz der Pole zu befreien und im Sinne Friedlaenders einen Gleichgewichtspunkt zu finden, von dem sich alle Differenzen betrachten und beherrschen lassen. Das Zauberwort von Friedlaender, das sich auch im Tagebuch von OS immer wieder findet, heißt »Balancement« (Schöpferische Indifferenz, S. 229), gemeint ist damit der kreative Prozeß des Ausbalancierens von Gegensätzen und Widersprüchen.

10 *Großvater: Saturn* – In »Der Vertriebene« schreibt OS, daß er sich als Kind seinen Großvater als Kronos-Saturn vorgestellt habe und den Vater als Zeus, »der seinen finsteren Vater Kronos abgesetzt und dann ein Reich freundlicher Heiterkeit über die Erde gebracht hatte« (S. 213).

Mutterleib … Analcomplex – Abraham diskutiert in der obenerwähnten Arbeit »Über Einschränkungen und Umwandlungen der Schaulust« (III. Kapitel) diese Beziehung: »Die dunkle Höhle, welche in dieser Symbolik den Mutterleib repräsentiert, ist oftmals nicht als Uterus, sondern als Darm aufzufassen. Für den psychoanalytisch Erfahrenen genügt hier der Hinweis auf die bekannte infantile Sexualtheorie, welche die Geburt der Kinder aus dem Anus der Mutter erfolgen läßt« (S. 356).

und […] – Eine Seite fehlt.

[?]

[Sym] – Anfang der Eintragung fehlt.

Pepinster … Lynx – »Herr von Pepinster und sein Popanz. Eine Gespenstergeschichte«, zuerst veröffentlicht in: Die neue Rundschau, 23 (1912); 1915 in dem Sammelband: Herr von Pepinster und sein Popanz. Geschichten vom Doppelleben. Mit vierzehn Zeichnungen von Alfred Kubin, S. 2–25. In der Erzählung wird Lynx als ein »armseliges Gespenst« vorgestellt, das nur überleben kann, indem es – wie ein Vampir – die Kraft der lebenden Menschen aussaugt. Zu Opfern werden Menschen, die kein starkes Ich, keinen ausgeprägten Selbstbehauptungswillen haben. Dagegen lassen sich gefestigte Persönlichkeiten durch das Gespenst nicht beeindrucken. In Pepinster, der eine Doppelexistenz führt und zwischen einer Welt des Geistes und einer der Triebe hin- und herwechselt, hat Lynx ein williges Opfer gefunden. Er macht sich diesen Umstand zunutze, bemächtigt sich zunächst der abgelegten Kleider Pepinsters und tritt ihm als Popanz gegenüber, um sich sukzessive des ganzen Lebensraums und der Person zu bemächtigen. Pepinster, durch den merkwürdigen Doppelgänger zunächst verblüfft und irritiert, zieht sich im Laufe der Geschichte immer weiter aus seinem Leben zurück und gibt dem Gespenst so Raum und Möglichkeit zur Entfaltung. Am Ende übernimmt Lynx ganz die Regie und macht Pepinster seinerseits zum Gespenst. Ein wichtiges literarisches Vorbild ist Dostojewskis Roman: »Der Doppelgänger. Die Abenteuer des Herrn Goljadkin« (1846). Die unbegreifliche Realität erscheint Goljadkin in Form eines gespenstischen Doppelgängers, dem er sich anfangs entschlossen entgegenstellt, doch tritt er schließlich die Flucht aus der Wirklichkeit an und endet in der Irrenanstalt: »Ich bin nicht ich, sondern jemand ganz anderer, der mir verblüffend ähnlich ist« (S. 191). Der Doppelgänger verkörpert alle erträumten Eigenschaften der Person, er ist ein lebenstüchtiges Ideal-Ich, das den wirklichen Goljadkin mühelos verdrängen kann. OS hat zwar in einem Brief an Alfred Kubin vom 12. April 1915 behauptet, er habe den Roman erst nachträglich kennengelernt, bei den auffälligen inhaltlichen Parallelen und intertextuellen Bezügen erscheint das jedoch unwahrscheinlich.

10 *Rich.* – Gemeint ist der jüngere Bruder Richard Ferdinand Schmitz (1876–1950). Er arbeitete als Landschaftsmaler, Kunstgewerbler und Photograph. Zwischen den Brüdern gab es immer wieder Konflikte, die sich häufig an der Verwaltung des gemeinsamen Erbes durch OS entzündeten; vgl. Ein Dandy auf Reisen, Anm. *Vermögensverwaltung*, S. 383.

19. 11. 1912

Dunkeln … Lust – Hintergrund ist möglicherweise eine Formulierung von Karl Abraham, der vom »positiven Lustwert des Dunkels« spricht (Über Einschränkungen und Umwandlungen der Schaulust, S. 353) und die besondere Beziehung seines Patienten – der OS sein könnte – zur Dunkelheit betont. In diesem Zusammenhang weist er auf eine Scheu vor dem Tag und eine Vorliebe für den Abend hin.

⊥ – Symbol aus der Sternkunde und Astrologie, Semiquintil oder Dezil, ein Aspekt mit einem Winkel von 36° oder 324°. In der Astrologie bezeichnet ein Aspekt die Beziehung zwischen Planeten im Horoskop, die in einem bestimmten Winkel zueinander stehen. Man unterscheidet Hauptaspekte und Nebenaspekte. Jeder Aspekt drückt ein bestimmtes Winkelverhältnis und eine damit verbundene Mischung von Kräften aus. Dem Semiquintil wird in der Astrologie eine harmonische, spannungslösende, ausgleichende Qualität zugeschrieben. OS benutzt das Symbol im Tagebuch zur Charakterisierung der männlichen Sexualität und der (unbewußt) homosexuellen Triebenergien; vgl. in diesem Band Eintragungen vom 27.2.1913, S. 22, und 2.3.1913, S. 23.

10 *Auch Vater hat dunkle Seite … Sein Animalisches* – Um diese dunklen Seiten, die OS lange Zeit nicht sehen wollte und verdrängt hatte, ging es offenbar zunächst in der Analyse. Abraham veröffentlichte 1914 den Fall eines Patienten B, der mit OS einige Ähnlichkeit aufweist. Der familiäre Hintergrund und viele Details aus dessen Entwicklungsgeschichte finden sich auch in der Biographie von OS, insbesondere die starke Vater-Identifikation, in der Züge einer Vergöttlichung zum Vorschein kommen. Abraham schreibt: »[…] der Patient B. war der Sohn eines tatsächlich besonders intelligenten und tüchtigen Mannes. In der Vorstellung des Sohnes aber waren die Leistungen des Vaters schlechtweg unerreichbar. […] Der Vater war dem Patienten, wie dieser sich ausdrückte, immer als ein ›*machtvoll-gütiges Wesen*‹ erschienen. Schon dieser Ausdruck trägt einen religiösen Charakter; wäre er hier nicht in Bezug auf einen Menschen gebraucht, so würde man ohne weiteres annehmen, daß von Gott (oder überhaupt von einem religiös verehrten Wesen) die Rede sei. Schon als Knabe – so erzählte B. weiter – habe er die Auffassung gehabt, *daß der Vater alles sehe.* Wir brauchen uns nur an das allsehende Auge Gottes zu erinnern, um zu bemerken, daß hier eine Tendenz vorliegt, den Vater zu einem höheren Wesen zu erheben. […] Im Alter von zirka 20 Jahren verlor der Patient seinen Vater durch den Tod.« (Über Einschränkungen und Umwandlungen der Schaulust, S. 338 f.) OS stand kurz vor seinem 21. Geburtstag, als sein Vater starb. Wie OS im Tagebuch erwähnt, kam die »Vergottung« des Vaters in der Analyse mehrfach zur Sprache; vgl. Eintragung vom 6. Februar 1913, S. 17.

Auch in seinem Roman »Der Vertriebene« beschreibt er den Vater mit den entsprechenden Attributen: »Der Papa, dem er nun in allem folgte, war wirklich wie der liebe Gott, gut, heiter und doch sehr mächtig.« (S. 17) An einer anderen Stelle identifiziert er den Vater mit Zeus: »Besonders gefiel ihm Zeus, der seinen finsteren Vater Kronos abgesetzt und dann ein Reich freundlicher Heiterkeit über die Erde gebracht hatte. Auf den Bildern sah er dem Papa ähnlich, wie er früher immer und jetzt noch manchmal war.« (S. 213) An mehreren Stellen wird die Überlegenheit und Macht des Vaters hervorgehoben, der »alles wußte« und »alles sieht« (S. 254). Bei Karl Abraham heißt es über den Patienten B. weiter: »Dieser – über den Tod hinaus fortdauernden – Verehrung und Vergöttlichung des Vaters stand eine äußerst affektvolle, aber durch lange Zeit dem Bewußtsein ferngehaltene Feindschaft gegenüber.« (S. 339) Möglicherweise hatte Abraham den Fall OS vor Augen, bei den Beschreibungen selbst stützte er sich auf Freuds Ausführungen über den Fall Schreber (Über einen autobiographisch beschriebenen Fall von Paranoia). Freud charakterisiert die Einstellung des Sohnes zu seinem Vater als eine merkwürdige Vermengung von »rebellischer Auflehnung mit verehrungsvoller Ergebenheit« (S. 286). Auch die Vergöttlichung des frühverstorbenen Vaters spielt bei Freud eine entscheidende Rolle (S. 287 f.).

10 *Lieflam* – In dem autobiographischen Entwicklungsroman »Der Untergang einer Kindheit« erwähnt OS eine schreckenerregende Erscheinung seiner Kindheit: einen Erddämon, »das Lieflamm« (S. 13). Auf dem Speicher des elterlichen Hauses nimmt Lothar, das Alter ego von OS, in einem dunklen Raum, während es furchtbar rauscht, »ein ungeheures erdbraunes Tier« wahr. OS schildert die Szene als Durchbruch einer immer schon gefühlten »fremden Welt«, die »alles Geordnete, alle Pfeiler der andern« zu verschütten droht. In dem Roman »Der Vertriebene« (1917) macht OS einen zweiten Versuch, seine Kindheit fiktional zu verarbeiten. Auch hier spielt das »Lieflamm« eine zentrale Rolle. Das Phantasma wird nun aber, unter dem Eindruck der Psychoanalyse, mit dem Vater identifiziert bzw. mit ödipalen Ängsten in Verbindung gebracht. Das Alter ego von OS, das wiederum Lothar heißt, erwacht aus einem Alptraum und erzählt dem herangeeilten Vater vom Lieflamm: »›Jetzt habe ich's ganz genau gesehen‹, rief Lothar erregt, ›ganz genau im Hohlspiegel. ›Was hast du gesehen?‹ ›Das

Lieflamm.‹ ›Was ist denn das?‹ ›Zu der Mama ins Bett ist es gekommen. Es hat einen furchtbar langen Bart über den ganzen Körper und sonst gar nichts an.‹« (S. 14) Und an anderer Stelle heißt es: »Es war ein vierfüßiges Tier, ging aber doch aufrecht wie ein Mensch; es hatte nichts an, aber auf dem Körper lauter dunkle Bärte.« (S. 21 f.) Die Gestalt des Lieflamms erscheint in dem autobiographischen Roman in direkter Verkopplung mit dem Vater. Eines Morgens beobachtet der kleine Junge den Vater im Bad: »Der Papa stand in einer Sitzbadewanne, und Lothar konnte manchmal bemerken, daß er auf dem ganzen Körper überall schwarze Bärte hatte.« (S. 5 f.) Der animalische Körper steht in auffälligem Gegensatz zum Gesicht. Lieflamm und Vater haben beide ein »furchtbar schönes Gesicht wie der liebe Gott« (S. 21). Freud hatte in der gerade erschienenen Arbeit »Totem und Tabu« ganz ähnliche Fälle angesprochen, immer ging es dabei um Angsttiere, die an die Stelle des Vaters treten. In der Abhandlung schreibt er, daß diese auf größere Tiere gerichteten Phobien immer ein identisches Bild gezeigt hätten: »die Angst galt im Grunde dem Vater, wenn die untersuchten Kinder Knaben waren, und war nur auf das Tier verschoben worden.« (S. 413)

10 *Defaecation im Wald* – Davon erzählt OS in »Der Vertriebene« (S. 51 ff.) und in »Geister«. Bei den sonntäglichen Waldspaziergängen ließ der Vater die Kinder (Oscar und Hedwig sind hier gemeint) »meist einige Minuten allein«: »Ganz ohne Furcht waren wir wohl nicht, denn genau so hatte es mit Hänsel und Gretel begonnen. Wenn wir den Papa hinter den Stößen gefällter Bäume verschwinden sahen und seine Schritte im knackenden Unterholz hörten, dann fragten wir uns wohl beide im stillen, ohne indessen solchem frevelhaften Zweifel Ausdruck zu geben, ob er auch ganz gewiß zurückkommen würde.« (S. 56)

Fortunio Instanz – Die dämonische Gestalt, die OS lange Zeit zur faszinierenden Leitfigur stilisierte. In seiner Autobiographie »Geister« schreibt OS, als Heranwachsendem sei ihm Fortunio das erstemal im Spielkasino von Bad Homburg erschienen: »Es war ein schlanker, magerer, erheblich älterer Junge, noch kein ganz Erwachsener. Er hatte dünne, etwas höhnisch gekräuselte Lippen und glänzende, schwarze Augen, die hochmütig auf mich herabblickten.« (S. 126) OS hat das Erlebnis 1909 in der Novelle »Fortunio oder Das andere Ich« verarbeitet. Fortunio wird hier zu einer Gestalt des Über-Ichs mit bedrohlichen Zügen: »Es stand ein außergewöhnlich schlanker, fast magerer, junger Mensch vor mir, biegsam wie die stählerne Klinge eines Floretts« (S. 10), der unaufhörlich mahnt: »›Werde wie ich, stark und klug!‹« (S. 17) Um den Zwiespalt seiner Natur zu überwinden und die dunkle Seite loszuwerden, versucht der Protagonist, Fortunio zu folgen, mit ihm eins zu werden, doch die »Zweiheit« bleibt bestehen. In »Der Vertriebene« heißt es, sein »tiefster Herzenswunsch« sei es gewesen, »dem Papa einmal zu beweisen, daß er seiner würdig war. Deshalb wollte er Fortunio gleichen.« (S. 160) Für OS sind Fortunio und Lieflamm, die helle und die dunkle Seite, die beiden Pole, zwischen denen sich seine Entwicklung vollzieht. In »Ergo Sum« schreibt er, daß in der Psychoanalyse bei Karl Abraham die »beiden dämonischen Traumgestalten Fortunio und das Lieflamm« sogleich zum Thema wurden (S. 189). Als OS 1916/17 eine psychotische Krise durchmachte, setzte er sich vor allem auch mit dem Fortunio-Konstrukt auseinander. In Briefen an Kubin kommt er immer wieder auf diese Figur und deren Rückwirkungen auf sein Ich zu sprechen. Am 25. November 1916 schreibt er: »Voll Angst vor d. Vater schuf ich mir diesen Fortunioüberbau, der ganz unecht war, während das natürliche Ich sich schon in's Dunkel verkroch. Mein ganzes Leben wurde nun eine ewige Spannung im Fortuniohaften & Entspannung im Infantilen. Beide Gegensätze lösten sich ab (und machten so als Ventile das Leben überhaupt möglich) aber konnten nie zusammen kommen. So konnte ich nie meine Kühnheit, Kraft & Freiheit (kurz mein Männliches) recht ausnutzen, weil es in die mir selbst verhaßte Fortuniolarve gehüllt war, ebensowenig konnte ich das kindlich unschuldige (mein Weibliches) in mir zum Ausdruck bringen, weil es die ekelhafte Larve der Infantilität trug. So huschten beide Hälften immer nur eilig aneinander vorbei, zeugten nur ganz flüchtig miteinander & flohen sich wieder, ehe wahre Einheit (Schaffen & Liebe) möglich war.« (Kubin-Archiv) In einem Brief vom 12. April 1917 spricht er von der endlich gelungenen »Entlarvung des Fortuniodämons« und der Aufdeckung eines »Scheinlebens«, das er über vierzig Jahre geführt habe (Kubin-Archiv).

10 *Massenbach, M. Claar, A. Sommers Freund Jäger* – Schulkameraden aus Bad Homburg bzw. Frankfurt am Main. Botho von Massenbach und Max Claar (in »Geister« wird er Eduard genannt) lernte OS auf der Schule in Bad Homburg kennen. Beide wurden von ihm verehrt und bewundert, er spricht sogar von einer »ausgesprochenen Verliebtheit« (S. 236). Carl August Sommer war ein

enger Freund auf dem Frankfurter Gymnasium. Der Vater, Professor Oscar Sommer, unterrichtete am Städelschen Kunstinstitut; vgl. Geister, S. 221. Wer mit »Freund Jäger« gemeint ist, war nicht zu klären.

10 *mephistophelische Koproswelt ... (wie im Schmugglersteig)* – »Der Schmugglersteig« ist die abschließende Erzählung aus dem Zyklus »Haschisch« (1902). In ihr wird die mephistophelische Koproswelt in alptraumhaften Bildern ausgemalt. Das Reale ist nur noch als obszönes Kuriositätenkabinett vorhanden, und selbst die guten Gedanken, die man wie Tiere in Spiritus eingelegt hat, befinden sich im Zustand der Auflösung, der Verwesung: Manche Gedanken »waren noch deutlich erkennbar und hatten die umgebende Flüssigkeit nur leise gefärbt, andere waren bereits formlos, gallertartig geworden, während die Flüssigkeit immer trüber schien; in einzelnen Gläsern befand sich nichts als ein formloser, mißfarbiger Brei« (S. 123). In dieser Welt des Zerfalls sind »reine Dichterworte, tiefsinnige Symbole, die Allmacht der Exkrete, erhabene Weisheitssprüche« mit »Unrat« bedeckt. Solche »Koproswelten« hat auch Karl Abraham immer wieder untersucht, so in dem Aufsatz »Zur narzißtischen Bewertung der Exkretionsvorgänge in Traum und Neurose« (S. 241 ff.).

Cesare Borgiawelt Fortunios – Cesare Borgia (um 1475–1507), der Sohn Alexanders VI.; Machiavelli beschreibt ihn in »Il Principe« als das Idealbild eines großen Renaissancefürsten, der mit »Grausamkeit die Romagna geordnet und geeinigt und ihr wieder Frieden und Ergebenheit gebracht« habe (Der Fürst, S. 68). Mit Fortunio entwarf OS einen ›Cesare Borgia‹, den er außerhalb seiner polaren Welt ansiedelte und der die dualen Kräfte, denen er sich hilflos ausgeliefert sah, bändigen sollte. (Vgl. Anm. *Fortunio Instanz* zu S. 10.) Doch die Vorstellung eines solchen Rettertypus gab er spätestens 1912 auf. Es gibt, so stellt er im »Brevier für Einsame« fest, keine Position außerhalb des polaren Weltgesetzes, vor allem aber sei die »Einheit der polaren Weltentzweiung im eigenen Selbst« (S. 271) eine Tatsache, die zuallererst anerkannt werden müsse, wenn man es zur »Harmonie« bringen wolle. Auch Cesare Borgia stehe nicht jenseits von Gesetz und Moral, von Gut und Böse, sondern sei »ganz und gar in einem Pol befangen [...], nämlich dem Bösen.« Wer sich mit dem polaren Weltgesetz eins weiß, der kann nichts anderes, als dieses Gesetz auch wollen.« (S. 271) Hintergrund dieser Anspielung auf Cesare Borgia ist eine Anmerkung Nietzsches in »Jenseits von Gut und Böse«: »Man mißversteht das Raubtier und den Raubmenschen (zum Beispiel Cesare Borgia) gründlich, man mißversteht die ›Natur‹, solange man nach einer ›Krankhaftigkeit‹ im Grunde dieser gesündesten aller tropischen Untiere und Gewächse sucht, oder gar nach einer ihnen eingebornen ›Hölle‹ –: wie es bisher fast alle Moralisten getan haben.« (S. 653) »Jenseits von Gut und Böse« gehörte zu den Lieblingslektüren von OS, die nicht nur an vielen Stellen im Tagebuch durchscheint, sondern aus der in dieser Zeit auch ganze Buchprojekte entstanden sind. Inspiriert von Nietzsches Anmerkungen über die Engländer und ihren »Mangel an Musik« (Jenseits von Gut und Böse, S. 719) schreibt OS sein Buch über England: »Das Land ohne Musik«.

10 *weiße Magie* – Die mittelalterliche Systematik der Magie unterschied zwischen höherer und niederer, weißer und schwarzer Magie (oder schwarzer Kunst, Schwarzkünstler); entscheidend war, ob es sich um gute oder böse Geister handelte. OS geht auf den Unterschied in »Psychoanalyse und Yoga« ein: Weiße Magie würde sich an eine äußere Ethik binden, schwarze stelle sich in den Dienst des Triebs (S. 41 f.).

20. 12. 1912

11 *(Lohnstein – Lohnschwein)* – Solche Namens- und Wortverformungen tauchen auch an anderen Stellen im Tagebuch auf. Ein möglicher Hintergrund sind die Assoziationsexperimente, die Abraham während seiner Arbeit bei Eugen Bleuler und C. G. Jung an der Kantonalen Heil- und Pflegeanstalt Burhölzli in Zürich kennenlernte. Bei diesen Experimenten gibt der Arzt ein Wort (Reizwort) vor, auf das der Patient möglichst spontan Worteinfälle (Reaktionen) artikulieren soll. Daß Abraham in den Anfangsjahren als Analytiker offenbar mit dieser Technik gearbeitet hat, geht aus seinen Schriften hervor; vgl. Traum und Mythus. Eine Studie zur Völkerpsychologie, S. 278 ff. Eventuell ist OS auch durch die Lektüre von Freuds »Zur Psychopathologie des Alltagslebens« angeregt worden. Hier finden sich zahlreiche Beispiele von Verschreiben und Versprechen, die ganz ähnlich gelagert sind wie Lohnstein – Lohnschwein, so die bekannte Entstellung Vorschein – Vorschwein (S. 52 ff).

»Üb immer Treu und Glauben« – Eigentlich: »Üb' immer Treu' und Redlichkeit bis an dein kühles Grab!«, aus dem Gedicht »Der alte Landmann an seinen Sohn« von Ludwig Hölty.

6. 1. 1913

11 *Baronin Arnswaldt* – Bertha Baronin von Arnswaldt (1850–1919) war lange Jahre eine enge Vertraute und Ratgeberin von OS, der sie 1909 in Berlin kennengelernt hatte und seitdem ständiger Gast in ihrem Salon war. Die Baronin stammte aus Frankfurt und besuchte jedes Jahr zur Weihnachtszeit ihre dortige Verwandtschaft. OS, der in der Regel die Feiertage bei seiner Schwester Mathilde (Tilly) verbrachte, fuhr in diesen Jahren gemeinsam mit der Baronin nach Frankfurt. In Berlin hatte OS im Hause Arnswaldt die Bekanntschaft des Arztes und Schriftstellers Carl Ludwig Schleich gemacht, der den Salon der Baronin in seinen Lebenserinnerungen »Besonnte Vergangenheit« porträtiert: »Bertha, Baronin von Arnswaldt, die Wittwe des bekannten welfischen Abgeordneten der Bismarckzeit, war eine von Gott und Natur mit aller Heiterkeit und jedem Charme des Herzens ausgestattete Frau, von echt ›Frankforterischem Gepräge‹ [...]. Es war ein bunt von Geistigkeit und Kunst schillernder Salon in bestem Sinne, vielleicht der letzte Salon Deutschlands, denn diese Art der freiesten, genußfrohesten Geselligkeit ist ja wohl für immer dahin. [...] Da war der Musiker Geh. R. Friedländer, der alle die köstlichen Anekdoten der Klassiker so anmutig erzählte, da Jacques Fränkel, der bedeutende politische Journalist, der, ursprünglich Musiker, so hinreißend von Bruckners Originalität zu plaudern wußte, da der geistsprühende Oscar A. H. Schmitz, der phantastisch hochbegabte Wolfgang Goetz, der Maler Heuser, Conrad Ansorge, Eduard v. Strauß, der so früh scheiden mußte, der überaus geistreiche und tiefe Leo Blech, Gustav Bergmann, der Sänger, wohl der hinreißendste Gesellschafter und genialste Improvisator herrlicher Belustigungen, ebenso bezaubernd am Flügel wie überwältigend in der Konversation, da vor Allem General Posselt, ihr Liebling.« (S. 315f.)

Tillys Ehe – Die Schwester Mathilde (Tilly) Schmitz (1880–1945) war in zweiter Ehe mit Ludwig Spier verheiratet. Eine Scheidung war schon in früheren Jahren erwogen worden; vgl. Ein Dandy auf Reisen, Anm. *diplomatisch gegen Tilly*, S. 451.

12 *Stammtisch im Café B* – Im Café Bauer in Frankfurt am Main traf sich der »Tisch der Geistreichen«, ein loser Zusammenschluß von Künstlern und Intellektuellen. An den Treffen nahmen zuweilen auch Arthur Pfungst, Martin Buber und Carl Muth teil.

[...] – Elf Zeilen im Manuskript ausgeschnitten (Vorderseite).

[?]

12 *[…] günst.* – Textlücke.
Szene mit Fritz – Fritz Herling war der erste Freund von OS. Beide lernten sich bei einem Spiel kennen, bei dem auch die Schwester Hedwig anwesend war. Sie machte den Vorschlag, Wasser in eine Grube zu gießen, anschließend bespritzten sich die Kinder mit Dreck. Dabei gerieten sie in einen solchen Taumel, daß sie außerhalb ihres Spiels nichts mehr wahrnahmen. OS schreibt: »Gerade mich, der das Dunkle abgeschworen hatte, erfaßte eine Trunkenheit, der ich heute versucht bin das Beiwort dionysisch zu geben. Mit beiden Füßen sprang ich in die Grube und stampfte rasend und heulend darin herum […]. Hedwig ergriff die Schippe und bewarf uns beide mit Kot, ebenfalls von dem bachantischen Taumel angesteckt.« Auf dem Höhepunkt stieß Fritz »mit dem Kopf in die Grube, und als er wieder auftauchte, spie er aus vollem Munde den Kot auf uns« (Geister, S. 88). OS sah darin einen Schlüsselszene seiner Kindheit: Seine Gedanken über Kot und die Koproswelt, die in den ersten Wochen der Analyse immer wieder auftauchten, haben – so glaubte er – hier ihren Ursprung. In »Geister« deutet er die Szene mit Fritz als Anfang vom Ende: Er habe sich der dunklen Welt, den triebhaften Impulsen hingegeben und sei – als Folge davon – vom Vater aus der lichten Welt als unwürdig verstoßen worden. Fritz wird zum Repräsentanten der dunklen Welt, die ihn fasziniert und gegen die er gleichzeitig – aus Liebe zum Vater – anzukämpfen versucht: »Fritz lebte tatsächlich in einer ganz andern Welt als wir. Vieles, was er erzählte, verstanden wir gar nicht und hörten einfach sprachlos zu.« (Geister, S. 94) Auch zur Sexualität hatte Fritz ein freieres Verhältnis. In einer weiteren Szene erzählt OS, daß ihn Fritz einmal aufgefordert habe, mit ihm zusammen zu urinieren und zu masturbieren (vgl. Ergo Sum, S. 92 f.; Der Vertriebene, S. 91 f.) Im selben Moment aber hatte er das Gefühl, »das Auge des Vaters aus der lichten Welt« würde auf ihn herabblicken: »Ich lief entsetzt davon, aber damit war die Sache nicht erledigt.« In der Beziehung zum Vater tritt nun eine merkliche Veränderung ein: »Seitdem er sich vor dem Fritz nicht mehr zu schämen brauchte, schämte er sich plötzlich ganz furchtbar vor dem Papa«, heißt es in »Der Vertriebene« (S. 94).
mit diesem …. – Textabbruch im Manuskript.

9. 1. 1913

12 *Erika* – Nähere biographische Daten nicht ermittelt. OS lernte Erika im Februar 1912 kennen; vgl. Ein Dandy auf Reisen, S. 265 ff. und Anm. *Erikas Mitteilung einer fausse couche*, S. 525. OS widmete seiner Freundin das Buch »Don Juan und die Kurtisane« (1914).
sich heraus, [...] – Elf Zeilen im Manuskript ausgeschnitten (Rückseite von 6. 1. 1913).

16. 1. 1913

In Frankf. hatte ich eines Abends beim Zubettgehen – Von dieser Szene im Hotel schrieb OS am 20. Januar 1913 an Alfred Kubin: Ich »war schon bereit zu schlafen und drehte das elektrische Deckenlicht aus, wobei gleichzeitig die Nachttischbirne erglühte. Während ich mich dann zu Bett legte und mein Blick über das Plumeau und die farbige Wolldecke fiel, war mir auf einmal als durchschaute ich plötzlich alle Rätsel des Lebens, vor allem war mir der Begriff der Ewigkeit so selbstverständlich und klar und die Möglichkeit der einmalig-zeitlichen Zufälligkeit des Lebens so absurd, daß ich gar nicht sah, daß auch nur ein Zweifel möglich sei. Übrigens schien mir die Welt aufs Beste und die einzig mögliche Art geordnet [...], einige Sekunden, aber ein Glücksgefühl ist nachgeblieben. Übrigens eine Ähnlichkeit mit dem Sexuellen fand ich nicht, eher mit dem (bei mir meist euphorischen) Zustand post coetum.« (Kubin-Archiv) In diesem Brief berichtete OS auch von einem Traum, den er später in »Ergo Sum« (S. 178 f.) zu einem Initiations- und Schlüsselerlebnis stilisiert. Im Brief an Kubin heißt es: »Auch einen sonderbaren Traum hatte ich neulich: auf einer nächtlichen Wanderung durch Nordberlin, mit irgendwie sexuellen Unterströmen, ging ich plötzlich mit Dauthendey an einem Friedhof entlang (vgl. D. d. Geist meines Vaters) in dessen Mitte ein antiker Kuppelbau stand, in dem eine Sternwarte war (Horoskop.) Das alles hatte sonderbare Namen, Casinofriedhof, Casinosternwarte (In B. heissen die eleganten Nachtlocale *Casinos*: Nollendorfcasino, Lindencasino etc). Ich sagte zu Dauthendey: sehen Sie, das hat gerade noch gefehlt, jetzt hat Berlin auch seinen Casinofriedhof. Dann war ich allein, es war gegen Morgen und hell. Links, unterhalb der Straße lag eine halb verfallene, wie zusammengekauerte graue Bauernkirche, ein bißchen russisch. Eine aus aufeinander gelegten Steinen bestehende Treppe führte hinunter. Daran grenzte ein zerfallener Kreuzgang, dessen Pfeiler unter

Wasser standen. Ein bräunlicher Wagen voll alten Gerümpels kam herangefahren, hielt vor der Treppe und zwei Männer luden einen schweren Kasten ab; erst hielt ich es für einen Violoncellokasten, dann war es ein Sarg. Sie trugen ihn im dumpfen Morgenlicht in die Kirche. Ich aber fand: Man sieht doch auch in Berlin mystische Vorgänge, wenn man nur achtgiebt und ich dachte: das müßte Alfred sehen.« In »Ergo Sum« wirft OS Abraham vor, er habe diesen Traum damals nicht richtig gedeutet und nur den »erotischen Gehalt« gesehen (S. 180). Dabei handelte es sich aber um einen »prophetischen« Traum, wie er an »Lebenswendepunkten« (S. 179) eintritt, deutbar nur für den »Kenner der Traumwelt« (S. 178), der die »Weisen aller Religionen« (S. 179) zum Vorbild nimmt. Damit war C. G. Jung gemeint, dem als »Erkenner des Werdenden aus dem Vergangenen« »Ergo Sum« gewidmet ist. Jung hatte seine Art der Traumdeutung in dem 1912 erschienenen Buch »Wandlungen und Symbole der Libido« beschrieben. OS erwähnt die Abhandlung erstmals in dem 1923 erschienenen »Brevier für Weltleute« (S. 351), einzelne Stellen im Tagebuch legen jedoch nahe, daß er den Text schon vorher kannte; vgl. Anm. *Eifersucht auf Mutter. Der Vater soll dies nicht mit ihr thun* zu S. 168 und Anm. *Lieflamm = Vaterurbild* zu S. 168. In Jungs »Wandlungen und Symbole der Libido« heißt es, der Geist würde »in Phantasien, das Uralte träumend« (S. 43) wiederholen; im phantastischen Denken und Träumen sei die einmal manifest gewesene archaische Geistesart noch immer präsent. OS verdeutlicht das an den in seinem Traum vorkommenden Details: die Bauernkirche, der Kuppelbau. Der Traum bedeute »Umkehr«, zurück zu den »einfachen Gefühlen« (Ergo Sum, S. 180).

12 *diesen Zustand, den Alfr. öfters geschildert hat* – Gemeint ist der Zeichner, Illustrator und Erzähler Alfred Kubin (1877–1959). Der Freund und Schwager von OS (Kubin war mit Hedwig Schmitz verheiratet) wurde in diesen Jahren zum engen Vertrauten und intimen Gesprächspartner. OS fuhr in regelmäßigen Abständen zu ihm nach Schloß Zwickledt in Oberösterreich, oberhalb Wernsteins am Inn. In seinen Erinnerungen und Notizen hat Alfred Kubin immer wieder mystische Erlebnisse beschrieben. In »Aus meinem Leben« schildert er, wie er sich mittels Meditations- und Atemübungen systematisch in derartige Zustände zu versetzen suchte: »Im Walde versteckt, auf einem Streuhaufen oder meiner Lodenpelerine hockend, zog ich den Atem in der vorgeschriebe-

nen Weise ein, bis in mir alles ganz sonderbar still wurde, das Säuseln des Windes, Vogelstimmen, wie aus unendlicher Ferne nur noch leise ans Unterbewußtsein anklangen; schwanden auch die letzten fremden Geräusche, wurde der Faden der Empfindung noch dünner, dann war eine grauweiße Helligkeit alles, was ich noch von mir spürte.« (S. 55 f.)

12 *Gestern Brief von A. … Horoskop sagt ihm für 1914/15 so schwere Katastrofen voraus* – Der Brief von Kubin über das Horoskop ist nicht erhalten. Am 20. Januar 1913 antwortete OS: »Was Du mir über das Horoskop schreibst, hat mich sehr erschüttert d.h. weniger das Horoskop, als daß Du Dich so widerstandslos der schlechten Constellation überlassen und mit 37 Jahren sterben willst, während doch jeder Astrolog, Magier und Mystiker sagt, daß der Wille die schlechten Einflüsse zu schwächen, die guten zu stärken vermag. Bedenke daß Dir nach 1914/15, falls Du es überlebst ein ungeheurer Aufstieg vorausgesagt ist. Willst Du auf den verzichten? […] Auch mir ist, als ich dies las, erst bewußt geworden, wie ich Dich liebe und daß mein augenblickliches Leben überhaupt ohne Dich und Zwickledt unhaltbar wäre. Nur weil ich bei Dir immer wieder zu den Müttern hinabsteige, ist es mir möglich mein Berliner Leben ungefährdet zu führen und alle die äußeren Dinge so spielend zu erledigen, weil sie ja für mich nicht das wirkliche sind.« (Kubin-Archiv) In »Ergo Sum« heißt es, daß Kubin »damals unter starken Depressionen« litt (S. 180). Mehrfach lud ihn OS nach Berlin ein, im März 1913 hielt er sich für zehn Tage in der Stadt auf.

13 *Anni* – Die Berliner Photographin Anny Eberth, die OS im Sommer 1911 in Beirut kennengelernt hatte. Zwischen beiden entwickelte sich eine heftige Liebesgeschichte, die Mitte 1912 endete. Das Verhältnis kommt ausführlich im Tagebuch zur Sprache; vgl. Ein Dandy auf Reisen, S. 234 f. und Anm. *Frau Dr. X*, S. 505 f.

In der Nacht träume ich, ich müsse Kot essen – Karl Abraham berichtet in seinem »Versuch einer Entwicklungsgeschichte der Libido auf Grund der Psychoanalyse seelischer Störungen« von einem Patienten, den zwanghafte Träume und Phantasien plagten, er müsse »herumliegenden Kot« essen. Das Kotessen dieses Patienten, der sich vor einiger Zeit von seiner Geliebten getrennt hatte, deutete Abraham »als Ausdruck der Tendenz, das als Kot ausgestoßene Liebesobjekt dem Körper in Gestalt von Kot wieder einzuverleiben. […] Wir verstehen […] den Antrieb zum

Kotessen *als einen kannibalischen Impuls zum Verzehren des getöteten Liebesobjekts.«* (S. 135) Ein anderer Patient habe »die Vorstellung vom Kotessen verknüpft mit der Vorstellung der Strafe für schwere Schuld« (ebd.). Kot-Träume spielen bei OS auch in »Der Vertriebene« eine Rolle (vgl. S. 161).

13 *daß der Kot die niedere … Erotik meint … als Typus ganz die niedere* – Auch dieser Gedanke geht vermutlich auf Abraham zurück, der die libidinösen Regungen, die der Anal- und Urethralerotik angehören, mit »sadistischen Antrieben« verknüpft sieht (Versuche einer Entwicklungsgeschichte, S. 119). Der Kot repräsentiere »die mit Ekel abgelehnte Person« (S. 180).

Geheimratstochter & eleg. Dame – Der Vater von Anny Eberth war Geheimrat; vgl. Ein Dandy auf Reisen, S. 265. Im Tagebuch wird des öfteren ihre elegante Kleidung hervorgehoben; vgl. ebd., S. 274.

[…] – 21 Zeilen aus dem Manuskript herausgeschnitten.

Im Winter vor vollendetem 20. Jahr[…] – Die herausgeschnittenen Zeilen beziehen sich wahrscheinlich auf eine in »Geister« (S. 75 ff.) und in »Der Vertriebene« (S. 394 ff.) berichtete zentrale Auseinandersetzung mit dem Vater. OS stand damals unter dem Einfluß eines Dr. Berner, eines Arztes, der seine Praxis aufgegeben hatte und sich in der Boheme mit einer radikalen Gesellschaftskritik, insbesondere an Ehe und Familie, hervortat. Als der Vater ihn bei einem Besuch kennenlernte, war er entsetzt vom Umgang seines Sohnes. Die Ansichten Berners bezeichnete er als »irrsinniges Zeug« (Der Vertriebene, S. 395). In OS stieg damals »aus dunkeln, nie geöffneten Gründen seines Inneren eine Wut auf, vor der ihm selbst graute«. Zum erstenmal rebellierte er gegen den Vater und setzte sich von ihm ab. In »Der Vertriebene« heißt es: »Ich bin deine willenlose Kreatur. Ich habe ja niemals einen Schritt gemacht oder einen Gedanken gehegt, ohne in deinen Spuren zu gehen. […] Ich muß fort von dir, von deinem Einfluß. Weiß Gott wohin, nur fort!« (S. 395)

[…] – Zwanzig Zeilen aus dem Manuskript herausgeschnitten (Vorderseite).

[Don Juanismus] – Randbemerkung; Absatz seitlich angestrichen.

[…] – 20 Zeilen aus dem Manuskript herausgeschnitten (Rückseite).

21. 1. 1913

Seit jenem myst. Erlebnis in Fr. – Vgl. Anm. *In Frankf. hatte ich eines Abends beim Zubettgehen* zu S. 12.

13 *Wirklichkeit ... am meisten in Zwickledt* – In seinen »Erinnerungen an Oscar A. H. Schmitz« berichtet Alfred Kubin in anekdotischer Form von den Treffen in Zwickledt in den »Jahren der Klärung«. Schon auf dem Bahnhof kam es, so Kubin, »regelmäßig nach den ersten Begrüßungsworten ungefähr zu folgendem Gespräch: Oscar: ›Nun, spürst du nichts? Merkst du mir garnichts an?‹ Ich: ›Ja, mir scheint doch, eine neue Krawatte? Oder nein, du hast dir das Haar kräuseln lassen!‹ Oscar: ›Ach was, mach doch keine Witze, ich fühle mich viel freier, es ist alles ganz anders – seit gestern. Es wäre mir einfach nicht mehr möglich, dem Hoteldirektor einen derartigen Krach zu machen wie noch vor ein paar Tagen, als er mir von dem Kellner diesen infamen Saufraß vorsetzen ließ‹, usw. Die empfundene Beherrschung gehörte zu den segensreichen Folgen der Psychoanalyse, welche den Komplex auflöste.« (S. 100)

14 *Louisas Mund* – Gemeint ist Louisa Schmitz, geb. Hoby, die zweite Frau von OS; vgl. Die wilden Jahre der Boheme, S. 195 f.

Castrationsträume – Auch in dem von Abraham dargestellten Fall des Patienten B in »Über Einschränkungen und Umwandlungen der Schaulust« spielen solche Träume und Ängste eine Rolle. Abraham verbindet die Kastrationsangst mit einer Kindheitsszene: »Der Patient hatte als neunjähriger Knabe einmal seinen Vater nackt gesehen und mit großem Interesse dessen Genitalien betrachtet.« Eine ähnliche Szene schildert OS in »Geister« und in »Der Vertriebene«; vgl. Anm. *Lieflam* zu S. 10.

Vater ... gewisse hygien. Praktiken – In »Der Vertriebene« schreibt OS: »Der Papa zog ihm sein Schlafröckchen an, führte ihn hinaus und lehrte ihn, wie ein großer Bub allein ›das Häuschen‹ besucht. Dann führte er ihn ins Schlafzimmer zurück, knöpfte ihm das Hemdchen auf, ließ es bis an die Hüften hinab und band dann die beiden Ärmel in einer Schleife über dem Leib zusammen. Dann mußte sich der Bub allein Gesicht, Ohren, Hals und Hände waschen.« (S. 6 f.)

Bett – Schlaf – Nacht ... langes Leben – Solche Assoziationsexperimente spielten offenbar in der Analyse eine Rolle und wurden wahrscheinlich von Abraham angeregt; vgl. Anm. (*Lohnstein – Lohnschwein)* zu S. 11.

22. 1. 1913

Botho v. Massenbach – Vgl. Anm. *Massenbach, M. Claar, A. Sommers Freund Jäger* zu S. 10. In »Geister« heißt es über den Homburger Schulfreund: »Unter den heimlich Bewunderten befand sich einer namens Botho. Als ihn Herr Dombach eines Tages neben mich setzte, glaubte ich vor Glückseligkeit überzufließen. Er hatte ziemlich langes, braunes Haar, das ihm etwas ins Gesicht fiel. Die feinen, schlanken Hände und die mandelförmigen Augen entzückten mich. Meist trug er weiße Matrosenanzüge von ganz besonderem Schnitt.« (S. 104) In einer anderen Darstellung spricht OS in bezug auf Botho von Massenbach von einer »ausgesprochenen Verliebtheit«, einmal habe er »Botho geküßt« (Der Vertriebene, S. 236 und 234).

14 *Schuldgefühl, daß ich die Mutter nicht genug liebte dann auf den Bruder* – In »Geister« schreibt OS, daß ihn in seiner Kindheit immer das »böse Gewissen« quälte, er habe die Mutter »nicht lieb genug. In Wahrheit hatte ich sie lieber, als sich mein dauernd von ihr gekränkter Stolz je zugestand, aber in einer noch so kindlichen Weise, daß ich, ohne es mir zugestehen zu können, im geheimen das Brüderchen um die mütterlichen Liebkosungen beneidete, die ich trotzig zu verachten schien.« (S. 85)

15 *schlechtes Gewissen wegen geheimer, meist sex. Gedanken* – In den Kindheitserinnerungen von OS spielen die geheimen sexuellen Gedanken eine große Rolle. Sexuelles habe er in einem bestimmten Alter nur noch mit seinen Freunden besprochen, wodurch sich eine Distanz zum Vater entwickelte. In »Der Vertriebene« schreibt er, daß er dem Vater gegenüber »immer verlegener« wurde. »Er wagte oft nicht, ihm in die Augen zu sehen und errötete leicht.« (S. 94) In »Geister« heißt es: »Ich hatte das deutliche Gefühl, daß schon mein Wissen von der dunklen Seite der Welt ein Frevel war.« (S. 83)

Angst … die herausbrach in m. 4. Semester – Es handelte sich um die Auseinandersetzung mit dem Vater nach dem Besuch des Freundes Dr. Berner im Winter 1893; vgl. Anm. *Im Winter vor vollendetem 20. Jahr*[…] zu S. 13.

nachfolgende Zeit in Rom – 1894 hatte sich OS ein halbes Jahr in Rom aufgehalten und als Gasthörer kunsthistorische Vorlesungen belegt. Den Besuch des Vaters im April erinnerte OS als ein glückliches Zusammentreffen: »So erschien er denn Mitte April einige Tage vor meinem Geburtstag, und ich habe die Genugtuung, der ich ihm früher die schwersten Sorgen gemacht, ihm kurz vor seinem bald plötzlich eintretenden Tod einmal aus eigenen Kräften einige Wochen bereitet zu haben, die er zu den schönsten seines Lebens rechnete. In der Colonnette eroberte er mit seinem heimatlichen Humor und den österreichischen G'stanzeln und Schnadahüpferln, die er anläßlich meines Geburtstages in einer Osteria zur Gitarre sang, sofort alle Herzen. Oft habe ich der Tragik nachgesonnen, daß ich ihn verlieren mußte, gerade als er mein bester Freund geworden war, aber heute weiß ich, daß dieses schöne Verhältnis wieder manchen Stoß erlitten haben würde, wenn er meine späteren Jahre miterlebt hätte« (Dämon Welt, S. 88 f.).

15 *Vaterverehrung & Mutterablehnung ... Abwehrgefühle gg. Inzest* – Karl Abraham stellt diesen Gedanken in der Arbeit »Über neurotische Exogamie« dar, die er zum Zeitpunkt der Eintragung (Anfang 1913) schrieb. Um sich vor »inzestuösen Neigungen« zu schützen, richte der Sohn seinen Haß »vorwiegend auf die Mutter« (S. 385).

23. 1. 1913

Geburt des Bruders – In seinen Erinnerungen schildert OS, daß sich mit der Geburt des Bruders sein Verhältnis zur Mutter abkühlte. In »Der Vertriebene« schreibt er, daß er mit der Mutter von nun an nichts mehr zu tun haben wollte (S. 79 f.).

Der dunkle, behaarte Vater – Vgl. Anm. *Lieflam* zu S. 10.

Lieflamm ... Göttergesicht – Vgl. Anm. *Lieflam* zu S. 10.

5tägige Reise i. d. Odenwald. Nach der Heimkehr Tränen – In »Geister« berichtet OS ausführlich von dieser Reise im Sommer 1880 »an die Bergstraße, sowie nach Heidelberg und Mannheim [...]. Ich erhielt einen englischen Reisestrohhut mit einem Staubschleier nach der damaligen Mode. Anfangs beglückte mich das. Später wurde dieser Hut zum einzigen Stachel meines Reiseglücks, denn unterwegs forderte er nicht selten den Spott der Straßenjugend heraus. Heroisch versuchte ich mich damit zu ermutigen, daß Papa einen ähnlichen Hut trug. Wir fuhren über die reizenden Mainstädte Aschaffenburg und Miltenberg, wanderten ein wenig über Amorbach, Michelstadt, Erbach und Eberbach am Neckar. [...] Am nächsten Tag fuhren wir nach Heidelberg. Das war der Höhepunkt der Reise. Papa sprach zu mir wie mit einem Erwachsenen, ich durfte ihn alles fragen. Oft war ich nahe daran, ihm eine Generalbeichte abzulegen, aber dann fürchtete ich immer, alles Schöne aufs Spiel zu setzen. [...] Nach den Lichttagen der Reise mit dem Papa lehnte ich den Alltag des Hauses, dessen Mittelpunkt die stets besorgte, allzu besorgte Mutter war, besonders hochmütig ab. Als sie mich so verstimmt sah [...], sagte sie auf einmal mit ganz veränderter Stimme: ›Übrigens recht erfreulich für eine Mama, daß ihr Kind so ungern wieder bei ihr zu Hause ist.‹ Damit war der empfindlichste Punkt bei mir getroffen. Ich konnte kaum die Tränen zurückhalten.« (S. 110–112)

16 *fürchten des Tags, nicht aufstehen wollen etc.* – Ein Phänomen, auf das Abraham in seiner Arbeit »Über Einschränkungen und Umwandlungen der Schaulust« eingeht: »Man findet [...] bei den Neurotischen weit häufiger, daß sie Angst vor dem Tag haben – besonders am Morgen beim Erwachen« (S. 353).

Vatercult = Ursache jeder heroïschen Weltauffassung – Diese Aussage spielte wahrscheinlich in der Analyse eine Rolle. Freud hatte in der 1911 erschienenen Schreber-Analyse über den Vaterkult bei den Römern gesprochen und behauptet, daß alle göttlichen Gestalten ursprünglich im Vaterbild wurzeln: »Den alten Völkern standen ihre Götter menschlich näher. Bei den Römern wurde der verstorbene Imperator regelrecht deifiziert.« (Über einen autobiographisch beschriebenen Fall von Paranoia, S. 287)

24. 1. 1913

Geldbeziehungen untersucht – Ein Thema, das möglicherweise auch in der Analyse zur Sprache kam. Sowohl Freud als auch zahlreiche seiner Schüler hatten sich mit dem Verhältnis des Neurotikers zum Geldbesitz beschäftigt. Im Mittelpunkt stand dabei der neurotische Geiz, das Zurückhalten des Geldes, das mit analen Charakterzügen in Zusammenhang gebracht wurde. Karl Abraham veröffentlichte 1917 einen Aufsatz, der das umgekehrte Phänomen, das Geldausgeben, zum Ausgangspunkt nimmt; vgl. Das Geldausgeben im Angstzustand, S. 61–63.

Geldhinauswerfen ... des Großvaters – In »Geister« berichtet OS, daß der Großvater große Summen für Bilder und Altertümer ausgab. »Zwischen der Lebensweise der Großeltern und der unsrigen fühlten wir Kinder früh einen merklichen Unterschied. Bei uns war alles auf eine solide Bürgerlichkeit zugeschnitten, die Wohlstand lieber verbirgt, als zeigt. Bei den Großeltern dagegen verschmähte man nicht Üppigkeit, ja eine gewisse Großartigkeit des Lebensstils, ohne indessen den bürgerlichen Rahmen aufzugeben.« (S. 41 f.)

den närrischen Teil, Richard geerbt – Der Bruder Richard Schmitz geriet immer wieder in finanzielle Verlegenheiten und beanspruchte Vorschüsse aus dem von OS verwalteten Familienvermögen; vgl. Ein Dandy auf Reisen, Anm. *Vermögensverwaltung*, S. 383.

16 *Ich habe das Erbteil der Großmutter, die im kleinen sorglos, flüchtig Buch führte* – Ein solches Buch, in dem OS Einnahmen und Ausgaben sowie Forderungen gegenüber den Geschwistern festhielt, hat sich im Nachlaß erhalten.
Die[...] – Eine Seite herausgerissen.

[?]

[...] mich – Textlücke; Anschluß unklar.
Das Abends nicht allein sein können: weil die Eltern nicht da sind – OS schildert in seinen Erinnerungen zahlreiche einschlägige Szenen. Einmal habe Dina, die Köchin, den Kindern gesagt, die Eltern würden vor Mitternacht nicht zurückkehren: »Zunächst heulte ich laut auf und wälzte mich am Boden, beherrschte mich dann aber schnell, als uns Dina das Nachtessen hereinbrachte. Ich vermochte nicht einzuschlafen in der schwülen Nacht. Mehrmals rief ich nach Dina, fragte immer wieder, ob denn die Eltern noch nicht da seien, und wollte ganz genau wissen, was sie beim Weggehen der Köchin hinterlassen hätten. Ich müsse ihnen nämlich heute abend noch etwas sehr Wichtiges sagen. So glaubte ich mein kindisches Benehmen verschleiern zu können.« (Geister, S. 79) In »Der Vertriebene« spricht er von einer »großen Traurigkeit, die sich gegenstandslos oft gegen Abend einstellte« (S. 41).
Kinderangst beim Einschlafen – Schon als Kind habe er Angst vor dem Tod gehabt und nachts nicht schlafen können, erzählt OS in »Geister«. Aus Angst sei er einmal mit seiner Schwester zusammen ins Bett gegangen. »Als die Eltern zu Bett gingen, fanden sie uns schlafend. Sie trennten uns und verboten uns am nächsten Tag, daß wir uns zusammenlegten. ›Wir haben uns so vorm Sterben gefürchtet‹, bekannte Hedwig offen. Ich schämte mich sehr.« (S. 69)
Ausgeschlossensein, das nicht dabei sein dürfen – In Bad Homburg führten die Eltern ein geselliges Leben mit zahlreichen Festen und Empfängen. »Von solchen Festen bekamen die Kinder nie mehr zu sehen als die Vorbereitungen. Ehe die Gäste kamen, deren lautes Reden und Lachen auf den Treppen sie vernahmen, wurden sie zu Bett gebracht [...]. Aber sie lagen lauschend im Bett und stellten sich die Gäste, die sie über sich hörten, rings um die festliche Tafel vor. Manchmal schlichen sie in das Schlafzimmer der Eltern, um die Pelze und Spitzentücher zu sehen, welche die Damen dort abgelegt hatten.« (Der Vertriebene, S. 37)

17 *Bedeutung des Sonntags* – In der Kindheit, heißt es in »Geister«, war der Sonntag »der Tag des mit mannigfachen vergnüglichen Fähigkeiten begabten Vaters« (S. 75). Am frühen Morgen machte der Vater mit den Kindern einen Waldspaziergang, mittags kamen zum Essen häufig Gäste: »Nachmittags pflegte Papa auf alle unsere Anliegen einzugehen. Besonders gerne veranlaßten wir ihn, seinen Malkasten herbeizuholen und in die Bilderbücher allerlei Gestalten einzufügen« (S. 74). Später, so OS, habe er oft die »Sonntagsmelancholie« (S. 73) als vorherrschendes Gefühl empfunden.

5. 2. 1913

Neigung z. Geheimnis … Geheimnis der Eltern … Geheimnis jeder Tür – Immer wieder kommt OS in seinen Kindheitserinnerungen auf Geheimnisse zu sprechen, die seine Phantasie erregten: »Eine grüne spanische Wand im Schlafzimmer der Eltern schien das letzte, nun ehrfürchtig geachtete Rätsel zu verhüllen, und jede Tür, hinter der die Eltern zusammen verschwanden, blieb geheimnisvoll; aber das war schön so, das sollte nun gerade so sein.« (Der Vertriebene, S. 22)

Fürst Kraminsky = Großpapa – Fürst Casimir Kraminsky ist eine Figur aus dem Boheme-Roman »Wenn wir Frauen erwachen …« Im vierten Kapitel des ersten Teils wird der Fürst als ein Original der Schwabinger Szene vorgestellt: »Auf einem Esel saß eine in ein großes Cape gehüllte Gestalt mit einem glattrasierten, sehr ausdrucksvollen Gesicht und darüber einem dunklen Tuchbarett, wie es Richard Wagner zu tragen liebte. […] Aus den Falten des Capes wickelte sich eine elegante, weiße Hand mit einem milchig grün und goldnen persischen Türkis, faßte nach dem Barett und lüftete es ein wenig.« (S. 216 f.) Die Protagonisten des Romans, Hermann und Amélie, mieten sich im Haus des Fürsten Kraminsky ein. Vorbild für dieses Haus ist das »Eckhaus« (Kaulbachstraße 63), in dem zwischen 1903 und 1906 Franziska zu Reventlow, Bohdan von Suchocki und Franz Hessel zusammenlebten. In »Dämon« schreibt OS, daß die Gestalt des Fürsten Kraminsky manche Züge von Alfred Schuler trage (vgl. S. 297). Auch Bohdan von Suchocki war ein Vorbild für die Figur. Die Verbindung zum Großvater ergibt sich vor allem aus der Wohnungseinrichtung sowie aus den skurrilen Vorlieben und merkwürdigen Marotten des Fürsten.

Hermann – Eine der Hauptfiguren in »Wenn wir Frauen erwachen …«, die Verkörperung des dilettierenden Künstlers, der vielfältige Ideen hat, sich in allen Richtungen versucht, aber nichts zustande bringt, ein Versager, der eigentlich lebensuntüchtig ist. Ganz ähnlich schildert OS seinen jüngeren Bruder Richard; vgl. Geister, S. 204 ff.

17 *Cornelius … ganz d. Sohn meines Vaters* – In der Figur des Dr. Paul Cornelius aus »Wenn wir Frauen erwachen …« porträtiert OS sich selbst und sein Leben in der Schwabinger Boheme. Zugleich ist Cornelius eine Wunschfigur, ein – im Gegensatz zu den anderen Personen des Romans – pragmatisch denkender Mensch, der fest im Leben steht. Im Unterschied zu OS hat er sein Studium erfolgreich absolviert, seinen Doktor gemacht und eine finanziell unabhängige Existenz begründet. Cornelius verkörpert auf ideale Weise die väterlichen Wünsche und Erwartungen.

6. 2. 1913

Schautrieb d. Vater gegenüber durch Ehrfurcht völlig verdrängt – In »Geister« bezieht sich OS vor allem auf die »andere dunkle Seite, von der ich mich lange Zeit ängstlich wegwendete, als sei sie nicht vorhanden, obwohl sie gerade die ursprünglich wahrgenommene und unter Schauern erlebte Seite des Vaters war« (S. 31).

Vergottung – In seiner Arbeit »Über Einschränkungen und Umwandlungen der Schaulust« hebt Karl Abraham an dem Patienten B eine bemerkenswerte Vater-Identifikation hervor, die auch auf OS zutrifft; vgl. Anm. *Auch Vater hat dunkle Seite … Sein Animalisches* zu S. 10.

Elementarwesen … Göttergesicht – Anspielung auf die Gespaltenheit des Vaters; vgl. Anm. *Lieflam* zu S. 10.

Olympier – In »Der Vertriebene« (S. 213) wird der Vater auch als Zeus bezeichnet.

7. 2. 1913

18 *Mutter … unharmonisch* – In »Geister« heißt es: »Das unharmonische Wesen meiner Mutter findet seine Erklärung durch die Art ihrer Mutter, meiner Großmama. Diese hat sie während ihrer ganzen Kindheit gefürchtet. Die Verheiratung war für sie die Befreiung von einem schweren Druck, aber da sie nun einmal nicht gelernt hatte, ohne einen solchen zu leben, schuf sie sich einen neuen in den Aufgaben ihrer Ehe.« (S. 35)

[…] – Die folgende Seite fehlt im Manuskript.

[?]

18 *[...] Geruch* – Textlücke.
Eau d. Col. – Die morgendliche Toilette des Vaters hat OS in seinen Erinnerungen ausgiebig beschrieben: Am Ende besprengte er sich »mit einigen Tropfen Eau de Cologne und man sah nichts mehr von dem beängstigenden schwarzen Mann« (Geister, S. 32).

12. 2. 1913

19 *Stürzen in die Ehen & das Blindseinwollen Anni gegenüber* – Gemeint sind die Ehen mit Nina Burk (1901) und Louisa Hoby (1905). Beide ging OS spontan ein, und beide hielten jeweils nicht ganz ein Jahr. Die plötzliche rückhaltlose Liebe zu Anny Eberth wird in den Tagebuchaufzeichnungen vom 9. August 1911 ff. geschildert; vgl. Ein Dandy auf Reisen, S. 234 f.
Der Narcissism. begehrt gleichzeitig die Anbetung & verachtet dann die Anbeterin – Dieser Zusammenhang war wahrscheinlich ein Thema in der Analyse. Freud bereitete zu dieser Zeit die Arbeit »Zur Einführung des Narzißmus« (1914) vor. Im dritten Kapitel schreibt er von der kränkenden Abhängigkeit des Narzißten in der Objektliebe, die er als herabsetzend und demütigend erfährt und die schließlich zur Verachtung des Liebesobjekts führt (S. 65 ff.).
Moly – Unklar, wer hier gemeint ist.

13. 2. 1913

bei Max. (Reinach) – Nicht ermittelt.
Hedw. Paschke – Nicht ermittelt.
Dr. Mansfeld, dem Africaner – Der Stabsarzt und Bezirksamtmann Alfred Mansfeld (1870–?). 1896 nahm er an einer Studienreise nach Marokko, Kongo und Südwestafrika teil, 1898–1900 an einer Expedition nach Zentralbrasilien und 1900/01 an einer China-Expedition. Zwischen 1904 und 1907 war er als Verwaltungsbeamter in Kamerun tätig und beschäftigte sich in dieser Zeit mit den Sitten und Gebräuchen der Eingeborenen. 1908 erschien »Urwald-Dokumente. Vier Jahre unter den Crossflußnegern Kameruns«.
Pschorr – Pschorr-Bräu, eines der Stammlokale von OS am Potsdamer Platz.
finsteren [...] – Vier Zeilen fehlen (Vorderseite).

20 *Bezieh[...]* – 4 Zeilen fehlen (Rückseite).

20 *meine fantast. Geschichten* – Vgl. dazu die Erzählungen aus dem Zyklus »Haschisch« und »Herr von Pepinster und sein Popanz«.

25. 2. 1913

21 *nicht hübschen Äußeren (z. B. im Vergleich mit Botho)* – In »Geister« schreibt OS, daß er als Heranwachsender viel Wert auf sein Äußeres zu legen begann, »aber nicht aus gewöhnlicher, sondern aus einer negativen Eitelkeit. Ich war nämlich überzeugt von meiner Häßlichkeit, und deshalb glaubte ich einer besonderen äußeren Pflege zu bedürfen, um gerade noch erträglich zu werden. Was mir aber an mir selbst so sehr mißfiel, war meine gesunde Bubenhaftigkeit, verglichen mit der mädchenhaften Zartheit eines Botho oder Otto« (S. 238); vgl. Anm. *Botho v. Massenbach* zu S. 14.

E. Hochstetter – Ernst Hochstetter; vgl. Ein Dandy auf Reisen, S. 81; Tagebucheintragung vom 10. Oktober 1907; nähere biographische Daten nicht ermittelt.

den von d. Mutter bes. ausgehenden Zwang, mich dürftig (geflickt) anzuziehen – In »Geister« wirft OS der Mutter »Sparwahn« vor, der in der Frankfurter Zeit dazu geführt habe, daß die Kinder mit geflickter Kleidung herumgelaufen seien (S. 180). Später berichtete er allerdings, daß er schon mit vierzehn Jahren über eine extravagante Garderobe verfügte (vgl. S. 240 ff.).

durch correcte Kleidung Sicherheit – In »Dämon« schreibt OS: »[…] man macht Gesellschaft und Eleganz nicht zum Gegenstand des Träumens und Dichtens, und man schreibt kein ›Brevier für Weltleute‹, wenn man nicht im Grund ein ungeschickter, weltfremder Knabe ist, dem plötzlich Welt zum Märchen wird.« (S. 19) Mit vierzehn Jahren habe er sich wie der Vater das Haar mit wohlriechendem Öl eingefettet und gescheitelt. »Ich bestand nun darauf, daß ein neuer Anzug nicht bis oben zum Zuknöpfen gemacht wurde, sondern mit einem aufschlagbaren Rockkragen, der Raum ließ für eine sorgfältig auszusuchende Krawatte. […] Aber nicht nur auf die Kleidung, besonders auf das Benehmen richtete sich nun mein Vervollkommnungsstreben.« (S. 241)

pathicist. Einstellung – Im Tagebuch auch in der Schreibung Pathicismus/pathicistisch. Ein von Alfred Schuler und Ludwig Klages entlehnter Begriff, der im Schwabinger Kosmikerkreis um 1900 Konjunktur hatte. Pathisch ist eine besondere Art von Passivität, die Klages vom bloß inaktiven Verhalten oder Erdulden unterscheidet; vgl. Vom Traumbewußtsein, S. 155. Zur Passivität ist der Mensch verurteilt, die pathische Einstellung hingegen nimmt er ein, indem er den Willen abweist und sich den Eindrücken hingibt. Das Pathische, so Klages, ist »Lebensgrundstimmung des vorwaltend gelösten Menschen [...], des vorwaltend gebundenen Menschen Aktivität« (Die Grundlagen der Charakterkunde, S. 406). Die »Pole des pathischen Selbstgefühls« sind »Stolz und Demut, des aktiven Selbstgefühls Selbstschätzung und Selbstzweifel« (ebd., S. 407). Alfred Schuler hat in seiner Darstellung der Korybantiasis den Pathicismus als Heilung durch sexuelle Erregung oder durch den Anblick von Grausamkeiten bzw. Leiden bestimmt. Auf diese Weise wollte er auch Nietzsche aus der geistigen Umnachtung befreien; vgl. Die Sonnenkinder. Sonnenkind und Korybantiasis, in: Fragmente und Vorträge, S. 217. Ein anderer Bezugspunkt für OS ist Meister Eckhart, der die pathische Erlebnisweise als indirekte Erhebung durch direkte Erniedrigung beschreibt: »Unsere Seligkeit aber liegt nicht in unserem Wirken, sondern darin, daß wir Gott erleiden«, denn »wo wir uns leidend verhalten, sind wir vollkommener, als wenn wir wirkten« (Deutsche Predigten und Traktate I, S. 430). »Ja, aus unermeßlicher Liebe hat Gott unsere Seligkeit ins Erleiden gelegt; denn wir erleiden mehr als wir wirken, und wir empfangen ungleich mehr als wir geben.« (S. 431) OS spielt in der Eintragung 12. März 1917 auf diesen Passus an; vgl. in diesem Band S. 116 f.

21 *Praeercität* – Ein im Tagebuch häufig benutzter Begriff, auch in abgekürzter Schreibweise: Praeerc. OS beschreibt damit einen Zustand der ursprünglichen (undifferenzierten) sexuellen Erregung, der der eigentlichen Erektion vorausgeht.

27. 2. 1913

22 *Forest* – Der Schauspieler und Regisseur Karl Forest (1874–1944), eigtl. Karl Obertimpfler. Er stammte aus Wien, seine Eltern führten das berühmte Kaffeehaus »Casa Piccola« in der Mariahilfer Straße. Seine Schwester Lina war mit dem Architekten Adolf Loos verheiratet. Karl Forest verkehrte vor dem Ersten Weltkrieg in der Boheme und arbeitete als Schauspieler in Wien und Berlin.

(um Alfr. d. i. dem Vater zu gefallen) – In der Analyse war um diese Zeit die Beziehung von OS und Alfred Kubin ein Thema. Abraham vertrat die Ansicht, daß Kubin eine Art Vaterersatz darstellte; vgl. dazu auch Ergo Sum, S. 181.

22 *(Folge Kameradenlosigkeit)* – Die autobiographischen Aufzeichnungen sprechen eine andere Sprache. Sowohl in Bad Homburg als auch in Frankfurt hatte OS zahlreiche Freunde und Bekannte. Gleichwohl schreibt er in »Der Vertriebene«, er habe keine Kameraden gehabt, was den Vater mehr beunruhigt hätte als seine Mißerfolge in der Schule (vgl. S. 212).

Goetz – Der Schriftsteller Wolfgang Goetz (1885–1955). Er verfaßte historische Stücke und Schauspiele wie »Neidhardt von Gneisenau« (1925) und »Napoleon« (1926), größere Beachtung fanden seine Stücke im Nationalsozialismus (»Kampf ums Reich«, 1939). Ab 1933 war er Regierungsrat bei der Filmprüfstelle, von 1936 bis 1940 Vorsitzender der »Gesellschaft für Theatergeschichte«. Während des Ersten Weltkriegs und in den zwanziger Jahren war er mit OS eng befreundet.

2. 3. 1913

Neigung zu Juden in Frankf. – Erst auf dem Frankfurter Gymnasium, erfuhr OS von seinen »halbjüdischen Wurzeln«. In »Geister« schreibt er, daß eine Freundin Hedwigs, Lucie, sie über das Judentum und die Juden in Frankfurt eingeweiht habe: »Sie würden von den ›Gojim‹ schon in der Schule gehaßt wegen der besseren Leistungen, später wegen ihres Geldes. Dabei wären die ›Gojim‹ froh, wenn sie das könnten, was die Juden können. Übrigens gäbe es auch sehr schlechte Juden, und da hätten die ›Gojim‹ recht, wenn sie die ›Judd‹ schimpften. Sie lebten meist im Ostend, aber auch dort gäbe es gute Juden. Die Juden im Westend seien genau solche Menschen, wie die ›Gojim‹.« (S. 235)

circumcisio – Zirkumzision, Beschneidung.

S. Witting – Sibylle Witting, Tochter von Geheimrat Richard Witting, Direktor der Nationalbank. OS hat – wie Briefe an Kubin belegen – in den Jahren 1913/14 immer wieder erwogen, Sibylle Witting zu heiraten; vgl. Eintragung vom 5. März 1913, S. 25. Im Nachlaß haben sich aus dieser Zeit einige Briefe von Sibylle Witting erhalten.

23 *Effemination* – OS schreibt, daß er als Heranwachsender an anderen und an sich selbst die »Bubenhaftigkeit« ablehnte, während ihn das Mädchenhafte anzog. Von der »Bubenhorde« wollte er sich absetzen, während die Mädchen ihm zum Vorbild wurden. Dadurch aber habe sein »Benehmen etwas Unnatürlich, Affektiertes« bekommen. »Es galt, meine geheime Unsicherheit um jeden Preis zu überwinden. Das ging nicht, indem ich ein Bub wurde,

wie jeder andere, denn diese Form des Daseins war in meinen Augen völlig entwertet.« (Geister, S. 238 und 240).

23 *Friedr. d. Große & sein Vater* – Im »Brevier für Einsame« schreibt OS: »Am großartigsten hat sich in unserer Geschichte das Vater-Sohnproblem in dem Verhältnis Friedrichs des Großen zu Friedrich Wilhelm I. geäußert, das noch seines Dichters harrt, denn bisher wurde es immer einseitig gelöst, entweder im Sinne des empörten Sohnes, wozu freilich Friedrichs verfeinerter Genius gegenüber dem barbarischen Vater sehr verführt, oder im Sinne der Unterordnung unter die unpersönliche Macht der Autorität, als der preußischen, verdammten Pflicht und Schuldigkeit‹« (S. 66 ff.).

Weidenbusch – Der Privatgelehrte und Kunstsammler Hans Weidenbusch aus Wiesbaden, vgl. Das wilde Leben der Boheme, S. 55 ff. und 139 ff.

Verachtung geg. die Angriffe von unten – OS setzte sich politisch gegen die »sozialistische Antibürgerlichkeit« ab, er polemisierte gegen die Vorstellung von einer »Herrschaft des Proletariats« und plädierte für eine »aristokratische Kritik« am Bürgertum: »[…] ich verachte das Bürgertum nicht, weil es zu fest am Alten hing, sondern weil es dies aus mangelndem Kulturbewußtsein zu wenig tat. Darum wurde für mich Geist nicht etwas Revolutionäres, sondern etwas Aristokratisches, und wer keine besondere Neigung hatte, mich zu verstehen, konnte darin leicht Anzeichen der Reaktion und des Snobismus finden.« (Ergo Sum, S. 18 f.) Karl Heinz Bohrer charakterisierte die politische Haltung von OS als »aggressiven und elitären Dandysmus« (Die Ästhetik des Schreckens, S. 254).

Auch mit Fritz so grauenvoll – Vgl. Anm. *Szene mit Fritz* zu S. 12.

Gesetz der Scham – Oder auch Schamgebot. Der für OS zentrale Begriff zur Rekonstruktion seiner gesamten Entwicklungsgeschichte; es ist der Punkt, an dem die Anomalien einsetzten. Grundlage ist eine erinnerte Szene aus der frühen Kindheit: Eines Tages sieht der Vater, daß das Kind nackt im Zimmer herumspringt. Von nun an verändert sich die Erziehung, der Vater übernimmt die Regie und lehrt das Kind die Gebote der Scham und der Hygiene. Plötzlich wurden Verhaltensweisen, die zuvor natürlich waren, zum Problem, sie unterstanden einem väterlichen Verbot. Dazu gehörte auch das »allmorgendliche Vorrecht«, zur Mutter ins Bett gehen zu dürfen (Der Vertriebene, S. 8). Für das väterliche Verbot gab es keine Gründe, sondern nur den Verweis auf die Scham: »›Ein großer Bub springt nicht mehr nackt vor seinem

Schwesterchen im Zimmer herum.‹ ›Warum nicht?‹ fragte ich in tiefstem Erstaunen. ›Weil er sich sonst schämen muß.‹« (Geister, S. 32) Für das Verständnis eines Ereignisses reicht aber, so OS, »die Kenntnis des Schamgebots nicht aus, infolgedessen wurde meine Einstellung zur Welt grundsätzlich falsch« (S. 82). Die Ernsthaftigkeit des väterlichen Schamgebots sei ihm erst nachträglich ganz bewußt geworden. Als Folge des Schamgebots sei seine »Seele in zwei Regionen« gespalten (S. 34), »dem nun eine in Licht und Dunkel gespaltene Welt entsprach« (S. 82).

23 *gegen Mutter & Schwester die Incestschranke* – OS scheint davon überzeugt gewesen zu sein, daß sein neurotischer Komplex mit latenten inzestuösen Gedanken zu tun hatte. In »Der Vertriebene« gibt er dem inzestuösen Begehren einen manifesten Ausdruck, immer wieder zitiert er Erinnerungen herbei, die das Verhältnis zu Hedwig in diesem Licht erscheinen lassen: Seine Gefühle gingen »entschieden ein wenig über das rein Geschwisterliche hinaus« (S. 248), sie war für ihn »das vollkommenste Mädchen, das er allein liebte« (S. 249). Diese Erinnerungen aus dem Jahr 1916 wurden möglicherweise ausgelöst und befördert durch die Lektüre des Buches von Otto Rank »Das Inzest-Motiv in Dichtung und Sage« (1912). In einem Brief an Kubin beschreibt er Ranks Untersuchungen zum Inzest als entscheidende Hilfe bei der Aufklärung seiner neurotischen Komplexe: »Viel gab mir das Buch von Rank, Inzestmotive in der Dichtung‹ (bei Deuticke in Wien) was auch Dich interessieren würde. Es ist nicht die Banalität der Freud'schen Bücher darin, die einem künstlerischen Menschen leicht die Befürchtung giebt, ihm solle das Beste genommen werden. Im Gegenteil: Rank zeigt, wie gerade das Künstlerische von der neurotischen Spannung befreit, während der nicht-künstlerische Neurotiker darin hängen bleibt.« (Brief vom 12. April 1915, Kubin-Archiv)

(vom Vater halb gebilligt.) – In seiner Autobiographie schreibt OS, daß nicht nur der Vater, sondern auch die Mutter die erste Verliebtheit billigte und eher gelassen und mit Ironie reagierte, als herauskam, der Sohn habe eine Mitschülerin geküßt; vgl. Geister, S. 247. Vom Vater hörte er, er solle sich nur »nicht zu sehr an ein Mädchen fesseln; das wäre nicht gut. Es ist besser, du machst allen ein bißchen den Hof.« (Der Vertriebene, S. 255)

24 *mit 19 Jahren … Dirnenverkehr* – In »Geister« berichtet OS von der Faszination, die er bei dem ersten Besuch des Prostituierten-

viertels in Frankfurt empfand: »Zum erstenmal geriet ich in die schmalen Gassen, wo wartende Frauen hinter gemeinen Blumen an den morschen Fenstern der alten Giebelhäuser saßen oder auf ausgetretener Sandsteinschwelle standen. Heimlich winkten sie in die Dämmerung baufälliger Holztreppen. Ich ging wie in einem Traum, in einer Mischung von Schauder und Lust.« (S. 286)

24 *Die Verdrängung von der Mutter … Haßgefühls* – Nach einer Auseinandersetzung mit der Mutter heißt es in »Der Vertriebene«: »[…] er haßte Frauen, alles, was mit den Frauen zusammenhing, schon das Wort Frau klang ihm widerwärtig im Gegensatz zu dem Wort Mädchen. Was mit den Mädchen zusammenhing, war licht, süß, schön, ›zum Küssen‹, aber ›Frau‹ schien ihm dumpf, schwer, unappetitlich und vor allem abgründig dumm.« (S. 293)

Vor der Mutter … keine Exhibitionslust – Schon früh habe er durchgesetzt, schreibt OS, daß die Mutter »das Zimmer nicht betrat, in dem er sich entkleidete« (Der Vertriebene, S. 291).

Hedwig – Die Schwester Hedwig Schmitz (1874–1948). Sie heiratete 1893 in erster Ehe den Gerichtsassessor Otto Gründler und ging mit ihm nach Königsberg. 1894 wurde ihr Sohn Otto geboren. Als ihr Mann an progressiver Paralyse erkrankte, zog die Familie 1895 nach Frankfurt am Main. Otto Gründler starb im Oktober 1901. Danach lebte Hedwig zwei Jahre bei ihrer Großmutter in Eschersheim bei Frankfurt. Über ihren Bruder OS kam sie in Kontakt mit dem Münchner Kreis um Karl Wolfskehl, wo sie den Zeichner, Illustrator und Erzähler Alfred Kubin kennenlernte, den sie im September 1904 heiratete. Hedwig Kubin arbeitete zeitweise als Übersetzerin, 1910 erschien ihre Übertragung der Prosadichtung »Aurelia oder Der Traum und das Leben« von Gérard de Nerval.

Louisa – Die zweite Ehefrau Louisa Schmitz (geb. Hoby).

L. – Louisa Schmitz (geb. Hoby).

4. 3. 1913

Intoleranz gg. Wolle – In »Geister« schreibt OS, er habe eine »Intoleranz der Haut gegen Wolle« ausgebildet. Im Winter habe ihm die Mutter immer »rauhe wollene Strümpfe« zum Anziehen gegeben. »Ich kann sagen, daß dies meine ganze Jugend verbittert hat, wie eine qualvolle Hautkrankheit. […] Es hieß, ich solle mich daran gewöhnen. Seit einiger Zeit fand man nämlich, ich müsse abgehärtet werden.« (S. 166)

24 *Anblick d. väterlichen Behaarung* – In den Erinnerungen wird der dunkel behaarte Körper des Vaters als bislang verdrängte Wahrnehmung rekonstruiert. Die Behaarung ist die Verbindung zum Lieflamm und zur animalischen, dunklen Seite des Vaters; vgl. Geister, S. 30, und Der Vertriebene, S. 6.
Stotterer Demosthenes – Der athenische Staatsmann und Redner (384–322 v. Chr.) litt an einer angeborenen Sprachhemmung, die er mit Disziplin und verschiedenen Techniken überwinden lernte.

5. 3. 1913, Nachtrag

25 *[…]* – Eine Seite herausgerissen.
Dabei machte […] – Textlücke.

9. 3. 1913

Narzisism. schließlich Urgrund d. Neurose – In »Ergo Sum« ist davon die Rede, daß OS zwar die Methode Abrahams bewunderte, aber schon bald »in grundsätzliche Gegensätze« (S. 174) zu ihm geriet. Diese Gegensätze entzündeten sich einerseits an der Auffassung der Neurose, die OS, wie oben dargestellt, als nobilitierende Eigenschaft begreift, eine Unangepaßtheit vornehmlich geistig orientierter Menschen; anderseits am Ich und am Narzißmus. Freud, so kritisierte OS, lehne das Ich ab und erkenne es nur als »Triebbündel« an; alle besonderen Wesenheiten, alle Äußerungsformen der Individualität seien neurotisch bzw. narzißtisch und müßten therapiert werden. Die Analytiker würden alle Formen der Ich-Entfaltung und der Selbstbehauptung mit dem Begriff Narzißmus belegen und zum Symptom erklären, das aufgelöst werden müsse. OS zufolge sei es schließlich in seinem speziellen Fall zu einer Art Vereinbarung zwischen Analytiker und ihm als Patient gekommen: »Mein Arzt war kein Fanatiker und erkannte an, daß bei Künstlern der ›Narzißmus‹ vielleicht unerläßlich sei. So ließ er ihn bei mir künftig in Ruhe, und da auch ich kein wortklaubender Pedant bin, fand ich mich zunächst damit ab, daß das, was ich bisher als meinen Individualismus wertete, künftig als Konterbande unter der Flagge des Narzißmus weitersegeln sollte.« (Ergo Sum, S. 176 f.). Offenbar hat sich OS heftig dagegen gewehrt, daß es eine Beziehung zwischen seinem Individualismus und seiner Neurose gibt.
mangelnde Fixierbarkeit d. Libido – In »Psychoanalyse und Yoga« hat OS dieses Phänomen – auch in bezug auf die eigene Entwick-

lung – zu analysieren versucht. Der Narzißmus sei nichts anderes als ein »verhüllter Autoerotismus«, auf den sich der Mensch immer wieder zurückziehe, »wenn der Anschluß an die Welt nicht gefunden wird«. Das habe jedoch nichts mit einer Neurose zu tun: »Von einer solchen kann nur die Rede sein, wenn der autoerotischen Befriedigung der Vorzug gegeben wird« (S. 146). Das Festhalten an der Stufe des Narzißmus bzw. Autoerotismus, die dann zu einer mangelnden Fixierbarkeit der Libido führe, habe mit bestimmten »äußeren Ereignissen« in der frühen Entwicklung des Kindes zu tun: »Sei es, daß die kindliche Libido von den Eltern allzu schroff abgewiesen wird oder daß es – wie heute üblich – allzusehr bewundert wird, sei es, daß es durch unverstandene Einblicke in die Sexualität vor den eigenen Trieben erschrickt, in solchen und vielen anderen Fällen kann die Libido auf ihrem ersten Ausflug zu den Objekten erschreckt oder sonstwie abgebogen werden, so daß sie auf das eigene Ich zurückfließt, anfangs aus Not, allmählich aber ihm, oft nicht ohne Trotz, den Vorzug gebend.« (S. 147)

25 *Bisex.-Praeerc.* – OS meint damit einen Zustand vor der Unterordnung der Partialtriebe und der Ausbildung einer heterosexuellen Orientierung. In einem 1908 veröffentlichten Aufsatz beschreibt Abraham diesen ursprünglichen Zustand im Triebleben, der noch keine Geschlechterdifferenzierung kennt: »Unser Körper enthält, wie die Entwicklungsgeschichte nachweist, die Anlage zu den Genitalorganen beider Geschlechter. Eine der beiden Anlagen wird im Verlauf der normalen Entwicklung reduziert oder übernimmt anderweitige Funktionen. Die andere hingegen entwickelt sich weiter, bis sie funktionsfähig wird. Ein ganz analoger Vorgang spielt sich auf psychosexuellem Gebiet ab. Die Differenzierung der Geschlechter nimmt auch hier von einem ursprünglichen Zustande der *Bisexualität* ihren Ausgang.« (Die psychologischen Beziehungen zwischen Sexualität und Alkoholismus, S. 29)

19. 3. 1913

26 *»Horn d. Marquis«* – »Das Horn des Marquis. Vaudeville nach einer Begebenheit des Faublas«. In: Don Juan und die Kurtisane (Fünf Einakter, 1914), S. 49–100.

Wenigstens jetzt klare Diagnose: – Die Diagnose von Abraham hat OS bis auf einen kleinen Rest herausgeschnitten. Wie lang der

Eintrag war, kann nicht genau gesagt werden, da im Anschluß an die ausgeschnittene Textpassage mindestens noch eine, eventuell auch mehrere Seiten fehlen.

4. 4. 1913

27 *Trotz gg. die Andern* – In »Geister« heißt es: »Mein erstes Zusammentreffen mit den ›Andern‹ war ein Schock gewesen, der es mir künftig unmöglich machte, ohne weiteres in Pflicht oder Spiel ihre Form anzunehmen. Ich legte mir daher notgedrungen selbst eine Form auf, und zwar eine viel strengere, als die der Andern.« (S. 269)
das Besondere, andere … In d. Schule: Musik, französisch, Litteratur – Es sind die Gebiete, die im Elternhaus besonders gefördert wurden. So erhielt OS schon in jungen Jahren Klavierunterricht und lernte auch schon früh Französisch. Später engagierten die Eltern eine Gouvernante, die die französische Konversation der Kinder verbessern sollte.
Reisen wollen … d. polygame Trieb alle Länder sehen zu wollen – In »Dämon« spricht OS davon, daß seine »Sehnsucht vor allem auf weite Reisen ging«. Schon früh habe er einen »Trieb ins Weite« (S. 19) gespürt, einen »fiebernden Heißhunger nach Welt« (Geister, S. 335). In »Der Vertriebene« heißt es: »Ich muß erst die ganze Welt durchjagen […], alle, alle Länder, ehe ich mit Ruhe werde genießen können.« (S. 344) Im »polygamen Trieb« verbinden sich für OS Erotik und Reisen. Bereits die ersten Reisen seien ein Jagen »von Reiz zu Reiz« gewesen. Reisen »war Genuß und Qual zugleich« (Geister, S. 335).

5. 4. 1913

Abscheu vor Militärdienst & Turnstunde – In »Geister« heißt es: »Eine Qual war mir die Turnstunde. Hier triumphierte das mir so verhaßte Wesen der ›Anderen‹. Die meisten spuckten in die Hände, ehe sie Reck und Barren benutzten, der Nachfolger fand dann das Holz meist noch feucht.« (S. 105) Etwas komplizierter verhält es sich mit dem Abscheu vor dem Militär. In seinen autobiographischen Schriften beruft sich OS auf eine schon im frühkindlichen Alter ausgeprägte Aversion gegen Soldaten und Kasernen (vgl. Geister, S. 110). Gleichwohl feierte er 1915 in der Schrift »Das wirkliche Deutschland« die Wiedergeburt des deutschen Mannes durch den Krieg, er forderte soldatischen Heldenmut und die Aufgabe des Ichs: »[…] der Krieg ist das Große, das Ich ist das Kleine, er schreitet über das Ich hinweg; das Ich aber wird entweder zerstampft oder es heftet sich an seine Fersen.« (S. 4) Dieses Plädoyer für den Krieg und den Soldatenstand hat er in dem 1921 erschienenen Buch »Das Dionysische Geheimnis« relativiert: »In der Benebelung meines Geistes durch den groben Lärm der Ereignisse erschien mir mein ganzes früheres Leben als verfehlt, verträumt, vor allem als unmännlich. Nur die Tat schien mir noch Geltung zu haben, und ich sann selbstquälerisch, wie auch ich etwas für die ›große Sache‹ tun könnte. Daß dies durch körperlichen Dienst geschehen könne, bildete ich mir freilich nicht einen Augenblick ein. Die Blendung meines Bewußtseins drang doch nicht so tief unter dessen Schwelle, daß sie meinen seit frühester Kindheit unüberwindlichen Abscheu vor dem Militärdienst berührt hätte; aber ich sagte mir: weil ich persönlich nicht dafür tauge, habe ich kein Recht Antimilitarist zu sein« (S. 69). In der Anfangszeit des Krieges hatte OS den Abscheu vor dem Militär zunächst in bemerkenswerter Weise verdrängt. Im Herbst 1914 arbeitete er kurze Zeit in der Presseabteilung des Reichsmarineministeriums. Für das Schreiben von Propagandaartikeln erwies er sich jedoch als ungeeignet. Anfang 1915 suchte er intensiv nach einer geeigneten Stellung beim Militär, um nicht als einfacher Soldat an die Front eingezogen zu werden. So ging er als Berichterstatter an die Front nach Belgien und Frankreich. Als er Mitte 1915 seinen ersten Musterungsbescheid erhielt, entwickelte sich bei ihm nach eigener Aussage eine »Kriegspsychose« (Das Dionysische Geheimnis, S. 67).

27 *wie viel leichter, sanfter, spielerischer die Mädchenschule* – Während die eigenen Leistungen in der Frankfurter Schulzeit immer mäßiger wurden, hörte er von seiner Schwester Hedwig und ihrer Freundin Cécil über die ganz andere Art des Unterrichts in der Mädchenschule: »Da ging es fröhlicher zu [...]. Schimpfen und Arrest gab es überhaupt nicht, Sitzenbleiben kam nur selten vor« (Geister, S. 167 f.).

Neigung zu mädchenhaften Knaben: Botho, Matthes, Claar. Bes., wenn sie nette Schwestern haben – Zu Botho und Claar vgl. Anm. *Massenbach, M. Claar, A. Sommers Freund Jäger* zu S. 10. Matthes – in »Geister« Otto – war ein Frankfurter Schulkamerad. Es war »keine eigentliche Freundschaft«, sondern »noch einmal eine ausgesprochene Verliebtheit wie in Botho und Eduard [Max Claar], die letzte dieser Art« (S. 236). Zu den Schwestern heißt es in »Geister«: »Ich hatte den Typus der ›belle laide‹ entdeckt. Buben mit hübschen Schwestern stiegen in meiner Achtung, denn auch sie mußten doch von dem Himmel der Mädchenwelt etwas wissen, in dem man zunächst an der Seite der Schwester eintrat.« (S. 250)

27 *dunkle mit kl Schnurrbart* – In »Geister« stellt OS die Vorlieben etwas ausführlicher dar: »Allmählich entdeckte ich Reize, wo ich erst vorbeigesehen hatte, auch dünne Lippen, auch etwas große Hände, unregelmäßige, ja sogar eigentlich häßliche Gesichter konnten höchst anziehend sein. Einmal gefiel mir sogar zu meiner eigenen Verwunderung ein kaum merklicher Anflug von Flaum über der Oberlippe.« (S. 250)

7. 4. 1913

Allein sein, träumen – Über seinen Zustand schreibt OS an diesem Tag an Kubin: »Mir geht es dauernd sehr sonderbar, äußerlich alles gut, aber innerlich wende ich mich immer mehr ab von dem, was mich umgibt: es ist mir als *jagte* alles nur so an mir vorüber, während ich doch früher den Dingen nachjagte. Dann kommt im Augenblick die Depression, in die mich der plötzliche Tod des über mir wohnenden Herrn Siegfried versetzt, bei dem wir einmal nachts zusammen im Atelier waren.« (Brief vom 7. April 1913, Kubin-Archiv)

28 *Pathicismus* – Vgl. Anm. *pathicist. Einstellung* zu S. 21.

(Fortunio=Fleva, Suarez, Jäger etc.) – Zusammenhang unklar.

9. 4. 1913

masoch-homosex. Libido. Bes. bei Ceconi – Der aus Triest stammende Zahnarzt Ermanno Ceconi (1870–1927). Seine Praxis in der Kaulbachstraße in München erfreute sich in Künstler- und Literatenkreisen allgemeiner Beliebtheit. Auch die Familie Mann gehörte zu seinen Patienten. Bis 1906 war er mit der Schriftstellerin Ricarda Huch verheiratet. Über Ceconi, die Ehe mit ihm und das Schwabinger Künstlermilieu vgl. Ricarda Huch, Erinnerungen an das eigene Leben, S. 259–388. In vielen Briefen an Alfred Kubin werden Gespräche mit Ceconi erwähnt, zu dem OS eine besondere Zuneigung empfand.

10. 4. 1913

zur Hexe in's Pfannenkuchenhäuschen … Closetfrau – OS erinnert sich in »Geister«, daß sie auf ihren sonntäglichen Waldspaziergängen immer an einer unheimlichen Stelle vorbeikamen: »An einem Kreuzweg standen zwei hohe, harzige Tannen Wache, als betrete man ein besonderes Reich […]. Hier in der Nähe war das Pfannkuchenhäuschen, wo die Hexe wohnte. An dieser Stelle ließ

Papa uns meist einige Minuten allein, um bei der Hexe etwas Kuchen zu holen. Ganz ohne Furcht waren wir wohl nicht, denn genau so hatte es mit Hänsel und Gretel begonnen.« (S. 56) In Wirklichkeit war das Pfannkuchenhäuschen ein Klosett, was die Kinder erst später begriffen.

28 *sex. Ergänzung v. der Plato spricht* – Im »Symposion« heißt es, daß ursprünglich das Geschlecht zusammengesetzt war: »Mannweiblich« (S. 99). Die Menschen waren rund, hatten vier Hände, vier Ohren, zweifache Schamteile und konnten sich sehr schnell im Kreise fortbewegen. An Kraft und Stärke waren sie gewaltig und provozierten die Götter. Um sie zu schwächen und für die Götter nützlicher zu machen, schnitt sie Zeus in zwei Hälften. Nach der Zweiteilung sehnte sich jede Hälfte nach der anderen und suchte ihre Ergänzung: »Jeder von uns ist also ein Stück von einem Menschen, da wir ja zerschnitten, wie die Schollen, aus einem zwei geworden sind. Also sucht nun immer jedes sein anderes Stück.« Für Platon ist die sexuelle Ergänzung davon abhängig, an welcher Stelle das ursprünglich zusammengesetzte Mannweibliche zerschnitten wurde: »Welche Männer nun von einem solchen gemeinschaftlichen ein Schnitt sind [...], die sind weiberliebend und die meisten Ehebrecher gehören zu diesem Geschlecht, und so auch welche Weiber männerliebend sind und ehebrecherisch, die kommen aus diesem Geschlecht. Welche Weiber aber Abschnitte eines Weibes sind, die kümmern sich nicht viel um die Männer, sondern sind mehr den Weibern zugewendet [...]; die aber Schnitte eines Mannes sind suchen das männliche auf.« (S. 103)

29 *Wille z. Tod* – Anspielung auf Philipp Mainländers »Philosophie der Erlösung« (1876). Mainländer radikalisierte den Pessimismus Schopenhauers zu einer Metaphysik der Auflösung und Entropie. Er spricht von einem Willen zum Tode, einem Todestrieb, der allen Wesen zugrunde liege: »Fassen wir zusammen, so ist Alles in der Welt Wille zum Tode, der im organischen Reich, mehr oder weniger verhüllt, als Wille zum Leben auftritt.« (Philosophie der Erlösung, Bd. 1, S. 334) Der Wille zum Leben ist für Mainländer nichts anderes als ein »gehemmtes Streben nach Nichtsein« (S. 335). OS lernte Mainländers »Philosophie der Erlösung« über Alfred Kubin kennen, der das Werk 1904 entdeckt hatte.

Angst ist stets umgekehrte Libido – Sigmund Freud spricht in den 1905 erschienenen »Drei Abhandlungen zur Sexualtheorie« davon, daß Kinder »mit übergroßem oder vorzeitig entwickeltem oder durch Verzärtelung anspruchsvoll gewordenem Sexualtrieb« zur »Ängstlichkeit« neigen. »Das Kind benimmt sich hierbei wie der Erwachsene, indem es seine Libido in Angst verwandelt, sowie es sie nicht zur Befriedigung zu bringen vermag« (S. 93). In einer späteren Anmerkung präzisiert er diesen Punkt: »Daß die neurotische Angst aus der Libido entsteht, ein Umwandlungsprodukt derselben darstellt, sich also etwa so zu ihr verhält, wie der Essig zum Wein, ist eines der bedeutsamsten Resultate der psychoanalytischen Forschung.« (S. 93 f.)

29 *Krankheiten Symptomhandlungen des unbewußten Todestriebes* – Anspielung auf Philipp Mainländer, der in seiner »Philosophie der Erlösung« schreibt: »Wirft mich eine Krankheit jahrelang auf ein Schmerzenslager, so habe ich Alles, was die Krankheit herbeiführen mußte, durch meine vollständige individuelle Selbstherrlichkeit in dieser bestimmten Weise wirksam gemacht.« (Bd. 1, S. 353 f.)

11. 4. 1913

30 *Verstopfung … Castrationsangst* – Den Zusammenhang zwischen Verstopfung und Kastrationsangst erörtert Karl Abraham in mehreren Abhandlungen; vgl. u. a.: Psychoanalytische Studien zur Charakterbildung, S. 200; Versuch einer Entwicklungsgeschichte der Libido, S. 176.

Rich. … R's – Gemeint ist der Bruder Richard Ferdinand Schmitz; vgl. Anm. *Rich.* zu S. 10.

Fritz Herlingtyp – Fritz Herling hieß der erste Jugendfreund von OS; vgl. Anm. *Szene mit Fritz* zu S. 12.

Beim Fechten: Angriff gut – OS war um diese Zeit in den Berliner Fechtklub eingetreten: »Man trieb dort nicht das wüste Rapier- und schwere Säbelfechten, das ich als Student geübt, sondern verwandte das zierliche Florett.« Der italienische Fechtlehrer hatte ihm gesagt, daß die Deutschen immer angreifen und drauflosschlagen wollen: »Der Sinn des beweglichen Florettfechtens ist aber gerade das ›Reculer pour mieux sauter‹ (Zurückweichen, um besser zu springen.).« (Ergo Sum, S. 193)

31 *Erfolgen […]* – Zwei Seiten fehlen.

[?]

Vaterwelt … Autorität – In »Dämon« heißt es: »Mein Vater war stets darauf bedacht, meiner unsteten Natur, ohne sie zu unterdrücken, Zügel anzulegen.« (S. 20)

31 *(wie die ejaculatio praecox) die Vaterimago* – Karl Abraham schreibt, daß die Ejaculatio praecox im Unbewußten eng verknüpft ist mit der »Einstellung zum Vater«. Die Patienten »ängstigen sich vor dem allsehenden Auge des Vaters und vor seiner strafenden Hand« (Über Ejaculatio praecox, S. 51).

18. 4. 1913

32 *Noch immer die innere Unruhe d. beiden Welten* – Für OS ist die Schöpfung selbst polar, und die Polarität der Welt wirkt als innere Unruhe, Zerrissenheit und Entzweiung des menschlichen Willens: »Sich aus dieser Entzweiung des Wollens in die Einheit des zwiefach Wollenden, des wahren Selbsts zu finden, von wo aus dann die beiden Pole spielend beherrscht werden, statt sich gegenseitig zu verwirren, das ist der Sinn aller inneren Kämpfe« (Brevier für Einsame, S. 253); vgl. auch Anm. *Vater die Lichte Welt, Mutter Inbegriff der dunklen Welt* zu S. 9.

Einswerden der 2 – Dieses Einswerden ist für OS aber nur partiell denkbar, zum Beispiel im Moment der mystischen Versenkung. Im »Brevier für Einsame« heißt es: »Der geistlich Übende geht weiter: [...] er vertieft sich in die Stimmung des Vergehens, als notwendige Kehrseite des Werdens, ›erlebt‹ plötzlich jenseits der beiden diese bisher nur gewußte Zweiheit und aus diesem ›Erleben‹ steigt eine unerwartete Seligkeit auf, die man ›tragische Lust‹ nennen möchte. Auch diese Freude hat noch eine rationale, nachträglich erkennbare Ursache, nämlich die plötzliche Erkenntnis, daß jene schmerzliche Zweiheit Werden-Vergehen nur scheinbar ist, daß hinter ihr eine Einheit steht, die alles als Zweiheit erlebt. Diese Einheit aber ist das unsterbliche, im Göttlichen beheimatete Selbst, das sich nun als Drittes erkennt, aber um erscheinen zu können, immer wieder werden und entwerden muß in abertausend Leben und abertausend Toden. Darin besteht die Erlösung.« (S. 288 f.)

21. 4. 1913

Gestern seit langem wieder Schrecktraum – Von solchen Schreckträumen berichtet OS im Tagebuch auch an anderen Stellen; vgl. Die wilden Jahre der Boheme, S. 254 ff.

22. 4. 1913

gg. ihre Bemutterung, bes. in Krankheitsfällen – In seinen Erinnerungen schildert OS, daß er sich bereits als kleines Kind immer mehr von der Mutter zurückgezogen habe. Schon früh habe der

Vater eine besondere Rolle gespielt, er habe den Sohn abends ins Bett gebracht, die Hygiene überwacht und sei auch in Krankheitsfällen dagewesen. In »Der Vertriebene« heißt es: »Der Papa legte ihm die Hand auf die Stirn [...]. Willenlos ließ er sich entkleiden und zu Bett bringen.« (S. 14)

32 *mangelhaft [...]* – Textlücke.

[?]

33 *[...]nis* – Textlücke.

statt des activen Mannes wurde die Männercarricatur Dandy maßgebend – Der Dandy verachtet die männlichen Werte und Ideale, das Aktive, die Kraft, die Nützlichkeit, den Erfolg, das wirtschaftliche Getriebe, das entseelte gesellschaftliche Äußere, er betont den Stoizismus, die Distanz, die Negativität. Otto Mann spricht deshalb auch von einer »Sonderexistenz« (Der moderne Dandy, S. 6), die herausgelöst ist aus der Zeit und dem herrschenden Geschlechter- und Rollenverständnis.

v. Mädchen reißt sich stolz d. Knabe – Aus Friedrich Schillers »Lied von der Glocke« (1797).

34 *Dandysm & Exhib. statt Tüchtigkeit & raue Männlichkeit* – Für Baudelaire war die ästhetische Selbstmodulation und Zurschaustellung der einzige Beruf des Dandys, der alles Zweckhafte, die Tüchtigkeit, das Geld und die Besitzgier hochmütig ablehnt; vgl. Der Dandy, S. 241f.

25. 4. 1913

35 *Eri* – Die Freundin Erika. Vgl. Anm. *Erika* zu S. 12.

[...] – Elf Zeilen herausgeschnitten (Vorderseite).

ihnen nicht [...] – Elf Zeilen herausgeschnitten (Rückseite).

[...] – Textlücke.

29. 4. 1913

Para-[...] – Textlücke.

4. 5. 1913

36 *Letzten Sonntag verließ ich Mittags Berlin* – In »Ergo Sum« heißt es über diese Reise: »Im Frühjahr 1913 fühlte ich die Notwendigkeit, die Psycho-Analyse, die mich immer mehr in ihren Bann schlug, einmal für längere Zeit zu unterbrechen. Ich war seit 1906 nicht in Paris, meiner zweiten geistigen Heimat, gewesen. Schon seit einiger Zeit sprach man davon, daß ein neues Frankreich entstehe, dessen Jugend sich von der müden Dekadenz des neunzehnten Jahrhunderts abwende, um einen neuen tätigen Aufschwung zu wagen.« (S. 183)

36 *Antwerpen ... dortige dämon. Welt völlig versunken* – In »Ergo Sum« spricht OS von den »ursprünglich autochthonen Reizen«, die er nicht wiedergefunden habe. »Sie waren der Amerikanisierung gewichen und den Beginn dieser Seuche gewahrte ich auch in Paris.« (S. 183)

Bataille les flambeaux – Henry Bataille (1872–1922), französischer Dramatiker, schrieb Anfang des 20. Jahrhunderts beliebte Boulevard-Komödien, u. a. »Les flambeaux« (1912, Die Fackeln).

Freitag Wohnung gesucht – In einem Brief an Alfred Kubin vom 6. Mai 1913 schreibt OS über die Wohnungssuche und seine Pariser Eindrücke: »Das Wohnungssuchen war sehr erschwert, da jetzt hier alle Straßen von Automobilbussen durchsaust werden, die einen Lärm und Gestank verbreiten, wogegen Berlin gar nichts ist. Jetzt habe ich aber in einem alten Pavillon in einem Garten etwas sehr ruhiges gefunden. [...] Ich suche nach und nach alle die bekannten Stätten wieder auf und finde sie weniger verändert, als ich fürchtete. Das alte Pariser Leben hat seinen Reiz noch immer, aber es sagt mir nicht mehr so viel, wie einst. Ich konstatiere, daß alles noch da ist. Ich glaube daher nicht, daß ich sobald wieder herkommen werde – außer Frankreich würde noch einmal ein König- oder Kaiserreich – wozu die heutige stark nationalistisch-militaristisch-patriotische Stimmung wohl führen kann.« (Kubin-Archiv)

»Le Gendre de M. Poirier« – »Le Gendre de Monsieur Poirier« (1854), Gesellschaftskomödie in vier Akten von Émile Augier (1820–1889) und Julien Sandeau (1811–1883).

Tochter Maria – Nicht ermittelt.

Café de la Paix – Vornehmes Restaurant am Boulevard des Capucines 12.

Brasserie universelle – Restaurant an der Avenue de l'Opéra.

Etoile – Place de l'Étoile, Mittelpunkt eines Sterns von Avenuen, die von hier aus strahlenförmig auslaufen.

folies Bergère – Berühmtes Varietétheater in der Rue Richer 32.

die Polaire – Die berühmte algerisch-französische Tänzerin, Sängerin und Schauspielerin Pauline Polaire (geb. Emilie-Marie Bouchard, 1879–1939). Sie war mit Sidonie-Gabrielle Colette befreundet.

19. 5. 1913

Franzl – Der Schriftsteller und Übersetzer Franz Hessel (1880 bis 1941) Sohn eines wohlhabenden jüdischen Bankiers, wuchs in Berlin auf und studierte in München Literaturgeschichte. Er gehörte zur Boheme und lebte bis 1906 mit Franziska zu Reventlow und Bohdan von Suchocki in der Wohngemeinschaft Kaulbachstraße 63, im »Eckhaus«. Von 1906 bis 1914 hielt er sich überwiegend in Paris auf, zum Teil in einer gemeinsamen Wohnung mit OS. Beide waren mit dem französischen Autor Henri-Pierre Roché eng befreundet. Über das Leben von Hessel, Roché und OS in Paris vgl. Das wilde Leben der Boheme, S. 210 ff.

37 *Robinson* – Eine, wie es im Paris-Baedeker von 1905 heißt, zum damaligen Städtchen »Sceaux gehörige Häusergruppe, in reizender Lage am Fuß bewaldeter Hügel, ein beliebtes Ausflugsziel der Pariser Kleinbürger, dessen Reize allerdings durch einige Fabrikanlagen beeinträchtigt zu werden drohen. In den zahlreichen Kaffeegärten, deren Tische zum Teil zwischen den Ästen großer Kastanienbäume angebracht sind (›Arbres de Robinson‹), entwickelt sich an Sonn- und Festtagen ein überaus fröhliches Treiben. Einige Minuten oberhalb, bei einem Landhaus mit einem Türmchen, hat man einen schönen Blick in das Bièvretal.« (S. 361 f.)

Bei solchen Gelegenheiten – Auf diesem Spaziergang nach Robinson erzählte OS auch von seinen Verstimmungen und Depressionen. Hessel soll dafür die Psychoanalyse verantwortlich gemacht haben, »die notgedrungen die Seele veröden lasse« (Ergo Sum, S. 187).

Ich muß heiraten – Die Gedanken an Heirat und Ehe haben ganz sicher auch damit zu tun, daß OS an diesem Tag von den Heiratsabsichten seines Freundes Franz Hessel hörte. Hessel hatte sich gerade entschlossen, die Malerin und Modejournalistin Helen Grund zu heiraten. Trotz zweier gescheiterter Ehen blieb die eheliche Bindung für OS der starke Sehnsuchtspol. Er erhoffte sich von ihr Sicherheit und Stabilität in seinem Leben. So kam in Krisenzeiten immer wieder die Idee auf, es erneut mit einer Heirat zu versuchen. Am 18. August 1912 schrieb er an Alfred Kubin: »Gleichzeitig wird mir die Notwendigkeit immer klarer, anfang der 40ger Jahre mit der illegitimen Liebe aufzuräumen und zu heiraten – natürlich nur auf materiell und sozial ganz sicherer Basis, damit das Leben, was ich mir jetzt erkämpft habe auch *mit* Frau möglich bleibt.« (Kubin-Archiv)

Moulin Rouge – Das bekannte Variété im Pariser Viertel Montmartre.

21. 5. 1913

37 *Gestern Abend mit Franzl, der nach Berlin geht* – Wie Manfred Flügge berichtet, waren an diesem Abend auch Henri-Pierre Roché und Hessels Berliner Freund Thankmar von Münchhausen dabei, um das Junggesellenleben von Hessel zu verabschieden (vgl. Gesprungene Liebe, S. 73). Dieser fuhr im Anschluß zur Hochzeit nach Berlin, Anfang Juli kehrte das junge Paar nach Paris zurück.
Moulin de la Galette – Ballhaus in der Rue Lepic.
Gillet – Restaurant und Café in der Avenue de Neuilly.
Royal – Hotel und Restaurant in der Avenue de Friedland nahe dem Place de l'Étoile.
Hallen – Zentralmarkthallen (Halles Centrales) unweit der Bourse du Commerce, ein Eisengußpavillon aus der Mitte des 19. Jahrhunderts (1972 abgerissen). In der Nähe der Hallen gab es Kellergewölbe mit Kneipen und Bars.
Das Problem der franz. Cocotte, das mich so lange quälte – Vgl. Das wilde Leben der Boheme, S. 76 ff. und 118.

31. 5. 1913

39 *faub. St. Antoine* – Die ehemalige Vorstadt St-Antoine im Osten der Place de la Bastille; ihre Hauptstraße ist die Rue du Faubourg St-Antoine.
viele Einfälle zu meinem Buch – Gemeint ist wahrscheinlich »Der Vertriebene. Ein Entwicklungsroman« (1917).
Romain Rolland gelesen – OS wollte Rolland in Paris aufsuchen, traf ihn aber nicht an; vgl. Ergo Sum, S. 185.

17. 6. 1913

Am 8. habe ich Paris verlassen – In »Ergo Sum« schreibt OS, daß zwar alles noch dagewesen sei, »die Boulevards, die Champs Elysées, die Oper und die Folies-Bergère, die großen Restaurants und die galanten Damen. Ich fühlte indessen, daß ich den Anschluß an das veränderte Paris nicht mehr fand« (S. 184). Persönlich habe er »keine deutsch-feindliche Stimmung« gespürt, doch die Jugend insgesamt sei »von einem nationalen Aktivismus berauscht« gewesen (S. 184). An Kubin schrieb er am 18. Juni über seine Paris-Eindrücke: »Paris liegt hinter mir […]. Das Volk ist völlig verändert, ernst patriotisch, religiös, anti-intellektualistisch etc.« Bis zum 15. August, so informierte er Kubin, wolle er in Berlin bleiben und dann nach Finnland und Petersburg reisen. »Ich glaube meine Natur wendet sich, immer mehr vom Westen nach Osten.« (Kubin-Archiv)

40 *Nassau … daß ich hier einmal mit Frau leben könnte* – Dies schrieb OS auch an Kubin: »Ich werde wohl doch über kurz oder lang wieder in Süddeutschland leben und meine Reisen vorwiegend nach Osten machen. In dem kleinen Städtchen Nassau habe ich jetzt ganz den Ort gefunden, den ich als Wohnsitz brauche. Nur fehlt mir auch die Frau dazu!« (18. 6. 1913, Kubin-Archiv)
Abends Tilly in Weilburg getroffen – Nach dem Schulverweis in Frankfurt verbrachte OS seine letzte Gymnasialzeit in Weilburg. Den Angaben in »Ergo Sum« zufolge hatte er sich mit seiner Schwester verabredet, um die Stadt, in der er seit dem Abitur nicht mehr gewesen war, wiederzusehen. In »Ergo Sum« zieht er ein eher pessimistisches Resümee seiner kleinen Reise in die Vergangenheit: »Alles dies war schön, aber es sagte mir nicht mehr viel. Ich fühlte deutlich, daß etwas erschöpft war, nicht nur in mir, dem Vierzigjährigen, sondern auch in dieser alten vertrauten Welt.« (S. 188)
Ludwig – Der Kaufmann Ludwig Spier, seit März 1905 mit Mathilde (Tilly) Schmitz verheiratet.
Ussin – Sohn von Mathilde (Tilly) Spier aus der ersten Ehe mit Georg Alewyn.
Französ. … Idealisierung d. Vaterwelt – Seine Begeisterung »an dem leuchtenden Traum von Paris« führte OS auf den Vater zurück, der ihm immer wieder davon erzählte: »Von Papa, der öfters dort war, hörte ich bisweilen Namen wie Rue de Rivoli, Place du Carousel, und ich merkte sie mir begierig.« (Ergo Sum, S. 278)
Roché – Der Kunstmakler, Schriftsteller und Übersetzer Henri-Pierre Roché (1879–1959).
irgend ein peinliches Erleben … ist in m. Inneren verdrängt – Dies war die zentrale Überzeugung, die OS in dieser Zeit bewegte. Er war auf der Suche nach einem frühen traumatischen Erlebnis seiner Kindheit, von dem er glaubte, es könne Aufschluß über seine Probleme und Schwierigkeiten geben. In der Psychoanalyse sah er den Königsweg, »um an einen tieferen Punkt zu gelangen, wo ein Neubeginn möglich würde« (Ergo Sum, S. 189). Alfred Kubin schreibt über die psychoanalytischen Grabungen von OS: »Er gab nun seine beste Kraft an die Entwirrung und Durchleuchtung des eigenen Seelenlabyrinths. Ernsthaft und gründlich behandelte er jede Frage, die ihm begegnete; diesmal war er, der Wichtigkeit der Sache entsprechend, womöglich noch ausdauernder, ja fast fanatisch. So bemächtigte sich also O. A. H. seiner eigenen Seele zu-

meist mit Hilfe der psychoanalytischen Methode, zu deren Erfindern er in einigen Fällen ein lebendig-starkes Verhältnis fand. Mit Teilnahme beobachtete ich diese jahrelang dauernden, natürlich nie ganz abgeschlossenen, zähen Bemühungen. Er wollte einen Zwist, von dem er glaubte, daß er sich seit frühester Kindheit in ihm angewurzelt habe, mittels klarer Durchschauung unschädlich machen und seine Ruhe dabei finden.« (Erinnerungen an Oscar A. H. Schmitz, S. 99) Im November 1916 glaubte sich OS an ein frühkindliches Trauma zu erinnern, von dem all seine Anomalien und Anpassungskonflikte ihren Ausgang genommen hätten. An Alfred Kubin schreibt er: »Meiner Anlage nach hätte es mir freigestanden Dichter od. Staatsmann, Don Juan oder Mönch zu sein, aber da kam der große Bruch durch ein seelisches Trauma, das ich – wie mir jetzt erst in die Erinnerung getreten ist – dem sex. Attentat eines etwas älteren Mädchens in meinem 4. Jahr verdanke. Da wurde mein Bewußtsein zu früh sexualisiert.« (Brief vom 25. November 1916, Kubin-Archiv)

40 *meine fieberhafte Intellectualität* – Intellektualität und künstliche Geistigkeit hat OS schon früh dafür verantwortlich gemacht, daß ihm sein eigenes Wesen entging und ihm die Wirklichkeit nur in Surrogaten zugänglich erschien; vgl. Das wilde Leben der Boheme, S. 18 und S. 85 f. OS fühlte sich, wie er im Tagebuch des öfteren schreibt, in einem uneigentlichen Sein eingeschlossen, er suchte Kontakt mit dem Lebendigen – eine unter den Intellektuellen im wilhelminischen Deutschland weitverbreitete Empfindung. Die natürlichen Instinkte, davon war man überzeugt, werden durch Geistigkeit und Verstand zunehmend eingeschränkt und erstickt. Der Kosmiker Ludwig Klages sprach von der Gegensätzlichkeit von Geist und Leben, vom Übergreifen mechanischer Vorgänge auf Lebensvorgänge.

18. 6. 1913

41 *Darmstädter Kreis* – Gemeint ist der Kreis um Karl Wolfskehl und Georg Fuchs, zu dem auch OS zeitweise gehörte.
Abneigung gg. Fremdes – In seinem Eifer, das entscheidende Trauma seiner Kindheit zu finden, habe er irgendwann seinen »Kosmopolitismus« für seine Enttäuschungen verantwortlich gemacht: »Ich begann plötzlich alles Fremde gering zu achten und wie ein verlorener Sohn in die Heimat zurückzukehren, aber diese neuen Gefühle übertrieben sich gleich derart, daß sie nicht ganz

echt sein konnten.« (Ergo Sum, S. 189) Diese Relativierung seiner damaligen Einstellung hat sicher auch damit zu tun, daß er inzwischen den Haß gegen das Fremde mit der »Ureinstellung zu Vater & Großmutter« identifizierte und seine langanhaltende Bewunderung des Fremden als Idealisierung der Vaterwelt verstand.

19. 6. 1913

42 *Mutter von Großmutter & Vater geduckt ... hielt sie darum für d. Vater nicht gut genug* – Der Vater, so OS, verlieh »dem Familienleben den Charakter«, die »Mutter schmiegte sich ihm an. [...] Ich gestehe, daß sie mir nicht immer des Vaters ganz würdig erschienen ist.« (Ergo Sum, S. 34 f.) Zur Beziehung Mutter – Großmutter vgl. Anm. *Mutter ... unharmonisch* zu S. 18.
Ursprünglich muß auch die Mutter gepflegter gewesen sein – Zum Aussehen der Mutter heißt es in »Geister«: »Schön scheint sie niemals gewesen zu sein, doch hatte sie große braune Augen, sehr edle, weiße Hände und eine alle gewinnende Freundlichkeit des Ausdrucks.« (S. 35)
Bei Hand assoziere ich ... schöne marmorweiße Hand ... Geisterhand od. Totenhand – Bei der Beschreibung der aufgebahrten Mutter in »Dämon« greift OS diesen assoziativen Zusammenhang auf: Nicht nur ihr Gesicht zeigte jetzt »einen fremden Ausdruck von Selbstbewußtsein«, auch die zuvor vernachlässigten Hände waren nun »von mamorweißer, klassischer Schönheit« (S. 142).

20. 6. 1913

43 *Mutter sehr bald als Frau des Vaters, Königin* – Diese Idealisierung ist verbunden mit einer Erinnerung aus der frühen Kindheit: »Manchmal in der Frühe stiegen die Eltern zu Pferd. Dann hatten sie glänzende Zylinder auf, und die Mama trug ein schleppendes, dunkles Kleid. Es schien mir, als ritten sie auf ein fernes Märchenschloß, das womöglich verzaubert war. Kamen sie zurück, dann wehte etwas Fremdartiges, äußerst Anziehendes um sie. Ich dachte nicht anders, als daß sie in Homburg so viel galten, wie der König und die Königin im Märchen.« (Geister, S. 35)
des Prinzen – Die frühkindliche Imagination von OS, daß er »und Hedwig so etwas wie Prinz und Prinzessin seien« (Geister, S. 35).
Wolfskehl in Rom. Vaterersatz – 1894 hatte OS in Rom den Germanisten Karl Wolfskehl (1869–1948) kennengelernt. Der Sohn einer angesehenen großbürgerlich-jüdischen Familie aus Darmstadt

hatte 1893 in Germanistik promoviert. Von diesem Jahr an datierte eine lebenslange Freundschaft mit Stefan George. 1894 wurde Wolfskehl leitender Mitarbeiter der »Blätter für die Kunst«, wo er seine ersten Gedichte veröffentlichte. Mit ihnen und mit den Gedichten Georges machte er OS in Rom bekannt. Wie OS später schreibt, versetzten ihn diese Verse in »einen Taumel des Entzükkens. Ich schlief die ganze Nacht nicht. Während ich mich der mitgeteilten Verse zu erinnern suchte, entstanden neue im selben Stil, und nun wußte ich, was jahrelang mein Dichten gehemmt hatte: die Furcht, in der alten abgegriffenen Sprache alltäglich zu sein.« (Dämon, S. 91) Wolfskehl weihte OS aber nicht nur in eine neue Dichtkunst ein, er beriet ihn auch bei seinen Dissertationsprojekten und wurde in den kommenden Jahren zum engen Freund und Mentor. Die Freundschaft war zahlreichen Belastungsproben ausgesetzt; vgl. Das wilde Leben der Boheme, S. 158f. und Anm. *Wolfskehl*, S. 378f.

43 *George, der ... sich langsam vom Fremden abwandte* – In der Tagebucheintragung vom 14. April 1897 schreibt OS über seine erste Begegnung mit Stefan George in Paris: »Er sprach von der Veränderung des Wohnsitzes und meint, daß wir Deutschen uns doch draußen immer fremd fühlen müßten. Wir können viel lernen in Paris, aber wir brauchen die Landschaft, in der wir groß geworden sind.« (Das wilde Leben der Boheme, S. 86f.)

Ehe mit einem einfachen Mädchen ... Karlsruherin!! – OS heiratete 1901 Nina Burk, eine in der Ausbildung befindliche Opernsängerin aus Karlsruhe.

Protesthandlung gg. den Vaterersatz Wolfskehl – OS heiratete Nina Burk, unmittelbar nachdem Wolfskehl die Beziehung mit ihm zeitweilig abgebrochen hatte. Grund war ein im Winter 1900 im George-Kreis bekanntgewordener kritischer Artikel von OS über Melchior Lechter; vgl. Das wilde Leben der Boheme, Anm. *mein Artikel über die Pariser Ausstellung*, S. 435 f.

starke Hinwendung zu Wolfskehl ... Heidnischer Pathicismus & bewußtes Judentum – Nach dem zeitweiligen Abbruch der Beziehung zwischen Wolfskehl und OS kam es 1902 wieder zu einer Annäherung. Eine wichtige Mittlerfunktion nahm dabei Franz Dülberg ein, der mit OS und Wolfskehl befreundet war und immer wieder Informationen überbrachte. Zahlreiche Briefe von OS an Dülberg belegen die starke Hinwendung zu Wolfskehl in dieser Zeit. Wolfskehl sympathisierte mit der von Alfred Schuler und

Ludwig Klages propagierten Rückbesinnung auf den heidnisch-antiken Geist und wollte die Ideen mit dem Judentum verbinden. Was Schuler als »arische Blutleuchte« beschrieben hatte, entwickelteer zu einer »semitischen Blutleuchte« weiter. Die ›molochistischen‹, zerstörerischen Tendenzen des Judentums hätten sich erst nach der Rückkehr aus dem babylonischen Exil durchgesetzt. Schuler und Klages mißtrauten diesen Auffassungen und distanzierten sich von dem Juden Wolfskehl. OS stellte sich in diesem Konflikt auf die Seite der ›Arier‹ Schuler und Klages. In dieser Zeit begann er sich mit seinen jüdischen Wurzeln auseinanderzusetzen: »Ich erkannte bald, daß sich viele Widersprüche in mir durch die Rassenmischung eines arischen Vaters mit einer zu dreiviertel semitischen Mutter erklärten und begann nun die ›Substanzen‹ in mir zu scheiden.« (Dämon, S. 294) Das Judentum wird jetzt mit der Mutterwelt in Verbindung gebracht, die »arischen Substanzen« mit der Vaterwelt.

43 *Hannas Ähnlichkeit* – Gemeint ist Hanna Wolfskehl (geb. de Haan, 1887–1946), die Frau von Karl Wolfskehl.

Erneuter Zerfall mit Wolfskehl führte zu erneuter Protesthandlung – Nach dem erneuten Bruch mit Wolfskehl im Jahre 1904 heiratete OS im März 1905 Louise Hoby.

Gretl Jehly – Die Schriftstellerin Grete Gulbransson, geb. Margarethe Jehly (1882–1934). Um 1900 kam sie aus Bludenz (Vorarlberg) nach München und lernte dort den norwegischen Maler und Zeichner Olaf Gulbransson kennen, der zu den bekanntesten Mitarbeitern der satirischen Zeitschrift »Simplicissimus« gehörte. 1906 heiraten die beiden. Im Jahr 1903/04 hatte Grete Jehly die Bekanntschaft mit OS gemacht, in den sie sich allem Anschein nach schnell verliebte; vgl. Das wilde Leben der Boheme, S. 73 ff. Eine ganze Weile schwankte sie zwischen der Liebe zu Olaf Gulbransson und OS. OS schreibt in seinem Tagebuch, daß er mit Grete Jehly »so gut wie verlobt war« (Die wilden Jahre der Boheme, S. 194).

44 *Wolfskehls früher Braut! Sie kannte dabei das ganze pathicist. Vocabular* – Die zweite Ehefrau, Louisa Hoby, lernte Wolfskehl über ihren Stiefvater Georg Fuchs kennen. Beide freundeten sich an, aber von einer ›Braut‹ kann man sicher nicht sprechen. Louisa Hoby begeisterte sich für die Gedichte von Stefan George, sie kannte die Ideen von Schuler und Klages und war beeinflußt von der Theosophie. Als sich OS 1906 von seiner Frau trennte, sah er

darin auch eine Trennung von dem Darmstädter Kunstkreis und den Ideen Wolfskehls; vgl. Die wilden Jahre der Boheme, S. 208.

44 *französ. Gesellschaftsprobleme* – Das 1907 erschienene Buch von OS.

Disraeli – Der englische Staatsmann, Romancier und Dandy Benjamin Disraeli, Earl of Beaconsfield (1804–1881), Sohn einer reichen Familie sephardischer Herkunft. Als Konservativer gehörte er dem Unterhaus an, war mehrfach Schatzkanzler und zwischen 1874 und 1880 Premierminister. Neben seiner politischen Karriere betätigte er sich als Schriftsteller und veröffentlichte eine Reihe sozialkritischer Romane. OS nahm sich Disraeli als Vorbild und sah in ihm einen Wahlverwandten; vgl. Ein Dandy auf Reisen, Anm. *Verbindung von Litteratur und Politik. Alles dies liegt mir sehr*, S. 489. 1911 veröffentlichte er über Disraeli die Biographie »Die Kunst der Politik«.

Anni … Sie war mein Typus – In »Ergo Sum« heißt es: »Bei der ersten Begegnung erkannte ich in der Frau meinen ›Typ‹, wie man sagt […]. Noch nie hatte ich in der Wirklichkeit meinen ›Typ‹ so rein getroffen, und nun erfuhr ich, was das bedeutet.« (S. 123)

21. 6. 1913

45 *Zores* – (jidd.) Sorgen; (hebr.) Not, Bedrängnis.

Doris (Bieber) – Zusammenhang unklar, nicht ermittelt.

es zogen 3 Burschen wohl über d. Rhein – So beginnt ein bekanntes Lied von Ludwig Uhland: »Der Wirtin Töchterlein« (1809).

Spiegel – Hohlspiegel – verzerrte Gesichter – Anspielung auf eine frühe Kindheitserinnerung, die OS in »Der Vertriebene« erzählt: Einmal sei er mit seinem Vater zur Kirmes gegangen. Im Vorraum zum Kasperletheater hingen goldgerahmte Spiegel, er sei erschrokken, »als er sich mit dem Papa in dem einen ganz dünn und lang, in dem andern ganz dick und breit sah. Er fürchtete sich, aber der Papa lachte ihn aus, führte ihn dicht heran und zeigte ihm, daß es Hohlspiegel waren.« (S. 12f.)

böse Träume – Bräune – Anspielung auf die frühkindlichen Angstträume vom Lieflamm, die er dem Vater erzählte. ›Bräune‹ bezieht sich ebenfalls auf das Lieflamm: Eines Tages habe er auf dem Speicher gesehen, daß an der Decke Kalk abgefallen war, so daß »ein Stück braunes Holzgitterwerk zum Vorschein kam« (Geister, S. 30). Das Lieflamm sei von derselben Farbe gewesen wie das braune Holzgitterwerk. Fortan glaubte er, daß das Lieflamm durch die Decke gebrochen sei und sich im Inneren des Hauses befinde.

22. 6. 1913

45 *durch die Ablehnung der Meisten von Seiten des Vaters* – In »Ergo Sum« heißt es: »Frühzeitig schärfte er mir die Kritik an der Unkultur des neudeutschen Bürgertums, in das immer mehr ›Kaffern‹, wie er sich ausdrückte, aufstiegen, die mehr Geld erwarben, als ihr Bildungsgrad ertrug« (S. 18). ›Kaffern‹, ›Kafferntum‹ oder ›Kafferstil‹ wurde zum geflügelten Wort, das der heranwachsende OS vom Vater übernahm, um seinen Ekel und seine Verachtung auszudrücken; vgl. Geister, S. 213, 223 und 319.

46 *Akicismus* – Vielleicht eine Ableitung bzw. Verformung aus Akinese oder Akinesie: Bewegungsarmut, Bewegungshemmung.

25. 6. 1913

»Hingebung« – Klages hatte diesen Begriff schon um 1900 in den Mittelpunkt seiner charakterkundlichen Untersuchungen gestellt. Er trifft die Grundunterscheidung zwischen einem »produktiven«, auf Umgestaltung, und einem rezeptiven, auf »Hingabe« gerichteten Charakter (Sämtliche Werke VIII, S. 16). In den späteren Arbeiten zur Charakterkunde formulierte Klages ein ganzes System von geistigen, persönlichen und sinnlichen Hingebungsneigungen aus, die er den unterschiedlichen Formen der Selbst- und Ichbehauptung gegenüberstellte; vgl. Sämtliche Werke IV (Charakterkunde I), S. 410 f. In der Person lokalisierte er eine Dualität zwischen dem Behauptungs- bzw. Erhaltungstrieb und dem Hingebungstrieb. Die »selten erreichte Vollendung« des Hingebungstriebs sei »Untergang des Existenzbewußtseins durch Brechung des Ichs zugunsten der Kraftüberlassung an einen außerpersönlichen Weltinhalt.« (S. 171)

[…] – Fünf Zeilen herausgeschnitten (Vorderseite).

30. 6. 1913

47 *Plötzl. bei d. immissio … ejac. praec. … Schreckens … (vor der Mutter?)* – Die Schilderung von OS könnte in Zusammenhang mit Abrahams Abhandlung »Über Ejaculatio praecox« stehen. Dieser hatte die Beobachtung gemacht, daß die Patienten, die unter Ejaculatio praecox leiden, die Neigung haben, »sich vom Weibe bei der Immissio manuelle Hilfe leisten zu lassen. Die lustvolle Berührung des Penis war einer der frühen und bedeutungsvollen Lie-

besbeweise von seiten der Mutter. Der an vorzeitiger Ejakulation Leidende möchte [...] nicht lieben, sondern nur Liebe entgegennehmen. Sein Unbewußtes versucht, zu diesem Zwecke die Wege der frühen Kindheit wieder gangbar zu machen.« (S. 55) Abraham zufolge wohnt der Ejaculatio praecox einerseits eine »exhibitionistische Tendenz« inne (»Reiz auf das Weib [die Mutter] ausüben«), andererseits drückt die vorzeitige Ejakulation »Feindschaft und Verachtung« aus (»Besudelung des Weibes«) (S. 56 f.). Diese Verachtung führt Abraham auf die narzißtische Überbewertung des Penis zurück. »Das Weib ist minderwertig, verächtlich, weil ihm dieser Körperteil mangelt. Nicht wenige der an Ejaculatio praecox Leidenden sind Verächter der Frauen im allgemeinen« (S. 57).

47 *»fertig sein wollen«* – In seiner Abhandlung »Über Ejaculatio praecox« identifiziert Abraham die Eile beim geschlechtlichen Akt, die schnelle Beendigung, als ein Symptom des Neurotikers, der an vorzeitiger Ejakulation leidet: »Die erethischen, in dauernder Hast lebenden Neurotiker erblicken meist im Koitus eine lästige Aufgabe, die schnell abgemacht werden muß. Sie verlieren ihre nervöse Hast auch nicht im Zusammensein mit dem Weibe.« (S. 49)

1. 7. 1913

Juli 1.[...] – Fünf Zeilen herausgeschnitten (Rückseite).

2. 7. 1913

Complex ist nun ganz sicher d. Incestverbot, das alles erklärt – Zu dieser Aussage hat wesentlich das 1912 erschienene Buch von Otto Rank über das »Inzest-Motiv« beigetragen; vgl. Anm. *gegen Mutter & Schwester die Incestschranke* zu S. 23. Rank geht in seiner Studie davon aus, daß »die Inzestphantasie nicht nur in den Wahnideen der Geisteskranken ins Bewußtsein dringt, sondern auch im unbewußten Seelenleben des Normalen dominiert und seine soziale und erotische Einstellung im Leben entscheidend bestimmt« (S. 19). Davon ausgehend, wies OS dem Inzestverbot einen zentralen Platz in seinen autobiographischen Schriften zu. So erinnerte er sich an das Verbot des Vaters, morgens nicht mehr ins Bett der Mutter gehen zu dürfen; vgl. Der Vertriebene, S. 8 ff. In späteren Jahren sei der Vater eingeschritten, wenn er sich mit seiner Schwester Hedwig allein im Zimmer aufgehalten habe; vgl. ebd., S. 197.

47 *dadurch Narcism.* – Diesen Zusammenhang stellt Abraham u. a. in seiner Abhandlung über »Psychoanalytische Studien zur Charakterbildung« her: Wenn die Bewältigung des Verbots in der Phase des Ödipuskomplexes nicht gelingt, droht die Gefahr der Regression auf den »ursprünglichen Narzißmus« und die Ausbreitung »objektfeindlicher Tendenzen im Kinde« (S. 219).

Gipfelt im Essayismus unter Verdrängung des Dichterischen – OS begann schon früh mit dem Schreiben von Gedichten; seit 1894 waren es Verse im Stil von Stefan George. Viele dieser Gedichte sind 1898 in dem Band »Orpheus« erschienen. In der Zeit um 1900 verfaßte er vor allem Novellen und Erzählungen, die Gedichte traten nun völlig zurück. Ab 1906 verlegte er sich immer mehr auf die Form des Essays, er schrieb über seine Reisen, über politische und zeitgeschichtliche Themen, über Lebenskunst, Mode und Philosophie. Die Verschiebung vom Dichterischen zum Essayismus war für ihn der symptomatische Ausdruck einer zunehmenden Dezentrierung seines Selbst. In einem Brief an Kubin spricht er vom »Intellektgefängnis« seiner »Essaythätigkeit« (Brief vom 12. April 1915, Kubin-Archiv).

48 *quand même* – (frz.) trotzdem, selbst wenn.

Umschlag in Abscheu … (Louisa.) – In einer Tagebucheintragung aus dem Oktober 1911 heißt es: »Ich hatte sofort einen ausgesprochenen physischen Widerwillen gegen die Art von Louisas Liebkosungen und vor allem gegen ihren Körper.« (Die wilden Jahre der Boheme, S. 195) In der Eintragung vom 15. März 1906 spricht er von einer »sexuellen Abneigung«: »Bei sexuellen Umarmungen habe ich stets mit ihr vor zu starken Intimitäten zurückgeschreckt.« (Die wilden Jahre der Boheme, S. 205)

[?]

[…] – Textlücke.

4. 7. 1913

engl. Frauen, zu mondäne Frauen, Rechtlerinnen – OS hat zum Thema »Frauen« zahlreiche Essays veröffentlicht; vgl. Brevier für Weltleute, S. 113–224. Zu den englischen Frauen, den mondänen Frauen und den Frauenrechtlerinnen vgl. insbesondere die Essays »Der Stolz der Frau« (S. 188 ff.) und »Was den Frauen erlaubt ist« (S. 196 ff.).

49 *Das braune Loch i. d. Mansardendecke* – Vgl. dazu Anm. *böse Träume – Bräune* zu S. 45.

49 *der technisch interessierte Junge* – In der Familie galt OS als völlig »unpraktischer Mensch«, während sich der jüngere Bruder Richard als »geschickt in allen Handfertigkeiten« erwies (Geister, S. 206). *(Pepinster)* – In der Erzählung »Herr von Pepinster und sein Popanz« werden die dunkle Welt, die Welt der Triebe, und die geistige, lichte Welt als »ineinandergeschachtelt« dargestellt (S. 9). *Das Verbotene, Dunkle, Gemeine, was nur die Gassenbuben thun … irreale dunkle Welt* – Anspielung auf den ersten Freund von OS, Fritz Herling, von dem es in »Geister« heißt: »Der Fritz war ja doch nicht viel mehr als ein Gassenbub.« (S. 94) Die irreale dunkle Welt wird in der Schlüsselszene der Kindheit, dem Bewerfen mit Kot, manifest; vgl. Anm. *Szene mit Fritz* zu S. 12.

17. 7. 1913

50 *[…]* – Eine Seite aus dem Manuskript herausgerissen.

23. 7. 1913

Frühzeitige Erkenntnis … gerade gg. den Bruder gut zu sein … Wider Willen bös gg. ihn – Der Bruder war durch ein rotes Muttermal gezeichnet, das fast zwei Drittel seines Gesichts bedeckte; vgl. Geister, S. 204 f. Diese Benachteiligung brachte ihm besondere Aufmerksamkeit ein, die schon früh zu Rivalitäten zwischen den Brüdern führte. OS spricht vom »Kindergroll, der ihn in mir den Unterdrücker, mich in ihm den Eindringling sehen ließ, dem zuliebe ich mich dauernd zurückgesetzt fühlte aus dem bloßen Grund, weil ich keine Schwäche wie er mit auf die Welt gebracht zu haben schien« (Geister, S. 206 f.).

24. 7. 1913

51 *Mutter – Muttermal – Bruder – Blut – eigenes Muttermal* – Anspielung auf das rote Muttermal des Bruders; vgl. Geister S. 204. OS selbst hatte ebenfalls ein Muttermal, aber in Bohnengröße am Knie.

Sein enger Zusammenhang mit d. Mutter schon bewußt bei seiner Geburt – In seinen Erinnerungen erzählt OS, daß er sich mit der Geburt des Bruders aus der Gunst der Eltern, vor allem der Mutter, verdrängt sah; vgl. Der Vertriebene, S. 204 ff.

25. 7. 1913

Szene mit Schwester – Anspielung auf eine Szene, die in den Erinnerungen einen bedeutenden Platz einnimmt. In »Der Vertriebene« berichtet OS, daß er als Kind mit Hedwig stundenlang eng umschlungen in den Gärten spazierenging. Eines Tages habe er vorgeschlagen, »er wolle sie ›rauben‹« (S. 81) und als Prinz in eine Hütte im Wald führen, um ihr alle möglichen Schätze zu bringen. Unbemerkt von den Eltern, habe er Hedwig in den Wald geführt und ihr dann alle möglichen Dinge aus dem Haus und dem Kleiderschrank der Eltern gebracht. Während er zum Abendessen nach Hause gegangen sei, habe Hedwig in der Hütte bleiben müssen. Die Mutter und das Dienstpersonal suchten Hedwig zunächst vergeblich, erst als der Vater kam, löste OS die Geschichte auf und führte ihn zu der Hütte (S. 83 f.).

27. 8. 1913

52 *Wilmanstrand* – Auch Willmanstrand, (finn.) Lappeenranta, Stadt im finnischen Bezirk Wiborg, am südlichen Ufer des Lappavesi (Saimasee).

Imatra – Stadt in Südfinnland, 65 km nördlich von Wiborg, bekannt durch die Imatrafälle.

Folies-Caprice – 1905 gegründetes jüdisches Theater in Berlin.

53 *Reval* – Tallinn, estnische Hauptstadt.

Helsingfors – (finn.) Helsinki, Hauptstadt Finnlands.

Baron Knorring – Nicht ermittelt.

Björn Björnson – Der norwegische Schauspieler, Regisseur und Dramatiker Bjørn Bjørnson (1859–1942), ältester Sohn des Schriftstellers Børnstjerne Bjørnson. Ausgebildet am Burgtheater in Wien, wurde er künstlerischer Leiter am Christiania Theater. Er lebte zeitweise in München und Berlin und hielt seine Eindrücke in dem Buch »Vom deutschen Wesen. Impressionen eines Stammverwandten 1914–1917« fest.

Klippan (Abendessen) - Gemeint ist das traditionsreiche Hotel Klippan-Palace auf der Insel Luoto vor Helsinki.

Brunnspark – (finn. Kaivopuisto): Der Brunnenpark war der Kurpark Helsinkis.

Museum – (Liljfors) – Nicht ermittelt.

Intendant … Wetzler – Nicht ermittelt.

Olga Tilga – Nicht ermittelt.

54 *Hogkolmen* – Högholmen, Insel im Süden Finnlands, in der Nähe von Helsinki.

Heinola – Stadt in Südfinnland, 30 km nordöstlich von Lathi, in der Region Päijät-Häme.

Eskola – Kleine Gemeinde in Südfinnland, in der Region Päijät-Häme.

24. Aug./6. Sept. 1913

55 *Viborg* – Wiborg, (russ.) Wyborg, (finn.) Viipuri; 140 km westlich von St. Petersburg. Von 1812 bis 1944 gehörte Wiborg zu Finnland, danach zu Rußland.

Isaackathedrale – Die prächtigste Kirche in St. Petersburg, 1858 vollendet, in Form eines griechischen Kreuzes, mit 48 Monolithsäulen und einer Goldkuppel von 82 m, die die Silhouette der Stadt dominiert.

Strjelka – Strelka, die östliche Spitze der Basiliusinsel (Wassiljewski Ostrow). Bis 1855 lag hier der Hafen der Stadt. Zwischen den beiden weithin sichtbaren sogenannten Rostrasäulen, die 1810 zum Ruhm der russischen Flotte errichtet wurden, liegt das Marinemuseum.

Datscha Ernest – Restaurant, Vergnügungslokal.

Kasaner Kathedrale – Russisch-orthodoxe Kirche am Newski Prospekt, gegründet 1733, 1801–1811 nach dem Vorbild des römischen Petersdoms umgebaut. 1932–1990 wurde die Kathedrale als Museum für die Geschichte der Religion und des Atheismus genutzt.

Zarskoje Selo – Zaristisches Dorf. 25 km südlich von St. Petersburg gelegene Zarenresidenz. Katharina I. ließ 1718 hier einen Sommerpalast errichten, der 1752 erweitert wurde. Mit dem Großen Katharinenpalast entstand einer der schönsten Barockpaläste Europas. Neben dem Katharinenpalast gehören zu dem Residenz-Ensemble Schlösser und Parks, der Alexanderpalast und das Puschkin-Museum. Bis 1992 hieß die Residenz Puschkin.

Park in Pavlowsk – Sommerresidenz des russischen Zaren, 30 km südlich von St. Petersburg, 5 km südöstlich von Zarskoje Selo. Im Mittelpunkt der Residenz steht der Park. 1777 hatte Katharina die Große das Areal ihrem Sohn Paul I. geschenkt, in dessen Auftrag die Landschaftsarchitekten Charles Cameron und Pietro Goganza den bis heute größten Landschaftspark Europas entwarfen.

deutsche Botschaft (von Behrens) – 1912 war die von dem Architekten Peter Behrens entworfene Botschaft aus rotem Granit fertiggestellt worden. Der monumentale neoklassizistische Bau war heftig umstritten. Noch heute gehen die Meinungen darüber auseinander, ob er ein Vorläufer der nationalsozialistischen Architektur oder ein Meilenstein der architektonischen Moderne ist.

Graf Hohnstein … Mme Autain – Nicht ermittelt.

Samson – Gemeint ist hier wohl ein Restaurant und nicht die gleichnamige berühmte Fontäne vor dem Großen Palast im Peterhof.

55 *Herrn Winkler ... Familie Goltz* – Nicht ermittelt.
Alexander Newski-Kloster – Russisch-orthodoxes Kloster in St. Petersburg. 1710 begründet von Peter dem Großen an der Stelle, an der der russische Nationalheld und Heilige Alexander Newski die Schweden besiegte.
Jaroslaw – Restaurant, Vergnügungslokal mit Zigeunermusik.

56 *Alexandermuseum* – Heute Russisches Museum. Größte Sammlung russischer Kunst, untergebracht im Michaelspalais. Den Grundstock der Bestände bildete eine von Alexander III. im Anitschkow-Palais zusammengetragene Sammlung.
Kertschsaal ... Ermitage – Hier wurden Exponate gezeigt, die aus der Stadt Kertsch stammten, einer Hafenstadt auf der Krim (Ukraine). Hier befand sich das antike Pantikapaion, eine im 7. Jh. v. Chr. gegründete griechische Kolonie.
Taurisches Palais – Klassizistisches Palais, von I. J. Starow entworfen und zwischen 1783 und 1789 erbaut. Der Palast erlebte eine wechselvolle Geschichte: Zunächst im Besitz von Grigori Potjomkin, eines der Geliebten Katharinas der Großen, war er später Sitz des Gardekavallerieregiments, dann Wohnsitz der Zarenfamilie und ab 1906 beherbergte er die Staatsduma. Nach seiner Rückkehr aus der Emigration und während der Oktoberrevolution wandte sich Lenin von hier mit Reden und Ansprachen an die Öffentlichkeit. In den Palast zog die Hochschule der Kommunistischen Partei ein. Heute sind in dem Gebäude die parlamentarischen Vertreter Rußlands untergebracht.
Smolny-Kloster – Von Bartolomeo Francesco Rastrelli (um 1700 bis 1771) in leuchtendem Blau errichteter Barockbau; im Mittelpunkt die weithin sichtbare Auferstehungskathedrale.
Astoria – Das Astoria, 1912 direkt neben der Isaakkathedrale gebaut, galt damals – und gilt auch heute noch – als luxuriöses Renommierhotel.
Peter & Paulsfestung – Peter der Große ließ 1703 die Peter-und-Pauls-Festung errichten, das erste Bauwerk St. Petersburgs. Die Grundsteinlegung am 16. Mai 1703 gilt als Gründungsdatum der Stadt.
die einsamen Lichter auf den weißen Marmorsärgen d. Romanoffs – In »Ergo Sum« schreibt OS von diesem Besuch: »Eines trüben Nachmittags stieg ich in der Peter-und-Paul-Festung in die dämmerigen Grabgewölbe der Romanows hinab. Seit Jahrhunderten brannten hier die Kerzen auf den weißen Marmorsärgen, in denen

die Zaren und Großfürsten ruhten, noble Sünder, die oft der Zorn Gottes getroffen hat.« (S. 205)

27. Aug./9. Sept. 1913

56 *Riga ... Verrussung aller Behörden* – In »Ergo Sum« heißt es dazu: »Von Petersburg fuhr ich nach Riga. In dieser deutschen Stadt störte mich das Russische. Das Exotische beschränkte sich auf den Schmutz in den Trambahnen und in den Postämtern, der mir in Petersburg, wo er dazugehörte, ja durch Tschechowsche Erzählungen fast geheiligt erschien, nicht besonders aufgefallen war.« (S. 205)

Eva v. Lehár – Die Operette »Eva« (1911) von Franz Lehár.

Dr. Ruetz – Nicht ermittelt.

Guido Eckart – Nicht ermittelt.

21. 9. 1913

Marienburg – Kreisstadt in Westpreußen, Regierungsbezirk Danzig. Marienburg war ursprünglich eine Feste, die 1274 von dem Deutschen Orden zur Sicherung der Nogatstraße angelegt worden war.

57 *Meydenbauer* – Dr. Hans Meydenbauer, Geheimer Finanzrat im Königlich preußischen Finanzministerium. OS lernte ihn an der Leipziger Universität kennen und freundete sich mit ihm an. In »Dämon« heißt er Hans Pernau: »Er überragte uns alle an Körpergröße. Obwohl hellblond, hatte er einen scharf geschnittenen Römerkopf mit etwas harten Zügen, die dann im Laufe der Jahre immer milder wurden. Mit beispielloser Rücksichtslosigkeit behandelte er Menschen, die um die Dinge herumredeten.« (S. 54) Meydenbauer war für OS das Vorbild für eine gelungene bürgerliche Karriere, er saß »stets an einflußreichen, interessanten Stellen« (S. 56) Bei ihrem Treffen in Riga debattierten sie »bis tief in die Nacht«: »Er wollte mir die politische Notwendigkeit der deutschen Enteignungspolitik gegen die Polen beweisen, und ließ mich zum erstenmal erkennen, daß meine neuerliche nationale Einstellung gar keinen eigentlichen Gegensatz zu dem früheren Kosmopolitismus bildete« (Ergo Sum, S. 206). OS widmete seinem Freund das 1915 erschienene Buch »Das wirkliche Deutschland«.

Spielberg – Im Westen von Brünn gelegene Erhebung mit Parkanlagen und Zitadelle.

⊙ – Eigentlich astrologisches Symbol für die Sonne; OS benutzt das Symbol auch für Geschlechtsverkehr.

57 *Rosenbaum* – Der Literaturhistoriker, Dramaturg und Verleger Richard Rosenbaum (1867–1942). Von 1898 bis 1915 arbeitete er als Dramaturg am k. k. Hoftheater in Wien, 1920 gründete er den Donau-Verlag.

Dir. Geyer – Der Theaterdirektor und Regisseur Emil Geyer (eigtl. Emil Goldmann, 1872–1942), er leitete von 1913 bis 1922 die Neue Bühne in Wien und setzte sich in dieser Zeit vor allem für das expressionistische Drama ein. Von 1926 bis 1933 war er Direktor des Theaters in der Josefstadt. 1942 wurde er im KZ Mauthausen ermordet.

Zifferer – Der österreichische Journalist und Schriftsteller Paul Zifferer (1879–1929). Er studierte Jura und Philosophie an der Sorbonne in Paris und in Wien. Nach Abschluß des Studiums war er Feuilletonredakteur bei der Neuen Freien Presse in Wien. Später ging er in den Staatsdienst und arbeitete u. a. als Leiter des Nachrichtenwesens an der österreichischen Gesandtschaft in Paris. Zifferer schrieb Gedichte, Romane und Novellen und gehörte zum engen Freundeskreis von Arthur Schnitzler und Hugo von Hofmannsthal.

Tadeusz Rittner – Der Erzähler und Dramatiker Tadeusz (Thaddäus) Rittner (auch: Tomašz Czăszkă, 1873–1921). Er promovierte in Wien zum Dr. jur. und trat in das Unterrichtsministerium ein. 1915/16 leitete er das polnische Theater in Wien. Nach dem Krieg arbeitete er ausschließlich als Schriftsteller. Er schrieb zahlreiche sozialkritische Romane (Geister in der Stadt, 1921) und satirische Dramen (Die Feinde der Reichen, 1921). Großen Erfolg hatte er mit der Komödie »Wölfe in der Nacht« (1914).

Herzmanovsky – Der Erzähler, Dramatiker und Zeichner Fritz von Herzmanovsky-Orlando (1877–1954). OS lernte ihn durch Vermittlung von Alfred Kubin und Paul Luckeneder kennen. Für Herzmanovskys Roman »Der Gaulschreck im Rosennetz. Eine Wiener Schnurre aus dem modernen Barock«, der 1917 entstanden war, aber erst 1928 veröffentlicht wurde, schrieb OS das Vorwort. OS kommt in dem Roman als Baron Schmitz vor, »der reichsstädtisch frankfurtischer Gesandter am erzbischöflichen Hofe« (S. 115) zu Salzburg ist. In »Ergo Sum« schreibt OS, Herzmanovsky sei »neben Wolfskehl das größte Original«, dem er begegnet sei (S. 296). Beide verstanden sich offenbar glänzend, was auch aus zahlreichen Briefen aus dem Nachlaß hervorgeht. Mit Vorliebe diskutierten sie über Mystik und Dämonenglauben.

Herzmanovsky »war überzeugt, daß die Gestalten meiner phantastischen Erzählungen (Haschisch, Pepinster, Menschheitsdämmerung) zum mindesten in einer astralen Ebene wirklich existierten, ich hätte gar keine Ahnung, was ich da eigentlich erzählte, er hingegen, der auf jenen Ebenen zu Haus war, würde mir gelegentlich einmal darüber die Augen öffnen. Seine Erklärungen blieben freilich spärlich, waren aber stets sehr witzig.« (Ergo Sum, S. 296)

57 *Zweig* – Der mit OS befreundete Schriftsteller Stefan Zweig. Zur Beziehung OS und Zweig vgl. Ein Dandy auf Reisen, S. 97 ff.

27. 9. 1913

A *Auf d. Spaziergängen* – Der ganze Absatz ist seitlich angestrichen.

futurist. Kunstbestrebungen, den Dichtern d. »Action« – In der von Franz Pfemfert herausgegebenen expressionistischen Zeitschrift »Die Aktion« (1911–1932) wurde um diese Zeit der italienische Futurismus diskutiert. Auslöser waren die Gründung und das Manifest des Futurismus (1909) von Fillippo Tommaso Marinetti und dessen Deutschlandbesuch. Bedeutender für die Verbreitung des Futurismus in Deutschland war die von Herwarth Walden herausgegebene Zeitschrift »Der Sturm«, in der auch die weiteren Manifeste abgedruckt wurden (1913/14).

Bahr – Der österreichische Schriftsteller Hermann Bahr (1863 bis 1934) gehörte in der Zeit um 1900 zu den wichtigen Gestalten des Literaturbetriebs. Er wurde zum Verfechter und Fürsprecher unterschiedlicher Richtungen und Konzepte, angefangen vom Naturalismus über die Literatur der Décadence und Neuromantik bis hin zum Impressionismus und Expressionismus. Nachhaltig beeinflußte Bahr die Literatur des »Jungen Wien« (Schnitzler, Hofmannsthal, Beer-Hofmann). Bahr und OS verband eine lebenslange Freundschaft, die sich in den letzten Jahren des Ersten Weltkriegs intensivierte, als beide in Salzburg lebten. »Er und ich«, so Bahr 1919 in seinem Tagebuch, »gehen von denselben Prämissen aus ein gutes Stück zusammen, bis ich bei meinem katholischen Glauben ankomme, er aber bei einem Kompositum aus Buddhismus und Kant« (S. 142).

Kerr – Der Theaterkritiker und Essayist Alfred Kerr, eigtl. A. Kempner (1867–1948). Aus einer jüdischen Familie aus Breslau stammend, studierte er in Berlin Philosophie und Germanistik. Nach seiner Promotion über Clemens Brentano schrieb er Kritiken und Essays über den Berliner Alltag und über Zeitereignisse. Zwischen 1900 und 1933 stieg er zum einflußreichsten Kritiker auf. 1912–1915 war er Herausgeber der Zeitschrift »Pan«. 1917 erschienen die ersten fünf Bände der Gesammelten Schriften »Die Welt im Drama«. 1919–1933 war Kerr Theaterkritiker des »Berliner Tageblatts«. 1933 floh er vor den Nationalsozialisten nach Paris. Von 1936 bis 1948 lebte er in London und schrieb Essays und politische Kommentare für die BBC.

28. 9. 1913

58 *(Eben erschienen die franz. & engl. Gesellschaftsprobleme.)* – Die »Englischen Gesellschaftsprobleme« erschienen unter dem Titel »Das Land ohne Musik«; die »Französischen Gesellschaftsprobleme« (zuerst 1907) trugen in der dritten und vierten Auflage den Titel »Das Land der Wirklichkeit«, in der 5. Auflage von 1915 den Titel »Was uns Frankreich war«.

1. 10. 1913

[…] – Drei Zeilen herausgeschnitten (Vorderseite).
das Oberbewußtsein – Kubin hat den Begriff höchstwahrscheinlich der Abhandlung von Max Dessoir »Das Doppel-Ich« (1890) entnommen. Dessoir unterscheidet zwei Schichten der Persönlichkeit, zwei Ich-Formen: das Oberbewußtsein und das Unterbewußtsein, die beide um die Vorherrschaft kämpfen. Das Oberbewußtsein äußert sich in bewußten geistigen Vorgängen, das Unterbewußtsein in Träumen und somnambulen Zuständen. Jede Person trägt den Keim einer Doppelpersönlichkeit, eines Dipsychismus, in sich. Zu dieser Theorie vgl. auch Ellenberger: Die Entdeckung des Unbewußten, Bd. 1, S. 213 ff.

59 *[…]* – Drei Zeilen herausgeschnitten (Rückseite).

2. 10. 1913

Bei ihm das Bild Gottes durch d. Vaterimago beschattet – OS beschreibt in »Die Beschwörung der Dämonen oder Alfred Kubin, der magische Mensch« (Brevier für Einsame, S. 29–152) am Beispiel von Kubin einen Vater-Sohn-Konflikt, der viele Parallelen zu seiner eigenen Entwicklung aufweist. Die Vergottung des Vaters in einer frühen Entwicklungsphase habe das Bild Gottes, »das Gotteserlebnis« verdeckt und verneint (S. 114). Das Gotterlebnis muß bewußt gemacht werden, damit die gebundenen Kräfte dem Subjekt zufließen; vgl. Brevier für Einsame, S. 115 ff.
Auch er fühlt – Der ganze Absatz ist seitlich angestrichen.

3. 10. 1913

59 *Wir gehen einen neuen Weg am Inn … suchen einen Traum A.'s zu deuten* – OS hat diesen Spaziergang im »Brevier für Einsame« im Kapitel »Die Beschwörung der Dämonen oder Alfred Kubin, der magische Mensch« als ein zentrales Erlebnis ihrer gegenseitigen Analyse ausführlich geschildert: »Es war in den letzten Jahren vor dem Krieg, als wir eines Nachmittags unter einem gespenstischen Föhnhimmel längs des Inn wanderten. Wir hatten gerade von den Möglichkeiten der Psychoanalyse gesprochen und beschlossen einmal zu versuchen, einen Traum, den Kubin in der letzten Nacht gehabt hatte, analytisch zu deuten. Ich kann mich der Einzelheiten nicht mehr entsinnen. Es handelte sich jedenfalls um ein finsteres allmächtiges Wesen, an dessen linker Seite ein unkenntliches, nebelhaftes Gebilde stand. ›Zur Rechten aber‹, sagte Kubin, ›saß ein ganz junger blasser Mensch.‹ ›Erinnerte er dich an irgend wen? Denke einmal nach.‹ ›Nein, an niemand bestimmten, am ersten noch an mich selbst, freilich etwas idealisiert.‹ ›Nun, dann bist du es wohl selbst, und zwar ohne deine Fehler, die dich in ewigen Gegensatz zu deinem Vater brachten, so wie du selbst gern hättest sein mögen, um ihm zu gefallen. Auf welcher Seite jenes allmächtigen Wesens saßest du denn?‹ ›Auf der rechten‹, erwiderte Kubin, etwas beunruhigt. ›Das ist der eingeborene Sohn, sitzend zur rechten Hand Gottes …‹ ›Gekreuzigt …‹ entfuhr es plötzlich Kubin, und er klammerte sich an meinen Arm, um nicht unter der Wucht seiner Vision niederzusinken. Damit war der Zusammenhang seiner kosmischen Vater-Sohnphilosophie mit dem eigenen Vatererlebnis ins Bewußtsein erhoben.« (S. 108) Nach dieser Traumdeutung sei Kubin eine kurze Zeit erleichtert gewesen, gleichzeitig habe er aber einen »zähen Widerstand« (S. 109) gegen die Fortsetzung der Deutung entwickelt. Auffällig ist, daß OS in der späteren Darstellung der Traumdeutung viele Details wegläßt. Nicht erwähnt wird der »Dreck«, vor allem aber auch die eigene Rolle in der Traumerzählung. Nach Wiederaufnahme der Psychoanalyse im Herbst in Berlin hat OS mit Abraham über den ›Fall Kubin‹ gesprochen. Am 10. November 1913 schreibt er an Kubin: »Dr. Abraham sagte mir, daß bei so schnellen psycho-analytischen Ergebnissen, wie bei Dir, stets einige Wurzeln zurückbleiben. Ich bin aber überzeugt, daß wir auf den rechten Weg waren und daß wir bei unserem nächsten Zusammensein wieder eine Wurzel ziehen. Mit mir geht es eben auch sehr langsam. Ich gehe nur noch 2 mal wöchentlich hin.« (Kubin-Archiv)

59 *Sohn des Vaters* – Das schwierige, stark emotionalisierte Verhältnis zum Vater hat Kubin schon in seiner Münchner Zeit auf eine allgemeine philosophisch-kosmologische Grundkonstellation zurückgeführt. In »Aus meinem Leben« schreibt er, daß er »seltsame Kosmogonien« entwerfe: »Ich stellte mir also vor, daß ein an sich außerzeitliches, ewig seiendes Prinzip – ich nannte es ›den Vater‹ – aus einer unergründlichen Ursache heraus das Selbstbewußtsein – ›den Sohn‹ – mit der zu ihm unscheidbar gehörigen Welt schuf. Hier war natürlich ich selbst ›der Sohn‹, der sich selbst, solange es dem eigentlichen, riesenhaften, ihn ja spiegelreflexartig frei schaffenden Vater genehm ist, narrt, peinigt und hetzt. Es kann also ein derartiger Sohn jeden Augenblick mit seiner Welt verschwinden und in die Überexistenz des Vaters aufgehoben werden. Es gibt immer nur einen Sohn, und von dessen erkennendem Gesichtspunkt aus konnte man vergleichsweise allegorisch sagen, daß dieser ganze äffende und qualvolle Weltprozeß geschieht, damit an dieser Verwirrtheit der Vater erst seine allmächtige Klarheit und Endlosigkeit merkt – mißt.« (S. 24 f.) Kubin gibt an, daß er diese Gedanken in der Abhandlung »Der Sohn als Weltenwanderer« weiterentwikkelt habe. In nächtlichen Stunden habe er »Dutzende von Heften« vollgeschrieben, die er »geheimhielt und nur einem einzigen zeigte und vorlas«. Mit diesem ›einzigen‹ ist wohl OS gemeint. Gleichwohl spricht viel dafür, daß die bisher verschollenen Aufzeichnungen eine Mystifikation Kubins sind.

60 *durch d. Roman bereits vom Vater löste* – Der Roman »Die andere Seite« (1909). Der Vater, Friedrich Franz Kubin, starb am 2. November 1907. Schon früh ist der Roman als eine Auseinandersetzung mit dem Vater bzw. dem Vater-Sohn-Problem gedeutet worden. Neben OS (Brevier für Einsame, S. 29–152) ist hier vor allem auch die Besprechung von Hanns Sachs in der »Imago« zu nennen (2. Heft, 1. Jg. [1912], S. 197–204). Die Deutungslinie wird in späteren Interpretationen weitergeführt; vgl. Anneliese Hewig: Phantastische Wirklichkeit (1967), und Christoph Brockhaus: Alfred Kubin. Das zeichnerische Frühwerk bis 1904 (1977).

Fortsetzer Mainländers – Der Dichter und Philosoph Philipp Mainländer (eigtl. Philipp Batz, 1841–1876). In seiner »Philosophie der Erlösung« entwarf er eine von Schopenhauer inspirierte radikalpessimistische Weltsicht, eine Metaphysik der Entropie, die in einem allen Wesen zugrundeliegenden Todestrieb wurzelt; vgl. auch Anm. *Wille z. Tod* zu S. 29. Mainländer entstammte einer

Fabrikantenfamilie. 1856 absolvierte er eine kaufmännische Ausbildung in Dresden, danach arbeitete er fünf Jahre in einem Handelshaus in Neapel. In dieser Zeit las er Schopenhauers »Die Welt als Wille und Vorstellung«. Die Lektüre wurde zu einem Offenbarungserlebnis, das weitere philosophische Studien anregte. Nach seiner Rückkehr aus Italien arbeitete er in einem Bankhaus in Berlin. Nach dessen Konkurs verpflichtete er sich zum Militär. In einem Arbeitsrausch schrieb er 1874 den ersten Teil der »Philosophie der Erlösung«. 1875 folgten weitere Arbeiten sowie der zweite Teil des philosophischen Werks. Unmittelbar nach Erscheinen des Buches erhängte er sich. Kubin, der Mainländer 1906 zum erstenmal las, war von dem radikalen Pessimismus und den Untergangsszenarien fasziniert. Aus der »Philosophie der Erlösung« gingen viele Konstrukte in den Roman »Die andere Seite« ein.

60 *als sie den andern Sohn gebar* – Den jüngeren Bruder, Richard Ferdinand Schmitz.

Abneigung gg Christus, Unmöglichkeit seine Gebote zu erfüllen – In »Geister« schreibt OS, daß ihm als Kind gewisse Dinge in der Religion, so zum Beispiel die Kreuzigung Christi, »völlig unverständlich« (S. 113) waren. Das Verhältnis von OS zum Christentum spielt auch in den frühen Tagebuchaufzeichnungen eine Rolle; vgl. Das wilde Leben der Boheme, S. 94 und 129.

61 *der Christ, der Halbblütige, der Jude* – Der Christ, damit ist Kubin gemeint, der Halbblütige ist OS und der Jude Wolfskehl.

IIfärbung – Zu lesen ist hier doppelte Färbung.

Ostwald – Der deutsch-baltische Chemiker und Philosoph Wilhelm Ostwald (1853–1932), Nobelpreisträger für Chemie von 1909. Seit 1910 gehörte er zu den führenden Persönlichkeiten des von Ernst Haeckel 1906 gegründeten Deutschen Monistenbundes. Der Monismus vertrat das Prinzip der Einheit von Natur und Geist und befürwortete eine weltliche Ethik. OS setzte sich 1913 mit diesen Anschauungen auseinander und schrieb eine Kampfschrift gegen den Monismus, insbesondere gegen Ostwalds »Die Weltanschauung der Halbgebildeten« (1914). – In »Ergo Sum« schreibt er zu dem Buch: »Ich habe mich bemüht, ein Beispiel sachlich vernichtender, aber gänzlich unpersönlicher Kritik zu geben. Freilich ließ mein eigener Irrationalismus auch manches Unkraut in dem Buch aufschießen, wie den heute nicht mehr aufrechtzuerhaltenden Abschnitt über den Kulturwert des Krieges.« (S. 203)

5. 10. 1913

61 *A. & H.* – Alfred und Hedwig Kubin.

62 *bei […]* – Acht Zeilen aus dem Manuskript geschnitten (Vorderseite).

[…] – Acht Zeilen aus dem Manuskript geschnitten (Rückseite).

7. 10. 1913

Versöhnt durch Geburt Tillys – In »Geister« heißt es: »Als Tilly zur Welt kam, war ich schon alt genug, das kleine hilflose Wesen, das nur sechs Pfund wog, ›goldig‹ zu finden und mit einer gewissen überlegenen Ritterlichkeit lieb zu haben.« (S. 204)

Sehr schöne Tage mit Kubin & Spier in Salzburg – Zu diesem Treffen waren auch Richard Schmitz und seine Frau eingeladen, die aber absagten; vgl. Ergo Sum, S. 208.

Soldatenfriedhof – Von dieser Exkursion berichtet OS ausführlich in »Ergo Sum«: »In Salzburg führte mich Alfred an viele geheimnisvolle Stätten seiner Kindheit. Wir besuchten einen alten Soldatenfriedhof, der bald nach 1866 geschlossen worden war. Da ruhten die Offiziere der damals noch glorreichen Armee von einem Leben aus, das an natürlicher Heiterkeit, die jeden Augenblick zum Tode bereit war, wohl seinesgleichen suchte.« (S. 208)

die Zarin – »Die Zarin« (1913), Schauspiel in drei Akten von Melchior Lengyel und Ludwig Biro.

11. 10. 1913

63 *Debschitz* – Der Maler und Kunsthandwerker Wilhelm von Debschitz (1871–1948), Sohn eines Generalleutnants im preußischen Kadettencorps. Seit 1891 lebte er in München und zeigte sich als Maler vor allem von den Romantikern Schwind und Richter beeindruckt. Angeregt vom englischen Kunstgewerbe (William Morris, Walter Cane u. a.), begann er mit illustrativen Arbeiten und kunstgewerblichen Entwürfen. Zusammenarbeit mit Hermann Obrist. Seit 1908 Leitung des »Lehr- und Versuch-Ateliers für angewandte und freie Kunst« in München, seit 1914 der Städtischen Handwerker- und Kunstgewerbeschule in Hannover. Seine Frau, Wanda von Debschitz, geb. Kunowski, führte als Künstlerin ein Fotoatelier in München. OS machte zusammen mit Debschitz im Sommer 1907 eine Reise durch Bosnien und Dalmatien; vgl. Ein Dandy auf Reisen, S. 55 ff.

Campagnolle, sehr angeregt – Dr. Roger de Campagnolle (1873 bis 1957), Facharzt für Dermatologie in München, u. a. mit Hans

Carossa und Alfred Kubin befreundet. Kubin hatte ihn OS als Arzt empfohlen; vgl. Ein Dandy auf Reisen, Anm. *Dr. Campagnolles*, S. 509. Wie OS am 13. Oktober 1913 an Kubin schreibt, hatte er Campagnolle bei dem Treffen »einiges von unseren psychoanalyt. Erlebnissen« erzählt (Kubin-Archiv).

63 *fremde Niedrigkeit … Eigene Reinheit … Negierung des Sexus … die Gemeinen* – Im Hintergrund steht vermutlich eine Kindheitsszene, die OS an zentraler Stelle in einer autobiographischen Notiz vom 4. Oktober 1921 (vgl. in diesem Band, Anhang, S. 178) erwähnt und als schockierendes Erlebnis beschreibt. In »Geister« wird diese Erinnerung ebenfalls aufgegriffen: »Irgendeinmal zwischen vier und fünf Jahren war ich im Kinderzimmer allein mit einem etwas älteren Geschwisterpaar, Bruder und Schwester, die mir schon sehr erwachsen und imponierend schienen. Es waren in Homburg ansässige englische Kinder, aber das, was sie nun mit mir begannen, möchte ich darum nicht als für englische Kinder bezeichnend angesehen wissen. Sie weihten mich in handgreiflicher Weise in die Geheimnisse des Geschlechtsunterschiedes ein und nannten mir einige Gassenausdrücke, die ich nicht kannte, aber sehr bald als etwas Verbotenes empfand.« (S. 81)

beim […] – Zwei Seiten aus dem Manuskript gerissen.

Wolf … Katzen – Bezug vermutlich zur Tiersymbolik; vgl. Tagebuch, 9. Januar 1914, S. 71.

B – Ganzer Absatz seitlich angestrichen.

Unangenehmer Eindruck, als ich zum 1. Mal die Art d. Sexualvorgänge erfuhr – In »Geister« wird OS von Fritz Herling aufgeklärt (vgl. S. 94 ff.), mit dem er darüber heftig in Streit gerät: »Ich verachtete Fritz nun immer mehr.« (S. 95)

28. 10. 1913

Dr. A. – Dr. Karl Abraham.

64 *Geistern: Angst & Wunsch* – Absatz seitlich dreifach angestrichen.

30. 10. 1913

Lynx Hermann – Vgl. dazu Anm. *Pepinster … Lynx* zu S. 10 und *Hermann* zu S. 17.

31. 10. 1913

Leichtes Versprechen, sie nicht zu entjungfern: Friedel in Nürnberg – Die Freundin Friedel Gundermann, mit der OS vom 3. bis 5. Juli 1907 nach Nürnberg gefahren war. Zum »Versprechen« vgl. Ein Dandy auf Reisen, S. 47.

64 *Aggressivität* – In der Analyse spielte die Behandlung der Aggressivität eine wesentliche Rolle. Am 10. November 1913 schreibt OS an Kubin, man habe diesbezüglich sehr wichtige Dinge herausbekommen: »Ich habe hintereinander 3 mal in Gesellschaft ganz heftige Rückfälle in meine frühere Aggressivität bekommen und wir haben den Grund gefunden. Seitdem bin ich von viel friedlicher Gesinnung gegen meine Mitmenschen als früher.« (Kubin-Archiv) Die Aggressionsausbrüche blieben jedoch ein Problem; vgl. Mühsam, Tagebücher 1910–1924, S. 115 und 127.

Maler Segall – Lazar Segall (1891–1957), in Wilna geboren, kam 1906 nach Berlin, studierte von 1907 bis 1909 an der Hochschule der Künste, ab 1912 an der Kunstakademie in Dresden. 1912 reiste er nach Brasilien. Im Ersten Weltkrieg wurde er in Meißen und Zittau interniert. Er war 1919 einer der Mitbegründer der Dresdner Sezession. 1923 ging er nach São Paulo.

Heimann – Der Lektor, Kritiker und Essayist Moritz Heimann (auch Hans Pauli, Tobias Fischer, 1868–1925). Er stammte aus einer jüdischen Kleinbürgerfamilie, studierte Philosophie und Literatur in Berlin. 1895 wurde er u. a. durch die Vermittlung von Gerhart Hauptmann Cheflektor im S. Fischer Verlag, wo er bis zu seinem krankheitsbedingten Ausscheiden 1925 tätig war. Neben seiner Arbeit als Lektor schrieb er Kritiken, Essays, Dramen und Novellen. Er setzte sich für Thomas Mann, Alfred Döblin und Hugo von Hofmannsthal ein.

6. 11. 1913

65 *Die Natur verschloß sich* – Absatz seitlich angestrichen.

Selbst – […] – Zwei Seiten aus dem Manuskript gerissen.

19. 11. 1913

Die Bedeutung v. Heidelberg festgestellt – Das erste Mal sah OS die Stadt bei einer Reise mit dem Vater; vgl. Anm. *5tägige Reise i. d. Odenwald. Nach der Heimkehr Tränen* zu S. 15. Nach dem Abitur begann er hier im Frühjahr 1892 Jura zu studieren; vgl. Dämon, S. 19 ff.

Tiefer Rückfall – Vgl. Anm. *5tägige Reise i. d. Odenwald. Nach der Heimkehr Tränen* zu S. 15.

Lehrer (Privatstunden.) – Ab Ostern 1877 erhielt OS Privatunterricht, ein Jahr später kam er in die Schule.

66 *Später, als mit Tilly im dunkeln Zimmer überrascht* – In »Geister« heißt es: »Während die Eltern im Salon den Baum putzten, hatte

ich mich mit meinem jüngeren Schwesterchen Tilly, das als Jüngstgeborenes unser aller besonderer Liebling war, in einem dämmerigen Zimmer in einen Armsessel gesetzt, um ihr Märchen zu erzählen. Es machte mir besonderen Spaß, sie dabei in ein leichtes Grauen zu versetzen, und wenn sie sich dann fürchtete, ihr meinen Schutz zu versprechen und sie besonders lieb zu haben. Auch ihr schien dieses Spiel zu behagen. Da kam plötzlich Papa ins Zimmer. Tilly kicherte und machte ›pst ... pst ...‹ ›Ist hier jemand?‹ fragte Papa streng. ›Ja, wir.‹ ›Was soll denn das heißen, in der Dunkelheit?‹ Papa machte Licht. Es zeigte sich, daß Tillys Kleidung in tatsächlich verdächtige Unordnung geraten war. [...] Eine Anspielung, die er auf ihre in Unordnung geratene Kleidung machte, verstand ich erst nicht. Am Abend im Bett stand mir plötzlich die Szene mit jenen englischen Kindern in Homburg vor Augen. Ich erschrak bis ins Innerste. Damit war mein geheimes Schuldbewußtsein wieder angerührt« (S. 199 f.).

66 *Prof. Primer* – Geheimrat Prof. Dr. Paul Primer. Im April 1929 heiratete OS in dritter Ehe dessen Tochter Emeline Maria Primer. *Schleich* – Der Arzt und Schriftsteller Carl Ludwig Schleich (1859 bis 1922), vor allem in den Jahren vor und während des Ersten Weltkriegs ein enger Freund von OS. Er studierte zunächst Medizin in Zürich, wo er sich mit Gottfried Keller anfreundete. 1886 legte er an der Berliner Charité sein Staatsexamen ab und eröffnete 1889 eine private Klinik für Gynäkologie und Chirurgie. Neben seiner Tätigkeit als Arzt schrieb er Gedichte, Balladen und Novellen, kam in Kontakt mit Frank Wedekind, Richard Dehmel, Otto Erich Hartleben und Knut Hamsun. Eine lebenslange Freundschaft verband ihn mit August Strindberg, mit dem er – in Anlehnung an Goethes Farbenlehre – Farbexperimente durchführte, die zur Grundlage seines 1912 erschienenen Romans »Es läuten die Glocken. Phantasien über den Sinn des Lebens« wurden. Viele seiner Essays und Bücher waren durch eine sehr eigene mystisch-okkultistische Weltanschauung geprägt. So ging er davon aus, daß Ideen und Phantasien gestaltende Kraft haben und Materie erzeugen und verändern können. Aufsehen erregten auch seine Essays und Vorträge zur Unsterblichkeit und zur Seelenwanderung. 1921 erschienen seine Lebenserinnerungen »Besonnte Vergangenheit«. OS charakterisierte Schleich als einen Menschen »von vielen genialen Zügen, aber einer seltenen Hemmungslosigkeit in der Selbstüberschätzung« (Ergo Sum, S. 194). In seiner

Autobiographie ging er deutlich auf Distanz zum »Philosophen und Schriftsteller« Schleich.

66 *Lustig* – Nicht ermittelt.

Baronin – Goetz – Bertha Baronin von Arnswaldt und Wolfgang Goetz.

Gegensatz: Tasso – Antonio – In Goethes Schauspiel »Torquato Tasso« (1790), dem die Tasso-Biographie des Abbate Pierantonio Serrassi zugrunde liegt, geht es um die Beziehung zwischen Kunst und Realität. Auf der einen Seite Tasso, der Künstler, der ganz in seiner ästhetischen Existenz lebt, auf der anderen Seite steht der erfahrene und weltgewandte Staatssekretär Antonio. Die Kluft zwischen beiden Welten ist unüberbrückbar. Die Kunst ist vom Leben isoliert, sie ist zu einem Spiel, zu einem Surrogat geworden. Die gegenseitigen Vorbehalte lassen sich durch den ›guten Willen‹ der Protagonisten nicht auflösen.

20. 11. 1913

67 *Circumc.* – Zirkumzision, Beschneidung.

väterl. m. (frankfurter Kastenbad) – Etwas ausführlicher wird die Szene im Kastenbad in der Eintragung vom 10. Juli 1918 dargestellt; vgl. S. 168. Das Väterliche wird dort als »minus« beschrieben; dieses Minus ist »die Schwelle über die es zu den Müttern geht«, also das aufgerichtete Tabu. Das ursprüngliche Bestreben (»seinwollen wie der Vater«, S. 168) heißt für OS in der Konsequenz Inzest mit der Mutter (vgl. ebd.). Das »väterl. m.« könnte in diesem Sinn als »väterliches minus« gelesen werden, dem der Sohn, was das Geschlecht angeht, ähnlich ist und von dem er sich zugleich absetzen muß.

als […] – Eine Seite aus dem Manuskript herausgerissen.

26. 11. 1913

Schleich … Quartalssuff – Zu dieser Schilderung vgl. auch Ergo Sum, S. 194 f.

68 *Die Siebenzahl* – Später glaubte OS sein Leben im Ablauf eines siebenjährigen Rhythmus begreifen zu können. An Kubin schrieb er am 12. April 1915: »Ich habe erkannt – ich glaube übereinstimmend mit einigem von Dir aus der Rosenkreuzerlehre erfahrenen – daß das Leben in Abschnitte von 7 Jahren zerfällt. Bei mir wenigstens haben immer 7 Jahre ihren bestimmten Karakter gehabt. Diese Woche trete ich nun in das siebente Jahrsiebt meines Lebens, gewiß das Wichtigste, womit wohl auch die plötzlichen

Erkenntnisse die ich noch vor Torschluß empfing, übereinstimmen.

1 – 7. Homburger Paradies.
8 – 14. Unerwünschte Schulhölle.
15 – 21 Sexueller Taumel, der jede andere Realität verhüllte.
22 – 28 Tod des Vaters. Bewußt künstlerische Arbeiten und Leben.
29 – 35 Eheereignisse. Sex. Spaltungen. Tiefpunkt d. Zerrissenheit
36 – 42 Berliner Realität. Politik. Erfolge.
Ich mache weiter.
43 – 49. Synthese, Höhepunkt reifen Schaffens.
Ab 50: Wiederholung des Cyclus in eigenen Kindern [die gerade dann in's schulpflichtige Alter kommen und aus ihrem Paradies treten müssen], gleichzeitig beginnender Verfall.« (Kubin-Archiv) Über die Sieben schreibt auch der von OS geschätzte Hermann Swoboda: Im Volk sei die Bedeutung der Siebenzahl auch heute noch »durch mancherlei Sprüche festgehalten: daß sich der Körper alle 7 Jahre erneuert, daß sich der Mensch alle 7 Jahre umdreht u. dgl. […]. Die Zahl 7, welche im Leben des Menschen eine so große Rolle spielt, daß man sich versucht fühlt, nach Art der Alten von einer Herrschaft der Siebenzahl zu reden, ist eine Maß- oder Verhältniszahl.« (Das Siebenjahr, S. VI–VII) Auch Swoboda nimmt eine 7jährige Periode an: »Wie der Planet nach einer bestimmten Anzahl von Jahren an denselben Ort zurückkehrt, so der Mensch nach 7 Jahren zur selben Beschaffenheit. Geistige Interessen, Gemütszustände, Willensimpulse kehren in 7jährigem Rhythmus wieder und vor allem die Fähigkeit zur Selbsterneuerung in Kindern.« (S. VII–VIII)

68 *Venus Urania & vulgivaga* – Venus steht für das weibliche Prinzip (Liebe, Harmonie, Zuneigung). Der Planet Uranus symbolisiert in der Astrologie das männliche Prinzip, er steht für Veränderung, plötzliche Eingebungen und radikale Umbrüche. Tradierte Vorstellungen, Auffassungen und Einstellungen werden in Frage gestellt und aufgebrochen. Vulgivaga, lat. die Umherschweifende: herabsetzender Beiname der altrömischen Liebesgöttin Venus.

30. 11. 1913

Berechnende Dirne – Zur Dirne und zur Prostitution, vgl. Das wilde Leben der Boheme, S. 70, 76 und 125.

3. 12. 1913

68 *Ostmarkenball* – Der Ostmarkenball wurde von dem 1896 ins Leben gerufenen Deutschen Frauenverein für die Ostmarken veranstaltet. Der Verein sollte die Männer im Deutschen Ostmarkenverein unterstützen und entfaltete damals rege Aktivitäten, vor allem auf kulturellem Gebiet. Die »Deutschen Ostmarkenvereine« propagierten das Deutschtum im polnischen Osten, das sie auch mit einer aggressiven Siedlungspolitik durchzusetzen versuchten. Unterstützt wurde der Verein durch den Altkanzler Bismarck und den Industriellen Alfred Krupp.

69 *grüner Vorhang (= span. Wand* – In »Der Vertriebene« erinnert sich OS: »Eine grüne spanische Wand im Schlafzimmer der Eltern schien das letzte, nun ehrfürchtig geachtete Rätsel zu verhüllen.« (S. 22)

Ich flüchte mich zu S. W. – Sibylle Witting, vgl. Anm. *S. Witting* zu S. 22.

Dr. A. hält für ein Hauptmoment d. Insuffizienz die Selbstbestrafung … die Eltern … belauschte. – Karl Abraham hat in seiner Abhandlung »Über Einschränkungen und Umwandlungen der Schaulust bei den Psychoneurotikern« die verbotene sexuelle Schaulust mit Störungen und Einschränkungen im Triebleben in Verbindung gebracht. Er bezieht sich dabei auf Freuds These von der »Selbstbestrafung für genossene Schaulust am verbotenen Objekt« (S. 325). Abraham erörtert dabei auch die Beobachtung des elterlichen Geschlechtsverkehrs bei einem neurotisch veranlagten Kind (vgl. S. 344 f.). Die Eintragungen zur »Insuffizienz« und die mehrfachen Hinweise zur Ejaculatio praecox zeigen, daß die Probleme von OS doch nicht so harmlos waren, wie er sie in seiner Autobiographie darstellt (vgl. Ergo Sum, S. 171 ff.). Selbst gegenüber Kubin ist von sexuellen Störungen nicht die Rede, die Psychoanalyse, so stellt es OS brieflich dar, sei für das innere Seelenheil und die Selbstaufklärung notwendig. Am Tag der Tagebucheintragung, am 3. Dezember 1913, schreibt er an Kubin: »Die PsychoAnalyse nimmt indessen ihren Fortgang und ich sehe immer mehr, wie sie mich weiter zur inneren Klärung bringt.« (Kubin-Archiv)

[…] – Eine Seite herausgerissen.

27. 12. 1913

70 *Rowohlt* – Der Verleger Ernst Rowohlt (1887–1960), Sohn des Maklers Heinrich Rowohlt. Nach einer Banklehre wurde er Volontär in der Druckerei Breitkopf und Härtel in Leipzig und grün-

dete 1908 mit Unterstützung von Kurt Wolff den Rowohlt-Verlag, Paris–Leipzig, der bis 1913 existierte. Unter dem Lektorat von Kurt Pinthus erschienen Bücher von Paul Scheerbart, Hugo Ball, Max Brod und Franz Kafka. Zur zweiten Gründung kam es 1919 in Berlin. Franz Hessel und Paul Mayer waren Lektoren des Verlags, in dem Bücher von Alfred Polgar, Kurt Tucholsky und die Übersetzungen von Ernest Hemingway erschienen. 1936 erhielt Ernst Rowohlt Berufsverbot. Der Verlag wurde der Deutschen Verlags-Anstalt angegliedert und von seinem Sohn, Heinrich Maria Ledig-Rowohlt, bis 1943 weitergeführt. 1946 erfolgte in Stuttgart die dritte Neugründung des Verlags, der vier Jahre später nach Hamburg umzog.

70 *Albrecht* – Der Politiker Heinrich (Karl Wilhelm) Albrecht (1856 bis 1931). Er studierte Ingenieurwissenschaft, anschließend Staatswissenschaft in Berlin. Seit 1892 war er an der Zentralstelle für Wohlfahrt beschäftigt; ab 1907 als Geschäftsführer. Er gab die Zeitschrift »Concordia« heraus. Von 1906 bis 1910 arbeitete er als Dozent an der Handels-Hochschule in Berlin. Nach dem Ersten Weltkrieg setzte er sich besonders für die Baugenossenschaften ein.

Schwägerin Mizzi – Es handelt sich nicht um die Schwägerin, sondern um Kubins Schwester Maria (Mizzi), verheiratete Bruckmüller (1881–1965).

die Entwicklung seiner Männlichkeit (14. Jahr) eng verbunden mit d. Schopenhauer'schen Philosophie – Kubin selbst datierte seine Schopenhauer-Lektüre auf die Zeit seiner Lehre als Photograph in Klagenfurt (1892–1896). In »Aus meinem Leben« heißt es: »Ich wandte mich nun wieder Büchern zu und geriet zufällig an die Schopenhauerschen ›Parerga‹. Ich wurde von der Lektüre unglaublich ergriffen, fasziniert sah ich hier ganz eigenartiges Denken dargelegt; ich hatte gar keine Ahnung gehabt, daß es so etwas gäbe. Ich grübelte darüber nach, bestätigte immer wieder und wurde schließlich ganz konfus bei diesen Dingen.« (S. 16)

Onkel Beer – Der Photograph Alois Beer; nähere biographische Daten nicht ermittelt. Kubins Vater schickte den Sohn 1892 nach Klagenfurt zu seinem Schwager Alois Beer, einem Bruder seiner dritten Frau, in die Lehre. Nach einem kläglich gescheiterten Selbstmordversuch am Grab seiner Mutter wurde Alfred Kubin im Oktober 1896 von seinem Onkel entlassen.

Lust aus d. Pessimismus – Kubin war fasziniert von einer radikal pessimistischen Weltsicht, wie er sie bei Arthur Schopenhauer,

Julius Bahnsen und Philipp Mainländer fand. In »Aus meinem Leben« schreibt er: »In meiner trostlosen Stimmung fand ich, daß die pessimistische Weltanschauung die einzig richtige sei, und schwelgte in diesen Ideen« (S. 24).

70 *Christusenttäuschung* – Als Knabe, berichtet Kubin, sei er vom »religiösen Geheimnis« beeindruckt gewesen, aber Kirche und Schule hätten ihm »unzerreißbare Zäume« angelegt (Aus meinem Leben, S. 9).

28. 12. 1913

Sod. – Sodomie.

29. 12. 1913

1) daß es einen Tod giebt … das Transindividuelle … Absage an den Narcismus – Die Gedanken dieses Passus gehen auf Schopenhauer zurück: »Die Welt als Wille und Vorstellung«, Ergänzungen zum vierten Buch, Kap. 41: »Über den Tod und sein Verhältnis zur Unzerstörbarkeit unseres Wesens an sich«. Schopenhauer bezeichnet den Tod als Möglichkeit, dem »Erdenleben« zu entfliehen, als »große Gelegenheit, nicht mehr Ich zu sein: Wohl dem, der sie benutzt.« (S. 1084) Durch den Tod wird der Wille wieder frei. Der individuelle Wille, das Leben, erlischt, »nicht aber mit ihm das Prinzip des Lebens, welches sich in ihm manifestierte« (S. 1072). Der Tod ist für Schopenhauer eine »große Zurechtweisung« des narzißtischen bzw. egoistischen Menschen: »Der Egoismus besteht eigentlich darin, daß der Mensch alle Realität auf seine eigene Person beschränkt, indem er in dieser allein zu existieren wähnt, nicht in den anderen. Der Tod belehrt ihn eines Besseren, indem er diese Person aufhebt, so daß das Wesen des Menschen, welches sein Wille ist, fortan nur in anderen Individuen leben wird« (S. 1084).

6. 1. 1914

71 *Vezzo* – (ital.) Liebkosung. OS benutzt den Begriff auch für Sexualität bzw. den Geschlechtsakt. Zu vezzo/vezza vgl. die Eintragungen vom 12. Mai 1914 und 1. Juli 1918.

Incestvorst. überzeugend in's Bewußtsein gerückt – OS hatte lange Zeit die Vorstellung, daß das Verdrängte, sobald es bewußtseinsfähig gemacht ist, an Wirksamkeit verliert. Diese Vorstellung findet sich auch in der zeitgenössischen Psychoanalyse, vor allem aber in der Phase der Entdeckung der psychoanalytischen Kur. Freud spricht in den »Studien über Hysterie« davon, daß der Kranke das pathogene psychische Material ins Bewußtsein hebt und ›abspricht‹: »Der Kranke trägt es gleichsam ab, indem er es in Worte umsetzt.« (Breuer/Freud: Studien über Hysterie, S. 297) Daraus erklärt sich das Bemühen von OS, die vermuteten Komplexe und Hemmungsvorstellungen in Worte umzusetzen oder Gleichnisse und Symbole zu finden.

9. 1. 1914

71 *[...]* – Sieben Zeilen herausgeschnitten (Vorderseite).
Tiersymbolik – Über Tiere als Symbole schreibt Abraham u. a. in »Traum und Mythus« (S. 282).

14. 1. 1914

72 *[...]* – Sieben Zeilen herausgeschnitten (Rückseite).
[...] – Textlücke.

74 *dunkeln [...]* – 17 Zeilen herausgeschnitten (Vorderseite).

[?]

niedere [...] – 17 Zeilen herausgeschnitten (Rückseite).
mehr [...] – Textlücke.

1. 5. 1914

Vag. – Vagina.

75 *des [...]* – Textlücke; Übergang unklar.
[...] höher – Textlücke.
So [...] – Textlücke.

4./17. 5. 1914

Lazienkischlößchen Poniatowski – Königlicher Park und Palais Lazienki, englischer Landschaftsgarten in Warschau mit zahlreichen Gebäuden. Das Schloß wurde in der zweiten Hälfte des 18. Jhs. im Auftrag von Stanislaus II. August Poniatowski (1732–1798) erbaut, die Planungen übernahm der berühmte Dresdner Gartenarchitekt Jan Christian Schuch. 1944 wurden die Gebäude auf Befehl Hitlers zerstört.

76 *Wilanów, dem Schloß Johann Sobieskis* – Das Palais Wilanów befindet sich im südlichen Stadtbezirk von Warschau, am westlichen Ufer der Weichsel. 1677–1679 im Auftrag von Jan III. Sobieski (1629–1696) erbaut; wird auch als polnisches Versailles bezeichnet.

Alexander Park d. Vorstadt Praga – Der Lazienki-Park. Die Grünanlage wurde 1817 von Zar Alexander I. gekauft, später kam sie wieder in polnischen Besitz. Praga, die Warschauer Vorstadt auf dem rechten Weichselufer.

Czerninasuppe – Czernina: polnische Suppe aus Enten- bzw. Hühnerblut.

6./19. 5. 1914

76 *Konstantin de Galjaschkin* – Adelsmarschall Konstantin Alexandrowitsch Galjaschkin; nähere biographische Daten nicht ermittelt.
Baronin Seydlitz – Welche Baronin aus dem weitverzweigten Geschlecht des schlesisch-böhmischen Uradels OS hier meint, konnte nicht eindeutig ermittelt werden.
Basilius Kathedrale – 1551 wurde auf dem Roten Platz zu Ehren des Sieges über die Tataren zunächst die aus Holz gebaute Kirche der Heiligen Dreifaltigkeit errichtet. 1555 ließ Iwan IV. (der Schreckliche) die Kirche abtragen und die Basilius-Kathedrale errichten. Heute ein roter Backsteinbau mit neun, in Farbe und Form unterschiedlichen Hauptkuppeln. Ursprünglich war die Kathedrale weiß und alle Kuppeln mit Blattgold überzogen.
Margianitsch – Nicht ermittelt.

9./22. 5. 1914

Sperlingsberge – Das große Parkgelände mit 85 Meter hoher Aussichtsplattform. Der Park erstreckt sich von der Lomonossow-Universität bis zum Ufer der Moskwa und war schon zur Zarenzeit ein beliebtes Naherholungsgebiet.
Riche – Nicht ermittelt.

77 *Tjestow* – Nicht ermittelt.
vezzo – (ital.) Zärtlichkeit, Liebkosung. OS benutzt den Begriff für Sexualität mit einer Prostituierten.
Poljakoff – Nicht ermittelt.
Herrn Tiltz – Nicht ermittelt.
Romanowhaus – Das Haus des Bojaren Romanow in der Moskauer Stadtmitte, das einzige Gebäude, das von dem großen Gutshof des Bojaren erhalten geblieben ist. Heute befindet sich hier das historische Museum.
Erlöserkathedrale – Christ-Erlöser-Kirche, der größte russisch-orthodoxe Kirchenbau der Welt, westlich des Kreml, direkt am Ufer der Moskwa. 1860–1883 zur Erinnerung an den Sieg der Russen über Napoleon errichtet. Stalin ließ die Kirche 1931 sprengen, um einen Palast der Sowjets zu schaffen. 1990 wurde der Neuaufbau beschlossen, im August 2000 wurde die Kirche wiedereröffnet.
Sokolnikipark – 300 Hektar großer Park für »Kultur und Erholung« in einer Waldlandschaft im Nordosten Moskaus.
Café Savoy – Das Café Savoy und das Hotel Savoy, unweit des Kreml und des Bolschoitheaters gelegen (Uliza Roshdestwenka 3),

gehören zu den traditionsreichen luxuriösen Adressen in Moskau.

77 *Strelna ... Jar* – Klassische Vergnügungslokale mit Zigeunerkapelle in der Nähe der Petrowski-Parks. Jar: das berühmte, 1826 gegründete Restaurant in Moskau.

Die alte Geschichte – Den Ausflug ins Moskauer Nachtleben schildert OS auch in »Ergo Sum«: »Am Abend feierten wir [...] ein echt russisches Symposion bei den Zigeunern an der Strjelna und beschlossen es in dem berühmten Nachtrestaurant ›Jar‹, das sich aber von ähnlichen Berliner Orten weniger unterscheidet als ich dachte. [...] Nach vier Uhr früh kehrten wir heim durch die bunte, sonnige Stadt, aber der russische Champagner aus der Krim ist mir schlecht bekommen.« (S. 212)

Tolstojhaus – Der Schriftsteller lebte hier von 1882 bis 1901. Das Haus ist Teil des staatlichen Tolstoi-Museums.

12. / 25. 5. 1914

78 *Eugen Onegin* – Oper in drei Akten von Peter Tschaikowski, Uraufführung 1879. Grundlage ist der Versroman »Eugen Onegin« (1833) von Alexander Puschkin.

Zarizino – Die staatlichen Museen und der Naturschutzpark im Südosten von Moskau.

Tretjakow-Museum – Die Tretjakow-Galerie, gegründet von dem Kaufmann Pawel Michailowitsch Tretjakow, beherbergt eine der größten und bedeutendsten Kunstsammlungen Rußlands, mehr als 100 000 Werke der Malerei, Graphik und Bildhauerei aus dem 11. bis 20. Jahrhundert.

Grunwald – Nicht ermittelt.

Dohme – Emma Dohme, geb. Alenfeld (1854–1918), deren Salon in Berlin ein Treffpunkt von Künstlern und Literaten war. In »Ergo Sum« schreibt OS über die Zusammenkünfte: »Bei Frau Geheimrat Emma Dohme, der Witwe des verstorbenen Kunsthistorikers und Freundes Kaiser Friedrichs, war neben der Kunst und der Ministerialbureaukratie besonders die Wissenschaft und Literatur vertreten; Max Liebermann, Lovis Corinth, Hugo von Tschudi, Meier-Graefe, Valerian von Loga, Dora Hitz, Werner Sombart und viele andere, waren an den berühmten Dienstagen häufige Gäste [...].« (S. 78)

Kiestownikow – Nicht ermittelt.

glänzende Prozession – OS schildert die Prozession ausführlich in »Ergo Sum«: »Ich hatte das Glück, im Moskauer Kreml, ähnlich wie 1894 in Rom in St. Peter, einer Heiligsprechung beizuwohnen, was freilich erkauft werden mußte durch stundenlanges Warten im sonneglühenden Kremlhof. Endlich erschien die glanzvolle Prozession, zahllose goldene Standarten, Priester mit langen weißen Bärten wie der König David. Die Gebeine des in der Nacht heilig gesprochenen Hermagoras wurden in offenem Sarg getragen, den hohe Geistliche, Goldkronen auf dem Haupt, umgaben. Dazu spielte Militärmusik das auch den Protestanten wohlbekannte Lied: Wir preisen dich, den Gott der Liebe.« (S. 211)

78 *Nischnij Nowgorod* – Viertgrößte Stadt Rußlands, an der Mündung der Oka in die Wolga. 1932–1991 umbenannt in Gorki nach Maxim Gorki, der hier geboren wurde.

Баничича – (russ.) Badefrau.

Катя Соколники – (russ.) Katja Sokolniki.

14./27. 5. 1914

79 *das in 1000 Lichtern strahlende Nischnij* – Die Stadt mit einem beeindruckenden historischen Zentrum liegt auf drei Hügeln, auf einem, dem Tschassowoi, erhebt sich der Kreml mit dem Gouverneurspalast, den Kirchen und Gärten.

Theod. Kahl – Nicht ermittelt.

уха – (russ.) Ucha, die berühmte klare Fischsuppe mit Kartoffeln, Rüben, Lauch, Salz und Dill.

16./29. 5. 1914

Simbirsk – An der Wolga gelegene Hauptstadt des Oblast Uljanowsk im zentralen Teil des europäischen Rußlands. Simbirsk ist die Geburtsstadt Lenins (eigtl. Uljanow) und wurde 1924 in Uljanowsk umbenannt.

Kasan – An Wolga und Kasanka gelegene Hauptstadt der Republik Tatarstan. Kasan breitet sich an den Seen Oberer und Niederer Kaban auf mehreren Hügeln inmitten einer Ebene aus. Auf dem höchsten, links der Kasanka, erstreckt sich der Kreml, mit dem Palast des Gouverneurs, der Kathedrale, mehreren Kirchen und den Regierungsgebäuden, im Süden liegen die Alte und die Neue Tatarenvorstadt. Kasan ist das Zentrum des Islams in Rußland. OS schreibt in »Russisch-tatarische Erlebnisse«: »In Moskau und in Petersburg sieht man Tataren nur vereinzelt, ihre Sitze befinden sich an der Wolga und jenseits des Flusses. Die Stadt Kasan an der Wolga schließt ihre Hauptsiedlung ein. An dem Rand eines grauen, teils von niedrigen Bäumen umstandenen Teiches, Kaban genannt, zieht sich die Tataren-Vorstadt hin, mit ihren einfachen nüchternen Moscheen und belebten Basaren. Kasan besitzt auch das einzige aus tatarischer Zeit in Rußland übriggebliebene Bauwerk, den Sumbeka-Turm, einen roten Backsteinbau mit sieben sich nach oben verjüngenden Stockwerken. Weithin sichtbar überragt er die Kremlmauern.« (Scheinwerfer über Europa, S. 4)

79 *einen russ. Gutsbesitzer Jellatschitsch kennen gelernt* – Von der Begegnung berichtet OS auch in »Ergo Sum«: »Ich machte auf dem Dampfer die Bekanntschaft des einem bärtigen Urmenschen gleichenden Gutsbesitzers Michael Alexandrowitsch Jellatschitsch, mit dem ich in Simbirsk ausstieg, um ihn nach seinem 6000 Hektar umfassenden Gut Pawlowka auf der zum Ural hin ansteigenden Ebene zu begleiten.« (S. 212 f.) Eine andere Schilderung findet sich in dem 1914 veröffentlichten Aufsatz »Russisch-tatarische Erlebnisse« (Scheinwerfer über Europa, S. 3–25): »Ich saß eines Mittags auf einem Wolgadampfer, der mich von Nischnij-Nowgorod nach Samara bringen sollte, in eine Ucha, die berühmte Sterlet-Suppe vertieft, als plötzlich ein vor mir sitzender, mir bisher den Rücken zukehrender Herr mit auffallend üppigem dunklem Bart und Haupthaar sich auf dem Stuhl um seine eigene Achse drehte, wobei die übereinandergeschlagenen Beine wie eine Wetterfahne herumfuhren. Er fragte mich in leidlichem Französisch kurzerhand: Eh bien, Monsieur, où allez-vous? Nach wenigen Worten merkte ich, daß der etwas verwildert aussehende Mann, der eine Flasche Hochheimer trank, ein hochgebildeter Mensch war, dem keine Frage fremd geblieben ist, die unser heutiges Leben von San Francisco bis nach Sibirien bewegt.« (S. 4 f.)

80 *Samara* – Im Süden des europäischen Teil Rußlands gelegenes Wolga-Gouvernement, berühmt durch seine langen Wolgapromenaden. In Samara wohnten damals neben Russen, Tataren, Tschuwaschen, Teptjaren zahlreiche deutsche Kolonisten.

Schwerer Entschluß – In »Russisch-tatarische Erlebnisse« führt OS mehrere Bedenken an. Er habe sich für die Einladung nicht »revanchieren« können. »Außerdem war es doch auch nicht ganz ohne Bedenken, diesem Mann von ganz anderen Lebensgewohnheiten in seine der sibirischen Grenze nahe Einöde zu folgen, besonders, nachdem ich hörte, daß wir von einer kleinen Wolgastadt aus noch etwa vierzehn Stunden Bahnfahrt und noch etwa vierzig Werst mit Pferden zu reisen hatten.« (S. 6) OS versuchte, aus der zwar interessanten, aber »unbequemen Einladung« herauszukommen und gab vor, nicht genügend Geld von der Bank abgeholt zu haben. Daraufhin bot ihm der Gutsbesitzer sofort hundert Rubel an und sagte: »Geben Sie sie mir nicht zurück und sind Sie ein Hochstapler, was geht mich das an? Die Sünde fällt allein auf Sie.« (S. 7)

80 *Er ist Revolutionär* – In »Russisch-tatarische Erlebnisse« heißt es dazu: »Politisch nannte er sich äußerst radikal, und als ich auf seine Frage nach meinem politischen Glaubensbekenntnis das Wort ›freikonservativ‹ aussprach und ihm erklärte, was das ungefähr heißt, erwiderte er: ›Nun, das ist das, was wir in Rußland sozialrevolutionär nennen.‹« (S. 5)

18. 5./1. 6. 1914

3 nette Kinder … mit einer Berliner Erzieherin – Ausführlich beschreibt OS die Szene in »Russisch-tatarische Erlebnisse«: »Nachmittags kamen wir auf das Gut. Die Berliner Erzieherin kam uns mit den drei reizenden Kindern entgegen, die mit der ausgelassenen Freude junger Hündchen plötzlich in die Kalesche sprangen und sich zwischen die Eltern und mich einklemmten. Obwohl sie erst zwischen vier und sechs Jahren waren, sprachen sie alle drei ganz gut Deutsch und fragten mich sofort, wie es käme, daß ich nicht Russisch spreche. Selten habe ich so nett erzogene Kinder gesehen, ebenso fern von dem unsinnigen englischen Erziehungsideal, das in den Kindern immer schon angehende Gentlemen und Ladies sehen läßt, wie von jener überheblichen Anmaßung, zu der heute bei uns oft neuzeitlich gesinnte Eltern ihre Sprößlinge im Namen der freien Persönlichkeitsentwicklung aufwachsen lassen.« (S. 18f.)

Rabindranath Tagore – Der indische Dichter und Philosoph Rabindranath Tagore (1861–1941). Er setzte sich für sozialen Ausgleich ein, plädierte für die Abschaffung des Kastenwesens und kritisierte die britische Indienpolitik. 1913 erhielt er den Nobelpreis für Literatur. Zwischen 1914 und 1920 erschienen von ihm über zwanzig Bücher. Tagore war in dieser Zeit auch ein international geschätzter Vortragsreisender.

Dann mit M. Alexandrowitsch musiziert – In »Russisch-tatarische Erlebnisse« heißt es: »Der Gutsherr spielte selbst Violine und Orgel, aber es fehlte ihm stets an Klavierbegleitung, und da konnte ich ihm denn mit meinen bescheidenen Künsten das Langvermißte bieten. So geschah, daß ich seit vielen Jahren zum erstenmal wieder, im Schatten des Ural, Beethovensche und Mozartsche Violinsonaten zu spielen in die Lage kam.« (S. 21)

25. 5./7. 6. 1914

81 *Weiter sehr behaglich* – In »Russisch-tatarische Erlebnisse« stimmt OS eine Lobeshymne auf die Gastfreundschaft und das einfache Leben an: »Ich habe englische, französische, italienische und österreichische Gastfreundschaft auf dem Land genossen, aber ich muß doch gestehen, nirgends habe ich mich so schnell heimisch gefühlt, wie auf diesem Gutshof nahe der sibirischen Grenze. Hier war alles, was der Mensch zum Leben braucht, aber nichts Überflüssiges. Von Eleganz ganz und gar keine Rede, aber ein Behagen und eine Bequemlichkeit, die nicht übertroffen werden können.« (S. 19)
Vizekonsul Schmitt – Nicht ermittelt.
Petrowskipassage – Exklusive Einkaufspassage in Moskau.
Sergij Troitskaja Lavra – Das berühmte Dreifaltigkeitskloster, 80 km nordöstlich von Moskau in der Stadt Sergijew Possad gelegen. Eines der bedeutendsten religiösen Zentren der russisch-orthodoxen Kirche.

82 *Café Yonny* – Nicht ermittelt.
Rest. Wien – Café und Restaurant in der Gorochowaja-Straße.
Advokaten Baleriasky – Nicht ermittelt.
Rest. Praga – Berühmtes Luxusrestaurant am Arbat im Zentrum Moskaus.

11. 6. 1914

Sonntag 6 Uhr in Moskau abgefahren – In »Ergo Sum« schreibt OS, daß er bei seiner Rückkehr in Moskau gehört habe, alle Züge nach Deutschland seien auf längere Zeit »besetzt«. Als »unmilitärischer Mensch« habe er von dem bevorstehenden Krieg nichts gemerkt. Schon bei seiner Rückreise aus Moskau sei er jedoch von einer »sonderbaren Unruhe« erfaßt worden; vgl. Ergo Sum, S. 214.
Cranz – Ostseebad Kranz (eigtl. Cranzkuhren) im Kreis Fischhausen, Regierungsbezirk Königsberg, am Südende der Kurischen Nehrung mit 400 m langer Strandpromenade.

14. 6. 1914

Ps. A. – Die letzte erhaltene Eintragung zur Psychoanalyse vor dem Abbruch der Behandlung im März 1915, als Abraham zum Militärdienst eingezogen wurde. Nach Ausbruch des Ersten Weltkriegs, im August 1914, führte Abraham seine Praxis zunächst weiter. An Freud schrieb er am 14. August 1914, zu seinem »eigenen Erstaunen« entwickle sich die Praxis: »Ich habe 3–4 Stunden am Tag.« (Freud – Abraham, Briefe 1907–1926, S. 185) OS war einer der Patienten, die Abraham in den ersten Kriegsmonaten weiterbehandelte. Im April 1914 hatte OS bereits über ein Ende der Analyse spekuliert. An Kubin schrieb er: »[...] bei mir geht die Ps. A. wohl augenblicklich ihrem Ende entgegen, nachdem sie noch eine Reihe merkwürdiger Aufschlüsse gebracht hat; darüber läßt sich nur mündlich reden.« (Brief vom 21. April 1914, Kubin-Archiv) Aus den weiteren Briefen an Kubin geht jedoch hervor, daß die Analyse fortgesetzt wurde. Erst am 12. April 1915 meldete er Kubin den Abbruch der Analyse und lieferte zugleich ein erstaunliches Stück Selbstaufklärung: »Für mich war der letzte Teil dieses Winters innerlich ungewöhnlich fruchtbar. Die Psycho-Analyse fand ein plötzliches Ende durch die Einziehung des Dr. A. Anfangs schwere Depression und dann, von A. bereits früher gefundene Erkenntnis, daß es höchste Zeit war aufzuhören, denn, wenn mich auch die Ps. A. über meinen neurotischen Komplex aufgeklärt hatte – zu starke Abhängigkeit vom Vater, als dessen Adjutant ich mich fühlte – so hinderte sie selbst, nach der Gabe der Erkenntnis, daß ich mit dieser Erkenntnis Ernst machte und mich auch wirklich vom Vater löste; verknüpfte sie mich doch gerade von neuem mit einem Vaterersatz, dem Arzt, auf den ich alle Verantwortung schob und vergnügt im alten Fahrwasser weiterplätscherte. Diese Nabelschnur mit – dem Vater riß nun plötzlich ab. Ich mußte nun auf eigenen Füßen stehen, selbstständig werden – denn meine scheinbare so große Selbstständigkeit verhüllte das Gegenteil und war nur eine *Maske* des Vaters, die ich mir anmaßte. Gerade in jenen Wochen war ich nun auf mich selbst ganz besonders angewiesen, denn meines Halses wegen durfte ich nicht sprechen, war also Wochen lang fast ganz ohne Menschen. Das Wetter erlaubte lange Spaziergänge, und dabei brachen nun Sturzlawinen von inneren Erkenntnissen herein. Meine Haupthemmungen – nämlich meine Komplexe mit Hilfe meiner künstlerischen Begabung »abzureagieren«, sie statt dessen zu verdrängen und mich in das Intellektgefängnis meiner Essaythätigkeit zu sperren – sind ganz geschwunden. [...] Wenn ich Dir immer sagte: die Hauptsache des Lebens erwarte ich noch, so leitete mich ein reales Gefühl: jetzt fängt es an. Natürlich bin ich kein nervenloser Normalmensch geworden, ich bin nicht von mir, meinem Urgrund befreit: im Gegenteil, aber ich finde die Mittel damit fertig zu werden.« (Kubin-Archiv) In »Ergo Sum« erinnert sich OS an den Abbruch der Analyse als eine große Krise, eine Verlusterfahrung: »Solange ich zu dem Arzt gegangen war, hatte ich mir angewöhnt, meine Lasten bei ihm niederzulegen, was mich stets sehr erleichterte und mir gestattete, mein Leben wie bisher weiterzuführen. Nun aber wurde mir plötzlich die hier festgelegte Menge von Gemütskräften – der Fachausdruck heißt: *libido* – ohne Ziel zurückgegeben, und damit begann für mich die Zeit meines qualvollsten Ringens. In dem Augenblick, als mir die Frau des Arztes am Telephon mitteilte, daß ihr Gatte dieser Tage in die Etappe reisen müsse, war mir zumute, wie einem Kind, dem plötzlich ein geliebter Erzieher genommen wird […]; ich setzte nicht ohne Mühe eine ›Abschiedsstunde‹ durch, als könnte ich nicht weiterleben, ohne noch einige Direktiven zu erhalten, und wenn ich in den nächsten Tagen an der Wohnung des freilich sehr sympathischen Mannes vorüberkam, dann hatte ich das kindische Gefühl, nun sei mir die letzte Zuflucht in dieser rauhen Zeit genommen worden, die mich offenbar nicht mehr brauchen konnte.« (S. 222 f.) Zur Analyse und zum Abbruch der Behandlung im März 1915 vgl. auch Martynkewicz: Die dunklen Seiten eines Dandys, S. 72 bis 88. Zu einer vorübergehenden Wiederaufnahme der Analyse kam es, als sich OS und Abraham im März 1921 zufällig in Meran begegneten. OS, der sich in diesen Jahren erneut mit der Psychoanalyse beschäftigte und u. a. Freuds »Traumdeutung« studierte, kam diese Begegnung wie gerufen. An Kubin schrieb er am 16. März: »Immer klarer wurde mir, daß hier ein allein unauffindbares Hemmnis im Unbewußten liegen müsse und es fehlte mir recht sehr ein psychoanalyt. Helfer, als eines Tages die Tür meines Zimmer aufging und – Dr. Abraham hereintrat, der hier zur Kur ist & 5 Min. von mir entfernt wohnt. Obwohl er hier von einer überstandenen Ruhr Erholung sucht, hat er mir einige wenige Sitzungen zugebilligt und schon die erste hat den gewünschten Erfolg gehabt. Ich litt nämlich wieder unter den furchtbaren Juckqualen (mit Forunkeln) wie im vorigen Jahr, nur jetzt an 6 verschiedenen Stellen.« (Kubin-Archiv) Fünf Jahre später stellte er in »Ergo Sum« die Wiederaufnahme der Psychoanalyse als Mißerfolg dar: »Im Frühjahr erschien in Meran plötzlich mein Berliner Arzt Dr. Abraham, zur Zeit selber Patient. Trotzdem bewilligte er mir einige psycho-analytische Sitzungen, aber sie brachten mich nicht mehr weiter. Es ging mir wie so vielen nach Freudscher Methode bis in alle Falten ihres Unbewußten Analysierten: ich kannte meine Komplexe, aber sie verschwanden darum nicht.« (S. 302)

83 *[…]* – Längere Textpassage herausgeschnitten.

16. 5. 1915

Charleville, Großes Hauptquartier – Heute Charleville-Mézières an der Maas, Hauptstadt des frz. Departements Ardennes. Im Ersten Weltkrieg befand sich hier das Große Hauptquartier. Die folgenden Tagebuchaufzeichnungen wurden 1916 in dem Essay »Frankreich« verarbeitet (Scheinwerfer über Europa, S. 207–250), in dem sich bemerkenswerte Abweichungen und Ergänzungen finden, auf die unten, bei der Kommentierung der Einzelstellen, hingewiesen wird. In »Ergo Sum« schreibt OS, daß er »ganz einfach ohne jeden fachmännischen Anspruch seine Reiseeindrücke« (S. 225) schildern wollte. Die »Stellung eines Kriegsberichterstatters« habe er abgelehnt (ebd.), so sei er für kurze Zeit als »Sonderberichterstatter« gefahren. In einem im Nachlaß erhaltenen Dokument des Stellvertretenden Generalstabs der Armee, Abteilung III b, Presse, wird OS als Kriegsberichterstatter geführt. Er verpflichtete sich, alle Berichte dem Stellvertretenden Generalstab zur Zensur vorzulegen. Vor seiner Fahrt nach Charleville hielt er sich als Berichterstatter in Brabant auf. Diese Mission teilte er Alfred Kubin in einem Brief vom 12. April 1915 mit. In seiner Autobiographie bleibt der Aufenthalt in Belgien unerwähnt, auch Tagebuchaufzeichnungen sind nicht überliefert. Ein wesentlicher Grund für die Frontreisen war, wie er Kubin in dem erwähnten Brief vom 12. April mitteilte, die Suche nach einer Position, in der er den Krieg unbeschadet überleben konnte. Etwas verklausuliert schreibt er davon auch an einer Stelle in »Ergo Sum«: »Die Gelegenheit, den Krieg doch einmal zu sehen, glaubte ich, nicht ausschlagen zu sollen, zumal ich hoffte, mir für den Fall der Einberufung vielleicht draußen eine meinen Fähigkeiten wenigstens einigermaßen entsprechende Stellung zu sichern.« (S. 224) Über einen angemessenen Einsatz von OS wurden offenbar auch konkrete Gespräche geführt, wie aus dem Eintrag vom 16. Juni 1915 hervorgeht: »Um 2 auf d. Kommandantur. Zu Rittmeister Schnitzer; langes Gespräch über m. etwaige militär. Verwendung.« (S. 85) – Die Zustände und Verhältnisse im Hauptquartier von Charleville sind nach dem Krieg heftig kritisiert worden. Kurt Tucholsky zitiert in seinem Essay »Militaria« (1920) die Schrift eines Augenzeugen, Wilhelm Appens' »Charleville. Dunkle Punkte aus dem Etappenleben« (1919). Diese Darstellung steht in bemerkenswerter Korrespondenz zu den Aufzeichnungen von OS. Beide beschreiben das Wohlleben des Offizierskorps, die Verschwendung, das Sicheinrichten im Krieg, den selbstherrlichen Umgang mit dem Eigentum in dem besetzten Gebiet und die krassen Unterschiede zwischen den Frontsoldaten und den höheren Chargen. Appens greift diese Zustände nach dem Krieg auf, um das Versagen des deutschen Offizierskorps anzuprangern, das er für die Niederlage im Ersten Weltkrieg verantwortlich macht. Als Parallellektüre zu den Aufzeichnungen von OS bietet sich auch der tagebuchartige Bericht von Ludwig Ganghofer an, der ein paar Wochen vor OS, im Januar, Februar und März 1915, zum Großen Hauptquartier nach Charleville fuhr: »Reise zur deutschen Front 1915« und »Die stählerne Mauer. Reise zur deutschen Front 1915. Zweiter Teil« (Berlin–Wien 1915) – eine Schrift zur Kriegspropaganda, die in über einer halben Million Exemplaren verbreitet wurde. Von den Verantwortlichen des Hauptquartiers bekamen die beiden Schriftsteller offenbar einen ganz ähnlichen Ausschnitt vom Leben hinter der Front gezeigt. Anders als OS war Ganghofer ein hofierter Schriftsteller, der im Hauptquartier zur kaiserlichen Tafel geladen war. In seinen Aufzeichnungen entwirft er ein Bild der Pflichterfüllung und des heroischen Einsatzwillens und blendet bestimmte Dinge des militärischen Lebens völlig aus (die geselligen Abende, das Essen im Offzierskasino, die exklusiven Wohnungen der Offiziere). OS nimmt gerade das von Ganghofer Ausgegrenzte in den Blick und beschreibt aus seiner Beobachterperspektive das Leben hinter der Front in seiner ganzen Absurdität und Irrationalität.

83 *Audun le Roman: die ersten zerschossenen Häuser* – Gemeinde im Département Meurthe-et-Moselle in Lothringen. Während OS nur ein paar zerstörte Häuser registriert, beschreibt Ganghofer eine untergegangene Stadt: »[...] lautlos und dennoch begabt mit einer schreienden Stimme, verlassen von allem Leben, ein steingewordenes Sterben, so steht dieses Fürchterliche da droben. Zerbrochene Mauern sind von Ruß geschwärzt, alle Fenster sind aus den Höhlen gerissen, nur manchmal hängen noch in grotesker Verrenkung die Reste von grün bemalten Läden an dem zerschmetterten Gemäuer. [...] Überall Spuren eines wilden, gewaltigen und verzweifelten Kampfes, überall Tod, Vernichtung und Zerstörung, überall der hohläugige Schauder des Untergangs. Was ich da sehe, war einmal ein französisches Städtchen, war Audun-le-Roman.« (Reise zur deutschen Front 1915, S. 21 f.)

83 *Montmédy* – Gemeinde im Département Meuse in den Ardennen.

84 *Bazeille* – Dorf im Arrondissement und Kanton Sedan des französischen Département Ardennes.

Donchéry wo 1870 Bismarck & Nap. III zusammentrafen – Gemeinde im Arrondissement Sedan des Département Ardennes, 5 km westlich von Sedan, an der Linie Mézières-Montmédy. Am Tag nach der Schlacht bei Sedan, am 2. September 1870, trafen sich in Donchéry im Haus eines Webers Bismarck und Napoleon III.

So ist Platz genug i. d. Häusern f. unsere Behörden & zum angenehmen Wohnen – Wilhelm Appens schreibt dazu: »Die Offiziere stellten die höchsten Ansprüche. Selbstverständlich wollten sie allein wohnen. Bade-Einrichtung, Salon, Schlafzimmer, Garten waren Grundbedingung. Ohne Teppiche, Treppenläufer, Chaiselongue, Uhren, elektrische Lichtanlage, Dauerbrenner ging es überhaupt nicht. Woher aber nehmen? Die Quartiere waren zum größten Teil von den Vorgängern ausgeplündert. Man verschaffte sich nun Ersatzmöbel, indem man von Haus zu Haus ging und ein Möbelstück nach dem andern oder gleich ganze Einrichtungen wegnahm. So handelten Angehörige eines Kulturvolks. Aber trotzdem waren viele Offiziere noch nicht zufrieden. Sie wollten zwischen keinen zusammengestoppelten Möbelstücken hausen. Alles sollte noch stilgerecht obendrein sein. Pioniere und Elektromonteure wußten nicht, wo ihnen der Kopf stand. Hier mußte ein neuer Ofen gesetzt werden, dort galt es eine fließende Wassereinrichtung einzubauen, das Zimmer bedurfte neuer Tapeten, über dem Bett fehlte ein elektrischer Wandarm, Gartenanlagen sollten neu hergerichtet werden und dann, vor allen Dingen: jeder verlangte ein Klavier.« (Militaria, S. 36)

René Prévot – Der aus dem Elsaß stammende Schriftsteller René Prevot (1880–1955). Er gehörte zum Kreis »Jüngstes Elsaß«, der die geistig-kulturellen Traditionen Deutschlands und Frankreichs zusammenführen wollte. Mitglieder der Gruppe waren u. a. René Schickele, Otto Flake, Hermann Wendel, Otto Dressler und Hans Koch.

Ich esse bei Kasten aus Hannover – Im Essay »Frankreich« heißt es über das Restaurant in deutscher Hand: »So sitzt man in einem weißen französischen Spiegelrestaurant mit dunkelroten Sammetsofas zwischen lauter feldgrauen Offizieren, trinkt Deidesheimer oder Hochheimer aus deutschen Römern und zahlt mit deutschem Geld deutschen Kellnern, die ein paar französische Jungen zur Hilfe unter sich haben.« (S. 214)

85 *Caspari* – Nicht ermittelt.

Tirpitz – Großadmiral Alfred von Tirpitz (1849–1930). Er gilt als der Begründer der deutschen Hochseeflotte. Seine Pläne zu einer Vergrößerung der deutschen Flotte führten zu einem Wettrüsten. 1915 stellten sich Spannungen mit Wilhelm II. ein; im März 1916 trat Tirpitz als Staatssekretär im Reichsmarineministerium zurück. Ein Jahr später gehörte er zu den Mitbegründern der nationalistischen Vaterlandspartei, in deren Gründungsphase sich auch OS engagierte. OS lernte Tirpitz während seiner kurzfristigen Beschäftigung in der Presseabteilung im Reichsmarineamt kennen: »Zufällig erfuhr Admiral von Tirpitz, daß ich gelegentlich im Marineamt arbeitete. Er schätzte meine Bücher ›Das Land ohne Musik‹ und besonders den ›Disraeli‹. Anfangs schien es, als ob ich durch ihn die gesuchte Verwendung finden würde. Ich sollte zunächst die englische Presse überwachen und darüber berichten. Alle paar Tage wurden mir nun von einem Boten die Zeitungen ins Haus gebracht. Dies war für mich sehr belehrend, denn dadurch begannen meine ersten Zweifel an den Berichten unserer Blätter. Als dann von mir verlangt wurde, die ausgesprochen deutschfeindlichen Bemerkungen zusammenzustellen und sie für die Öffentlichkeit zu widerlegen, da wurde mir die Arbeit immer saurer.« (Ergo Sum, S. 218)

Mr Simon – Nicht ermittelt.

Gute Gesch. – Gute Geschäfte.

Rittmeister Schnitzer – Nicht ermittelt.

86 *Mittagessen im Offizierscasino … Salon des familles* – Dieses Offizierskasino wird auch von Wilhelm Appens beschrieben: »Ein weit bekanntes Offiziersspeisehaus war der sogenannte ›Salon des Familles‹. Dessen Weinkeller schien unerschöpflich zu sein. Der geflohene französische Besitzer hatte auf Jahre hinaus seine Vergnügungshallen mit Vorräten an Wein und Likören versorgt. Für die Deutschen reichte es nur auf Monate.« (Militaria, S. 34) Dies bestätigt OS in seinem Essay: »Es wird deutscher Wein getrunken, da der französische längst erschöpft ist.« (S. 223) Appens beschreibt die Zustände in den Offizierskasinos mit drastischen Worten: »›Es gibt nur eine Feldkost.‹ Dieser kameradschaftliche Befehl ist im Großen Hauptquartier nicht beachtet worden. Je höher die Mitglieder eines Kasinos im militärischen Rang und in

dienstlicher Stellung je vornehmer die Verpflegung. Der Große Generalstab mit seinen ungefähr hundert Herren überbot alle anderen Formationen. Das Beste war für die Offizierskasinos, das Allerbeste für den Generalstab. Den Edelsten der Nation sagte die einfache Bauernbutter nicht mehr zu. Deshalb richtete die Heeresverwaltung in Charleville eine Zentralmolkerei ein, um schmackhaftere Rahmbutter und vollwertigste Sahne zu schaffen. [...] Die Ordonnanzen kredenzten alte Südweine als Appetitanreger, edlen Bourdeaux zu den Hauptspeisen, Liköre zum Mokka, Sekt und schweren Burgunder bei Beginn der Fidelitas, die nicht selten in wüste Orgien ausartete.« (S. 33f.)

17. 5. 1915

86 *Séchault* – Stadt in der Region Champagne-Ardenne. Séchault stand am Ende des Krieges im Mittelpunkt heftiger Kämpfe; auf dem Soldatenfriedhof liegen 6454 deutsche Kriegstote.

Aber auch deutsche Landsturmleute ... in alten Eisenbahnwagen ... wandernde Offiziere – Appens zufolge war der Kontrast zwischen den einfachen Soldaten und den Offizieren so stark, daß es immer häufiger zu Aggressionen kam. Offiziere seien anfangs, wie in Modebädern, in einer weißen Phantasie-Uniform herumgelaufen, hätten dann aber auf diese provozierende Kleidung verzichten müssen (vgl. Militaria, S. 35).

Vouziers – Gemeinde im Département Ardennes in der Region Champagne-Ardenne am Ufer der Aisne.

Graf Wedel – Der Militär und Diplomat Karl Graf von Wedel (1842–1919). 1870/71 Teilnahme am Deutsch-Französischen Krieg, 1876 Versetzung in den Großen Generalstab, 1878–1886 Militärattaché in Wien; seit 1892 Gesandter in Stockholm. 1897 wurde er Gouverneur in Berlin, zwei Jahre später Botschafter in Rom, seit 1902 in Wien. Von 1907 bis 1914 war er Statthalter in Elsaß-Lothringen.

Exc. v. Liebert – Der königlich preußische General der Infanterie, Politiker und Militärschriftsteller Eduard von Liebert (1850 bis 1934). In »Ergo Sum« schreibt OS, daß seine Frontreise nach Charleville auch durch den gesellschaftlichen Verkehr mit der Familie des Generalleutnants von Liebert inspiriert wurde: »In Berlin verkehrte ich sehr freundschaftlich im Haus des Generalleutnants von Liebert. Er langweilte sich während des Stellungskriegs in der Champagne und schrieb immer wieder um Bücher. Seine Tochter klagte mir, daß Chamberlains Goethe, den er durchaus lesen wolle, das von der Feldpost erlaubte Gewicht überstieg, man müsse abwarten, bis einmal ein Bekannter es mitnehmen könne. Ich raffte mich noch einmal auf und beschloß, es ihm zu bringen.« (S. 224)

87 *Gen. Fleck* – Der Divisionskommandeur Generalmajor Fleck; weitere Daten nicht ermittelt.
Kriegsgerichtsrat Baumgartner – Nicht ermittelt.
Adjutant (Notar) Baum – Nicht ermittelt.
(Rosenow) – Nicht ermittelt.
Leutnant Roland – Nicht ermittelt.

18. 5. 1915

88 *Salandra* – Antonio Salandra (1853–1931), von 1914 bis 1916 italienischer Ministerpräsident, er betrieb die Annäherung an die Entente.
Opernsänger Kempf – Nicht ermittelt.
»Jesuskindlein«, den »Schwerverbrecher« und das »Aquarium« – »Aquarium«, Sequenz aus dem »Karneval der Tiere« von Camille Saint-Saëns.
Erschütternd der Anblick von Soldaten … während drin die bekannten Weisen aus d. Heimat gespielt wurden – Im »Frankreich«-Essay gibt OS für die Bierabende im Offizierskasino, an denen die Frontsoldaten nicht teilnehmen durften, eine bemerkenswert naive Rechtfertigung: »Es ist ganz gewiß keine Leichtfertigkeit darin zu erblicken, daß hier die einen trinken und lachen, während die anderen ins ungewisse Dunkel hinaus müssen. Morgen sind die Rollen umgekehrt, jene ruhen, und diese stehen vor dem Feind.« (S. 231)

89 *Leutnants Bertram* – Nicht ermittelt.
Major v. Morsbach – Nicht ermittelt.
Sanitätseinrichtungen bewundert – Auch Ganghofer bewunderte den deutschen Sinn für Hygiene, als er die Sanitätseinrichtungen und militärischen Badeanstalten besichtigte: »In jedem mit deutschen Truppen belegten Städtchen, sogar in jedem Dorfquartier wurde eine Badegelegenheit eingerichtet. Wo nur zwanzig Feldgraue beisammen sind, gibt es wenigstens ein mit Blech ausgeschlagenes Fußbad und eine Warmwasserdusche. In Peronne wurde eine militärische Badeanstalt installiert, in der immer hundert Mann gleichzeitig baden können. Ein Erquicken ist es, das anzusehen: Wie die Leute, die nach der Ablösung aus dem Schützengraben dreckig da hineinwandern, frisch und sauber wieder

herauskommen, jeder mit dem zusammen gewickelten Handtuch unter dem Arm. In dieser Badeanstalt gibt es sogar ein elektrisches Lichtbad zur Bekämpfung der Schützengraben-Rheumatismen – eine große Warenkiste, deren Deckel mit einem Halsausschnitt versehen ist, und deren Inneres mit Wachsleinwand tapeziert und mit Glühlampen behängt wurde. Dieser obligatorische und streng überwachte Badebetrieb ist ein gesegnetes Mittel gegen Krankheiten und Verlausung, ein Wunder wirkender Erneuerungsbrunnen für die körperliche Spannkraft unserer Soldaten.« (Reise zur deutschen Front 1915, S. 213 f.)

19. 5. 1915

90 *Ardenil* – Nicht ermittelt.

20. 5. 1915

91 *Rittmeister v. Friderici* – Nicht ermittelt.
Cernay – Stadt in der französischen Region Elsaß im Département Haut-Rhin, Arrondissement Thann (dt.: Sennheim).

92 *Pikrinsäure* – Eine beim Erhitzen vieler organischer Stoffe mit Salpetersäure entstehende giftige Säure, die besonders zerstörend auf die roten Blutkörperchen wirkt und durch Reizung des Zentralnervensystems Krämpfe erzeugt. Es handelt sich um eine chemische Waffe.

93 *Unterstand d. Hauptmanns, der geradezu behaglich …* – Die Unterschiede in den Unterständen nahm auch Ludwig Ganghofer bei seiner Besichtigung wahr: »Ich sehe noch das feine Kellerchen, in dem der Batterie-Offizier sich aufhält. Das ist ein Lebenskünstler. Er hat ein Tischerl, ein Rokokofauteuilchen und ein zierliches Boudoirsofa, das ihm als Bett dient. Um darauf zu schlafen, ist es freilich viel zu kurz. – ›Aber‹, sagt er, ›wenn man die Beine gegen die Wand hinaufstellt, liegt man ganz ausgezeichnet!‹ ›Diese Wand ist mit persischen Teppichen bekleidet, die aus einer kaputt geschossenen Villa stammen.‹« (Reise zur deutschen Front 1915, S. 122)

22. 5. 1915

94 *[…]* – Eine halbe Zeile herausgeschnitten (Vorderseite).
Gildenmeister – Nicht ermittelt.
Graf Türkheim – Nicht ermittelt.
[…] – Eine halbe Zeile herausgeschnitten (Rückseite).
Leutnant Hotzel – Nicht ermittelt.
Donchéry. Wir besuchen die alte Mme Fournaise-Liban in ihrem Häuschen – Auch Ganghofer besuchte das Haus, in dem sich Bis-

marck und Napoleon III. getroffen hatten: »So betrete ich auf der Landstraße zwischen Bellevue und Donchery das alte kleine Haus, in welchem Napoleon auf Bismarck wartete. Ein niederes, fast leeres Stübchen. Es steht da nur ein Glasschrank mit Erinnerungen und ein Tisch mit zwei Strohsesseln. Auf dem einen dieser Stühle hat Napoleon gesessen, auf dem anderen Bismarck. In dem Glaskasten zeigen kleine Blätter die Handschriften unseres Kaisers, des deutschen Kronprinzen und anderer Fürsten. Jedes Blatt ist an den Ecken beschwert mit den Zwanzigmarkstücken, welche die Hüterin dieses Hauses als Geschenk erhielt. Damals, am Sedanstag, war sie eine Sechsundzwanzigjährige, jetzt ist sie eine Greisin mit weißem Haar. In dem ruhigen Ton, mit dem die Kustoden von Kunstsammlungen zu sprechen pflegen, erzählt sie, wie sie während jener Schlacht mit ihrer Familie im Keller saß und die Granaten sausen hörte, die über das Hausdach hinüber und herüber flogen. Geradeso wäre es jetzt wieder gewesen, beim Kampf und bei der Zerstörung von Donchery. Von der freundlichen Güte unseres Kaisers erzählt sie und von den vielen hohen Gästen, die in ihr berühmtes Haus kommen. Von den tausend anderen, ungefürsteten Besuchern dieses Raumes erzählen die Wände, die Türbretter, die Fenstergesimse, sogar die Stubendecke – alle Plätze, auf die man seinen Namen schreiben kann. Eine wunderliche und rührende Tapete: diese Tausende von deutschen Namenszügen!« (Reise zur deutschen Front 1915, S. 92 f.)

95 *Fahrt durch d. Dorf Donchéry … alle Häuser völlig zerschossen* – Bei Ganghofer heißt es über den zerstörten Ort: »Und dieses Graue da drüben über dem Strom, dieses Leblose, von jedem Atemzug Verlassene, dieses Zerrissene und Zersetzte, dieses widersinnig Ausgefranste, durchschlungen von rauchschwarzen Zerrbildern? Was ist das? Wie ein anderes Pompeji sieht es aus, nur ohne Tempel und Säulen, alle Ruinen zu einem grauenhaften Schutthaufen übereinandergerüttelt durch ein neues Erdbeben? Das ist Donchery gewesen, um dessen Mauern einer der härtesten Kämpfe tobte.« (Reise zur deutschen Front 1915, S. 62)

Ayvelles – Les Ayvelles, Gemeinde in der Region Champagne-Ardenne, Département Ardennes, District Charleville-Mézières.

Dann mit ihnen wieder in jenes Haus – Solche gemeinsamen Besuche im Bordell sind im Essay über »Frankreich« kein Thema, dort heißt es am Schluß: »Am Abend waren wir wieder im Großen Hauptquartier. Ein roter Frühlingsabend zwischen den grünen

Straßen der weißen Stadt. Eine freundliche französische Wirtin, ein vortreffliches deutsches Gasthaus, friedliche, heitere Gespräche unter Landleuten, lächelnde Frauenaugen in den Straßen, ein gutes, breites Bett. Alles ist heiter, und (obgleich einige Kilometer entfernt die Kanonen donnern) die Süßigkeit des milden Abends kann niemand zerstören oder verneinen. Übermorgen werde ich wieder daheim sein und vom Krieg will ich nichts mehr wissen. Mein Bedarf an Anschauung ist hinreichend gedeckt.« (S. 250)

95 »*Mireille*« – Oper von Charles François Gounod; Uraufführung 1864. OS spielte wahrscheinlich eine Klavierfassung der virtuosen Walzerarie.

11. 2. 1916

97 *Bravsein … Unterlassen v. Liebesbezeugungen* – Dazu heißt es in »Psychoanalyse und Yoga«: »In der Tat sehen wir, daß Kinder sehr früh den Wert eines bestimmten ethischen und ästhetischen Verhaltens unter der Bezeichnung des Bravseins bewußt verstehen. Auch das Kind, das sich noch gelegentlich verunreinigt, sei es aus Schwäche oder aus Trotz, begreift sehr wohl, daß ›man‹ dergleichen nicht tun darf, und schämt sich solcher Rückfälle sehr. Es ist also grundsätzlich mit den Erwachsenen einig, stellt an sich selbst Anforderungen, und wenn es sie auch nicht immer erfüllt, so soll es wenigstens niemand erfahren.« (S. 73)

25. 2. 1917

107 *Salzburg* – Schon 1915 hatte OS eine Übersiedlung nach Österreich erwogen, im Herbst 1916 entschloß er sich endgültig, Berlin zu verlassen. In »Das Dionysische Geheimnis« schreibt er: »In Berlin vermochte ich mich, trotz meiner gemütlichen, kleinen Wohnung nicht wieder einzuleben. […] Wohl war und blieb ich ein Deutscher, der auf die Dauer nur in deutsch sprechender Umgebung leben mochte, aber das Reich mit seinen Absatzmärkten und seiner ›Seegeltung‹, einem vorweltlichen Megatherium gleich, dessen ganze Kraft in seinem Panzer aufging bei einem lächerlichen Kopf, hatte nicht mehr mit meinem Vaterlande zu tun als die französische ›gloire‹ oder die Londoner Börse.« (S. 163) Die Übersiedlung nach Salzburg während des Krieges war ein Problem, da OS Manuskripte, Drucksachen, Bücher und vor allem seine Tagebücher nach Österreich schaffen mußte: »Ich wollte ja nicht das nackte Leben retten, sondern mein Leben mit allem, was damals dazu gehörte. Vieles Harmlose konnte man nachsenden lassen; nicht so meine Tagebücher.« (S. 197)

107 *ob ich m.frei bleibe* – m oder M = Militär; in diesem Sinn: ob ich nicht zum Militär muß. In »Das Dionysische Geheimnis« schreibt OS, daß er nach der ersten Musterung und der zeitlich begrenzten Zurückstellung seine Ruhe verloren habe: »Ich bebte beim Öffnen meines früher geliebten grünen Briefkastens, der sich rächen zu wollen schien für alles Gute, was er mir bisher gespendet hatte. Ich atmete nach der morgendlichen Sonntagspost auf, weil jetzt 24 Stunden nichts kommen konnte. Rote Zettel an Mauern oder Litfaßsäulen ließen mich erbeben, ehe ich festgestellt hatte, daß sie meist nur Vorschriften über die Ernährung oder dergleichen erhielten. [...] Freunde lachten mich aus wegen meiner nicht zu verbergenden Unruhe. Wohlunterrichtete versicherten zwar immer wieder, mein Einrücken sei so gut wie ausgeschlossen. Das aber genügte mir nicht; ich sah nur die eine unumstößliche Tatsache, daß ich nun, mehr als vierzig Jahre alt, auch wenn ich heil davon käme, grundsätzlich doch jener Gewalt verfallen war, die mir seit meinem vierten Jahr als das Teuflische selber erschien.« (S. 142f.)

5. 3. 1917

Die innere Freiheit dagegen kann niemand geben & nehmen – Diese Bestimmung der inneren Freiheit spielt auch bei Friedlaender eine Rolle, auf den sich OS hier möglicherweise bezieht: »Die einzige Freiheit, die es gibt, ist nur diese innere Freiheit von und zur Differenz. Diese Freiheit ist kein Gegenteil, sondern Zentrum alles Zwanges, aller Notwendigkeit. Freiheit ist nur dann absolut, wenn sie von aller Relation absolviert ist, als Generalrelation zu aller Partialrelation. Freiheit ist also indifferenzierte Notwendigkeit, nicht frei von dieser, nur von ihrer Differenz.« (Der Waghalter der Welt, S. 871)

die äußere Freiheit gleichgültig werden – Friedlaender spricht vom Entfremden des Äußeren: »Um die allgemeine Weltverständigung persönlich herzustellen, soll man sich allem ›Äußeren‹, allem Differenzierten zuvor im Innersten entfremden.« (Der Waghalter der Welt, S. 876)

8. 3. 1917

108 *Nachts Meister Eckhart, z. ersten Mal als wirkl. Trost* – Die Lektüre von Meister Eckhart hatte für OS im Jahr 1917 eine autosuggestive Funktion, er versuchte, sich im Akt des Lesens zu beruhigen, die Nervosität auszubalancieren und sich von allem Äußeren zu trennen. Das verheißungsvolle Zauberwort hieß Indifferenz. Über

seine Erlebnisse berichtete er laufend Alfred Kubin. Am 29. März 1917 schrieb er: »Ich habe einige Nächte so verbracht: Angstzustand mit Schlaflosigkeit, ein Kapitel Meister Eckhart, leise mich umfangend, Waldstille, Schlaf. Nach 1–2 Stunden Erwachen in Angst & Wiederholung. Die Wirkung versagte nie und heute habe ich das Ganze derart balanciert, daß es mich nicht mehr innerlich berührt. Obwohl die Sache äußerlich noch nicht entschieden ist.« Am 12. April berichtete er dem Freund: »Nun kann auch M. Eckhart endlich wirklich bei mir haften. Ich fühlte seine Innigkeit, Abgeschiedenheit in mir selbst. Er kommt nicht mehr bloß zu mir, sondern etwas in mir kommt ihm entgegen und ich merke, daß ich mein ganzes Leben gewissermaßen eine Oktave zu tief gelebt habe, indem ich mich mit endlichem Geist und endlicher Lust begnügt habe.« Am 3. Mai versicherte er: »Übrigens bleibt Meister Eckhart (jeden Abend vorm Einschlafen 2–3 Seiten) noch immer der große Konzentrierer.« (Kubin-Archiv)

108 *Heute Samkya* – Samkhya, eines der ältesten philosophischen Systeme Indiens. Der Sanskrit-Begriff bedeutet wörtlich ›Zahl‹ oder ›Aufzählung‹. Dahinter steht der Grundgedanke der Samkhya-Philosophie, alle lebensbestimmenden Elemente sollen durch Aufzählung und Beschreibung einer Analyse unterzogen werden. Ziel ist die Erlösung aus dem Kreislauf der Wiedergeburten und die Aufhebung des Leidens. Grundlegend für das Samkhya ist die dualistische Auffassung der Welt. Alles Geschehen wird auf zwei Prinzipien zurückgeführt: 1. der passive, bewußte Geist (Purusha) und 2. die aktive, unbewußte Natur (Prakriti). Purusha ist die allen Menschen, Tieren, Pflanzen und Göttern innewohnende Empfindungsfähigkeit, Prakriti die schöpferische Kraft des Seins. Alle Konflikte und alles Leiden in der Welt entstehen aus einem falschen Anspruch des Menschen, dessen eigentliche Identität Purusha ist, der aber die Sphäre Prakriti für sich beansprucht. Der nach Erlösung strebende Mensch, der sich vom Leiden befreien will, muß diese beiden Sphären voneinander scheiden, sie in allen Bestandteilen auseinanderlegen. Der unbewußten Natur (Prakriti) werden drei Kräfte zugeordnet: Sattva (das Seiende, die Reinheit), Rajas (Bewegung, Leidenschaft) und Tama (Trägheit, Finsternis). Diese Kräfte müssen im Gleichgewicht sein, damit die undifferenzierte Potentialität der unbewußten Natur wirken kann. Schon durch die Nähe der Prakriti zum bewußten Geist (Purusha) kann die Balance gestört werden. Salomo Friedlaenders Philosophie der

»Schöpferischen Indifferenz« weist in ihrem polaren Ausgangspunkt und im Ideal der Balance eine gewisse Verwandtschaft mit der Samkhya-Philosophie auf. OS hat beide Ansätze immer wieder herangezogen, auch im Sinne einer praktischen Therapie (Yoga).

108 *Gott ist d. Krystall … (rote Hibiskusblüte)* – In der Samkhya- und Yoga-Philosophie wird die Beziehung von Materie und Bewußtsein und die Vereinigung von Subjekt und Objekt im Bewußtsein am Beispiel des Kristalls und der Blume bzw. Hibiskusblüte erklärt. Der reine Kristall ist farblos, wenn aber eine rote Blume in seine Nähe kommt, wird das Rot in ihm reflektiert, und er erscheint wie ein rotes Objekt. In Wirklichkeit aber findet keine Verbindung statt, die Farbe der Blume berührt den Kristall nicht. Der Geist, der in der Samkhya-Philosophie mit dem Kristall verglichen wird, hört zum Zeitpunkt der Reflexion auf zu existieren, nur die Farbe der Blume ist zu sehen. Sobald aber die Blume entfernt wird, erhält der Kristall (Geist) die Freiheit zurück und nimmt seine ursprüngliche Reinheit, sein Selbstbewußtsein wieder an.

daß die Spiegelung nicht wirklich ist, dann sind wir ohne Leid – Der bewußte Geist (Purusha) kann der Samkhya-Philosophie zufolge nur Erlösung erlangen, wenn er zu der Erkenntnis kommt, daß die Bewegung der materiellen Welt nicht wirklich ist und ihn nichts angeht. Sobald er dies erkennt, hört aller Schmerz und alles Leiden auf.

2 Übungsarten – Das Samkhya stand schon früh in enger Verbindung mit dem Yoga (Samkhya-Yoga) und ging später völlig darin auf. Die beiden Übungsarten gehören zur grundlegenden Lehre des Yoga-Systems: Durch Konzentration und Abziehung der Sinne von der Außenwelt soll ein Zustand tiefer Einsicht und Erlösung erreicht werden. OS beschreibt die Übungen auch in »Das Dionysische Geheimnis«: »Seit einigen Tagen versuche ich es mit der Praxis. Ich mache die buddhistische Hauptübung, die in der Versenkung in die Vergänglichkeit des Ichs besteht. […] Dabei fühle ich die innere Sammlung fortschreiten, ohne daß diese Umwelt deshalb reizlos würde. Sie fällt in mein inneres Auge wie in einen Spiegel, ein farbiger, aber flüchtiger und darum wehmütiger Tanz.« (S. 222)

Neumann S. 19/20 – Gemeint ist der österreichische Indologe Karl Eugen Neumann (1865–1915). Sein Vater war der bekannte Wiener Tenor Angelo Neumann. Auf dessen Wunsch begann er zunächst eine Banklehre in Berlin. In dieser Zeit wurde die Lektüre von Schopenhauers »Die Welt als Wille und Vorstellung«, besonders die Auseinandersetzung mit dem Buddhismus, zur entscheidenden Wende seines Lebens. Seit 1887 studierte er Philosophie, Indologie und Religionswissenschaft in Berlin und Halle, 1891 promovierte er mit einer Arbeit über einen Pali-Text. Im gleichen Jahr veröffentlichte er »Zwei buddhistische Suttas und ein Traktat Meister Eckharts«. 1894 unternahm er eine monatelange Reise durch Indien und Ceylon. In den folgenden Jahren trat Neumann vor allem als Übersetzer buddhistischer Schriften in Erscheinung, die ihre Wirkung erst im und nach dem Ersten Weltkrieg entfalteten. Ob Thomas Mann, Hermann Hesse, Hugo von Hofmannsthal, Stefan Zweig oder C. G. Jung, sie alle lernten die buddhistischen Schriften in der Übertragung von Karl Eugen Neumann kennen. OS wurde 1916 durch Alfred Kubin auf die von Neumann übertragenen »Reden Gotamo Buddho's« aufmerksam. Auf welches Werk sich die Seitenangabe bezieht, war nicht zu klären.

10. 3. 1917

109 *Wesenhaft sein heißt daher indifferent sein* – Bei Friedlaender heißt es: »Absolute Vollkommenheit liegt allein in der Indifferenz« (Schöpferische Indifferenz, S. 358). In einem Brief an Kubin setzt Friedlaender Indifferenz mit »Vollwesenheit« gleich (Brief vom 23. März–5. April 1916, Briefwechsel, S. 57). Friedlaender zufolge meint Indifferenz die göttliche Ur-Einheit des Ganzen als In-Dividuum, als Null-Punkt, in dem sich die Polaritäten verbinden. Um diesen Null-Punkt zu erreichen, um wesentlich zu werden, muß das Individuum alle Differenzen beherrschen: »Es muß ein ›Innen‹, ein Selbst ohne die geringste Differenzierung geworden sein.« (Schöpferische Indifferenz, S. 198) Erst ein solcher Mensch ist ein freier Geist, frei von allen Differenzen, die sein Inneres verwirren: »Das indifferenzierte Subjekt, das Individuum, ist frei, unsterblich, göttlich. Ihm kann von außen her kein Zufall, kein Tod, kein Übel mehr begegnen, denen es nicht schöpferisch überlegen wäre.« (S. 393)
So ist man, ohne zu wirken … ohne ein Thun. Das Wesen ist vollste Ruhe in sich selbst – Friedlaender spricht von der »schöpferischen Ruhe des ›Zuschauers‹«, die aber »nicht das andere Extrem zur Bewegung […], sondern deren Zentrum« sei (Der Waghalter der Welt, S. 863). OS reflektiert im »Brevier für Einsame« ein »Nichts-

tun«, das aber nicht verwechselt werden dürfe mit dem »Nichtstun«: »Es ist vielmehr eine Indifferenz gegenüber allem menschlichen Tun und Nichttun, die eben darum zu beidem bereit und fähig ist, wenn das innere Daimonion spricht.« (S. 198)

109 *Christus, der ewig geboren wird* – Bei Meister Eckhart heißt es: »Der Vater gebiert seinen Sohn ohne Unterlaß.« (Werke I, S. 85) Und an anderer Stelle: »er wird immer geboren und ist immer geboren« (Werke II, S. 519).

12. 3. 1917

Balzac – Das Zitat aus »Séraphîta« (1835) lautet korrekt: »La moindre fleur est une pensée, une vie qui correspond à quelques linéaments du Grand-Tout, duquel ils ont une constante intuition.« (In: La comédie humaine, Hg. von P.-G. Castex, Bd. 11, S. 779 f.) In der Übersetzung von F. v. Rath, bearbeitet von Franz Hessel, lautet der Passus: »Eine Blume ist ihnen ein Gedanke, ein Leben, welches in einigen Zügen dem großen All entspricht, von dem sie eine fortdauernde Anschauung haben.« (Seraphita, in: Buch der Mystik, S. 91)

Damit steigt ein mir 1897 so vertrauter Gedanke … jenseits von Lust und Leid stellen – OS bezieht sich auf seine Erlebnisse während seines ersten längeren Paris-Aufenthalts; möglicherweise spielt er auf die Unverbindlichkeit der Beziehungen an, die Oberflächlichkeit und Zersplitterung seines Lebens; vgl. Das wilde Leben der Boheme, S. 59 ff.

110 *Bilder & Gleichnisse* – Im Unterschied zur christlichen Theologie (der Mensch als Bild und Gleichnis Gottes, Gen. 1,26 f.) benutzt OS die beiden Begriffe im erkenntnistheoretischen Sinn, als Gegensatz zur begrifflich-rationalen Erkenntnis. Diese Auffassung hat vor allem Ludwig Klages vertreten (Der Geist als Widersacher der Seele, 3: Die Wirklichkeit der Bilder). In der Psychologie spielen die Begriffe in diesem Sinn bei C. G. Jung eine Rolle (Psychologische Typen, S. 455 ff.). OS könnte sich auch auf Friedlaender beziehen, der den Begriffen in seiner »Schöpferischen Indifferenz« einen geradezu methodischen Stellenwert einräumt: »Vor allem läßt sich sofort einsehen, daß, außer der absoluten Indifferenz, alles und jedes den Charakter des Gleichnisses, der Bildlichkeit trägt, und daß Bildlichkeit immer Gleichung, immer paarig ist.« (Schöpferische Indifferenz, S. 278)

M. – Die Abkürzung steht im engeren Sinn für Militär, aber auch – im weiteren Sinn – für den institutionellen Zwang (Schule, väterliches Gebot, die anderen etc.); vgl. Anm. *ob ich m.frei bleibe* zu S. 107.

110 *Militär … Von innen heraus den scheinbaren Feind demaskieren* – In »Das Dionysische Geheimnis« beschreibt OS ausführlich seine verschiedenen Strategien, dem Militär zu entgehen. Bei den ersten Musterungen 1915/16 hatte er noch die Form gewahrt und mit verschiedenen ärztlichen Attesten seine Untauglichkeit zu belegen versucht, doch mit der Dauer des Krieges verschärften sich die Bedingungen, und die zunächst Zurückgestellten wurden eingezogen. OS versuchte nun mit autosuggestiven Techniken, die Musterungsbehörde von seiner Untauglichkeit zu überzeugen. Die von ihm beschriebene Musterung verrät eine gewisse Ähnlichkeit mit den Szenen aus Thomas Manns Roman »Felix Krull«, dessen Hauptfigur einen wohleinstudierten epileptischen Anfall simuliert. OS schreibt: »Ich mußte innerlich Szenen spielen, wie ich mich morgen bei der Musterung aufführen würde. Ließ man mich nicht frei, so wollte ich schreien, ich sei ein Gott und mich dabei so gebärden, daß jedes beliebige Urteil über mich möglich sei, nur nicht das, ich sei militärtauglich. […] In völliger innerer Zusammenfassung […] würde ich mich unter sie stellen, sie meinen Leib beklopfen, behorchen, befühlen und dann meine Unzugehörigkeit zu ihrer Welt durch irgend eine ihrer Formeln ausdrücken lassen.« (Das Dionysische Geheimnis, S. 257) Auf dem Weg zur Musterung hat er Angst, er »könnte zu früh zusammenbrechen« (S. 259). Als er dann befragt wird, sagt er »zu dem Unteroffizier vor lauter Demut ›Herr Oberoffizier‹« (S. 261). Eindringlich und genau beschreibt OS die Situation während der Musterung: »Nicht nur meine Glieder beben, auch die Nervenknoten unter der Haut. Ein Schutzmann schiebt Nackte in den Nebenraum. Andere kommen zurück mit enttäuschten Gesichtern, daß man sie nicht als Krüppel wieder drei bis sechs Monate zurückgestellt hat. Eine neue Kolonne noch Angekleideter kommt die Stiege herauf, während wir nun nackt, mit unseren Hemden halb zugedeckt, auf den Stühlen sitzen, welche unsere entblößten Vorgänger gewärmt haben. Von hier ab verlor ich die letzte Empfindung für die Körperlichkeit der wahrgenommenen Welt, alles schien mir innerer geistiger Vorgang, eine eigene Projektion von Bildern, die nichts Objektives, nichts an sich waren.« (S. 264 f.)

111 *Auch d. Frage: Egoism & Altruism wird durch das »wesentliche Leben« gelöst* – Hintergrund sind die Ausführungen von Friedlaen-

der zum Egoismus und Altruismus: »Egoismus ist Magie. Er mißversteht sich allzumenschlich als objektive, relative Bagatelle und erfährt dann freilich Widerspruch und Besiegung. […] Dieses egoistische Weltsubjekt funktioniert von selber altruistisch; es ist nicht anders möglich als daß es Verwandtschaft stifte, die gegenseitige Verständigung zwischen allen Einzelnen, in denen es nur Objekte sieht« (Schöpferische Indifferenz, S. 203).

13. 3. 1917

111 *Salzach-Liefering* – Liefering ist ein Stadtteil Salzburgs, das von der Salzach, einem Nebenfluß des Inn, durchflossen wird.
Das väterl. Gebot entriß mich dem Schauen – OS spielt hier auf eine besondere Erfahrungs- und Erlebnisqualität an, die Ludwig Klages meint, wenn er vom Schauen spricht. Klages setzt das Schauen gegen die beiden Erkenntnisquellen Sinnlichkeit und Verstand. Das Schauen ist ein entoptisches Sehen mit dem inneren Auge, kein Wahrnehmen oder Blicken, es ist verknüpft mit dem »pathischen Hinnehmen« und spielt vor allem in traumverwandten Vorgängen eine Rolle: »Wie […] das wache Bewußtsein wahrnehmungsfähig ist und zwar für Dinge, so hat das träumende die Gabe des Schauens von Erscheinungen.« (Vom Traumbewußtsein, S. 168) OS sah sich durch das väterliche Gebot eingeschränkt auf Sinnlichkeit und Verstand, während er sich von der »pathischen Passivität« (ebd., S. 155), die, laut Klages, zur Hingabe befähigt, ausgegrenzt sah.

14. 3. 1917

112 *jenes Pseudo-Ich … Vatergebote* – Am 3. Mai 1917 schreibt OS an Kubin von der Komödie seines Pseudo-Ichs, das er als Gegenspieler zum Vater aufgebaut habe: »Was nun die Hauptsache betrifft, so überstürzten sich die Ereignisse und Erkenntnisse seit meinem Geburtstag derart, daß ich kaum weiß, wo mit den Berichten beginnen. Kurz: ich habe eine zweite ›Begegnung der Götter‹ gehabt, und dieses Mal haben sie mir Rede gestanden, wer sie sind, nämlich genau, wie sie um die äußeren Himmel als Planeten aus d. Sonne hervorgegangen sind, was jedes astronomische Lehrbuch lehrt, so sind sie im Mikrokosmos aus d. *Zentralsonne* des Selbst hervorgegangen, *die nun entdeckt* ist. Ich durchschaue jetzt dies: ›göttliche Komödie‹ meines Pseudo-ich (ein ›Mars-Saturndrama‹ von erschütternder Komik und nur scheinbarer Tragik) und sehe, daß es mir selbst damit ja nie ganz ernst gewesen ist. Ich habe mir selbst diesen *Vater* und seine Gesetzmäßigkeit als Gegen-

spieler geschaffen, eine Abschwächung meines Selbst, und zwar aus demselben Grund, warum Gott die Welt geschaffen, um *sich* bewußt in ihr wiederzufinden. (Im Mikrokosmos erneuert sich die Kosmogonie jeden Augenblick). Ich hatte Angst vor der scheinbaren Totenhand, die neben mir lag, bis ich entdeckte, daß dies die eigene Hand war, deren Blutkreislauf mit dem Centralherz durch das Schwergewicht des *eigenen* Leibes gehemmt war. Nun dauert es zwar eine Zeit lang, nachdem man die Hand herausgezogen, bis d. Blutlauf wiederhergestellt ist, die Hand wirkt erst wie eingeschlafen, aber die große Hemmung ist jetzt beseitigt. Ich weiß jetzt, daß alles was endlich geschieht Schattenbewegung ist, die das Ich hervorruft, indem es mit dem Rücken gg. die Zentralsonne sitzt und sich begreift mit den hellen Umrissen seiner eigenen Schattenbilder. Oder: ich gleiche einem Kind, das sich Nachts vor Gestalten fürchtete und bei Licht lachend erkennt, das die Gestalten die Zipfel des eigenen Kissens waren. Endlichkeit ist *abgeschwächte* Unendlichkeit. Mein unverwüstlicher Optimismus, den man mir bei allem Schwanken so oft vorwarf ist mein *Kern* (die Sonne), that nur Unrecht, sich auf Endliches zu beziehen und dies nach Gesichtspunkten *ordnen* zu wollen. Als dies versagte kam dann Katzenjammer, der auch recht hatte; denn dem Endlichen gegenüber kann man nicht genug Pessimist sein. Dieser krampfhafte Tätigkeitsmensch in mir war schon von Sonnenherkunft, aber statt still zu *strahlen*, wurde er gebrochen durch das Medium des *Ichs* (in meinem Horoskop ein *schwacher* Mars, der sich eben wegen seiner Schwäche so maßlos übercompensierte mit Mitteln, die er borgte von Mercur und Juppiter, die in meinem Horoskop stark gestellt sind, aber nie ihre Gaben ungestört bringen konnten, weil dieser Mars, im Grunde aus Schwäche, solchen Radau machte; dies mein *Complex*, gelöst von einer Ebene aus, die Freud nicht ahnt, aber wie ich doch zugeben muß, mit seiner analytischen Methode.) Was also mein *endliches* Unglück war, dieser stets in seiner Ohnmacht gekränkte *Mars*, wird nun, was ich schon Weihnachten voraus sah, meine Gnade. Mars ist alles *Ichhafte*. Giebt es ein größeres Glück, um d. Weg zur Unendlichkeit zu finden, als daß dies Ich *schwach* ist, gar nicht d. Popanz, für den es sich ausgab? Ich meine: ein Mensch mit starkem Mars müßte es sehr viel schwerer haben. Meine Begierden selbst erweisen sich als ziemlich gering, jedenfalls leicht beherrschbar. Alles, was ich einst so heftig begehrte, wollte ich, wie ich jetzt sehe, nicht um dieser

Dinge willen, sondern nur um die Komödie dieses *Ich* zu spielen, das nur eine Sternschnuppe war von dem Zentralgestirn. Und warum wollte ich dieses Ich so stark? – Nun wirst Du staunen: aus Liebe zu Gott, den ich mir künstlich in den *Vater* projizierte. Diesem wollte ich gefallen, von ihm geliebt werden.« (Kubin-Archiv) Ganz im Sinne der Tagebuchpassage schreibt OS in »Das Dionysische Geheimnis«: »Ich bin es, der dies Schein-Ich leben und sterben und ein neues Schein-Ich geboren werden lassen kann; ja ich habe dies unzählige Male getan, nur unbewußt, unfrei, ohne meiner Gewalt gewahr zu werden vor überschwänglicher Schöpferinbrunst.« (S. 228 f.)

113 *Spiegel* – Die Funktion und Rolle des Spiegels beschreibt OS im »Brevier für Einsame«: »Will man also die beiden kosmischen Kräfte in die Hand bekommen, so muß die Handhabe im Inneren gesucht werden und vielleicht ergibt sich dann, da ja für jedes Ich die Welt sich anders spiegelt, daß das jeweilige Spiegelbild des Einzelnen, d. h. seine Welt, genau soviel Ausgeglichenheit der beiden Kräfte zeigt, als ihm im Inneren zu schaffen gelungen ist. Wer an seiner Erscheinung etwas ändern will, wird nicht seinem Spiegelbild die Haare schneiden, aber er wird an seinem Spiegelbild erkennen, ob die Zeit des Haarschneidens wieder da ist. Geht man diesen Dingen weiter nach, so wird man bemerken, daß der Mensch merkwürdigerweise sich eher im Spiegel der Welt sieht, als im Inneren erlebt.« (S. 17 f.) Die Bestimmungen zum Spiegel und Spiegelbild beziehen sich u. a. auf Ludwig Klages; in »Vom Traumbewußtsein« (1913) heißt es: »Der Raum im Spiegel wird zweifellos von uns nicht etwa nur vorgestellt, sondern gesehen, und ist ebenso zweifellos kein den ›Tatsachen‹ entsprechender Wahrnehmungsgegenstand; denn hinter der Spiegelfläche, wo wir ihn sehen, befindet sich vielleicht die Wand, jedenfalls aber nicht der im Spiegel gesehene Raum.« (S. 189)

16. 3. 1917

114 *Gott ist in d. Kreatur, aber die Kreatur ist nicht in Gott* – Die Beziehung von Kreatur und Gott wird im Werk Meister Eckharts immer wieder aufgegriffen und in vielen Umschriften wiedergegeben. OS gibt in dieser Passage, wie auch in weiteren Eintragungen (vgl. Eintragung vom 10. und 26. März, S. 109 und 119), einige dieser Umschriften aus dessen Lehrgebäude sinngemäß wieder. Bei Meister Eckhart heißt es: »Er sah Gott, wo alle Kreaturen nichts sind. Er sah alle Kreaturen als ein Nichts, denn er (= Gott)

hat aller Kreaturen Sein in sich.« (Werke 2, S. 73) Und an anderer Stelle heißt es: »Alle Kreaturen haben kein Sein, denn ihr Sein ist in der Gegenwart Gottes. Kehrte sich Gott nur einen Augenblick von allen Kreaturen ab, so würden sie zunichte.« (Werke 1, S. 53) Hervorgehoben wird das Sein Gottes in der Kreatur: »Gott erschafft alle Kreaturen«, er macht »die Seele lebendig« (Werke 1, S. 461). Entscheidend ist die prinzipielle Nichtidentität des Verhältnisses: »Es ist der Kreatur eigen, daß sie aus *etwas* etwas mache; Gott aber ist es eigen, daß er aus *nichts* etwas mache.« (Werke 1, S. 423) Gleichwohl soll alle Kreatur sich zu Gott hinbewegen und ihm ähnlich werden: »Und daher soll der Mensch Gott gleich werden, soweit eine Kreatur Gleichheit mit Gott haben kann, so muß das geschehen durch Abgeschiedenheit.« (Werke 2, S. 443) Dieses Ziel der Gottgleichheit ist das eigentliche Fundament des ganzen Lehrgebäudes. Der Religionswissenschaftler Rudolf Otto schreibt: »Daß die Kreatur, das in sich Nichtige, Wesenlose, Seinslose, Wertlose, Heil-lose, zum Sein und Wesen gelange, das ist der Sinn von Eckharts Heilslehre.« (West-östliche Mystik, S. 99) Für OS war nicht der metaphysische Aspekt von Bedeutung, sondern der Aspekt der Heilslehre. Es ging für ihn darum, mittels dieser Lehre Gegensätze zu überwinden. Im Heil bzw. in der Heilserfahrung lag das Versprechen von Ganzheit. Selbsterlösung durch immanenten Selbstbezug, das ist der Kern von Meister Eckharts Lehre, an den sich OS zu dieser Zeit klammert.

114 *Gott der sich in d. Kreatur offenbart und bewußt wird* – Die entsprechende Stelle bei Meister Eckhart lautet: »denn, ehe die Kreaturen waren, war Gott [noch] nicht ›Gott‹: er war vielmehr, was er war. Als die Kreaturen aber wurden und sie ihr geschaffenes Sein empfingen, da war Gott nicht in sich selber ›Gott‹, sondern in den Kreaturen war er ›Gott‹.« (Werke I, S. 555) Die Ausgabe mit der Seitenangabe 198 konnte nicht ermittelt werden.

Angelus Silesius … Erkennen und Erkenntnis sind Eins – Die Wendung findet sich bei Angelus Silesius (Johannes Scheffler) im »Cherubinischen Wandersmann«, Epigramm 285: »Das erkennende muß das erkandte werden. In Gott wird nichts erkandt: Er ist ein Einig Ein. Was man in Ihm erkennt / das muß man selber seyn.« (S. 68)

115 *Amboß od. Hammer* – Aus Goethes Gedicht »Ein Andres: »Du mußt steigen oder sinken, / Du mußt herrschen und gewinnen, / Oder dienen und verlieren, / Leiden oder triumphieren, / Amboß

oder Hammer sein.« (Goethe, Gedichte 1800–1832, S. 86) Das Goethe-Zitat und die daran anknüpfende Wendung »Geschöpf od. Schöpfer« findet sich an zentraler Stelle auch in einem Brief von Friedlaender an Kubin vom 12. November 1915 (Briefwechsel, S. 45). Kubin hatte diese inhaltsreichen Ausführungen zur Polaritätsphilosophie und Indifferenz, die viele Thesen und Bezüge von Friedlaenders Hauptwerk vorwegnehmen, vermutlich an OS weitergegeben.

115 *Geschöpf od. Schöpfer ... Er ist beides* – OS bezieht sich hier wahrscheinlich auf Nietzsche. In »Jenseits von Gut und Böse« heißt es: »Im Menschen ist Geschöpf und Schöpfer vereint: im Menschen ist Stoff, Bruchstück, Überfluß, Lehm, Kot, Unsinn, Chaos; aber im Menschen ist auch Schöpfer, Bildner, Hammer-Härte, Zuschauer-Göttlichkeit und siebenter Tag.« (S. 689 f.) Im »Brevier für Einsame« spricht OS davon, daß Schöpfer und Geschöpf aus einer Spaltung der im Urgrund ruhenden Gottheit hervorgehen. Dieser Urgrund der Welt sei mit dem unbewußten Urgrund der Seele identisch, darum sei »Symbolik von Schöpfer und Geschöpf« nichts anderes »als ein Bild der Doppelnatur des Menschen, der von einem ohnmächtigen Geschöpf seiner Erzeuger langsam zum Gestalter der Welt erwächst« (S. 20). Schöpfer und Geschöpf seien nichts anderes »als göttliches Erlebnis im Menschen [...]. Nicht länger muß Gott draußen, Geschöpf drinnen sein, was schon der Meister Eckhart deutlich genug gesagt.« (S. 22) Ein anderer Inspirator der schöpferischen Selbstvergottung für OS war Friedlaender: »Diese gesamte Welt von Unterschieden ist nichts als der Kunstgriff des innersten Gottes seiner eigenen Allmacht Meister zu werden. Gott sein ist lebendiges Verdienst, schöpferischer Besitz, immerwährende Veräußerung eigener Innenmacht.« (Der Waghalter der Welt, S. 874)

21. 3. 1917 [?]

116 *Nach M. Eckhart ist uns Gott nie näher als im Leid ... So erklärt sich die Seligkeit im Leiden. Gott will selbst d. Leid* – In Meister Eckhart, »Das Buch vom Troste« heißt es: Für die guten Leute ist »das Leiden kein Leid, kein Unglück, keine Pein: ihnen ist es ein unerwarteter Glücksfall, etwas Beseligendes. Gott selber sagt es: ›Selig alle, die da leiden um Gott, um der Gerechtigkeit willen!‹« (Schriften und Predigten, hg. von Büttner, S. 83)

Im Endlichen haben Angst & Pessimismus allein recht. (M. Eckhart II, 178) – Die Ausgabe mit der Seitenzahl 178 konnte nicht ermittelt werden. Die von OS paraphrasierte Stelle spielt sinngemäß auf eine Passage in Eckharts »Schriften und Predigten«, Bd. 2, Maria und Martha / Sermon über Lukas 10, 38 an: »Denn alles Endliche ist nur ein Mittel [...]: sofern wir uns von diesem losmachen müssen. Denn dazu sind wir in die Zeit gesetzt, damit wir durch unser vernunftgeleitetes Schaffen innerhalb der Endlichkeit uns Gott annähern, immer gottähnlicher werden. Das hatte auch Sankt Paulus im Auge bei dem Wort: ›Überwindet die Zeit, die Tage sind übel!‹« (Schriften und Predigten, Bd. 2, hg. von H. Büttner, S. 101)

22. 3. 1917

117 *Verdrängung alles Minus ... bis dann 1915 das Minus so furchtbar hereinbrach* – Aus der Philosophie Friedlaenders übernimmt OS die Polarisation in eine Plusseite und eine Minusseite; vgl. Anm. *Polarität* zu S. 128. »Wie in der physischen, so entsteht auch in der geistigen Welt Wirklichkeit durch die Berührung der beiden Gegenpole Plus und Minus« (Brevier für Weltleute, S. 37). OS nimmt an, daß in der Regel die Plusseite im Vordergrund steht und die Minusseite verdrängt wird. Im »Brevier für Weltleute« heißt es: »Das Ich identifiziert sich nur mit seiner Plusseite, mit seiner positiven Kraft, seinem Gelingen; ›das Andere‹, das Minus und schließlich der Tod ist der böse Feind, dem es trotzt, solange es geht, ein verzweifeltes Spiel, das verloren ist, ehe es begonnen wurde, denn die Vernichtung ist gewiß.« (S. 212) 1917 mußte sich OS in nervenärztliche Behandlung begeben, der Arzt, so berichtet er in »Das Dionysische Geheimnis«, habe ihn auf die Verdrängung seiner »Minushälfte« aufmerksam gemacht, seit der ersten Musterung 1915 habe er sich »in eine Minuswelt« vergraben (S. 322).
Der Triumf d. »Tüchtigkeit«, die den Weltkrieg entzündete – Für OS waren es vor allem das Gewinnstreben, die Überbewertung des Handels, der Materialismus und – ganz allgemein – »die zunehmende Verstofflichung der Welt« (Das wirkliche Deutschland, S. 3), die zum Krieg führten. Als sich 1916 die Niederlage Deutschlands abzeichnete, sah er darin auch eine Chance. An Kubin schreibt er am 22. März: »Wirtschaftlicher Tiefstand schiene mir aber im Namen von Seele & Geist für Deutschland eine gute Schule.« (Kubin-Archiv)
einseitigen Plus – Bei Friedlaender heißt es: »Die Menschen überanstrengen das Plus dessen, was sie sind, und werden dadurch ins Minus zurückgeworfen.« (Schöpferische Indifferenz, S. 36)

23. 3. 1917

118 *so daß* – Hier endet Heft 4, in Heft 5 (23.3.–24.4.1917) wird der Satz unmittelbar fortgesetzt.

schuf ich die neurotische Pseudoperson des Fortunio mit Stützung auf d. Vater – Zu Fortunio vgl. »Geister«, S. 124ff., und die Novelle »Fortunio oder das andere Ich«. Über das Überich-Konstrukt Fortunio schreibt OS am 25. November 1916 an Kubin: »Voll Angst vor d. Vater schuf ich mir diesen Fortunioüberbau, der ganz unecht war, während das natürliche Ich sich schon in's Dunkel verkroch. Mein ganzes Leben wurde nun eine ewige Spannung im Fortuniohaften & Entspannung im Infantilen. Beide Gegensätze lösten sich ab (und machten so als Ventile das Leben überhaupt möglich) aber konnten nie zusammen kommen. So konnte ich nie meine Kühnheit, Kraft & Freiheit (kurz mein Männliches) recht ausnutzen, weil es in die mir selbst verhaßte Fortuniolarve gehüllt war, ebensowenig konnte ich das kindlich unschuldige (mein Weibliches) in mir zum Ausdruck bringen, weil es die ekelhafte Larve der Infantilität trug. So huschten beide Hälften immer nur eilig aneinander vorbei, zeugten nur ganz flüchtig miteinander & flohen sich wieder, ehe wahre Einheit (Schaffen & Liebe) möglich war. Hier hast Du das ganze Problem meines Lebens und Arbeitens.« (Kubin-Archiv) Vgl. dazu auch Anm. *jenes Pseudo-Ich ... Vatergebote* zu S. 112.

26. 3. 1917

119 *Meister Eckhart ... Abgeschiedenheit ist besser als Demut* – Bei Meister Eckhart heißt es: »Die Meister loben auch die Demut vor vielen anderen Tugenden. Ich aber lobe die Abgeschiedenheit vor aller Demut, und zwar deshalb, weil Demut ohne Abgeschiedenheit, vollkommene Abgeschiedenheit aber nicht ohne vollkommene Demut bestehen kann, denn vollkommene Demut geht auf ein Vernichten des eigenen Selbst aus. Nun rührt [aber] Abgeschiedenheit so nahe an das Nichts, daß zwischen vollkommener Abgeschiedenheit und dem Nichts nichts sein kann. Daher kann vollkommene Abgeschiedenheit nicht ohne Demut sein. [...] Der zweite Grund, weshalb ich die Abgeschiedenheit vor der Demut lobe, ist der, daß vollkommene Demut sich selbst unter alle Kreaturen neigt, und in dieser Neigung geht der Mensch aus sich selbst heraus auf die Kreaturen [hin], wohingegen die Abgeschiedenheit in sich selbst bleibt.« (Werke II, Traktat 3, S. 437)

119 *Demut hat eben noch immer ein »Absehen auf die Kreatur«* – Meister Eckhart, Werke II, Traktat 3, S. 435: »[...] denn alle Tugenden haben irgendein Absehen auf die Kreatur, während Abgeschiedenheit losgelöst von allen Kreaturen ist.«

121 *M. E. aber verlangt: »Kein Sichbeugen & kein Sicherheben, sondern nur sich selber eins sein.«* – Im Traktat 1 heißt es: »Denn der Mensch muß in sich selber Eins sein und muß dies suchen in sich und im Einen und empfangen im Einen« (Werke II, Traktat 1, S. 333).

Hermes (Merkur) der Erfinder des begrifflichen (diskursiven) Denkens – Hermes (röm. Merkur) wurde bei den Griechen auch als Gott des Handels und Verkehrs verehrt. Handel setzt Vorsicht, Klugheit und Beredsamkeit voraus – Eigenschaften, die Hermes repräsentiert. Er wurde als Gott angesehen, der die Schlauheit liebt und schützt. Als Götterbote und Herold des Zeus vermittelt er den Verkehr zwischen Himmel und Erde, er verkündete den Menschen den Willen der Götter und galt deshalb auch als Orakelgott.

D. – Eintragungen und Notizen unter D beziehen sich auf das Romanprojekt »Das Dionysische Geheimnis« (1921).

Weltkrieg ... d. neue Mensch – In dem Buch »Das wirkliche Deutschland«, das OS in den ersten Monaten des Ersten Weltkriegs schrieb, vertrat er die damals weitverbreitete Anschauung, der Krieg bringe ein neues Ich, einen neuen Menschen hervor: »Im Krieg wird der neue Mensch geboren; auch bei unseren Feinden; auch ihre Seelen werden geläutert von Wahn und Feigheit aus diesen Kämpfen hervorgehen [...]. Durch die gesamte europäische Jugend geht seit einigen Jahren ein idealer Drang gegen die zunehmende Verstofflichung der Welt. Der deutsche Sieg muß ihn zum Durchbruch bringen und eine neue mannhaftere Welt gebären [...]: der Krieg ist das Große, das Ich ist das Kleine, er schreitet über das Ich hinweg; das Ich aber wird entweder zerstampft oder es heftet sich an seine Fersen.« (S. 3 f.) 1923 grenzte OS den neuen Menschen vom »dreinschlagenen Trieb- und Muskelmenschen« ab und siedelte ihn als indifferente, freischwebende geistige Instanz an: »Die Aufgabe des neuen Typus wird also sein, selber wahre geistige Instanz zu werden oberhalb der Pole, deren keinem er sich ganz verschreibt, obwohl er in jedem schöpferisch zu sein vermag. [...] Den neuen Typus kann kein homo novus verkörpern. Auch kulturell muß er Pole verbinden, tiefen Anteil am Vergangenen haben und doch unbedingt dem lebendigen Neuen offen sein; auch was das Alter betrifft, wird er polar zwischen den Generationen stehen müssen.« (Psychoanalyse und Yoga, S. 143) Eine Vorform des neuen Menschen sei heute »in der pathologischen Form des Neurotikers bekannt«. Im »Brevier für Einsame« heißt es: »Der neue Mensch kann nur oberhalb des Bürgertums entstehen.« (S. 177)

121 *d. Weltkrieg vielleicht endgültig in d. Menschheit aufräumt* – Die Äußerungen von OS zum Krieg sind ambivalent: Einerseits spricht er von einem nun endlich »abgelaufenen Zeitalter«, von der »Wiedergeburt durch den Krieg«, von einer »neuen Menschheit«, einer »neuen Ethik« (Das wirkliche Deutschland, S. 4 ff.) und stilisiert den Krieg zur »höchsten Wirklichkeit« (ebd., S. 24); andererseits wendet er sich – mit zunehmender Dauer des Krieges – entsetzt von den Ereignissen ab. An Kubin schreibt er am 22. März 1916: »Immer weniger kann man diesen Krieg als rein national empfinden, immer mehr als große europäische Tragik. Die furchtbaren franz. Verlust vor Verdun gehen mir durch Mark & Bein, wenn ich mir auch mit d. Verstand sage, daß sie uns durch Schwächung des Feindes dem Frieden näher bringen müssen. Trotzdem besser so, als die Dinge wären weitergegangen in ihrer Entgeistigung wie 1913. Ich möchte nichts hergeben, was mir d. Krieg seelisch & geistig gebracht hat.« (Kubin-Archiv)

27. 3. 1917

Wie der Unterschied, d. Schleier d. Maja entsteht – Ursprünglich ist Maya ein magisches Wirken, ein Sein, das verschieden ist vom Seienden und Nichtseienden. Dieses Sein ist einerseits Illusion, suggestive Täuschung, andererseits besitzt es reale Wirkungsmacht. Auf höherer Ebene ist Maya eine Wunderkraft, durch die Brahman die Welt als Zauberwerk schafft. Wer den Schleier der Maya durchschaut hat, erkennt, daß er mit Brahman, mit der Welt identisch ist; vgl. Rudolf Otto, West-östliche Mystik, S. 110.

Fr. Creuzer, Symbolik, I, S. 59 – Das Zitat findet sich auf Seite 68 und ist von OS nicht ganz korrekt wiedergegeben. Bei Creuzer heißt es: »Und wie das Farbenspiel des Regenbogens durch das an der dunkelen Wolke gebrochene Bild der Sonne entsteht, so wird das einfache Licht der Idee im Symbol in einen farbigen Strahl von Bedeutsamkeit zerlegt.« (Georg Friedrich Creuzer, Symbolik und Mythologie der alten Völker [1810–1823], S. 68)

122 *Die Gefahr beim gleichnishaften, symbolischen Erfassen d. Welt ist* – Hintergrund der ganzen Passage ist die klassische Diskussion über

Allegorie und Symbol. Die Auffassung, daß das Symbol nicht etwas bedeutet, sondern etwas verkörpert, eine versinnlichte Darstellung ist, zieht sich durch die gesamte Diskussion des 19. Jahrhunderts. Zwei Lektüren lassen sich in den Bestimmungen von OS wiedererkennen: Einerseits Friedrich Creuzers Werk »Symbolik und Mythologie der alten Völker«, in dessen Einleitung zu den ersten beiden Auflagen (1810/12 und 1819) eine umfängliche Symboltheorie entfaltet wird. Insbesondere auf die Abgrenzung von Symbol und Allegorie eingehend, sieht Creuzer im Symbol eine Manifestation, die Verkörperung einer Idee, die »alle unsere Seelenkräfte« erfaßt. »Es ist ein Strahl, der in gerader Richtung aus dem dunkelen Grunde des Seyns und Denkens in unser Auge fällt und durch unser ganzes Wesen fährt. Die Allegorie locket uns aufzublicken, und nachzugehen dem Gange, den der im Bild verborgene Gedanke nimmt.« (S. 70) Andererseits könnte auch Goethes bekannte Gegenüberstellung von Allegorie und Symbol als Kontext in Frage kommen: »Die Allegorie verwandelt die Erscheinung in einen Begriff, den Begriff in ein Bild, doch so, daß der Begriff im Bilde immer noch begränzt und vollständig zu halten und zu haben und an demselben auszusprechen sey. – Die Symbolik verwandelt die Erscheinung in Idee, die Idee in ein Bild, und so, daß die Idee im Bild immer unendlich wirksam und unerreichbar bleibt« (Maximen und Reflexionen, Weimarer Ausgabe, I/48, S. 205 f.).

122 *Darum ist auch in d. Kunst nur das symbolische von Wert … Mythos* – OS bezieht sich auf die Assimilierung von Symbol, Mythos und Mythologie in der romantischen und idealistischen Ästhetik. Kunst und Mythos werden als ein Zusammenhang betrachtet, dessen Klammer der Begriff des Symbols bildet.

28. 3. 1917

123 *In seinem Gottkult wird sich d. Mensch seiner Göttlichkeit bewußt* – Eine immer wieder von Meister Eckhart variierte Wendung: »Wenn aber Gott in mir ist und ich in Gott bin, so bin ich nicht geringer, und Gott ist nicht höher.« (Werke I, S. 311) An anderer Stelle heißt es: Das menschliche Bestreben sollte sich nur »auf die Gottheit in sich selbst« richten, »weder auf [seine] Seligkeit noch auf dies oder das als einzig auf Gott als Gott und die Gottheit in sich selbst« (Werke II, S. 145).

Christus als d. besondere Gottessohn (während doch jeder Gottes Kind ist) … die Kinder, als Gemeinschaft d. Gotteskinder – Hintergrund sind Nietzsches Anmerkungen in »Der Antichrist«: »Was heißt ›frohe Botschaft‹? [...] Jeder ist das Kind Gottes – Jesus nimmt durchaus nichts für sich allein in Anspruch –, als Kind Gottes ist jeder mit jedem gleich« (S. 1191). An anderer Stelle heißt es: »Die ›gute Botschaft‹ ist eben, daß es keine Gegensätze mehr gibt; das Himmelreich gehört den Kindern; der Glaube, der hier laut wird, ist kein erkämpfter Glaube – er ist da, er ist von Anfang, er ist gleichsam eine ins Geistige zurücktretende Kindlichkeit.« (S. 1193) Nichts sei unchristlicher, so Nietzsche, als die Rede von »Gott als *Person*, von einem ›Sohne Gottes‹, von der ›Kindschaft Gottes‹« (S. 1196). – OS begann im Krisenjahr 1916 mit einer intensiven Nietzsche-Lektüre. An Kubin schrieb er am 26. September: »So wie Deine unmässige Leidenschaftlichkeit einst die Inder als Gegenstücke brauchte, so bedurfte meine immer wieder mich lähmende Trägheit dieser aufpeitschende Nietzsche. [...] Ich kann es nicht, wie ich es im August versuchte, still *erlauschen*, ich muss es im Sturm von innen heraus ergreifen, dann kommt auch mir, ›die stillste Stunde‹ Zarathustras. [...] Trotzdem war jenes Kapitel ›die stillste Stunde‹ für mich das Ausschlaggebende, die Augen öffnende; ferner das, was er in ›Götzendämmerung‹ über d. Buddhismus sagt & im Antichrist über den Erlösungstypus Jesus im Gegensatz zu dem was die Evangelisten daraus machen.« (Kubin-Archiv)

124 *(Röm. Kaiserzeit, unsere Zeit.)* – Die Kosmiker zogen zwischen der Gegenwart der Jahrhundertwende und der römischen Kaiserzeit eine Parallele. Vor allem Alfred Schuler inszenierte sich als verspäteten Römer und als Verehrer der Kaiserzeit.

Gerade die Verfallszeiten, die nicht nur d. Feste, sondern auch das Starre lösen, sind geistig Annäherungen an d. Ursinn d. göttlichen – Anspielung auf die kosmischen Feste und die Wiederbelebung der heidnisch-römischen Kulte in der Schwabinger Boheme um 1900. Alfred Schuler wollte sich mit Hilfe der Korybantiasis dem Ursinn des Göttlichen annähern. Korybantiasis meint ursprünglich den Wirbeltanz der Korybanten, die das orgiastische Gefolge der phrygischen Muttergöttin Kybele bildeten und, an ihre Schilde schlagend, das Zeuskind umtanzten, um es vor den Nachstellungen des Kronos zu bewahren; vgl. Ludwig Klages, in: Alfred Schuler. Fragmente und Vorträge, S. 270. Diesen Wirbeltanz wollte Schuler erneuern, um die Menschen aus der Erstarrung zu lösen.

29. 3. 1917

124 *Die Neurose nichts anders als das frühgeistige Erkennen, daß man »so« d. h. real nicht leben kann* – Die Neurose ist für OS Ausdruck eines Anpassungskonflikts. Der moderne neurotische Mensch sei im Verhältnis zur Gesellschaft anormal und könne sich der Umwelt nicht anpassen, in ihr nicht leben. Neurotiker seien ungeeignet für die bürgerlichen Lebensaufgaben, sie würden an den alten Normen leiden, die normalen Pflichten ablehnen und im Leiden einen anderen Weg, eine andere Erkenntnis suchen; vgl. Ergo Sum, S. 173 ff., und Psychoanalyse und Yoga, S. 114 ff.

125 *Die Neurose war ein Compromiß* – Die Psychoanalyse beschreibt neurotische Symptome als Kompromißbildung zwischen Wunsch und Abwehr. Freud schreibt dazu in der »Traumdeutung«: »Daß ein psychischer Vorgang, der Angst entwickelt, darum doch eine Wunscherfüllung sein kann, enthält für uns längst keinen Widerspruch mehr. Wir wissen uns das Vorkommnis so zu erklären, daß der Wunsch dem einen System, dem Ubw, angehört, während das System des Vbw diesen Wunsch verworfen und unterdrückt hat. Die Unterwerfung des Ubw durch das Vbw ist auch bei völliger psychischer Gesundheit keine durchgreifende; das Maß dieser Unterdrückung ergibt den Grad unserer psychischen Normalität. Neurotische Symptome zeigen uns an, daß sich die beiden Systeme im Konflikt miteinander befinden, sie sind die Kompromißergebnisse dieses Konflikts, die ihm ein vorläufiges Ende setzen.« (S. 552 f.)

Der menschgewordene Osiris stirbt ... in Memphis leiblich begraben – Der ägyptischen Mythologie zufolge wurde Osiris umgebracht und in Abyos, nicht in Memphis, begraben. Osiris, der Gott der Fruchtbarkeit, der Wiedergeburt und der Toten, wird von seinem Bruder Seth ermordet und zerstückelt. Isis, die Gemahlin von Osiris, macht sich auf die Suche nach den Überresten, die sie wieder zusammenfügt. Der Kampf zwischen Seth und Osiris bildete die Grundlage des ägyptischen Schöpfungsansatzes und der gewaltsame Tod des Osiris die Voraussetzung für das Entstehen des Jenseits. Isis und Nephthys beleben Osiris wieder, und dieser zeugt Horus, der im Diesseits den Kampf gegen Seth weiterführt. Osiris war als Totengott und Totenrichter die Verkörperung der gerechten Weltordnung im Jenseits. Als Herrscher des Jenseits war er mit den Königsinsignien Krummstab und Wedel ausgestattet.

125 *Philipp II, der sein Schlafzimmer in die Kirche baute* – Nicht ermittelt.
Hindenburg, der sagt, im Krieg hätte man doch keine Nerven – Paul von Hindenburg (1847–1934), Generalfeldmarschall und Reichspräsident. Im August 1914 Oberbefehlshaber in Ostpreußen, zusammen mit Generalstabschef Erich Ludendorff führte er das deutsche Heer bei Tannenberg zu einem Sieg über die russischen Truppen. Der Ausspruch Hindenburgs ist so nicht nachweisbar. Über die Beziehung von Krieg und Nerven sind jedoch in der Zeit des Ersten Weltkriegs zahlreiche Aussprüche Hindenburgs im Umlauf gewesen. Der entscheidende Akzent lag dabei aber immer auf der Betonung, daß der Krieg starke Nerven braucht. So wurde 1917 das Hindenburg-Wort bekannt, daß das Volk mit den besten Nerven siegen werde; vgl. Radkau, Das Zeitalter der Nervosität, S. 405. In seinen Erinnerungen schreibt Hindenburg: »Krieg und Nerven hatten einst die wunderbare Truppe geschaffen.« (Aus meinem Leben, S. 398) Der Erste Weltkrieg wurde vielfach als eine Art »Nervenkur« angesehen, als »Fortsetzung der Nerventherapie mit anderen Mitteln« (Radkau, Das Zeitalter der Nervosität, S. 430 und 406). Die Angriffe auf Hindenburg im Tagebuch von OS sind wohl auch damit zu erklären, daß dieser als besonders nervenstark galt, im Unterschied zu Ludendorff, der sich 1918 in nervenärztliche Behandlung begeben mußte.
Nur bekenne man sich zu diesen Nerven – In einem Brief vom selben Tag schreibt OS von »fast täglich wachsender Indifferenz nach außen. Ich lebe wie im Wartesaal; ist es darin gemütlich, nehme ich es hin; ist es ungemütlich berührt es mich im Inneren nicht sehr. Ich kann mich, sei es durch Übung im Zimmer, sei es auf einem Spaziergang, nach Belieben aus jedem Kram herausziehen. Was ich jetzt besonders übe, möchte ich das gleichnishafte Sehen nennen. Ich erlebe vor allem mein Ich als Gleichnis von etwas eben nur gleichnishaft ausdrückbarem, im Wesen aber Bild- und Begriffslosen. Ich habe einige Nächte so verbracht: Angstzustand mit Schlaflosigkeit, ein Kapitel Meister Eckhart, leise mich umfangend, Waldstille, Schlaf. Nach 1–2 Stunden Erwachen in Angst & Wiederholung. Die Wirkung versagte nie und heute habe ich das Ganze derart balanciert, daß es mich nicht mehr innerlich berührt. Obwohl die Sache äußerlich noch nicht entschieden ist.« (29. März 1917, Kubin-Archiv)

126 *»Durch d. Schwachen wirkt Gott Großes«* – Etwas abgewandelt heißt es in Adalbert von Chamissos Gedicht »Vergeltung«: »Gott

ist mächtig in dem Schwachen«. (Adalbert von Chamisso: Sämtliche Werke. 1. Bd., S. 330). Bei Meister Eckhart heißt es: Gott will den Schwachen »Großes geben und will's rein nur aus seiner freien Güte« (Werke II, Traktat 2, S. 395).

30. 3. 1917

126 *Von Kindheit an wurden alle im Vater verkörperten Dinge … so feierlich ehrfürchtig genommen* – Im »Brevier für Einsame« heißt es: »Der tiefste Knoten des Unbewußten aber ist das Verhältnis zum Vater oder dem ersten, in dessen Person dem Kind in seinem Naturzustand die Idee des Gesetzes von außen entgegengetreten ist, während es mit der Mutter sich naturhaft verwachsen fühlt.« (S. 58)

Mein Weg umgekehrt … beseitige aber den realen Vater mit seinen Forderungen (2. Gebot) – Diesen Weg skizziert OS genauer im »Brevier für Einsame«: Der »allzusehr als Vorbild genommene Vater« wirke »lähmend auf die eigene Freiheit. Der Idealfall ist die allmähliche völlige innere Lösung aus dem Vaterbann, um sich der eigenen Individualität als der echte Sohn, Nachfolger und Vollender gerade dieses Vaters zu fühlen. Diese Entwicklung kann sich selten vollenden, solange der Vater noch lebt oder wenigstens wirkt. […] Darum ist dem Wunsch, das zu vollenden, wozu man gerade als Sohn eines verehrten Vaters berufen ist, stets die Erwartung verbunden, der Vater möge nun endlich Platz machen, wenn sie auch nicht leicht als eindeutiger Todeswunsch die Schwelle des pietätvollen Bewußtseins überschreitet.« Der reale Vater soll beseitigt werden, wer sich aber, so OS, zu einem »historischen Menschen« entwickeln will, der muß zugleich »den Vater und die Ahnen in sich aufgenommen« haben (S. 64 f.). C. G. Jung hat genau diesen Perspektivwechsel in der Entwicklung des Kindes in »Wandlungen und Symbole der Libido« (1912) beschrieben, einer Studie, die OS wahrscheinlich schon um diese Zeit kannte. Bei Jung heißt es: »Die starke und natürliche Liebe, die das Kind dem Vater verbindet, wendet sich in den Jahren, wo das Menschliche des Vaters allzu deutlich erkannt wird, weg zu höheren Formen des Vaters, zu den ›Vätern‹ der Kirche und zu dem von ihnen sichtbar dargestellten Vatergott« (S. 65).

Nur sind die Dinge künftig nicht mehr im Vater, sondern in mir selbst – Im »Brevier für Weltleute« bringt OS diesen Gedanken auf den Punkt, indem er die Aufhebung des Vaters in der eigenen Person als mystisches Einswerden beschreibt: »›Ich und der Vater sind eins‹, dieses Wort Christi gilt für jedes vollerlebte Vater-Sohnverhältnis. Was sie entzweien kann und von Zeit zu Zeit muß, ist nur das Persönlich-zufällig-vordergründliche« (S. 69).

126 *die Grundlage von Alfreds Erlebnis* – Gemeint ist das in »Die Beschwörung der Dämonen« (Brevier für Einsame) beschriebene Vater-Erlebnis Kubins (S. 56ff.). Die entscheidende Szene ist ein von Kubin erzählter Traum, der, OS zufolge, die »kosmische Vater-Sohnphilosophie mit dem eigenen Vatererlebnis« zu Bewußtsein brachte (S. 109).

2. 4. 1917

127 *So zwang M. … zum Farbe bekennen, daß diese Mannhaftigkeit nicht das ist* – In »Das Dionysische Geheimnis« schildert OS eine Szene bei einer Musterung, bei der ihm schlagartig die falsche Mannhaftigkeit des Militarismus aufgegangen sei: »›Alle Mann müssen heran‹, rief ein Fettleibiger […]. Drückt nicht diese militärische Mehrzahlbildung die ganze menschliche Erniedrigung des Zustandes aus? Der Militarismus hat ja gar nicht, wie er sich rühmt, mit wahren Männern zu tun, sondern mit ›Mann‹. Noch nicht ganz frei zwar von dem alten Trotz, aber doch in der Sicherheit des rechten Weges, faßte ich meinen ganzen Willen zusammen in dem Wort: ›Ich lasse mich nicht vermannen.‹« (S. 263)
Ich erfahre durch Baronin Pach – In »Der Geist der Astrologie« berichtet OS ausführlich von der Begegnung, die für ihn zum Auslöser wurde, sich genauer mit der Astrologie zu beschäftigen, für die er sich schon lange interessierte: »Nachdem ich ihr mein Interesse bekundet hatte, sah mich meine neue Bekannte scharf an und sagte: ›Wenn ich nicht sehr irre, müssen Sie die Sonne oder den Aszendenten im Löwen haben, außerdem fühle ich den Uranus stark.‹« (S. 37) Kurz darauf wurde OS von der Baronin in ein Café eingeladen: »Dort erfuhr ich nun – ich gestehe: unter einigen Schauern – zum erstenmal Näheres über mein Horoskop. […] Die Astrologie jener Dame ist wesentlich auf Intuition gegründet. Die genauen Berechnungen überläßt sie einer Vertrauensperson […]. Die treffenden Interpretationen meiner Bekannten überraschen mich oft noch heute, nachdem ich mich selbst fünf Jahre lang wissenschaftlich und praktisch mit Astrologie beschäftigt habe. […] Als nach einiger Zeit die Sekretärin von einer Reise zurückkam und mir mein nun genau berechnetes Horoskop vorlegte, erschrak ich nicht wenig über die vielen unglücklichen Konstellationen. Erst nach langer Meditation über alle die guten und

schlechten Einzelheiten schloß sich mir das ganze zu einer Totalität zusammen, in der ich in der Tat den Spiegel meines Wesens erkannte.« (S. 48–51) An Alfred Kubin schreibt OS über das Horoskop der Baronin Pach: »In meinem Horoskop, das mir jemand jetzt gestellt hat, spielt nun Uranos eine ungeahnte Hauptrolle, die mir meine ganzen früheren Irrtümer erklärt. Die Schwester des Uranos ist Pluto, die Tiefe, der Planet Neptun, gleichfalls in meinem Horoskop sehr bedeutend. Dies ist der mehr weibliche mystische Planet. Uranos ein Merkur in höherer Oktave, Neptun eine Venus in höherer Oktave. Tolstoi war ein bezeichnender Neptunier und auch Du scheinst es mir zu sein. Zu den Verwirrungen, die der mißverstandene Uranos anrichtet, soll z.B. auch die (immerhin vorbereitende) Kunst der Kubisten & Futuristen gehören.« (Brief vom 12. April 1917, Kubin-Archiv)

128 *Polarität* – Die Gedanken über Polarität bzw. das Polaritätsgesetz wurden vor allem durch Salomo Friedlaenders Aufsatz »Polarität« (1912) und Goethes Farbenlehre inspiriert. »Nach dem Polaritätsgesetz«, so OS, »entsteht Schöpfung durch Entzweiung des einen. Im Anfang war nicht die Finsternis, aus der Gott das Licht schuf, sondern Licht und Finsternis entstanden in einem Schaffensakt durch Auseinanderspringen eines weltträchtigen Nichts in zwei Pole.« (Brevier für Einsame, S. 243) Bei Friedlaender heißt es: »Unter Polarität, unter Polarisation versteht man die Entspringung des Unterschiedes aus dem in sich selbst Identischen.« (Schöpferische Indifferenz, S. XIV) Mit Friedlaender definiert OS die beiden Pole als Plusseite und Minusseite; vgl. Anm. *Verdrängung alles Minus … bis dann 1915 das Minus so furchtbar hereinbrach* zu S. 117. Für ihn besteht die große Leistung Friedlaenders in »der Entdeckung eines Dritten zwischen den Polen Plus und Minus […]. Dieses Dritte, das im Wesen einheitliche Selbst, erscheint nur äußerlich entzweit in ein tätiges, freudvolles und ein leidendes, von Todesschauern umwehtes Ich.« (S. 88) Bei Friedlaender heißt es: »Um das Innere vom Außen präzis zu unterscheiden, charakterisiere man das Außen als Differenz, als Polarität, als Selbst-Entzweiung aus Überschwang des Innens, folglich das Innen als zentrale, indifferente, neutrale Größe.« Dieses Innere wird als verlockendes Ziel der Selbsterkenntnis beschrieben: »Dort im Inneren ist die einzige absolute Welt-Sonne, von der alle relativen nur matt nachschimmern, und aus deren unteilbarem Zentrum sich Licht in alle Vereinzelung der Radien und Periphe-

rien ausbreitet.« (Schöpferische Indifferenz, S. 3 und 52) Zu erreichen ist dieses Ziel nur für den, der »sich selbst aus der Hölle der eigenen Differenzen mit sich und der Welt« befreit. Befreien heißt, daß man sich »mit nichts identifiziert«, nur dann ist man »über Ja und Nein gleichmässig erhaben« (S. 16 und 17). OS und Kubin haben die Polaritätsphilosophie Friedlaenders als ein therapeutisches Programm gelesen, um die eigene Zerrissenheit und Doppelnatur zur Balance zu bringen.

128 *daß neben Ormuzd, das Licht, sofort Ariman als der Neid, d. i. d. Ressentiment, entsteht* – In der persischen Religion Zoroasters steht Ormuzd für das Licht, und Ariman (auch Ahriman) ist der dunkle Widerpart, das böse Prinzip, das die Finsternis symbolisiert. Gott schuf die Welt, damit das Gute schließlich über das Böse siegte, Ormuzd über Ariman. Beide sollen in bestimmten Perioden des Weltalters abwechselnd, in anderen gemeinsam herrschen und gegeneinander kämpfen. Ormuzd schafft das Sichtbare, dem Ariman eine Schöpfung der Finsternis gegenüberstellt und fordert den Himmel heraus. In der letzten Periode läßt Ariman einen Kometen auf die Erde stürzen, der auch Arimans Reich vernichtet. Der Brand macht aus dem Reich der Finsternis das Reich des Lichts, die bösen Geister werden gereinigt, die Erde strahlt. Der Kampf zwischen Ormuzd und Ariman ist darum nicht »ewig«, wie OS schreibt, sondern endet im letzten Weltalter mit der Vernichtung des Bösen.

3. 4. 1917

M. ist nun d. Pseudovater – In »Das Dionysische Geheimnis« interpretiert OS die Auflehnung gegen das Militär als eine verspätete Revolte gegen den Vater. Was in seiner Jugend mißlang, wird nun nachgeholt, der »gewaltsame« Protest »gegen die Welt, gegen das Militär« (S. 339). Diese Haltung hätte, wie er an anderer Stelle erklärt, nichts mit dem spezifischen Objekt (Militär) zu tun, sondern würde sich »des nächstliegenden Objekts bemächtigen«, bis der zugrundeliegende Komplex erkannt und überwunden sei. (ebd., S. 236)

129 *Mir ist es zu gut gegangen; ich konnte stets dies Pseudoleben führen* – In »Das Dionysische Geheimnis« führt OS das Pseudoleben auf seinen Individualismus zurück: »Mein Unabhängigkeitsbedürfnis war immer so groß, daß ich nie zu einem gebundenen bürgerlichen Beruf fähig war, sondern nur zu dem völlig freien des Privatgelehrten und Schriftstellers.« (S. 191)

4. 4. 1917

130 *ein ewiges Oszillieren & sich stoßen; statt einer Einheitlichen Selbstbegründung im Herzen* – Die Selbstbegründung im Herzen ist ein zentraler Begriff in Friedlaenders Polaritätsphilosophie: Der ungeteilte Besitz seiner Selbst sei »das Herz des Herzens« (Der Waghalter der Welt, S. 879). An anderer Stelle heißt es: »Das Herz, gehörig integriert, gehörig von allen Differenzen entäußert, ist das Herz der Welt, ist ∞. Aus dem ∞ des Herzens fließt jedesmal der Tropfen Öl, mit dem jede relative Besonderheit königlich zu salben ist.« (S. 882 f.) Das Herz ist nicht das Verborgene und Geheime, sondern das »allgemeine Medium« (S. 883), aber auch eine »Gewalt«, die sich nicht eher beruhigt, »als bis es alles in allem ist« (Schöpferische Indifferenz, S. 50).

Licht & Dunkel sind vielmehr nur 2 Seiten ein und derselben Sache – OS bezieht sich auf Goethes Farbenlehre. Im »Brevier für Weltleute« schreibt er: »Man weiß, daß Goethe im Gegensatz zu Newton die Farben nicht als Elemente des Lichtes gelten läßt, sondern als bunte Schatten, die durch Mischung der Gegensätze Licht und Finsternis entstehen. Optik ist also nicht Lehre vom Licht, sondern Lehre vom Licht und Dunkel.« (S. 243)

jenseits v. Gut & Böse, von Lust & Leid – Hintergrund ist eine Stelle in Nietzsches »Antichrist«, den OS zu dieser Zeit intensiv las: »Wenn man das Schwergewicht des Lebens nicht ins Leben, sondern ins ›Jenseits‹ verlegt – ins Nichts –, so hat man dem Leben überhaupt das Schwergewicht genommen.« (S. 1205)

131 *»Sterben, um zu leben«* – Aus dem Lied »Wer leben will wie Gott auf dieser Erde«. In der ersten Strophe heißt es: »Wer leben will wie Gott auf dieser Erde, / wer leben will wie Gott auf dieser Erde, / muß sterben wie ein Weizenkorn, / muß sterben, um zu leben.«

Reservate eines Zwischenbewußtseins, das d. Verkehr zw. Unbewußtem & Bewußtem hemmt – Ähnliche Vorstellungen finden sich bei Arthur Schnitzler (Aphorismen und Betrachtungen, 1967, S. 455 f.). Schnitzler spricht nicht vom Zwischenbewußtsein, sondern von einem »Zwischenland« zwischen Unbewußtem und Bewußtem, für das er die Begriffe »Halbbewußtes« und »Mittelbewußtes« prägte. Gegenüber diesem »Halbbewußten« fängt das »Unbewußte«, so Schnitzler, »nicht sobald an, als man glaubt, oder manchmal aus Bequemlichkeit zu glauben vorgibt (ein Fehler, dem die Psychoanalytiker nicht immer entgehen)« (S. 455).

131 *das Bewußte besteht aus Bildern & Begriffen* – Fritz Mauthner thematisierte diesen Zusammenhang im dritten Band seiner »Beiträge zu einer Kritik der Sprache« (1913) im Kapitel »Begriffe und Bilder«. Mauthner zufolge besteht das Bewußte aus Begriffen und Bildern. Vorstellungen und Bilder werden aber erst über Begriffe und Worte bewußt.

132 *dies die Seelenverfassung des Spießbürgers, des tüchtigen Menschen* – Im »Brevier für Einsame« wird die Tüchtigkeit und das Pflichtgefühl zum Ausdruck der Mittelmäßigkeit: »Weder Pflichtgefühl, noch Tüchtigkeit kommen auf gegen Magie, sei sie schwarz oder weiß. Nur wer ihr stärkere magische Kräfte entgegenzusetzen hat, vermag den Kampf zu bestehen.« (S. 294) Das Fehlen spiritueller Kräfte macht OS auch für den verlorenen Krieg verantwortlich: »Die Mittelmächte mußten den Weltkrieg verlieren, weil ihre Führer bestenfalls tüchtig und pflichttreu waren, aber nicht eingeweiht in spirituelle Zusammenhänge«. (S. 295) Zur Tüchtigkeit vgl. auch Anm. *Der Triumf d. »Tüchtigkeit«, die den Weltkrieg entzündete* zu S. 117.
D. Neurotiker hütet die Complexe als etwas Heiliges, Höheres … Dann wird er zum großen Künstler – Die Beziehung zwischen Neurose und Künstlertum war eines der großen Themen in der frühen Psychoanalyse; vgl. Protokolle der Wiener Psychoanalytischen Vereinigung, Bd. II: 1908–1910, S. 92ff. Zwei Arbeiten standen dabei im Mittelpunkt der Diskussion: Wilhelm Stekels »Dichtung und Neurose« (1909) und der von OS sehr geschätzte Otto Rank mit seiner Studie »Der Künstler« (1907). Während Stekel Neurose und Künstlertum in direkter Beziehung zueinander definiert und in jedem Dichter einen Neurotiker sieht, beschreibt Rank – ganz im Sinne von OS –, wie es dem Künstler durch sein Werk gelingt, sich von der Neurose zu befreien. Der Neurotiker wiederum sei kein Künstler, sondern ein »verhinderter Künstler«, der mit seiner Angst, ein isoliertes Individuum zu sein, nur über seine Symptome einen Ausdruck finde. Bei OS spielte die spezifische Beziehung des Künstlers zur Neurose und zum Narzißmus auch in der Analyse bei Karl Abraham eine wichtige Rolle. Angeblich habe Abraham in der Analyse den Narzißmus bei Künstlern als unerläßlich akzeptiert; vgl. Ergo Sum, S. 176f.

14. 4. 1917

133 *vgl. Friedlaender, Waghalter* – »Der Waghalter der Welt« (Die weissen Blätter, Bd. 2/II, 1915, S. 857–894) von Salomo Friedlaender.

Mit Waghalter bezeichnet Friedlaender einen zentralen Punkt im Inneren, der unberührt bleibt von allen äußern Differenzen und Polaritäten. Diesen Punkt bezeichnet er auch mit ∞ (unendlich); vgl. Sigrid Hauff, gut balanziert nirgends eingebissen. Alfred Kubin und die Schöpferische Indifferenz Salomo Friedlaenders, S. 180.

133 *Das Nichts d. Indifferenz ist kein Nichts* – Bei Friedlaender heißt es: »Das Nichts ist kein Extrem, es ist auch bei Leibe nicht die Versöhnung seiner Extreme: Ja ist etwas polar Anderes als Nein. Das Nichts ist also gleichsam ihre magnetische Indifferenz, ihre polarisierende Neutralisation, ihre differenzierende Zentrierung, das Zentrum ihrer Antipode.« (Der Waghalter der Welt, S. 858) OS greift diesen Gedanken in seinem Kubin-Essay (Die Beschwörung der Dämonen) erneut auf: In seiner buddhistischen Krise habe Kubin ganz praktisch erlebt, »daß Nein nicht bloß Aufhebung des Ja, sondern eine *reale* Potenz ist, nicht schwächer als das Ja [...]. Gerade dadurch aber verliert das Nein den unheimlichen Schauer des Nichts, denn aus dem Feind und Vernichter des Ja wird es dessen Partner beim Aufbau der Welt.« (Brevier für Einsame, S. 89)

19. 4. 1917

134 *Das Kind ist d. paradies. Mensch ... Vatergebot & Vaterverbot* – In »Die Geister des Hauses« beschreibt OS die frühen Kinderjahre als unbeschwert und heiter, dann aber sei durch das »väterliche Schamgebot« seine Seele »in zwei Regionen« gespalten worden. (S. 34) Seitdem habe er ein Doppelleben geführt.

23. 4. 1917

135 *ob denn Judas wirklich verdammt sei ... ohne ihn kein erlösender Christus d. h. Judas & Christus identisch* – Im »Brevier für Einsame« heißt es: »Statt über die Welt zu klagen, frage man sich lieber, ob nicht auch die resolute Verneinung Gottes Gott ist, der mit Christus immer zugleich den Judas schafft« (S. 186). Hintergrund ist die in der theologischen Diskussion immer wieder gestellte Frage, ob nicht Judas Jesus verraten mußte, damit das Heil und die Erlösung möglich wurden. Das 1978 aufgefundene und anschließend restaurierte Judas-Evangelium hat die ältere Diskussion erneut belebt. Seine Kernaussage ist, daß Judas der beste Freund von Jesus war und mehr Wissen als alle anderen Jünger besaß. Jesus selbst habe ihn beauftragt, ihn um des Heils willen zu verraten.

136 *Richtig ist die Freud' & Jungsche Theorie, daß die Gottvateridee außerhalb d. Menschen eine Geburt d. Angst* – Freud und Jung haben beide die Konstitution des Gottvaters auf infantile Vorbilder zurückgeführt. Freud schreibt in »Totem und Tabu«: »Allein die psychoanalytische Erforschung des einzelnen Menschen lehrt mit einer ganz besonderen Nachdrücklichkeit, daß für jeden der Gott nach dem Vater gebildet ist, daß sein persönliches Verhältnis zu Gott von seinem Verhältnis zum leiblichen Vater abhängt, mit ihm schwankt und sich verwandelt und daß Gott im Grunde nichts anderes ist als ein erhöhter Vater.« (S. 430 f.) Jung zufolge entsteht Religion durch die nach innen gewendete Libido, die im Leben der Erwachsenen bestimmte Erinnerungen wachruft, er spricht von der »Wiederbelebung der Vater- und Mutterimago« (S. 94). Bei Jung findet sich eine Stelle, die im direkten Zusammenhang mit der Wendung von OS zu stehen scheint, daß die Gottvateridee aus der Geburt der Angst zu erklären sei. Der Gott, der Macht und Urgewalt verkörpert, wohnt in Wirklichkeit »im Herzen, im Unbewußten, im Reich der Metapsychologie. Dort ist die Quelle der Angst vor dem unsagbar Schrecklichen und der Kraft, dem Schrecken zu widerstehen. […] In den uns vorliegenden hauptsächlichen Religionsformen scheint zum mindesten das Formgebende die Vaterübertragung, in älteren Religionen scheint es auch die Mutterübertragung zu sein, welche die Attribute der Gottheit formt. Die Attribute der Gottheit sind die Übergewalt, das furchterregende und zornig verfolgende Väterliche (alttestamentlich) und das liebende Väterliche (neutestamentlich).« (S. 71 f.) Immer haftet das Infantile den religiösen Phantasien an. Den Ursprung der Religion und der Gott-Vatervorstellung bilden jene Triebkräfte, »die in der Kindheit der inzestuösen Verwendung durch das Dazwischentreten der Inzestschranke entzogen werden« (S. 72).

24. 4. 1917

137 *Die durch das Schamgebot verdrängte (d. h. von d. Mutter abgedrängte, in's Dunkel getriebene) Lust* – Auch diese Stelle verweist auf einen Zusammenhang mit C. G. Jungs Studie »Wandlungen und Symbole der Libido« (1912). Jung schreibt: »Die durch das Inzestverbot von der Mutter abgedrängte Libido, die ›Mutterlibido‹, sucht nach dem Sexualobjekt an Stelle der verbotenen Mutter.« (S. 391)

10. 3. 1918

145 *Französisch … während die »Andern« es unbefangen & schlecht lernen* – Französisch war in der Schule eines der wenigen Lieblingsfächer, in dem sich OS gegenüber seinen Mitschülern auszeichnen konnte.

Flucht vor d. Mutter – Diese Traumsequenz, in der das Französische und die Flucht vor der Mutter im Mittelpunkt steht, hat möglicherweise noch einen anderen Hintergrund. In »Geister« erzählt OS, daß die Mutter, als er vierzehn war, eine Gouvernante engagierte, damit die Kinder ihre französische Konversation verbesserten. Er selbst habe sich mit dem »Fräulein« besonders gut verstanden und im Französischen innerhalb kürzester Frist große Fortschritte gemacht. Zu der Mutter habe er während dieser Zeit eine ausgesprochene Distanz entwickelt. Das Fräulein mußte schließlich das Haus verlassen: »Vielleicht hat Mama die Wahrheit geahnt, daß das Fräulein in mir Gefühle auf sich zog, die eigentlich der Mutter gehörten, jedenfalls teilte mir das Fräulein eines Abends beim Gutenachtsagen mit, daß sie auf Wunsch der Eltern morgen das Haus verlasse.« (S. 273)

19. 3. 1918

147 (☉) – Zeichen für den Planet Sonne.
♄ – Saturn.
♆ – Neptun.
□ – Quadrat (Aspekt, Winkelbezeichnung der Gestirne).
♀ – Venus.
♃ – Jupiter.

20. 3. 1918

Daß das Dunkel einen bes. sex Reiz habe – Vgl. dazu Tagebucheintragung vom 19. 11. 1912, Anm. *Dunkeln … Lust* zu S. 10.

27. 3. 1918

Als Introvertierter muß ich alle Empfindungsansätze … A. dagegen ein Extravertierter – Der Passus folgt C. G. Jungs Ausführungen über den introvertierten und extravertierten Empfindungstypus. Eine ausführliche Beschreibung findet sich in dem 1921 erschienenen Werk »Psychologische Typen« (S. 566 ff. und 621 ff.). Die Vorarbeiten zur psychologischen Typenlehre gehen aber weit zurück. Schon 1913, auf dem vierten Psychoanalytischen Kongreß in München, hielt Jung einen Vortrag »Zur Frage der psychologischen Typen«, in dem er die Unterscheidung eines extravertierten und introvertierten Empfindungstypus einführte; vgl. Psychologische Typen (Anhang), S. 542. Was Jung in seinem Vortrag unter der Rubrik »Introversionsneigung« beschreibt, trifft ziemlich genau auf die Situation von OS in den Kriegsjahren 1916–1918 zu: »Dem Introversionstypus erscheint die Welt nicht als das Schöne und Begehrenswerte, sondern als das Ängstliche, ja Gefährliche, wogegen er sich in seiner Innenwelt verschanzt und sichert, von wo er auch diejenigen ruhigen, abgemessenen, geometrischen Figuren ersinnt, deren primitive magische Bedeutung ihm die Beherrschung der Umwelt garantiert.« (S. 547)

147 *Mein häufiger Streit in Berliner Gesellschaften* – Vgl. dazu die Tagebucheintragung vom 31.10.1913 und die Anm. *Aggressivität* zu S. 64.

148 *der Vater & A.* – Abraham deutete in der Analyse die Beziehung zu Alfred Kubin als Vaterersatz; vgl. dazu Ergo Sum: »Nach Alfreds Abreise verfiel ich tiefen Verstimmungen, die vorübergehend verschwanden, als mein Arzt sie als eine Rückkehr zu der alten Bindung an den Vater deutete, den mir nun Alfred ersetzen sollte.« (S. 181)

(L.) – Vermutlich Louisa Schmitz, geb. Hoby, die zweite Ehefrau von OS.

30. 3. 1918

149 *Gestern um 12 h 35 »Dionys. Geheimnis« … Stundenhoroskop dazu gemacht* – Dieses Horoskop findet sich im »Astrologischen Tagebuch« (50 Seiten, DIN-A5 im N). OS führte vom 18. Januar 1918 bis zum März 1920 unregelmäßig ein spezielles Tagebuch, in dem er vor bestimmten Ereignissen, Fahrten, Vorträgen oder den Beginn eines Arbeitsprojekts ein Horoskop erstellte.

»Fühlübungen« – C. G. Jung spricht in seinem Vortrag von 1913 von »Einfühlung« und vom »Einfühlungsdrang« (Psychologische Typen, S. 546) und in seiner 1921 veröffentlichten Untersuchung über »Psychologische Typen« von einem »introvertierten Fühltypus« (S. 423 ff.).

2. 4. 1918

Seit vorgestern A. hier – Zusammenkunft mit Alfred Kubin. In den Wochen und Monaten zuvor gab es deutliche Verstimmungen zwischen den Freunden. Schon im August 1917 war es zu einer Auseinandersetzung gekommen, als Kubin in einem Brief vom 30. August OS vorwarf, er habe Gedanken Friedlaenders zur schöpferischen Indifferenz, die er über Kubin kennengelernt hatte, in einer Veröffentlichung benutzt. Hintergrund ist ein Brief von Friedlaender an Kubin vom 22. Juni 1917: »Ihr Herr Schwager, O. A. H. Schmitz, schrieb mir, nachdem er meinen ›Waghalter‹ gelesen hatte, eine interessante Karte, auf welche ich auch antwortete und ihn auf ein paar Sachen hinwies. Nun hat er sich aber im Berliner ›Tag‹ über ›Schöpferische Indifferenz‹ ausgesprochen, und zwar anerkennend, ohne leider auf den Waghalter hinzuweisen.« (Briefwechsel, S. 90 f.) Die »Schöpferische Indifferenz« war zu diesem Zeitpunkt noch nicht erschienen; die Gedanken Friedlaenders zu diesem Komplex waren nur durch den in den »Weissen Blättern« publizierten Aufsatz »Der Waghalter der Welt« zugänglich. OS bestritt gegenüber Kubin, einen eigenständigen Aufsatz geschrieben zu haben, gab aber zu, daß er den Begriff der Indifferenz möglicherweise in einem Aufsatz über Lao-Tse verwendet habe. Die Aneignung und Verarbeitung Friedlaenders durch OS stieß auch später bei Kubin auf Ablehnung; vgl. Brief an Friedlaender vom 21. 1. 1921 (Briefwechsel, S. 134). Anfang 1918 wurden die Briefe von OS seltener. Am 17. Februar ließ er Kubin wissen, er müsse jetzt etwas schweigsamer werden, doch solle er ruhig weiterhin schreiben. (Kubin-Archiv)

149 *Seit L.* – Bezieht sich wahrscheinlich auf die zweite Ehefrau Louisa Schmitz, geb. Hoby. Das L. könnte sich aber auch auf Linz beziehen. Nach der buddhistischen Krise Kubins trafen sich die Freunde im Sommer 1916 in Linz zu einer Diskussion über Psychoanalyse, Mystik und Polaritätsphilosophie.

4. 4. 1918

150 *So wie jede Erscheinung, auch die inneren, nur verengte Symbole des großen kosm. Geschehens sind* – Im »Brevier für Einsame« spricht OS von dem »einzig fruchtbaren Streben, den Mikrokosmos immer mehr in der persönlichen Tiefe des Makrokosmos zu verwurzeln.« (S. 41 f.)

6. 4. 1918

151 *Introvertierte … Extravertierte* – In C. G. Jungs Vortrag »Zur Frage der Psychologischen Typen« heißt es: »Wir sprechen also von Extraversion überall dort, wo das Individuum sein ganzes Interesse der äußeren Welt, dem Objekt zuwendet und diesem außerordentliche Bedeutung und ebensolchen Wert zumißt. Wo die objektive Welt gewissermaßen im Schatten versinkt und wenig Beachtung findet, während der Mensch selber im Mittelpunkt seines eigenen Interesses steht und in seinen Augen sozusagen als

einziger erscheint, also im gegenteiligen Fall, handelt es sich um Introversion.« (Psychologische Typen [Anhang], S. 542)

151 *Nietzsche, Dostojewskij, Strindberg. Goethe weiß von deren Abgründen nichts* – OS hatte Strindberg während seines Paris-Aufenthalts 1897 noch persönlich kennengelernt (vgl. Das wilde Leben der Boheme, S. 135). Die Schriften von Nietzsche und Dostojewski spielen für OS erst ab 1913 eine Rolle. In »Ergo Sum« bezeichnet er Dostojewski als »neuen Führer durch das Land der Dämonen«: »Nachdem ich mich von den westlichen Horizonten weggewandt hatte, konnte ich mir an der behaglichen, aber seit langem flach gewordenen, deutschen Mitte nicht genügen lassen; das Pendel des Geistes mußte nun zum Gegenpol anschlagen, nach Rußland.« (S. 198) Das Werk Dostojewskis charakterisiert OS als »Labyrinth«, das er mit »Schauern der Erwartung« betreten habe. (ebd., S. 200) In seinem Essay »Dostojewskij, der Dunkle« (Scheinwerfer über Europa, S. 69–72) spricht OS vom »Verkünder der unbewußten Seelenregungen« (S. 70). Goethe ist für OS demgegenüber ein Mensch, der »immer Maß und Grenze gesucht« habe (Ergo Sum, S. 198). An vielen Stellen des Werks wird Goethe als Vorbild eines »lichten Menschen« dargestellt, der nicht den Dämonen verfallen war, sondern oberhalb der Pole stand. In »Das Dionysische Geheimnis« heißt es: »Nur einmal hat der echte Deutsche in seiner ganzen Fülle gelebt: in Goethe.« (S. 181)

152 *Tod die endgültige Hochzeit mit dem Gegenpol* – Friedlaender spricht von der »Hochzeit zwischen den beiden Polen« (Schöpferische Indifferenz, S. 17) und von der »Vermählung aller Unterschiede« im »schöpferischen Erlebnis des persönlichen Nichts« (ebd., S. 11). In diesem Sinn sei auch der »neutrale Begriff des Todes [...] gerade der des vollen Lebens und von der Erzeugung ununterscheidbar.« (ebd., S. 78)

7. 4. 1918

153 *(»das Schaudern ist d. Menschheit bestes Teil«)* – Goethe läßt Faust sagen: »Doch im Erstarren such' ich nicht mein Heil, / Das Schaudern ist der Menschheit bestes Teil; / Wie auch die Welt ihm das Gefühl verteure, / Ergriffen, fühlt er tief das Ungeheure.« (Faust II, Erster Akt, Finstere Galerie, V. 6271–6274)

8. 4. 1918

Bei rechtem Balancement – Balancement ist das Zauberwort der Friedlaenderschen Polaritätsphilosophie: »Persönliche Unabhängigkeit besteht im perfekten Balancement aller Gewichte und Ge-

gengewichte.« (Schöpferische Indifferenz, S. 324) An anderer Stelle beschreibt er Balancement als »das absolute persönliche Gleichgewicht« (ebd., S. 75). Die einzige Möglichkeit, zwischen den Polen einen Stand zu finden, sei Balance: »Das Plus, woran auch immer, auch an Göttlichkeit, ist uneinholbar, irrealisierbar, so gut wie sein Minus. Zu realisieren ist bloß die Balance, und wiederum bloß von dieser aus gibt es das ganze Athlon zwischen Plus und Minus.« (S. 25) An Kubin schrieb Friedlaender am 10. Juli 1915: »Die Existenz ist weder schwer noch leicht, sondern das Kunststück der Balanße. Und gewiß, man kann unzählige Male die Balanße verlieren, aber niemals den Balanßeur: & wenn dieser sich dieses unauslöschlich einprägt, wird auch seine Balanße immer weniger zerbrechlich werden müssen.« (Briefwechsel, S. 27)

153 *Was einem zukommt, ersieht man am besten aus d. Horoskop* – In seinen Schriften äußert sich OS zu den Möglichkeiten des Horoskops vorsichtiger und skeptischer. »Das Selbst ist frei; das Horoskop zeigt nur die Umstände seiner derzeitigen inkarnierten Ichheit. Wie es diese bewältigen wird, vermag der Astrolog nur als Vermutung auszusprechen.« (Das Dionysische Geheimnis, S. 294) An anderer Stelle heißt es: »Nachträglich ist jedes wichtigere Ereignis im Horoskop zu finden, vorher läßt sich nicht immer genau sagen, worin eine Hemmung, eine plötzliche Änderung oder ein Glück bestehen kann.« (S. 296)

10. 4. 1918

155 *als gebe es ein anderes plus als Selbstheit* – Dazu schreibt OS im »Brevier für Weltleute«: »Die Selbstheit enthebt sich durch die Erkenntnis des Polaritätsgesetzes immer mehr aus dem, was sie menschlich scheint, was sie tut und was sie leidet, d. h. aus dem polaren Spiel ihrer Plus- und Minuskräfte, bis sie schließlich auch die äußerste Polarität Werden und Vergehen, Geburt und Tod, als Schein durchschaut, aus der ewigen Mitte ihrer eigenen Göttlichkeit.« (S. 268)

13. 4. 1918

156 *Der deutsche Militarism. ist übercompensierte Schwäche* – In »Das Dionysische Geheimnis« schreibt OS, daß das ganze »militärisch-polizeiliche System, in dem die Welt das Reich des Teufels selbst erblickt, eine grundsätzlich organisierte Grausamkeit unter dem unbewußt heuchlerischen Deckmantel der Pflicht« sei (S. 170). Die Grausamkeit sei durch ein kulturelles Unterlegenheitsgefühl

befördert worden. Als Gegner dieses Systems aber habe er sich nie verstanden: »Der Antimilitarismus als politische Bewegung erschien mir […] wie alle Revolution als hoffnungsloser Unsinn.« (ebd., S. 165)

15. 4. 1918

156 *die Aufgabe des Ichs … das Selbst* – Im »Brevier für Einsame« heißt es: »Das Selbst ist die weltschaffende Gottheit, die sich immer wieder im Mikrokosmos in der Gestalt eines Ichs erlebt; das Ich, die menschliche Person, ist daher göttliche Maske, aber als solche durchaus in die vergängliche Scheinwelt gehörend. Ob dieses Ich als Vater oder Sohn, als Herr oder Dienender *erscheint*, hinter dieser Maske steht ein Selbst, das sich gestalten will und diesen Willen in die Ichzone wirken läßt, vorläufig sehr unvollkommen, weil unbewußt. Erkennt sich also das Selbst in dieser ichhaften Vermummung, oder aber, was dasselbe ist, erkennt sich das Ich als eine der abertausend Formen des göttlichen Selbst im Fleisch« (S. 81). In »Das Dionysische Geheimnis« heißt es zum Unterschied zwischen Ich und Selbst: »Das Ich wird gewollt und ist in die Kausalität verstrickt, das Selbst will und bedient sich der Kausalität. […] Wer über sein Ich als zufällige Maske wegsteigt und zur Zauberkraft seines gerade diese Maske wollenden Selbst gelangt, der kann von nun an Meister werden in allem, wozu sich sein Wille innerhalb seiner derzeitigen Erscheinung als Mensch getrieben fühlt« (S. 167).

157 *Impot.* – Impotenz.

1. 6. 1918

L.fall – L. steht höchstwahrscheinlich für das Lichte, die lichte Welt, die das Väterliche verkörpert. Der »L.fall« ist in diesem Sinn als eine bestimmte Entwicklungsstufe zu verstehen: Das Ich identifiziert sich mit dem Vater (der lichten Welt), ahmt ihn nach und wird gleichzeitig zur Ablehnung der Mutter erzogen. OS hat diese Entwicklung einer falschen männlichen Identität in der Eintragung vom 9. Juni 1918 auf den Punkt gebracht: »Mit der Errichtung d. lichten Welt ist d. wahre Wunsch des Selbsts (Mutter) verlassen und es wird aus äußeren Gründen etwas gethan, was gar nicht gewünscht wird.«

3. 6. 1918

158 *Da der Ichwille … dessen polare Spaltungen* – Dazu im »Brevier für Einsame«: »Der Wille des Menschen ist in sich selbst polar, er will sich behaupten und er will zugleich lieben. Sich aus dieser Ent-

zweiung des Wollens in die Einheit des zwiefach Wollenden, des wahren Selbst zu finden, von wo aus dann die beiden Pole spielend beherrscht werden, statt sich gegenseitig zu verwirren, das ist der Sinn aller inneren Kämpfe.« (S. 253)

9. 6. 1918

160 *Zu Marcus: Problem der excentr. Empfindung* – Friedlaender hat in seinen Veröffentlichungen und im Briefwechsel mit Kubin immer wieder auf den Philosophen und Juristen Ernst Marcus (1856 bis 1928) hingewiesen, in dem er den Nachfolger Kants sah. An Kubin schrieb er am 6. April 1917: »Der *schärfste Denker* der Gegenwart, auf den ich Sie unbedingt und ausdrücklich verweise, Ernst Marcus, so unbekannt wie unsterblich an *logischer* Kraft, an Intelligenz demnach, *präziserer* Kantianer als Kant, nennt die Erscheinung, die gesamte Außenwelt (samt Geburten & Toden) ›zufällig und äußerlich angeflogen‹.« (Briefwechsel, S. 80) In einem Brief vom 22. Juni 1917 empfiehlt er von Marcus »Das Problem der excentrischen Empfindung und seine Lösung« (Briefwechsel, S. 90). Die Schrift, 1918 im Verlag Der Sturm erschienen, hat OS offenbar sofort gelesen.

Der Mensch aber ist viel origineller. Er »sähe« mehr, wenn er sich weniger an d. Körperwelt klammerte – Marcus trennt die optische Welt und die Körperwelt. Die optischen Gebilde, die wir sehen, setzen sich nach ganz eigenen, subjektiven Gesetzmäßigkeiten zusammen, sie haben aber mit der Körperwelt nichts zu tun, die wir gar nicht sehen und wahrnehmen können. Marcus kommt zu dem Schluß, »daß die ganze optische Welt eine Welt für sich, eine Phantasmagorie ist, die aus dem Zentralorgan hervorbrach, ein traumhaft zartes Empfindungsgebilde, das, von der realen Körperwelt gänzlich geschieden, für sich dasteht und doch an Festigkeit (obwohl es sich mit jedem Schritt in der Größe verändert) trotz Sturm und Wetter ihr gleich zu sein scheint.« (Das Problem der exzentrischen Empfindung, S. 15) Der Mensch identifiziert die optischen Gebilde mit der Körperwelt, er stellt eine Identität her, die aber auf einer Täuschung beruht; vgl. Das Problem der exzentrischen Empfindung, S. 13. Wenn der Mensch sich aus der identifizierenden Beziehung löste, könnte er erkennen, daß die Körper »nichts sind als optische Emanationen unseres Gehirns, daß sie Empfindungsgebilde sind, die unabhängig von unserem Leibe keinerlei Existenz haben« (ebd., S. 15). Für OS war die Lektüre der Schrift von Marcus ein weiterer Beweis dafür, daß die Realität nicht real zu nehmen ist; vgl. Tagebucheintragung vom 29. März 1917 zu S. 124f. In »Das Dionysische Geheimnis« heißt es, Kant habe doch recht gehabt, »die emprirische Welt existiert nicht außer uns, sie ist ein Vorgang in uns« (S. 265).

10. 6. 1918

160 *Nur unbegreiflich, daß er die Tastempfindungen ausnimmt, die ihm direct die Körperwelt vermitteln sollen* – Ernst Marcus schreibt dazu: »Während das optische Gebilde keineswegs identisch war mit der Oberfläche des körperlichen Korrelats, wir also hier fehlerhaft identifizierten, ist das Tastgebilde wirklich mit ihm identisch, d. h. nicht bloß ein durch die Oberfläche des Körpers verursachtes, von dieser numerisch verschiedenes Gefühl. Hier identifizieren wir also richtig. Das Tastgebilde hat nämlich den Charakter einer Fläche und damit – da ohnedies eine Fläche nicht vorstellbar ist – einer Raumgrenze. Wir erkennen also durch diese Fläche einen begrenzten Raum, und eben dieser begrenzte Raum ist identisch mit dem, was wir weiterhin als Körper erkennen, d. h. sind nicht als durch Tastempfindung begrenzte Räume.« (Das Problem der exzentrischen Empfindung und seine Lösung, S. 71)

11. 6. 1918

162 *Das Ding an sich ist nicht wie Marcus meint das ewig Unerkennbare* – Für Ernst Marcus, den Neo-Kantianer war diese erkenntnistheoretische Position eine nicht weiter zu hinterfragende Selbstverständlichkeit. Auch in der von OS rezipierten Schrift »Das Problem der exzentrischen Empfindung« weist er in diesem Sinn mehrfach auf die für die Untersuchung bestimmende Rolle von Kants Transzendentalphilosophie hin: »Daß wir nicht unmittelbar durch Empfindung (Anschauung), sondern nur durch Begriffe, die wir ihnen gemäß bilden, erkennen, ist eine der selbstverständlich gewissen Feststellungen der transzendentalen Deduktion in Kants Kritik der Vernunft.« (S. 69, Anm. 55)

12. 6. 1918

Buddhas Ursachenreihe für d. Leid – Buddha beschreibt drei Arten von Leid, die je nach Bewußtsein mehr oder minder stark erlebt werden: 1. Alter, Krankheit und Tod. Leid entsteht dadurch aber nur, wenn wir uns mit dem Körper identifizieren. 2. Vergänglichkeit: Sie kann zur leidvollen Erfahrung werden, wenn man am Glück anhaftet. 3. Bedingtheit: Sie drückt sich darin aus, daß der Geist fast immer verschleiert ist und wir keinen Zugang zum

Leben haben. So wird in einem unbewußt bleibendem Kreislauf immer nur Leid erfahren.

13. 6. 1918

163 *Das Subjekt ist ∞* – Diese Bestimmung erläutert Friedlaender in einem Brief vom 10. August 1916 an Kubin (Briefwechsel, S. 76 f.): Das »echt schöpferische Subjekt«, heißt es dort, »ist ∞«. Nur »wenn das Subjekt [...] ∞, integer, total, heil, übergesund, dionysisch bleibt«, ist es Subjekt, sonst ist es selber nur Objekt (S. 76). Ähnliche Aussagen finden sich auch in der »Schöpferischen Indifferenz«: »Das Subjekt ist frei, es ist göttlich, ewig, ungebürtig, unsterblich, universal« (S. 176).

14. 6. 1918

Buddhas Stufenleiter d. Bewußtseins – Der Buddhismus kennt verschiedene Stufen des Seins bzw. des Bewußtseins. Diese Stufen gilt es zu erklimmen, indem man mit Hife der Achtsamkeit auf jeder Stufe erkennt, daß man, angefangen beim Körper, nicht das ist, was man annimmt zu sein, Nicht-Ich. Von der höheren Stufe aus gesehen, ist die niedrigere Stufe wesenlos, bis schließlich auf der höchsten Stufe das gesamte Bewußtsein als wesenlos und hinfällig erkannt wird und man ins Nirwana eingeht.
Vernichtung d. Form- & Vielheitswahrnehmung – Gehört im Buddhismus zu den acht Befreiungen (Vierte Freiung): Durch völlige Überwindung der Formwahrnehmungen, Vernichtung der Gegenwahrnehmungen und Verwerfung der Vielwahrnehmungen soll man den Gedanken über die Grenzenlosigkeit des Raums gewinnen, den unbegrenzten Raum.
Raumsfäre: gränzenlos ist d. Bewußtsein – Die fünfte Freiung: Nach völliger Überwindung der unbegrenzten Raumsphäre soll man den Gedanken der Grenzenlosigkeit des Bewußtseins erreichen, das Reich des unbegrenzten Bewußtseins.
Bewußtseinssfäre: Nichts ist da – Die sechste Freiung: Nach völliger Überwindung der unbegrenzten Bewußtseinssphäre gewinnt man den Gedanken: ›Nichts ist da‹, das Reich des Nichtdaseins.
Weder bewußt noch unbewußt – OS meint damit die siebte und achte Freiung: Überwindung der Nichtdaseinssphäre und Erreichen der Grenzscheide möglicher Wahrnehmung, die mit der Auflösung der Wahrnehmung endet.
Mitte im Inneren – Friedlaender schreibt dazu: »Mitte ist keine banale, sondern eine polarisierende Bestimmung, sie repelliert und attrahiert Extreme und wird dadurch manifest, wenn man diese

Extreme nicht ohne sie unmittelbar zu verschränken trachtet. Wie der Grund des Differenzierens die unfaßbare Indifferenz ist, so ist ihre Faßbarkeit, ihr Zum-Vorschein-kommen sein Zweck« (Der Waghalter der Welt, S. 867 f.).

15. 6. 1918

164 *das »Nichthandeln« des Laotse* – Eine begleitende Lektüre zur Erbauung und Selbstverständigung war für OS Lao-Tses »Tao-Tê-King«, das Heilige Buch vom Weg und von der Tugend. Das Nicht-Handeln und das Nicht-Tun stehen im Mittelpunkt der Lehre, schon im Lernen sieht der Taoist einen Verlust der natürlichen Unschuld und der mystischen Seligkeit: »Betreibe das Lernen: So mehrst du dich täglich. Betreibe den Weg: So minderst du dich täglich. Mindern und abermals mindern führt dich zum Ohne-Tun. Bleib ohne Tun – Nichts, das dann ungetan bliebe.« (S. 77)

16. 6. 1918

16. Juni – Im »Astrologischen Tagebuch« findet sich unter dem 15. Juni ein Hinweis auf diese Eintragung: »Erkenntnis allerersten Ranges. Tgbch. 16. Juni.«

Path. – Pathisch; vgl. Anm. *pathicist. Einstellung* zu S. 21.

165 *Dieses Innen ist selber »Nichts«, aber dafür Zentrum* – So wird es von Friedlaender in »Der Waghalter der Welt« definiert: »Von diesem medialen Nichts also muß man ausgehen, dieses muß man als das Selbstverständliche voraussetzen, um von dort aus alle Unterschiede, die stets auf Extreme führen, erlebend zu verstehen. Also gerade wer nur dieses Nichts aller Unterscheidung voraussetzt, wer in diesem neutralen Sinne unmittelbar voraussetzungslos verfährt, hat in diesem Zentrum alle Divergenzen.« (S. 858 f.)

7. 7. 1918

166 *Murau* – Hauptstadt des gleichnamigen Bezirks in der Obersteiermark. Über den Sommeraufenthalt in Murau schreibt OS in »Ergo Sum«: »Die nahende Weltkatastrophe kündete sich immer deutlicher an. Die allgemeine Not wuchs immer näher an den Einzelnen heran. Die meisten Sommerfrischen waren gesperrt, einige nahmen nur eine geschlossene Zahl von Fremden auf […].« In dieser Situation habe sich das steirische Städtchen Murau als Möglichkeit eines längeren Aufenthalts angeboten. »Da es offenbar für mich jetzt gerade der rechte Ort war, wurde mir auf mein ›Sesam öffne dich‹ die Erlaubnis zum Aufenthalt im letzten Augenblick

noch gegeben. [...] Ich war nach Murau gegangen, um ganz in der Stille zu leben.« (S. 264)

166 *Mann hat (schon physisch) gerade das zu viel* – Der Passus spielt auf Alfred Schuler an, der in seinem Vortrag »Vom offenen und geschlossenen Leben« schreibt: »Das abnorme Übermaß männlicher Substanz im Manne, weiblicher im Weibe ist also typisch für die Evolution, woraus klar erhellt, daß nunmehr gemäß dem Wesen der Geschlechter das aktive Prinzip, der Mann, Herr ist. [...] Der Mann als das schaffende, Welten schaffende Prinzip, Gott als Weltenschöpfer« (Fragmente und Vorträge, S. 169).

8. 7. 1918

167 *Neumarkt in Steiermark* – Traditionsreicher Ort im Hochtal zwischen Seetaler Alpen und den Grebenzen; gehört zum Bezirk Murau.

☿ *im. IX* – 9. Haus mit dem Zeichen Schütze und dem Planeten Jupiter; steht für Entwicklung und Erweiterung des Bewußtseins, die Frage nach dem Sinn des Lebens; vgl. Anna Haebler, Astrologie, S. 148.

Pannwitz – Der Privatgelehrte, Lyriker, Epiker, Pädagoge und Kulturphilosoph Rudolf Pannwitz (1881–1969). Er studierte in Berlin und Marburg Philosophie, Klassische Philologie, Germanistik und Sanskrit. Pannwitz war befreundet mit Georg Simmel, dem Malerehepaar Sabine und Reinhold Lepsius. In Georges »Blättern für die Kunst« veröffentlichte er erste Gedichte. Mit Otto zur Linde gab er die Monatszeitschrift für Dichtung, Philosophie und Darstellung »Charon« heraus. Anerkennung unter den Intellektuellen der Zeit fand Pannwitz mit seiner kulturphilosophischen Schrift »Die Krisis der europäischen Kultur« (1917). Nach dem Ersten Weltkrieg lebte er zurückgezogen auf einer Insel in Dalmatien und seit 1948 im Tessin.

»Menschheitsdämmerung« – Die 1918 erschienene Sammlung »Märchenhafte Geschichten«. Friedlaender schrieb am 2. April 1918 an Kubin: »Von O. A. H. Schmitz hatte ich famosen Brief und sehr interessantes Groteskenbuch, ›Menschheitsdämmerung‹, virtuose Dinge, in denen die schöpferische Ind[ifferenz] ihren Spuk treibt.« (Briefwechsel, S. 100) An OS schrieb Friedlaender am 9. Mai 1918: »Famoses, virtuoses Buch! Mehr als das.« (N)

10. 7. 1918

168 *♂R in ♏, aspektlos. Pseudoplus:* = ♂□ *Asz.* ☿ *in* ♈ – ♂ = Mars, ♏ = Skorpion, □ = Aspekt, Quadrat, 90°, Asz. = Aszendent, ☿ = Merkur, ♈ = Widder.

Lieflamm = Vaterurbild – Diese Gleichsetzung von Lieflamm und Vaterurbild verweist auf eine Stelle in C. G. Jungs »Wandlungen und Symbole der Libido« (1912), die auch den von OS hergestellten Zusammenhang zwischen Vatergebot und Inzest aufgreift: »Der Vater stellt natürlich, psychologisch verstanden, bloß die Personifikation des Inzestverbotes, das heißt den Widerstand, der die Mutter verteidigt, dar: Statt des Vaters kann es also auch irgend ein Angsttier sein (der große Bär, die Schlange, der Drache und so weiter), das bekämpft und überwunden werden muß.« (S. 313)

Eifersucht auf Mutter. Der Vater soll dies nicht mit ihr thun – Auch diese Stelle steht mit einer Passage aus C. G. Jungs »Wandlungen und Symbole der Libido« im Zusammenhang, in der es um die Lokalisierung der Inzestangst beim Vater geht: »Der Vater repräsentiert die tatkräftige Abwehr der Inzestwünsche des Sohnes, das heißt das Verbrechen, das der Sohn unbewußt wünscht, wird dem Vater zugeschoben, in Form einer angeblich mörderischen Absicht des Vaters als *Ursache der Todesangst vor dem Vater*« (S. 256).

14. 7. 1918

path. – Pathisch; vgl. zum Begriff Anm. *pathicist. Einstellung* zu S. 21.

inf. – Infantil.

25. 9. 1918

169 *Gestern in's Hotel Bristol übersiedelt* – Das Hotel blieb für einige Jahre der Wohnsitz von OS in Salzburg. In dem Hotel wohnte bzw. traf sich um diese Zeit eine illustre Gesellschaft. OS schreibt in »Ergo Sum«: »Außer mir lebten in dem Hotel von Menschen alten Stils der Maler Oscar Vonwiller mit seiner Familie, sowie die Witwe des Burgtheaterschauspielers Josef Kainz. Abends erschienen oft, um sich an dem bunten Bild der schlecht, aber immer noch besser als die Zimmer geheizten Halle etwas zu zerstreuen, Freunde aus der Stadt, darunter der Baron Waldemar Thienen-Adlerflycht und seine Frau. Diese, eine Nichte der Ebner-Eschenbach, war in der wie ein Alp auf allen liegenden Zeit ein stets durch Humor und geistreiche Beobachtung belebendes Element. Von Zeit zu Zeit kam Rudolf Pannwitz herüber, der am Wolfgangsee lebte.

Seine ›Europäische Krise‹ hatte eben großes Aufsehen erregt.« (S. 276)

169 *Dieser Verplusung* – Eine polare Isolierung der Plusseite, die, so OS im »Brevier für Einsame«, immer zur Verkümmerung führt (S. 267). Hier ist eine Verkümmerung auf der Seite des Lebens, der Objektwelt gemeint.

26. 9. 1918

170 *des V. Hauses* – Jedes Horoskop setzt sich aus 12 Tierkreiszeichen, 12 Häusern und 10 Planeten zusammen, wobei jeder Planet einem der zwölf Tierkreiszeichen und Häuser zugeordnet wird. Gemeint ist mit dem V. Haus das 2. Haus mit dem Zeichen Stier und dem Planeten Venus; es steht für die Entwicklung zur Selbständigkeit, die Fähigkeit zur Kreativität und Individualität; vgl. Anna Haebler, Astrologie, S. 146.
(Insuff.) – Insuffizienz.
Int. – Introversion.

1. 10. 1918

171 *Gestern allein Untersberg* – Untersberg oder Wunderberg, der markante Hausberg über der Stadt Salzburg.
»se laisser vivre« – (frz.) sich gehen lassen.
(Inz.) – Inzest/Inzestverbot.
Praec: Angst ante portas tenebrarum – Gemeint ist die Angst, die zum vorzeitigen Samenerguß führt. Die Abkürzung Praec. steht für Ejaculatio praecox. Tenebrarum bzw. Matutinum tenebrosum heißt die Finstermette, die Mittwoch, Donnerstag, Freitag vor Ostern zelebriert wird. Während der Messe werden die Altarkerzen gelöscht, damit soll symbolisch an die biblisch überlieferte Finsternis beim Tode Christi erinnert werden.

2. 10. 1918

172 *Hom.* – Wahrscheinlich ist Bad Homburg gemeint.
die Selbstheit zuweit gestört & […] – Hier endet das überlieferte Tagebuch.

Bibliographie

Oscar A. H. Schmitz

Schmitz, Oscar A. H. (1898): Orpheus. Lieder des Fahrenden. De profundis. Katafalke. Roma. Berlin (Lazarus).

– (1900): Rückblick auf Paris und die Ausstellung. In: Wiener Rundschau, 4, S. 393–396.

– (1901): Mißkultur! Zur Charakteristik der bürgerlichen Auffassung. In: Südwestdeutsche Rundschau, S. 621 ff.

– (1902a): Haschisch. Erzählungen. Frankfurt am Main (Südwestdeutscher Verlag), Neuauflage hg. von Wilhelm W. Hemecker auf der Grundlage der 8. Auflage aus dem Jahr 1917 (Text) und der 4. Auflage aus dem Jahr 1913 mit dreizehn Zeichnungen von Alfred Kubin (Georg Müller). Wien (Steirische Verlagsanstalt) 2002.

– (1902b): Der weiße Elefant. Drama in einem Akt. München (Georg Müller).

– (1902c): Weibliche Kultur. In: Südwestdeutsche Rundschau, S. 92–95.

– (1903): Halbmaske. Novellen und Essays. Stuttgart (Juncker).

– (1905a): Lothar oder Untergang einer Kindheit. Stuttgart (Juncker). Das Buch erschien ab der 2. Aufl. 1906 unter dem Titel: Der Untergang einer Kindheit.

– (1905b): Der Herr des Lebens. 2 Aufzüge. Stuttgart (Juncker).

– (1905c): Die Rächerin. 3 Szenen. Stuttgart (Juncker).

– (1906a): Don Juan, Casanova und andere erotische Charaktere. Stuttgart (Juncker).

– (1906b): Der gläserne Gott. Novellen. Stuttgart (Juncker).

– (1906c): Französische Kultureinheit und der Absolutismus. In: Beilage zur Allgemeinen Zeitung, München, Nr. 268.

– (1907a): Französische Gesellschaftsprobleme. Berlin (Wedekind).

– (1907b): Moderner Geist in Frankreich. In: Das Blaubuch, II, S. 178 bis 184.

– (1907c): Französische Liebe. In: Mutterschutz. Frankfurt am Main, S. 51–61.

– (1907d): Liebe und Entgelt. In: Mutterschutz. Frankfurt am Main, S. 377–381.

– (1908a): Don Juanito. Komödie in vier Aufzügen. Berlin (Wedekind).

– (1908b): Die Spaltung der modernen Kultur. In: Morgen, 2. Jg., 1. Halbjahr, S. 534–539.
– (1908c): Die Deutsche Kultur und Protestantismus. In: Morgen, 2. Jg., 2. Halbjahr, 1. Teil, S. 1459–1463 und 2. Teil, S. 1486–1492.
– (1908d): Zur Formulierung des Deutschtums. In: Morgen, 2. Jg., 2. Halbjahr, S. 1675 ff.
– (1909a): Fortunio oder Das andere Ich. In: Süddeutsche Monatshefte, 6, S. 659–673.
– (1909b): Die andere Seite. In: Der Tag, Nr. 207, Berlin, 4. 9. 1909.
– (1910): Das andere Ich. Drei Erlebnisse. (Fortunio, Der Schlafhändler, Die Begegnung der Götter). München (Georg Müller).
– (1911a): Brevier für Weltleute. Essays über Gesellschaft, Mode, Frauen, Reisen, Lebenskunst, Kunst, Philosophie. München u. Leipzig (Georg Müller).
– (1911b): Die Kunst der Politik. Berlin (Meyer & Jessen); ab der 3. Aufl. 1916 unter dem Titel: Englands politisches Vermächtnis. München (Georg Müller).
– (1911c): Offener Brief an Herrn Alfred Kerr. In: Die Schaubühne, 7,1, S. 287–290.
– (1912a): Fahrten ins Blaue. Ein Mittelmeerbuch. München (Georg Müller), 4. und 5. Tausend 1925.
– (1912b): Herr von Pepinster und sein Popanz. Eine Gespenstergeschichte. In: Die neue Rundschau, 23, S. 1709–1723.
– (1913a): Casanova und andere Gestalten aus der großen Welt. München u. Leipzig (Georg Müller), 3. veränderte u. vermehrte Aufl. 1918.
– (1913b): »Wenn wir Frauen erwachen …«. Ein Sittenroman aus dem neuen Deutschland. München u. Leipzig (Georg Müller); ab der 8. Aufl. 1921 unter dem Titel: Bürgerliche Bohème. München (Georg Müller). Neuausgabe nach der 10. Aufl. 1925 unter dem Titel: Bürgerliche Bohème. Bonn (Weidle Verlag).
– (1913c): Der Schriftsteller im Kampf ums Dasein. In: Zehnjahreskatalog. Georg Müller Verlag München: Schriftsteller, Verleger und Publikum. Eine Rundfrage, S. 111–118.
– (1913d): Monismus und Humanismus. In: Österreichische Rundschau, 34, S. 308 ff.
– (1913e): Monismus und Religion. In: Konservative Monatsschrift, S. 541 ff.
– (1914a): Das Land ohne Musik. Englische Gesellschaftsprobleme. 3. veränderte Aufl. München (Georg Müller).
– (1914b): Das Land der Wirklichkeit. München (Georg Müller).

– (1914c): Don Juan und die Kurtisane. Fünf Einakter. München (Georg Müller).
– (1914d): Die Weltanschauung der Halbgebildeten. München (Georg Müller).
– (1914e): Der hysterische Mann. Lustspiel in drei Aufzügen. München und Leipzig (Georg Müller).
– (1914f): Was uns Frankreich war. 6. Auflage von: Französische Gesellschaftsprobleme. (Das Land der Wirklichkeit). München (Georg Müller).
– (1914/15): Hetärentum und Frauenemanzipation. In: Der Neue Merkur, 1, II, S. 193–202.
– (1915a): Herr von Pepinster und sein Popanz. Geschichten vom Doppelleben. Mit vierzehn Zeichnungen von Alfred Kubin. München u. Leipzig (Georg Müller).
– (1915b): Das wirkliche Deutschland. München (Georg Müller).
– (1916a): Der Vertriebene. Ein Entwicklungsroman. München (Georg Müller).
– (1916b): Die Judenfrage. In: Die Zukunft, Nr. 35, S. 243 ff.
– (1918a): Menschheitsdämmerung. Märchenhafte Geschichten. München (Georg Müller).
– (1918b): Ein deutscher Don Juan. Komödie in 3 Aufzügen. München (Georg Müller).
– (1918c): Casanova und andere Gestalten aus der großen Welt. 3. veränderte und vermehrte Aufl. München und Leipzig (Georg Müller).
– (1920a): Das rätselhafte Deutschland. München (Georg Müller).
– (1920b): Scheinwerfer über Europa. Rußland, Skandinavien, Südosteuropa, Italien, Frankreich. München (Georg Müller).
– (1921): Das Dionysische Geheimnis. Erlebnisse und Erkenntnisse eines Fahnenflüchtigen. München (Georg Müller).
– (1922): Der Geist der Astrologie. München (Georg Müller).
– (1923a): Psychoanalyse und Yoga. Darmstadt (Otto Reichl).
– (1923b): Brevier für Einsame. Fingerzeige zu neuem Leben. München (Georg Müller).
– (1923c): Brevier für Unpolitische. Wegweiser zum öffentlichen Leben. München (Georg Müller).
– (1923d): Die Polarität von Logos und Eros. In: Der Leuchter. Jahrbuch der Schule der Weisheit. Hg. von Graf Hermann Keyserling. Bd. 4. Darmstadt, S. 307–322.
– (1923e): Selbstbiographie. In: Oscar A. H. Schmitz zum fünfzigsten Geburtstage. Mit einer Selbstbiographie des Dichters und seinem

Horoskop sowie Beiträgen von Hugo von Hofmannsthal, Hermann Bahr, Thomas Mann, Stefan Zweig, Hermann Hesse, Graf Keyserling. München (Georg Müller).
– (1924): Der österreichische Mensch. Zum Anschauungsunterricht für Europäer, insbesondere für Reichsdeutsche. Wien und Leipzig (Wiener Literarische Anstalt).
– (1925a): Die Geister des Hauses. Jugenderinnerungen. München (Georg Müller).
– (1925b): Heimliche Geschichten. Novellen mit einem Nachwort von Anton Schnack. Leipzig (Reclam).
– (1925c): Aus Lehr- und Wanderjahren. Erinnerungen von Oscar A. H. Schmitz. In: Die Neue Rundschau, 36, 2, S. 1207–1221.
– (1925/26a): Wünschenswerte und nicht wünschenswerte Juden. In: Der Jude, 9, H. 1, S. 17–33.
– (1925/26b): Der jüdisch-christliche Komplex. In: Der Jude, 9, H. 3, S. 68–87.
– (1926): Dämon Welt. Jahre der Entwicklung. München (Georg Müller).
– (1927a): Ergo Sum. Jahre des Reifens. München (Georg Müller).
– (1927b): Geschichten im Zwielicht. München (Georg Müller).
– (1927c): Melusine. Roman eines Staatsmannes. München (Georg Müller).
– (1928a): Länder und Leute. Essays über Menschen, Länder und Völker. München (Georg Müller).
– (1928b): [Beitrag zu] Stefan Georges Stellung im deutschen Geistesleben. Eine Reihe autobiographischer Notizen. In: Die Literarische Welt, 4, S. 6.
– (1970): Sinnsuche oder Psychoanalyse. Briefwechsel Graf Hermann Keyserling – Oskar A. H. Schmitz aus den Tagen der Schule der Weisheit. Hg. von der Gesellschaft Hessischer Literaturfreunde. Darmstadt.
– (2006): Das wilde Leben der Boheme. Tagebücher. Band 1: 1896–1906. Hg. von Wolfgang Martynkewicz. Berlin (Aufbau-Verlag).
– (2007): Ein Dandy auf Reisen. Tagebücher. Band 2: 1907–1912. Hg. von Wolfgang Martynkewicz. Berlin (Aufbau-Verlag).

Sonstige Literatur

Abraham, Karl (1908): Die psychologischen Beziehungen zwischen Sexualität und Alkoholismus. In: Schriften zur Theorie und Anwendung der Psychoanalyse. Eine Auswahl. Hg. von Johannes Cremerius. Frankfurt am Main (Athenäum S. Fischer) 1972, S. 29–36.

– (1909): Traum und Mythus. Eine Studie zur Völkerpsychologie. In: Psychoanalytische Studien zur Charakterbildung. Und andere Schriften. Hg. und eingeleitet von Johannes Cremerius. Frankfurt am Main (S. Fischer) 1969, S. 261–323.

– (1913): Über neurotische Exogamie. In: Psychoanalytische Studien zur Charakterbildung. Und andere Schriften. Hg. und eingeleitet von Johannes Cremerius. Frankfurt am Main (S. Fischer) 1969, S. 383 bis 386.

– (1913): Sollen wir die Patienten ihre Träume aufschreiben lassen? In: Gesammelte Schriften. Bd. I. Hg. von Johannes Cremerius. Frankfurt am Main (S. Fischer) 1982, S. 266–268.

– (1914): Über Einschränkungen und Umwandlungen der Schaulust bei den Psychoneurotikern nebst Bemerkungen über analoge Erscheinungen in der Völkerpsychologie. In: Psychoanalytische Studien zur Charakterbildung. Und andere Schriften. Hg. und eingeleitet von Johannes Cremerius. Frankfurt am Main (S. Fischer) 1969, S. 324–382.

– (1917): Über Ejaculatio Praecox. In: Psychoanalytische Studien zur Charakterbildung. Und andere Schriften. Hg. und eingeleitet von Johannes Cremerius. Frankfurt am Main (Fischer) 1969, S. 43–60.

– (1917): Das Geldausgeben im Angstzustand. In: Psychoanalytische Studien zur Charakterbildung. Und andere Schriften. Hg. und eingeleitet von Johannes Cremerius. Frankfurt am Main (S. Fischer) 1969, S. 61–63.

– (1920): Zur narzißtischen Bewertung der Exkretionsvorgänge in Traum und Neurose. In: Psychoanalytische Studien zur Charakterbildung. Und andere Schriften. Hg. und eingeleitet von Johannes Cremerius. Frankfurt am Main (S. Fischer) 1969, S. 241–244.

– (1924): Versuch einer Entwicklungsgeschichte der Libido auf Grund der Psychoanalyse seelischer Störungen. In: Psychoanalytische Studien zur Charakterbildung. Und andere Schriften. Hg. und eingeleitet von Johannes Cremerius. Frankfurt am Main (S. Fischer) 1969, S. 113–226.

– (1925): Psychoanalytische Studien zur Charakterbildung. In: Psychoanalytische Studien zur Charakterbildung. Und andere Schriften.

Hg. und eingeleitet von Johannes Cremerius. Frankfurt am Main (S. Fischer) 1969, S. 184–226.
Angelus Silesius (Johannes Scheffler) (1675): Cherubinischer Wandersmann. Kritische Ausgabe. Hg. von Louise Gnädinger. Stuttgart (Reclam) 1984.
Appens, Wilhelm (1919): Charleville. Dunkle Punkte aus dem Etappenleben. Dortmund (Gerisch).
Bab, Julius (1907): Wege zum Drama. In: Die Schaubühne, 3,1, S. 1–5. (Kritische Würdigung von Oscar A. H. Schmitz)
Baedeker, Karl (1914): Berlin und Umgebung: Handbuch für Reisende. Leipzig (Baedeker).
– (1905): Paris. Nebst einigen Routen durch das Nördliche Frankreich. 16. Aufl. Leipzig (Baedeker).
Bahnsen, Julius (1867): Beiträge zur Charakterologie. 2 Bde. Leipzig.
– (1880–82): Der Widerspruch im Wissen und Wesen der Welt. Princip und Einzelbewährung der Realdialektik. Berlin (Grieben).
– (1905): Wie ich wurde, was ich ward. Nebst anderen Stücken aus dem Nachlaß des Philosophen. Hg. von Rudolf Louis. München und Leipzig (Georg Müller).
Balzac, Honoré de (1835): Séraphîta. In: La comédie humaine. Hg. Pierre-Georges Castex. Bd. 11: Études Philosophiques. Études Analytiques. Paris (Gallimard) 1980, S. 727–860.
– (1836) Seraphita. In: Buch der Mystik. Erzählungen. Übersetzt von F. v. Rath. Bearbeitet von Franz Hessel. Hamburg (Rowohlt) 1954.
Baudelaire, Charles (1856–1863): Der Maler des modernen Lebens (IX. Der Dandy). In: ders.: Sämtliche Werke/Briefe. Hg. von Friedhelm Kemp und Claude Pichois in Zusammenarbeit mit Wolfgang Drost. Bd. 5: Aufsätze zur Literatur und Kunst. München, Wien (Hanser) 1989, S. 241–245.
Becker, Udo (1988): Lexikon der Astrologie. Astrologie, Astronomie, Kosmologie. Freiburg im Breisgau (Herder Verlag).
Bjørnson, Bjørn (1917): Vom deutschen Wesen. Impressionen eines Stammverwandten. 1914–1917. Berlin (Oesterheld).
Blei, Franz (1922/1995): Das große Bestiarium der modernen Literatur. Hg. und mit einem Nachwort versehen von Rolf-Peter Baake. Hamburg (Europäische Verlagsanstalt).
Bloch, Iwan (1906): Das Sexualleben unserer Zeit in seinen Beziehungen zur modernen Kultur. Berlin (Louis Marcus). 10.–12. verbesserte Aufl. 1919. (Im 12. Kapitel: Verführung, Genußleben und wilde Liebe, S. 302 ff.: Auseinandersetzung mit Schmitz' Buch »Don Juan, Casa-

nova und andere erotische Charaktere«; des weiteren beruft sich Bloch auf eine Mitteilung Schmitz' zum Geruchsfetischismus, S. 645 f.)

– (1912): Handbuch der gesamten Sexualwissenschaft in Einzeldarstellungen. Band I: Die Prostitution. Berlin (Louis Marcus). (Zu Schmitz, S. 140 f.)

Blüher, Hans (1953): Werke und Tage. Geschichte eines Denkers. München (Paul List).

Bohdal, Klaus (1969): Oskar A. H. Schmitz. Eine Monographie mit besonderer Berücksichtigung der Schwabinger Zeit des Dichters und seiner phantastischen Erzählungen. Diss. Karl-Franzens-Universität Graz.

Bohrer, Karl Heinz (1978): Die Ästhetik des Schreckens. Die pessimistische Romantik und Ernst Jüngers Frühwerk. München u. Wien (Hanser). (Zu Schmitz, S. 252–255)

Breuer, Josef und Freud, Sigmund (1895): Studien über Hysterie. Frankfurt am Main (S. Fischer) 1991.

Brockhaus, Christoph (1977): Alfred Kubin. Das zeichnerische Frühwerk bis 1904. Katalog der Ausstellung in der Kunsthalle Baden-Baden vom 1. April bis 30. Mai 1977. Hg. von Hans Albert Peters.

Buber, Martin (1925/26): Bericht und Berichtigung (Zu Schmitz: Der Jüdisch-christliche Komplex). In: Der Jude, 9, S. 87 ff.

Bunsen, Marie von (1932): Zeitgenossen die ich erlebte. 1900–1930. Leipzig (Koehler & Amelang).

Carossa, Hans (1933): Führung und Geleit. Ein Lebensgedenkbuch. Leipzig (Insel).

– (1951): Ungleiche Welten. Wiesbaden (Insel).

– (1978): Briefe II: 1919–1936. Hg. von Eva Kampmann-Carossa. Frankfurt am Main (Insel).

Chamisso, Adalbert von (1975): Sämtliche Werke. Erster Band: Prosa, Dramatisches, Gedichte, Nachlese der Gedichte. Textredaktion: Jost Perfahl. Bibliographie und Anmerkungen von Volker Hoffmann. Darmstadt (Wissenschaftliche Buchgesellschaft).

Creuzer, Georg Friedrich (1810–1823): Symbolik und Mythologie der alten Völker, besonders der Griechen. Leipzig und Darmstadt (Heyer und Leske).

Csokor, Franz Theodor u. Rüther, Leopoldine (1966): Du silberne Dame Du. Briefe von und an Lina Loos. Wien, Hamburg (Paul Zsolnay).

Dauthendey, Max (1912): Der Geist meines Vaters. Aufzeichnungen aus einem begrabenen Jahrhundert. München (Albert Langen).

Dessoir, Max (1890): Das Doppel-Ich. Leipzig (Günther).

Dostojewski, Fjodor (1846): Der Doppelgänger. Ein Petersburger Poem. Aus dem Russischen von Hermann Röhl. Frankfurt am Main (Insel) 1986.

Dülberg, Franz (1906): Korallenkettlin. Ein Drama in vier Akten. Berlin (Fleischl).

– (1906/07) Rez.: Oscar A. H. Schmitz: »Der gläserne Gott«. Novellen. In: Das literarische Echo, 9, Sp. 468 f.

– (1908): Stefan George. Ein Führer zu seinem Werke. München u. Leipzig (Georg Müller).

– (1912): Cardenio. Drama in fünf Akten. Berlin (Fleischl).

– (1932): Oscar A. H. Schmitz. Eine Begegnungskette. In: Preußische Jahrbücher, Bd. 229, S. 150–159.

Eckhart von Hochheim, Meister Eckhart: Schriften und Predigten. Aus dem Mittelhochdeutschen übersetzt und herausgegeben von Hermann Büttner. 2 Bände. Jena (Eugen Diedrichs) 1921.

Eckhart von Hochheim, Meister Eckhart: Deutsche Predigten und Traktate. Hg. und übersetzt von Josef Quint. München (Carl Hanser Verlag) 1963.

Eckhart von Hochheim, Meister Eckhart: Werke I und II. Texte und Übersetzungen hg. von Niklaus Largier. Frankfurt am Main (Deutscher Klassiker Verlag) 1993.

Ellenberger, Henry F. (1970): Die Entdeckung des Unbewußten. Bd. 1. Übersetzung von Gudrun Theusner-Stampa. Bern, Stuttgart, Wien (Huber) 1973.

Esswein, Hermann (1911): Alfred Kubin. Der Künstler und sein Werk. München (Georg Müller).

Eulenburg, Herbert (1921): Ein Zeitschriftsteller. In: Das Tage-Buch 2, S. 493 ff.

Fechter, Paul (1906): Die Grundlagen der Realdialektik. Ein Beitrag zur Kenntnis der Bahnsen'schen Willensmetaphysik. München und Leipzig (Georg Müller).

Fischer, Ottokar (1908): Rez.: Oscar A. H. Schmitz: Don Juan, Casanova und andere erotische Charaktere. In: Euphorion, 15. Jg., S. 401 ff.

Flügge, Manfred (1993): Gesprungene Liebe. Die wahre Geschichte zu »Jules und Jim«. Berlin (Aufbau-Verlag).

Freud, Sigmund (1900): Die Traumdeutung. Studienausgabe. Bd. II. Hg. von Alexander Mitscherlich u. a. Frankfurt am Main (S. Fischer) 1972.

– (1904): Zur Psychopathologie des Alltagslebens. Über Vergessen, Versprechen, Vergreifen, Aberglaube und Irrtum. Mit einem Vorwort von Alexander Mitscherlich. Frankfurt am Main (S. Fischer).

– (1905): Drei Abhandlungen zur Sexualtheorie. Frankfurt am Main (S. Fischer) 1977.

– (1911): Über einen autobiographisch beschriebenen Fall von Paranoia. In: Gesammelte Werke. Hg. von Anna Freud u. a. Bd. VIII. Frankfurt am Main (S. Fischer), S. 239–316.

– (1912–13): Totem und Tabu. Einige Übereinstimmungen im Seelenleben der Wilden und der Neurotiker. Studienausgabe. Bd. IX. Hg. von Alexander Mitscherlich u. a. Frankfurt am Main (S. Fischer) 1974.

– (1914): Zur Einführung des Narzißmus. In: Sigmund Freud: Studienausgabe. Bd. III. Psychologie des Unbewußten. Hg. von Alexander Mitscherlich u. a. Frankfurt am Main (S. Fischer) 1975, S. 37–68.

Freud, Sigmund und Abraham, Karl (1965): Briefe 1907–1926. Hg. von Hilda C. Abraham und Ernst L. Freud. Frankfurt am Main (S. Fischer).

Freud, Sigmund und Jung, Carl Gustav (1974): Briefwechsel. Hg. von William McGuire und Wolfgang Sauerländer. Frankfurt am Main (S. Fischer).

Friedlaender, Salomo / Mynona (1912): Polarität. In: Der Sturm, Jg. 1912, Nr. 92, S. 732.

– (1913): Dionysisches Christentum. In: Die weissen Blätter, Bd. 1 / I (Reprint 1969) S. 317–327.

– (1915): Der Waghalter der Welt. In: Die weissen Blätter, Bd. 2 / II (Reprint 1969), S. 857–894.

– (1918): Schöpferische Indifferenz. München (Georg Müller).

– (2001): Das magische Ich. Elemente des kritischen Polarismus. Aus dem Nachlaß herausgegeben von Hartmut Geerken. Mit einem Vorwort von Claudio Naranjo und einführenden Essays von Sigrid Hauff und Detlef Thiel. Bielefeld (Aisthesis Verlag).

– (2003): Ich (1871–1936). Autobiographische Skizze. Aus dem Nachlaß herausgegeben von Hartmut Geerken. Mit einführenden Essays von Hartmut Geerken und Detlef Thiel. Bielefeld (Aisthesis Verlag).

Ganghofer, Ludwig (1915): Reise zur deutschen Front 1915. Berlin, Wien (Ullstein).

– (1915): Die stählerne Mauer. Reise zur deutschen Front 1915. Zweiter Teil. Berlin, Wien (Ullstein).

Garbe, Richard von (1894/1917): Die Sâmkhya-Philosophie. Eine Darstellung des indischen Rationalismus. 2. umgearbeitete Aufl. Leipzig (Haessel).

Geyer, Andreas (1995): Träumer auf Lebenszeit. Alfred Kubin als Literat. Wien, Köln, Weimar (Böhlau).

Gilman, Sander L. (1992): Rasse, Sexualität und Seuche. Stereotype aus der Innenwelt der westlichen Kultur. Ins Deutsche übertragen von Helmut Rohlfing u. a. Reinbek bei Hamburg (Rowohlt).

– (1993): Jüdischer Selbsthaß. Antisemitismus und die verborgene Sprache der Juden. Aus dem Amerikanischen von Isabella König. Frankfurt am Main (Jüdischer Verlag im Suhrkamp Verlag).

Goethe, Johann Wolfgang von (1988): Gedichte 1800–1832. Herausgegeben von Karl Eibl. Frankfurt am Main (Deutscher Klassiker Verlag).

Görres, Joseph von (1879): Die christliche Mystik. Hg. von Uta Ranke-Heinemann. Bd. 1. Frankfurt am Main (Eichborn) 1989.

Grimm, Georg (1957): Die Lehre des Buddho. Die Religion der Vernunft und der Meditation. Hg. von M. Keller-Grimm und Max Hoppe. Baden-Baden (Holle Verlag).

Gulbransson, Grete (1998): Der grüne Vogel des Äthers. Tagebücher. Band I: 1904–1912. Hg. und kommentiert von Ulrike Lang. Frankfurt am Main (Stroemfeld/Roter Stern).

Gutkind, Erich (1910): Siderische Geburt. Seraphische Wanderung vom Tode der Welt zur Taufe der Tat. Berlin (Schnabel).

Haebler, Anna (2006): Astrologie. München (Ansata/Random House).

Halbe, Max (1935): Jahrhundertwende. Geschichte meines Lebens. 1893 bis 1914. Danzig (A. W. Kasemann).

Hauff, Sigrid (1990): gut balanziert nirgends eingebissen. Alfred Kubin und die Schöpferische Indifferenz Salomo Friedlaenders. In: Alfred Kubin 1877–1959. Hg. von Annegret Hoberg. München (edition spangenberg), S. 177–186.

Heisserer, Dirk (1993): Wo die Geister wandern. Eine Topographie der Schwabinger Bohème um 1900. München (Diederichs).

Herzmanovsky-Orlando, Fritz von (1983): Sämtliche Werke in zehn Bänden. Hg. im Auftrag des Forschungsinstituts »BrennerArchiv« unter Leitung von Walter Methlagl und Wendelin Schmidt-Dengler. Bd. 1: Der Gaulschreck im Rosennetz. Eine Wiener Schnurre aus dem modernen Barock. Mit Illustrationen des Autors. Hg. und kommentiert von Susanna Kirschl-Goldberg; Bd. VII: Der Briefwechsel mit Alfred Kubin: 1903 bis 1952. Hg. und kommentiert von Michael Klein. Salzburg und Wien (Residenz Verlag).

Hesse, Hermann (2003): Autobiographische Schriften I. Wanderung, Kurgast, Die Nürnberger Reise, Tagebücher. In: ders.: Sämtliche Werke. Hg. von Volker Michels. Bd. 11. Frankfurt am Main (Suhrkamp). (Zu Schmitz, S. 650–652)

Hewig, Anneliese (1967): Phantastische Wirklichkeit. Interpretationsstudie zu Alfred Kubins Roman »Die andere Seite«. München (Fink).

Hindenburg, Paul von (1920): Aus meinem Leben. Leipzig (Hirzel).

Hoberg, Annegret (Hg.) (1990): Alfred Kubin 1877–1959. München (edition spangenberg).

Hoerschelmann, Rolf von (1947): Leben ohne Alltag. Berlin (Wedding).

Hofmannsthal, Hugo von: Umrisse eines neuen Journalismus (1907) In: ders.: Gesammelte Werke in Einzelausgaben. Prosa II. Hg. v. Herbert Steiner. Frankfurt am Main 1959, S. 259–263; zuerst veröffentlicht in: Die Zeit, Wien, April 1907.

– (2003): Brief-Chronik. Regest-Ausgabe. Hg. von Martin E. Schmid. Unter Mitarbeit von Regula Hauser und Severin Perrig. Heidelberg (Winter).

Hollitscher, Arthur (1911): Der Mann von Welt. Rez.: Oscar A. H. Schmitz: Brevier für Weltleute. In: Die Neue Rundschau, 22,1, S. 861 ff.

Huch, Ricarda (1980): Erinnerungen an das eigene Leben. Mit einem Vorwort von Bernd Balzer. Köln (Kiepenheuer & Witsch). (Über Ermanno Ceconi und Schwabing, S. 259–388)

Jung, Carl Gustav (1912): Wandlungen und Symbole der Libido. Beiträge zur Entwicklungsgeschichte des Denkens. München (dtv) 1991.

– (1971): Psychologische Typen. Neunte, revidierte Aufl. In: ders.: Gesammelte Werke. Bd. 6. Hg. von Marianne Niehus-Jung, Lena Hurwitz-Eisner und Dr. med. Franz Riklin. Olten und Freiburg im Breisgau (Walter-Verlag).

Kerr, Alfred (1912): Balkankrieg. In: Pan, 3, 3, S. 49–56.

Klages, Ludwig (1902): Stefan George. Berlin (Georg Bondi).

– (1913): Vom Traumbewußtsein. In: ders.: Mensch und Erde. Zehn Abhandlungen. Stuttgart (Alfred Kröner) 1956, S. 147–195.

– (1921): Vom kosmogonischen Eros. Stuttgart (Hans E. Günther) 1951.

– (1910/1926): Prinzipien der Charakterologie. Die Grundlagen der Charakterkunde. In: ders.: Sämtliche Werke. Hg. von Ernst Frauchiger u. a. Bd. 4: Charakterkunde 1. Mit einer Einleitung von Heinz Alfred Müller. Bonn (Bouvier Verlag Herbert Grundmann) 1976.

– (1929–1932): Der Geist als Widersacher der Seele. Bd. 3: Die Lehre von der Wirklichkeit der Bilder. Leipzig (Barth) u. Bonn (Bouvier).

Kubin, Alfred (1932): Erinnerungen an Oscar A. H. Schmitz. In: ders.: Aus meiner Werkstatt. Gesammelte Prosa mit 71 Abbildungen. Hrsg. von Ulrich Riemerschmidt. München (edition spangenberg) 1973, S. 97–102.

– (1911): Sansara. Ein Cyclus ohne Ende. In einer Auswahl von 40 Blättern. München u. Leipzig (Georg Müller).
– (1909): Die andere Seite. Ein phantastischer Roman. Reinbek bei Hamburg (Rowohlt) 1994.
– (1917): Aus meinem Leben. In: ders.: Aus meinem Leben. Gesammelte Prosa mit 73 Abbildungen. Hrsg. von Ulrich Riemerschmidt. München (edition spangenberg) 1974, S. 7–84.
– (1922): Über mein Traumerleben. In: ders.: Aus meiner Werkstatt. Gesammelte Prosa mit 71 Abbildungen. Hrsg. von Ulrich Riemerschmidt. München (edition spangenberg) 1973, S. 7–10.
Kühlmann, Richard von (1948): Erinnerungen. Heidelberg (Lambert Schneider).
Lao-Tse: Tao-Tê-King. Übersetzung, Einleitung und Anmerkungen von Günther Debon. Stuttgart (Reclam) 1990.
Le Rider, Jacques (1985): Der Fall Otto Weininger. Wurzeln des Antifeminismus und Antisemitismus. Wien, München (Löcker).
– (2000): Kein Tag ohne Schreiben. Tagebuchliteratur der Wiener Moderne. Aus dem Französischen von Eva Werth. Wien (Passagen Verlag).
Lessing, Theodor (1912): Der Weltmann und das Theater. In: Die Schaubühne, 8, 2, S. 435–441. (Kritik an Schmitz: Brevier für Weltleute)
– (1930/1984): Der jüdische Selbsthaß. Mit einem Essay von Boris Groys. München (Matthes & Seitz).
Link, Jürgen (1997): Versuch über den Normalismus. Wie Normalität produziert wird. Wiesbaden (Westdeutscher Verlag).
Lord Beaconsfield (Benjamin Disraeli) (1909): Contarini Fleming. Übersetzung und Vorrede von Oscar Levy. Berlin.
Machiavelli, Niccolò (1532): Der Fürst. Übers. und hrsg. von Rudolf Zorn. Stuttgart (Kröner) 1978.
Mainländer, Philipp (1876): Die Philosophie der Erlösung. Erster Band. Hg. mit einem Vorwort zur Neuausgabe von Winfried H. Müller-Seyfarth. Reprint: Hildesheim (Olms) 1996.
– (1886): Die Philosophie der Erlösung. Zweiter Band. Zwölf philosophische Essays. Hg. mit einem Vorwort zur Neuausgabe von Winfried H. Müller-Seyfarth. Reprint: Hildesheim (Olms) 2005.
Mann, Otto (1925): Der moderne Dandy. Ein Kulturproblem des 19. Jahrhunderts. Berlin (Julius Springer).
Marcus, Ernst (1918): Das Problem der exzentrischen Empfindung und seine Lösung. Berlin (Verlag Der Sturm).

Martynkewicz, Wolfgang (2007): Die dunklen Seiten eines Dandys. Der Schriftsteller Oscar A. H. Schmitz in der Analyse bei Karl Abraham. In: Jb. Psychoanalyse, 55, S. 61–90.

Mühsam, Erich (1994): Tagebücher 1910–1924. Hg. und mit einem Nachwort von Chris Hirte. München (dtv).

Müller-Kampel, Beatrix (1993): Dämon, Schwärmer, Biedermann. Don Juan in der deutschen Literatur bis 1918. Berlin (Erich Schmidt).

Neumann, Karl Eugen (1896–1902): Die Reden Gotamo Buddho's. Aus der mittleren Sammlung Majjhimanikayo des Pali-Kanons. Bd. 1–3. Leipzig (Friedrich).

Nietzsche, Friedrich (1883–1885): Also sprach Zarathustra. Ein Buch für Alle und Keinen. In: Werke. Kritische Gesamtausgabe. Hg. von Giorgio Colli und Mazzino Montinari. Sechste Abteilung. 1. Bd. Berlin (Walter de Gruyter & Co) 1968.

– (1886): Jenseits von Gut und Böse. Vorspiel einer Philosophie der Zukunft. In: ders.: Werke III. Hg. von Karl Schlechta. München (Hanser) 1969, S. 563–759.

– (1895): Der Antichrist. Fluch auf das Christentum In: ders.: Werke III. Herausgegeben von Karl Schlechta. München (Hanser) 1969, S. 1161 bis 1235.

Otto, Rudolf (1926): West-östliche Mystik. Vergleich und Unterscheidung zur Wesensdeutung. Hg. von Gustav Mensching. Gütersloh (Gütersloher Verlagshaus), 3. Aufl. 1979.

Pfemfert, Franz (1912): Ein »Brevier für Weltleute« (Glosse). In: Die Aktion, 2. Jg., Nr. 45 (6. November), S. 1418.

Platon: Symposion. In: Platon. Sämtliche Werke in zehn Bänden. Nach der Übersetzung Friedrich Schleiermachers, ergänzt durch Übersetzungen von Franz Susemihl und anderen. Hg. von Karlheinz Hülser. Bd. IV: Hippias Minor, Symposion, Phaidon. Frankfurt am Main und Leipzig (Insel) 1991.

Polgar, Alfred (1986): Kleine Schriften. Bd. 6: Theater II. Hg. von Marcel Reich-Ranicki in Zusammenarbeit mit Ulrich Weinzierl. Reinbek b. Hamburg (Rowohlt).

Protokolle der Wiener Psychoanalytischen Vereinigung. Hg. von Herman Nunberg und Ernst Federn. 4 Bde. Frankfurt am Main (S. Fischer) 1976–1981.

Radkau, Joachim (1998): Das Zeitalter der Nervosität. Deutschland zwischen Bismarck und Hitler. München, Wien (Hanser).

Rank, Otto (1907): Der Künstler. Ansätze zu einer Sexual-Psychologie. Erw. 2. und 3. Aufl. Wien und Leipzig (Heller) 1918.

– (1912): Das Inzest-Motiv in Dichtung und Sage. Grundzüge einer Psychologie des Dichterischen Schaffens. Leipzig und Wien (Franz Deuticke).

Reventlow, Franziska zu (2004): Herrn Dames Aufzeichnungen oder Begebenheiten aus einem merkwürdigen Stadtteil. Mit einem Nachwort hg. von Andreas Thomasberger. Bd. 2: Romane II. In: dies.: Sämtliche Werke in fünf Bänden. Hg. von Michael Schardt. Oldenburg (Igel), S. 9–112.

– (2004): Tagebücher 1886 bis 1910. Mit einem Nachwort hg. von Brigitta Kubitscheck. Bd. 3: Sämtliche Werke in fünf Bänden. Hg. von Michael Schardt. Oldenburg (Igel).

– (2004): Briefe 1890 bis 1917. Mit einem Nachwort hg. von Martin-M. Langner. Bd. 4: Sämtliche Werke in fünf Bänden. Hg. von Michael Schardt. Oldenburg (Igel).

– (2004): Gedichte, Skizzen, Novellen, Kritisches, Schwabinger Beobachter, Übersetzung. Mit einem Nachwort hg. von Baal Müller. Bd. 5: Sämtliche Werke in fünf Bänden. Hg. von Michael Schardt. Oldenburg (Igel); darin: Viragines oder Hetären, S. 210–220.

Reventlow, Franziska Gräfin zu, Suchocki, Bohdan von (2004): Briefwechsel 1903–1909: »Wir üben uns jetzt wie Esel schreien …«. Hg. von Irene Weiser, Detlef Seydel u. Jürgen Gutsch. Passau (Stutz).

Roché, Henri-Pierre (1920/21): Carnets. Les Années Jules et Jim. Première Partie. Avant-propos de François Truffaut. Éditeur: André Dimanche. Marseille (Harry Ransom Humanities Research Center) 1990.

Sachs, Hanns (1912): [Rez.: Alfred Kubin: Die andere Seite]. In: Imago. Zeitschrift für Anwendung der Psychoanalyse auf die Geisteswissenschaften. Hg. von Sigmund Freud. 2. Heft, 1. Jg. (1912), S. 197–204.

Schleich, Carl Ludwig (1921): Besonnte Vergangenheit. Lebenserinnerungen (1859–1919). Berlin (Rowohlt). (Zu Schmitz, S. 317)

Schnitzler, Arthur (1967): Aphorismen und Betrachtungen. Frankfurt am Main (S. Fischer).

Schopenhauer, Arthur (1859): Die Welt als Wille und Vorstellung. Hg. von Ludger Lütkehaus. 2 Bde. Zürich (Haffmans) 1988.

Schröder, Hans Eggert (1966 ff.): Ludwig Klages. Die Geschichte seines Lebens. Erster Teil: Die Jugend. Bonn (Bouvier) 1966; Zweiter Teil: Das Werk. Erster Halbband (1905–1920). Bonn (Bouvier) 1972; Zweiter Halbband (1920–1956). Bearbeitet und hg. von Franz Tenigl. Bonn, Berlin (Bouvier) 1992.

Schuler, Alfred (1940): Fragmente und Vorträge. Aus dem Nachlaß. Mit Einführung von Ludwig Klages. Leipzig (Johann Ambrosius Barth).

Sinsheimer, Hermann (1909): Don Juanito oder das heitere Theater. In: Die Schaubühne, 5, 1, S. 149.

Sloterdijk, Peter (1978): Literatur und Lebenserfahrung. Autobiographien der Zwanziger Jahre. München (Hanser). (Zu Schmitz, S. 196ff., 228ff. und 255ff.)

Sombart, Nicolaus (1984): Jugend in Berlin 1933–1943. Ein Bericht. München u. Wien (Hanser).

– (1991): Die deutschen Männer und ihre Feinde. Carl Schmitt – ein deutsches Schicksal zwischen Männerbund und Matriarchatsmythos. München u. Wien (Hanser).

Spengler, Oswald (1913/14): Schmitz: Das Land der Wirklichkeit (Französische Gesellschaftsprobleme). In: Der Bücherwurm, 4, S. 117.

Stekel, Wilhelm (1909): Dichtung und Neurose. Bausteine zur Psychologie des Künstlers und des Kunstwerkes. Wiesbaden (Bergmann).

Swoboda, Hermann (1905): Studien zur Grundlegung der Psychologie. Leipzig u. Wien (Franz Deuticke).

– (1917): Das Siebenjahr. Untersuchungen über die Zeitliche Gesetzmäßigkeit des Menschenlebens. Band I: Vererbung. Wien, Leipzig (Orion).

Tucholsky, Kurt (1920/1996): Militaria. In: Gesamtausgabe. Bd. 4: Texte 1920. Hg. von Bärbel Boldt, Gisela Enzmann-Kraiker, Christian Jäger. Reinbek bei Hamburg (Rowohlt), S. 31–41.

– (1917): [Buchempfehlung. Oscar A. H. Schmitz: Das Land ohne Musik. Englische Gesellschaftsprobleme. Der Flieger Nr. 25, 27.5.1917] In: Gesamtausgabe. Texte und Briefe. Hg. von Antje Bonitz, Dirk Grathoff, Michael Hepp, Gerhard Kraiker. Bd. 2: Texte 1914–1918. Hg. von Bernhard Tempel. Reinbek b. Hamburg (Rowohlt) 2003, S. 567.

– (1929), (Peter Panter): Auf dem Nachttisch. Weltbühne, 15.10.1929. In: Gesamtausgabe. Texte und Briefe. Hg. von Antje Bonitz, Dirk Grathoff, Michael Hepp, Gerhard Kraiker. Bd. 11: Texte 1929. Hg. von Ute Maack und Viktor Otto. Reinbek b. Hamburg (Rowohlt) 2005, S. 391–400. (Zu Schmitz, siehe insbesondere S. 400)

Walden, Herwarth (1911/12): Konfektionsdichter. In: Der Sturm, 2, S. 804f.

Weininger, Otto (1903): Geschlecht und Charakter. Eine prinzipielle Untersuchung. München (Matthes & Seitz) 1980.

– (1904): Über die letzten Dinge. Im Anhang: Theodor Lessing, Otto Weininger. München (Matthes & Seitz) 1980.

Wolfskehl, Karl (1966): Briefe und Aufsätze. München 1925–1933. Mit einer Einleitung und Anmerkungen hg. von Margot Ruben. Hamburg (Claassen).

– (1988): Briefwechsel aus Neuseeland 1938–1948. Hg. von Cornelia Blasberg. 2. Bde. Darmstadt (Luchterhand Literaturverlag). (Zu Schmitz, S. 651)

– (1993): »Jüdisch, römisch, deutsch zugleich ...«. Briefwechsel aus Italien 1933–1938. Hg. von Cornelia Blasberg. Hamburg (Luchterhand Literaturverlag). (Zu Schmitz, S. 108, 319, 404)

– (1999): Gedichte, Essays, Briefe. In Verbindung mit dem Deutschen Literaturarchiv Marbach am Neckar hg. von Cornelia Blasberg und Paul Hoffmann. Frankfurt am Main (Suhrkamp).

Wolfskehl, Karl und Hanna (1976/77): Briefwechsel mit Friedrich Gundolf 1899–1931. Bd. 1. Hg. von Karlhans Kluncker. Amsterdam. (Zu Schmitz, S. 53, 73, 102)

Worbs, Michael (1983): Nervenkunst. Literatur und Psychoanalyse im Wien der Jahrhundertwende. Frankfurt am Main (Europäische Verlagsanstalt).

Zweig, Stefan (1902/03): Skizzen- und Novellenbücher. (Rez. zu Schmitz: Haschisch). In: Das literarische Echo, 5, Sp. 744–748.

– (1928): Oscar A. H. Schmitz. In: Darmstädter Tagblatt, 8.3.1928.

– (1970): Die Welt von Gestern. Erinnerungen eines Europäers. Frankfurt am Main (S. Fischer).

– (1984): Tagebücher. Hg., mit Anmerkungen und einer Nachbemerkung versehen von Knut Beck. Frankfurt am Main (S. Fischer).

Register

Personenregister

Ortsregister

Bildnachweis

Deutsches Literaturarchiv Marbach: 1, 2, 3, 6, 10, 12, 14, 15
picture-alliance / © Delius / Leemage: 8, 9
Ludger M. Hermanns: 11
Aus: Alfred Kubin: Aus meiner Werkstatt. Gesammelte Prosa mit 71 Abbildungen. München 1973: 13
Aus: Alfred Kubin 1877–1959. Herausgegeben von Annegret Hoberg. Ausstellungskat. Städtische Galerie im Lenbachhaus, München: 4, 5, 7, 16

Inhaltsverzeichnis

Anhang

Die folgenden Subskribenten haben das Erscheinen dieser Ausgabe ermöglicht

Stefan Aldag
Heinz Althoff
Juliane Andernacht-Mühl
Peter Anthony
P. B., HH
Baron Bär v. Baudach
Mila Becker
Ulrike Belikan
Gabriel Berks
Rolf Bertrams
Wolfram Bibrack
Ulla Biermann, Berlin
Frank Bierwirth
Dr. Arndt R. Birkert
Dr. Klaus Erich Bohnenkamp
Jürgen Borchers, Berlin
Oliver Bößer
Heinrich Braun
Thomas Breitwieser
Axel Brumma
Manfred Brune
Berndt Buch
Bücher im Frauenland, Würzburg
Bücher Pustet, Regensburg
Bücher Pustet, Straubing
Büchers Best, Dresden
Bücherwurm, Datteln
Buchhandlung am Obstmarkt, Augsburg
Buchhandlung Mengedoht GmbH
Buchhandlung Pesch, Pfaffenhofen
Buchhandlung Hempel, Nürnberg

Buchhandlung Hübscher, Bamberg
Buchhandlung Klaus Bittner
Buchhandlung Köndgen, Wuppertal
Buchhandlung Lehmkuhl, München
Buchhandlung Riemann, Coburg
Buchhandlung Schwanhäuser
Buchhandlung Tabler, Heilbronn
Buchhaus Greno
Dr. Heiko Buhr / Martina Dahm
Christ Bünter, Zürich
Helmut Büsker
Rainer Clodius, Hannover
Peter Cremer
Roland Cvetkovski
Ruth Cyranka, München
Ulrich Damm
Dichtung & Wahrheit, München
Hans-Joachim Diener
Ulrich Dombrowsky, Regensburg
Reglind Dörner, Berlin
Otto Drögsler
Achim Düe
Karla Durchleuchter
Prof. Dr. Jürgen Egyptien
Dr. Bardo Faßbender
Kerstin Fischer
Markus Frank, Berlin
Roland Frank, Bremen
Dr. Michael Fröhls
Bruno Ganse
Karl Gerhard
Peter Gerstel
Maximilian Gessler, Wien
Peter Glaß
Dr. Jürgen Glocker

Ralf Gnosa
Markus Goldner, Neumarkt
Dr. Maria Goldoni
Gostenhofer Buchh., Nürnberg
Johannes Graßl
Dr. Eckhart Grünewald
Bernhard Gussmann
Dr. Hans-E. Hammer
Petra & Oliver Hartlieb, Wien
Karl Hauser - Engelmann
Karl-Heinz Heck
Uwe Heissner
Prof. Dr. Günter Helmes
Jörg Hennings
Elisabeth Herrmann
Roland Hertel
Hessische Landesbibliothek
Walter Hilsbecher
Peter Höck
Rudi Huber
Dieter Jansen, Kerpen
Arnd Jebbink
Wolfgang Jesinger
Johannes-Buchhandlung, München
Götz F. Kahle
Reinhard Kaufmann
Prof. Dr. Tibor Kiss
Karsten Kitzing
Dipl. Ing. Stefan Klose-Eichhof
Hans Harald Knorn
Rainer Koppka
Fritz Kouba
Jürgen Krämer
L. »Diego« Kratsch, Mülheim
Alois Kronbauer

Elisabeth Krüger
Dagmar Kubsch
Joachim Kuppinger
Mag. Rainer Laabs
Markus Langer
Dr. Wolfgang Leibner
M. Lengfeld'sche Buchhandlung
Karl-Heinz Lenz
Dr. Peter Lindlein
Karl Lippe, Weiden
Herbert Lippert, Neumarkt
Literarisches Kabinett (LL)
Literaturhandlung Paperback
Jörg Loest
Michael Loh
Prof. Dr. Wolfgang Löwer
Manzel - Gallinowski
Torsten Wolfgang Martini
Harald Matthes
Winfried Maurer
Ulrich C. A. Mayer
Bernard McLardy
MeneerJanssen
Achim Merg
Stieven Silvio Mewald
Ralf Monschau
Klaus Ullrich Mück
Horst Müller
Müller & Böhm Literaturhandlung
Prof. Dr. Magda Müller
Heribert Münstermann
nIsChinNö
Prof. Dr. Helmuth Nürnberger
Dieter Odermatt
Prof. Dr. Gert von Oheimb-Loup

Jan Okusluk, Fliegenfischer
Ostend-Buchhandlung
Albert R. Pasch
Jaap Pekelaer
Rainer Petersdorf
Hans-Otto Pfalzer
Michael Pilz
Pinkus
Dr. Klaus Pohle
Christoph Pollakowski
Catrin Polojachtof
Carsten Preuße
Proust . WÖRTER . TÖNE, Essen
Thomas Pschera
Friedrich Wilhelm Quandt
Dr. Jürgen G. Richter, Wiesbaden
Ralf Roeb
Dr. Angelo O. Rohlfs
Peter Rominger
Christiane Ruhmann
Mechthild und Hans Helmut Rupp
Thomas Scheidt, Duisburg
Florian Schiffmann
Holger Schilling
Raimund Schindler
Dr. Hans-G. Schippke
Thomas Schmiedeck
J. Schmitt, Syndikus Dt. Bank
Theo Schneid
Dr. Michael Schnekenburger
Tom Schreiner, Fürth
Helmut Schwarzer
Willi Schwoll
Dr. Hildegard Sourgens
Staatliche Bibliothek Passau

Werner Stadler
Klaus Steinke
Catharina Stengel
Alexander Stimmelmayr
Andreas W. Stolz
Dieter Sturm
Christoph Suin de Boutemard
Omar Sy
Dr. Gunnar Taubert
Prof. Dr. Franz-Wilhelm Thiele
Peter Thoemmes, Lübeck
Torsten Tramm
Michael Ujhelyi
Universitätsbuchhandlung Görres
Universitätsbuchhandlung Janssen, Bochum
Universität des Saarlandes
Dr. Hans-Jörg Volkmann
Martin Vorberg
Töns Hinne Warncke
Dirk Wassermann
Michael Weber
Christiane Wehrmeister
Norbert Weiss
Peter Wengel
Adrian Westerheyde
Katrin Wiegel
Peter Winterhoff
Dr. Eberhard Wurst
Wolfram A. Zabel
Manfred Zapf
Dr. Gert Zeising
Wolfgang Zielke, Berlin
Matthias Zumbrägel
Jens Zwernemann